U0725630

国家社会科学基金项目（批准号15XGJ008）

国家社科基金丛书
GUOJIA SHEKE JIJIN CONGSHU

中国东南周边国家金融发展与人民币走出去战略研究

Research on Financial Development in Neighboring Countries around
Southeast China and RMB's "Going Global" Strategy

张家寿 著

人民出版社

责任编辑:陈寒节

封面设计:石笑梦

版式设计:胡欣欣

图书在版编目(CIP)数据

中国东南周边国家金融发展与人民币走出去战略研究/张家寿著.
　—北京:人民出版社,2022.10

ISBN 978-7-01-024446-4

Ⅰ.①中…　Ⅱ.①张…　Ⅲ.①人民币-金融国际化-研究-亚洲

　Ⅳ.①F822

中国版本图书馆 CIP 数据核字(2022)第 013438 号

中国东南周边国家金融发展与人民币走出去战略研究

ZHONGGUO DONGNAN ZHOUBIAN GUOJIA JINRONG FAZHAN YU RENMINBI ZOUCHUQU ZHANLÜE YANJIU

张家寿　著

人民出版社 出版发行

(100706　北京市东城区隆福寺街 99 号)

北京九州迅驰传媒文化有限公司印刷　新华书店经销

2022 年 10 月第 1 版　2022 年 10 月北京第 1 次印刷

开本:710 毫米×1000 毫米 1/16　印张:28

字数:438 千字

ISBN 978-7-01-024446-4　定价:115.00 元

邮购地址:100706　北京市东城区隆福寺街 99 号

人民东方图书销售中心　电话(010)65250042　65289539

版权所有·侵权必究

凡购买本社图书,如有印刷质量问题,我社负责调换。

服务电话:(010)65250042

摘　要

进入 21 世纪以来，伴随着中国—东盟自由贸易区的建设进程，中国与中国东南周边国家在货币金融领域的合作越来越紧密。中国在云南和广西沿边地区建设沿边金融综合改革试验区，推进沿边金融综合改革试验，在跨境金融合作方面探索形成了"东兴模式"。在广西建设面向东盟的金融开放门户实践探索，聚焦人民币面向东盟跨境使用的体制机制创新，必将有力地推动中国与中国东南周边国家的金融合作迈向新阶段。在周边省区探索建设自由贸易试验区，加大压力测试，使中国与中国东南周边国家的经贸合作与人民币跨境使用相得益彰。特别是自"一带一路"倡议提出以来，随着亚洲基础设施投资银行和丝绸之路基金的建立，人民币国际化进程步伐加快，中国与中国东南周边国家在货币金融领域的合作进一步深化，有力地促进了双边经贸发展，使中国东南周边国家一跃成为中国重要的贸易伙伴，人民币跨区域使用的范围和规模也日益扩大。为进一步深化中国与中国东南周边国家的金融合作，更好地推动人民币走出去。本课题对中国东南周边国家的金融发展与人民币走出去战略进行了深入研究。

一、中国东南周边国家金融发展

进入 21 世纪以来，特别是 2008 年金融危机以来，中国东南周边国家在

"清迈协议"的基础上，进一步加强了金融领域合作，推进金融改革创新，金融发展呈现出良好态势。但是，由于中国东南周边国家国情不同，发展基础不同，金融发展水平也不同，具有明显的差异性特征。新加坡是中国东南周边国家中金融发展最好的国家，也是全球国际金融中心之一，其金融体系是市场主导型的，金融开放程度最高，金融市场最发达，是最早建立人民币离岸金融中心的国家之一，高度重视和加强与中国的金融合作，中国应充分利用新加坡作为国际金融中心的特有优势，以新加坡为支点，推动人民币的跨区域使用。马来西亚、菲律宾比较重视金融市场建设，建立了市场主导型的金融体系，这种特点的金融体系与其经济发展水平是相匹配的，中国与这些国家的金融合作，除了加强金融机构之间的合作外，应注重加强在金融市场领域的合作。文莱是一个小型经济体，建立的是银行主导型的金融体系，伊斯兰金融发展颇有特色，对中国的伊斯兰金融发展具有借鉴意义。印度尼西亚是中国东南周边国家中人口最多的国家，建立的是银行主导型的金融体系，银行业在金融体系中占据主导地位，小微金融发展得较好，这种银行主导型的金融体系与其经济发展水平是相匹配的，中国与印度尼西亚的金融合作应注重加强顶层制度设计，从园区建设入手推进金融合作，柬埔寨、老挝、缅甸的金融发展水平大体相当，建立的是银行主导型的金融体系，这种金融体系与其经济发展水平是相匹配的，中国与这些国家的金融合作，要把重点放在加强金融机构之间的合作，以此为基础不断拓展合作领域和合作空间。泰国是一个从银行主导型金融体系向市场主导型金融体系转变的国家，其金融市场开放程度较高，金融体系较为完善，这种特点的金融体系与其本国的经济发展水平是相适应的，中国应重视加强与泰国在金融监管、金融信息交流和金融人才培养的合作。越南作为一个社会主义国家，与中国毗邻，是一个积极推进革新开放的国家，重视学习和借鉴中国的金融发展经验，中国应重视加强与越南在金融领域的合作，重点放在推进人民币跨境使用方面的合作。虽然会面临一些困难，但只要绵绵用力，久久为功，最终会收到功效。总的来说，中国东南周边国家根据本国国情建立起来的金融体系与其本国的经济发展水平是相适应的。从全球来看，中国东南周边国家的局势总体比较稳定，正在推进区域经济一体化进程，重视金融改革创新，积极推进金融市场发展。中国与中国东南周边国家的金融合作具有广阔前景，是人民币走出去的首选区域。

二、中国东南周边国家人民币流通与需求

从中国东南周边国家将人民币作为储备货币或贸易结算货币的分析以及中国对中国东南周边国家的贸易、投资、旅游的数据分析来看，中国对中国东南周边国家的进出口贸易额、直接投资额以及出境旅游人数都呈逐年增长趋势。特别是进入 2020 年以来，东盟历史性地成为中国的第一大贸易伙伴，标志着中国与中国东南周边国家的经贸合作越来越紧密。特别是在美元汇率不稳定的背景下，国际货币格局处于深度调整中，人民币价值稳中有升，强势货币特征显现，使中国东南周边国家对人民币的需求意愿增强，中国东南周边国家也将人民币纳入了储备货币或结算货币范畴。值得一提的是，进入2020 年以来，受新冠肺炎疫情影响，以美国为代表的西方发达国家发生了罕见的金融市场动荡，金融市场动荡的演变尚难预测，由于金融市场动荡与新冠肺炎疫情相伴生，具有复杂性，其产生的不利影响还难以评估。因此，中国与中国东南周边国家加强在贸易、投资和旅游等领域的合作，促进人民币贸易结算、人民币投资和人民币旅游消费，对于有效防范和化解金融风险，维护区域金融稳定具有重要意义，这已被历史事实所证明。2020 年发生的这次全球金融市场动荡，意味着未来人民币必将成为中国东南周边国家的重要储备货币。

三、沿边金融综合改革试验区的试验示范效应

沿边金融综合改革试验区建设是促进中国与中国东南周边国家加强金融合作的制度性创新实践平台，旨在推进沿边金融、地方金融和跨境金融改革

创新。通过几年的改革创新实践，沿边金融、地方金融和跨境金融改革创新都取得了显著成效，沿边金融、地方金融和跨境金融都得到了很好的发展，取得了重要突破。特别是在跨境金融领域的创新实践，探索形成了人民币与越南盾、人民币与瑞尔、人民币与泰铢的汇率形成机制，开辟了人民币与越南盾、人民币与瑞尔、人民币与泰铢的银行间交易，越南盾、泰铢的跨境调运实现了新突破，逐步建立了人民币的回流机制。但是，沿边金融综合改革也存在一些问题，面临一些困难，需要进一步探索实践，不断实现新突破，使沿边金融综合改革试验区建设不断深化发展。当前和今后一个时期，应以广西建设面向东盟的金融开放门户和周边省区建设自由贸易试验区为抓手，把握未来中国与中国东南周边国家金融合作的新趋势，突出以人民币跨境使用为重点不断深化改革创新，加快形成人民币跨境使用的体制机制，把沿边金融综合改革试验区和面向东盟的金融开放门户打造成为中国与中国东南周边国家金融合作和人民币走出去战略的试验田，推动人民币成为中国东南周边国家的区域化货币。

四、人民币走出去战略的理论支撑

通过对货币替代理论、区域汇率协作理论、最优货币区理论、一体化货币金融理论以及其他货币金融理论的研究，对人民币走出去战略的研究具有重要的启示意义。中国作为世界第二大经济体、世界第一大贸易国、第一大国际储备国和负责任大国，在全球经济格局中具有举足轻重的地位和影响，特别是在中国东南周边国家中的地位和作用更加突出。推进人民币走出去战略的实施，毫无疑问应首选中国东南周边国家。通过加强金融合作，推动人民币成为该区域使用的关键货币，有利于促进区域经济金融一体化发展。

五、人民币走出去战略的国际经验借鉴

从对美元、欧元、日元三大货币的国际化经验教训来看，三大货币的国

际化经验教训对于人民币走出战略的实施具有重要的启示意义。首先从美元国际化来看。美元国际化是第二次世界大战后，通过建立美元与黄金挂钩、其他国家货币与美元挂钩的国际货币体系，从而使美元走向国际化，成为国际化货币，并在相当长的时期里成为实际上的世界霸权货币。欧元的国际化与欧洲货币一体化实际上是同步推进的，欧元诞生之日，也是欧元国际化之日。欧元是在主权国家让渡货币主权的基础上，建立单一货币—欧元，并走向国际化。欧元的国际化对于促进中国与中国东南周边国家的货币金融合作，推动人民币走出去具有重要的启示意义。日元国际化可谓一波三折，教训深刻。日本作为亚洲国家，曾经提出建立以日元为主导的亚洲货币体系，但由于美国的干扰以及亚洲国家的不认同，最终夭折。但日元国际化的教训对人民币走出去战略的研究同样具有启示意义。在中国东南周边国家推进人民币的跨境使用首先面临的是与日元的竞争问题，要推进人民币走出去行稳致远，需要营造更加有利的条件和良好氛围。

六、人民币走出去战略的条件

推进人民币走出去战略，需要满足一定的条件。首先是货币竞争力条件。在国际货币竞争格局中，作为一国货币要在现有国际货币格局中赢得信任，需要保持币值稳定，并保持在国际货币格局中的占比不断提高。随着人民币加入特别提款权，人民币的国际地位在日益提升，人民币的使用程度在日益提高，人民币的国际竞争力也在提高。其次是综合国力条件。中国已经成为世界第二大经济体、第一大国际贸易国和第一大国际储备国，中国的国际贸易地位、国际经济地位、国际政治地位和国际投资地位已经显著提高；中国的道路自信、制度自信、理论自信和文化自信已经深入人心，中国提出的人类命运共同体理念已经深得越来越多国家的认同。综合来看，中国的硬实力和软实力都已经显著增强。第三是金融市场条件。建立健全完善的国际化货币市场、国际化资本市场和国际化衍生品市场，是推进人民币走出去战略需要满足的重要条件。目前，中国的国际化货币市场健康发展，国际化资本市场建设稳步推进，国际化金融衍生品市场逐步完善。第四是金融体制条件。推进人民币走出去战略，需要推动资本项目的开放和可兑换、金融监管制度的创新和金融机构的国际化。这个方面的工作尚有差距。第五是汇率利率条件。从汇率条件来看，需要汇率机制的相对透明和增强主权货币的信任，需要建立健全人民币与中国东南周边国家货币互换机制，加快形成人民币与中国东南周边国家货币的汇率形成机制。目前，已经建立了人民币与越南盾、人民币与瑞尔、人民币与泰铢的汇率形成机制。从利率条件来看，利率与汇率是相互影响相互制约的，利率对资本流动规律的影响是以套利资本的流动为前提的，利率对汇率的影响主要取决于资本账户开放的影响效果。

七、人民币走出去战略的目标与路径

推进人民币走出去战略，要以习近平新时代中国特色社会主义思想为指引，加强党对金融工作的领导，贯彻新发展理念，坚持稳中求进的工作总基调，遵循金融发展规律，充分发挥中国周边省区的地缘优势，以沿边金融综合改革试验区、面向东盟的金融开放门户、自由贸易试验区为重要抓手，以推动人民币面向中国东南周边国家跨区域使用为重点，深化金融合作和金融改革创新，努力推进人民币区域性国际化，最终实现人民币国际化。推进人民币走出去战略要遵循如下原则：一是坚持市场主导与政府引导原则；二是坚持本币驱动与服务实体的原则；三是坚持稳妥有序与风险可控原则；四是坚持创新发展与人才引领原则。根据中国东南周边国家的区域特点，人民币走出去战略的实施可以按照区域步骤和职能步骤分步实施。从区域步骤来看，可以按照泛北部湾区域合作和大湄公河次区域合作两个不同区域协同推进。从职能步骤来看，要按照贸易结算货币、投资货币和储备货币的次序依次推进。但也不能过于拘泥，在依次推进的过程中，相互交叉进行，协同推进。鉴于中国东南周边国家与中国的既有合作基础，人民币走出去战略的实施路径，要通过贸易结算、电子商务、基础设施投资、产业园区建设、旅游以及通过金融机构走出去等路径带动人民币走出去。

八、人民币走出去战略的保障措施

推进人民币走出去战略，需要采取切实有力的保障措施。首先要完善汇率利率机制。在中国与中国东南周边国家现有汇率机制的基础上，推动建立中国与中国东南周边国家的一体化汇率机制；以面向东盟的金融开放门户平台建设为契机，持续推进利率市场化改革，探索建立与中国东南周边国家一体化的利率机制。其次要完善金融市场体系。加快完善人民币离岸金融市场、人民币结算清算服务系统和推进债券市场合作发展。第三要完善金融体制机制。加快完善跨境贸易人民币结算制度、跨境人民币投资制度、跨境人民币融资制度、跨境人民币使用制度、外汇管理制度、跨境金融合作制度、沿边金融合作制度、金融主体合作制度和金融人才制度。第四要加强金融监管国际协调。加快完善跨区域金融监管协调机制、跨区域金融危机救助机制、跨区域金融风险预警机制和跨区域金融机构退出机制。第五要增强综合国力。不仅要从整体上提升中国综合国力对中国东南周边国家的综合影响力，还要从区域上提升中国周边省区对中国东南周边国家的综合影响力。第六要营造和谐的国际合作环境。推进人民币走出去战略，需要营造有利的国际合作环境。一是要营造和谐的国际合作政治环境。要充分发挥中国—东盟博览会、中国—东盟商务与投资峰会、中国—东盟金融合作与发展领袖论坛、中国—东盟保险合作与发展论坛、泛北部湾区域经济合作论坛、澜沧江—湄公河合作机制等平台机制作用，增强政治互信，夯实合作的政治基础。二是要营造和谐的国际合作社会环境。要发挥好政府的引导作用与企业的参与作用，加强信用合作，提高信用透明度，营造有利的社会环境。三是要营造和谐的国际合作经济环境。要加强金融风险防控合作，加强经济政策协调，建立联动汇率机制，共同维护金融安全。

关键词

周边国家 金融发展 人民币 战略

目　录

导　　论

第一节　研究背景与研究意义

进入 21 世纪以来，中国与中国东南周边国家越来越重视货币金融领域的合作。伴随着中国—东盟自由贸易区的建设，中国与中国东南周边国家在货币金融领域的合作不断深化发展，中国启动并加快了人民币国际化进程，在云南、广西两省区沿边地区开启了沿边金融综合改革试验，特别是"一带一路"倡议提出以来，伴随着"五通"建设的推进，货币金融领域的合作进一步加强。如何加快实施人民币走出去战略，就成为中国目前亟须研究的重大课题。

一、研究背景

（一）"一带一路"建设为人民币走出去创造了重要机遇

推进"一带一路"建设，是习近平总书记着眼于构建人类命运共同体提出的中国方案，是中国经济外交的顶层设计。中国东南周边国家都是"一带一路"沿线国家和"一带一路"建设的重要参与者。资金融通是"一带一路"建设的重要保障。但是，中国东南周边国家大多为发展中国家，国内基础设施较为落后，基础设施建设所需资金需求量大。但是，中国东南周边国家普遍面临资金供给不足的问题。因此，推动人民币走出去成为对外投资的主要货币，有利于弥补中国东南周边国家资金不足问题。

（二）中国—东盟自由贸易区建设为人民币走出去创造了有利条件

中国—东盟自由贸易区是中国商谈的第一个自由贸易区，是中国与集团组织之间构建的第一个自由贸易区，也是人口最多的自由贸易区。随着中国—东盟自由贸易区升级版打造，使中国与中国东南周边国家的金融合作不断得到深化，中国东南周边国家与中国的货币金融合作基础日益夯实。近年来，中国东南周边国家非常重视与中国开展货币金融领域的合作，双边互设金融机构，如越南、新加坡等在中国开设了分支机构；一些国家与中国签署了双边货币互换协议，如泰国、马来西亚、新加坡、印度尼西亚等国与中国分别签署了双边本币互换协议；开展跨境贸易人民币结算，中国东南周边国家是最早开始跨境贸易人民币结算的国家；中国—东盟金融合作与发展领袖论坛连续举办，产生的效应越来越好；由中国倡议建立的亚洲基础设施投资银行向中国东南周边国家提供了基础设施建设的资金支持。所有这些充分表明中国东南周边国家与中国的货币金融合作愿望越来越强烈，为推动人民币走出去创造了有利条件。

（三）人民币国际化进程提速为人民币走出去赋予了新使命

以美元为主导的国际货币体系的弊端日益暴露，国际社会迫切要求推进国际货币体系改革，推动人民币成为国际货币的呼声越来越高。随着人民币纳入国际货币基金组织特别提款权篮子，尤其是随着中美贸易摩擦升级，人民币国际化进程开始提速。自 2008 年全球金融危机之后，中国启动了人民币的国际化进程。2010 年，中国人民银行等六部委联合印发了《关于扩大跨境贸易人民币结算试点有关问题的通知》，把北京、重庆、天津、辽宁、江苏、浙江、福建、山东、河北、广西、海南、四川、云南和内蒙古等 14

个省、市、自治区纳入了跨境贸易人民币结算试点区域。2013年，在云南、广西建设沿边金融综合改革试验区，推动人民币跨境业务创新，并取得了显著成效，形成了一批可复制可推广经验。2018年，国家又批复广西建设面向东盟的金融开放门户，推动人民币跨区域使用的金融改革。所有这些举措标志着人民币国际化进程在提速，为人民币走出去赋予了新使命。

（四）"南宁渠道"为人民币走出去搭建了政策沟通平台

"南宁渠道"① 是中国与中国东南周边国家金融合作的重要平台。2009年7月，跨境贸易人民币结算业务正式启动，《跨境贸易人民币结算试点管理办法》将境外试点范围扩大到香港、澳门和东盟国家。在此基础上，在中国—东盟博览会举办期间，同步举办中国—东盟金融合作与发展领袖论坛，并发布《共同宣言》，积极服务中国—东盟金融合作。截至2018年，"南宁渠道"框架下连续举办了十届的中国—东盟金融合作与发展领袖论坛、四届的中国—东盟保险合作发展论坛和两届的中国—东盟基础设施互联互通金融论坛。通过"南宁渠道"增进了金融合作共识，形成了金融合作成果。随着"南宁渠道"的升级发展，将有利于更好地促进政策沟通，为人民币走出去消除障碍。

（五）滇桂沿边金融综合改革试验区和面向东盟的金融开放门户建设为人民币走出去搭建了重要的实践平台

2013年，中国人民银行联合多部委发布了《云南省广西壮族自治区建设沿边金融综合改革试验区总体方案》，标志着滇桂沿边金融综合改革试验区建设的正式启动。滇桂沿边金融综合改革试验区范围包括云南省的昆明

---

① "南宁渠道"是指以在南宁永久举办的中国—东盟博览会、中国—东盟商务与投资峰会及其系列论坛为平台和桥梁，建立的中国与东盟之间融政治外交、经贸合作、人文交流为一体，推动深度交流和共赢发展的稳定沟通和合作渠道。

市、红河州、文山州、西双版纳州、保山市、普洱市、临沧市、德宏州、怒江州以及广西壮族自治区的南宁市、北海市、钦州市、防城港市、崇左市、百色市。试验区覆盖区域总面积 31.77 万平方公里。该方案的颁布实施，也是在"一带一路"倡议提出之后，配合了"一带一路"建设的需要。通过滇桂沿边金融综合改革创新，大胆探索推进跨境金融合作，不仅有力促进了滇桂沿边地区经济金融发展，而且有力推动了人民币跨区域使用，为促进中国与中国东南周边国家加强货币金融合作，为推动人民币走出去积累了有益经验。

2018 年，中国人民银行联合多部门又发布了《广西壮族自治区建设面向东盟的金融开放门户总体方案》，标志着以面向东盟跨境人民币使用为重点的金融改革创新掀开新的篇章。根据《广西壮族自治区建设面向东盟的金融开放门户总体方案》的要求，共有九项建设任务：一是推动面向东盟的跨境金融创新；二是扩大金融服务业对内对外开放；三是强化面向东盟的金融市场合作；四是加强面向东盟的跨境保险合作；五是加强金融服务实体经济；六是推动跨境金融基础设施建设；七是完善跨境金融合作交流机制；八是构建良好的金融生态环境；九是完善人才引领金融发展机制。广西壮族自治区人民政府对此高度重视，成立了广西建设面向东盟的金融开放门户指挥部，并在泰国开展了广西建设面向东盟的金融开放门户推介活动。随着各项具体任务的贯彻落实，将为推动人民币走出去创造更加有利条件。

（六）中国自由贸易试验区建设为人民币走出去创新了制度安排

从最早批准设立的中国（上海）自由贸易试验区，到 2020 年批准设立的中国（北京）自由贸易试验区、中国（湖南）自由贸易试验区、中国（安徽）自由贸易试验区等 21 个自由贸易试验区，都赋予了人民币跨境业务创新的使命，为人民币走出去进行实践探索作出了制度安排。中国（广西）自由贸易试验区和中国（云南）自由贸易试验区的设立，对深化中国与中国东南周边国家的金融合作，为人民币跨境使用赋予了制度性改革创新安排。这是在推进滇桂沿边金融综合改革和广西建设面向东盟的金融开放门户的基础上，进一步以自由贸易试验区的制度安排形式，为推进人民币跨境使用赋予的金融改革创新使命，为人民币走出去创造有利条件。

二、研究意义

人民币走出去战略是 21 世纪中国的重要开放战略，其与"一带一路"构成了 21 世纪中国相辅相成的两大重要开放战略。中国东南周边国家是中国周边外交的优先方向和"一带一路"建设的重要节点，以中国东南周边国家为重点探索人民币走出去战略具有特殊重要的意义。

（一）进一步丰富理论研究成果

本课题通过对中国东南周边国家金融发展与人民币走出去战略的研究，摸清中国东南周边国家金融发展现状及其存在问题，研判中国东南周边国家金融发展趋势，把握中国东南周边国家人民币流通与需求取向，在深化沿边金融综合改革的基础上，探索人民币走出去战略的定位、目标、步骤与路径，进一步丰富该领域的理论研究成果。

（二）探索可复制可推广的新模式新经验

本课题通过对滇桂沿边金融综合改革试验区和广西建设面向东盟的金融开放门户研究，试图总结梳理沿边金融综合改革的创新模式和实践经验，为推动中国深化改革、扩大开放和推动合作探索可复制可推广的新模式新经验。

（三）为高层决策部门提供资政建议

本课题通过对中国东南周边国家金融发展提出的中国与中国东南周边国家的金融合作建议；通过对中国东南周边国家人民币流通与需求的分析，把握人民币在中国东南周边国家的需求取向；通过对滇桂沿边金融综合改革试验区和面向东盟的金融开放门户建设研究，提出进一步深化改革创新的建议；在对货币金融理论和主要国家货币国际化研究的基础上，提出人民币走出去战略的定位、目标、步骤和路径。所有这些对高层决策具有重要的参考价值。

（四）为实际部门提供实践依据

本课题研究成果是一个比较系统的综合性研究成果，是经济学、金融学、统计学等学科交叉的结晶，对实际部门具有重要指导意义和应用性价值，可以作为实际部门的实践依据。

第二节 文献综述

为更好地对中国东南周边国家金融发展与人民币走出去战略问题进行深入研究，本课题对学术界关于中国东南周边国家金融发展与人民币走出去战略研究的文献进行了系统的梳理和归纳，以明确本课题的研究方向、研究重点和研究思路。

一、关于中国东南周边国家金融发展研究

近年来，国内外学者对中国东南周边国家的金融发展问题做了许多有益的探索，形成许多有影响的研究成果。通过相关文献资料的梳理和综述，可以为后续研究夯实基础。

（一）新加坡金融发展研究

从对新加坡的金融发展研究成果来看，陈建达[1]通过新加坡外汇储备模

---

[1] 陈建达：《新加坡外汇储备管理模式研究及其借鉴——简论东南亚五国外汇储备管理状况》，厦门大学，硕士学位论文，2009年。

式的研究，提出我国应建立分层的外汇储备管理体系、多样化的投资渠道等建议。徐光远、常志有、孙明浩①通过对新加坡的金融脆弱性的研究，认为稳健的金融系统运行是一国甚至全球经济持续健康发展的重要基础和保证。唐文琳、范祚军等②通过对新加坡的金融结构考察认为新加坡金融结构越趋向市场主导，经济发展就越快；经济发展越快，金融结构就越趋向市场主导。这种金融结构适应新加坡经济发展和金融环境，符合新加坡金融中心的发展策略。李健、黄志刚、董兵兵等③在《东盟十国金融发展中的结构特征》一书中通过对新加坡金融发展中的结构特征研究，认为新加坡虽然银行集中度高，但是货币市场和资本市场活跃度高，属于市场主导型金融体系。

（二）文莱金融发展研究

文莱是一个小国，国土面积不大，人口不多，对其研究有特殊重要意义。但从对文莱的金融发展研究成果来看，可查到的文献资料甚少。从仅查到的文献资料来看，对本课题的研究具有重要的参考价值。如李健、黄志刚、董兵兵等④在《东盟十国金融发展中的结构特征》一书中通过对文莱金融发展中的结构特征研究，认为文莱的金融结构表现出鲜明的银行主导特征，银行业在金融业中占绝对主导地位，货币资产形式在金融资产中占主导地位，但整体货币化水平低。伊斯兰金融发展态势良好，与传统金融并驾齐驱，传统金融由外资主导，伊斯兰金融由本国主导。这个文献资料属于比较新的研究参考资料，对后续研究具有重要的应用参考价值。

---

① 徐光远、常志有、孙明浩：《中国—东盟五国金融脆弱性问题及治理对策》，《思想战线》2010年第4期。
② 唐文琳、范祚军等：《区域合作与金融支撑——以泛北部湾区域经济合作为例》，人民出版社2011年版。
③ 李健、黄志刚、董兵兵等：《东盟十国金融发展中的结构特征》，中国社会科学出版社2017年版。
④ 李健、黄志刚、董兵兵等：《东盟十国金融发展中的结构特征》，中国社会科学出版社2017年版。

（三）马来西亚金融发展研究

从对马来西亚金融发展的研究成果来看，孟昭坤[1]通过对马来西亚小额信贷的研究，认为马来西亚的小额信贷通过为小企业和农村提供金融服务，激发其发展潜力，对经济发展有极大的促进作用。邓珊[2]通过对马来西亚离岸金融中心的研究，认为纳敏离岸金融中心的法律体系对于构建泛北部湾离岸金融市场和离岸金融中心具有十分重要的借鉴意义。徐光远、常志有、孙明浩[3]通过对马来西亚的金融脆弱性的研究，认为稳健的金融系统运行是一国甚至全球经济持续健康发展的重要基础和保证。唐文琳、范祚军等[4]通过对马来西亚的金融结构考察研究，认为马来西亚股票市场规模越大经济发展速度越快，经济发展速度加快的结果是股票市场相对规模的扩大；马来西亚银行活跃度的增加会加快经济发展，但经济发展加速会降低银行行为的活跃度；马来西亚银行效率的提高最终会带来经济发展的加快，经济发展增速会提高股票市场的效率。李健、黄志刚、董兵兵等[5]在《东盟十国金融发展中的结构特征》一书中通过对马来西亚金融发展中的结构特征研究，认为马来西亚金融结构突出表现在传统金融机构与伊斯兰金融机构并存，银行业集中度较高，证券市场较为发达等特点。

---

[1] 孟昭坤：《东盟四国小额信贷发展研究》，厦门大学，硕士学位论文，2008年。

[2] 邓珊：《马来西亚纳敏（LABUAN）离岸金融中心法律制度初探》，《广西政法管理干部学院学报》2009年第4期。

[3] 徐光远、常志有、孙明浩：《中国—东盟五国金融脆弱性问题及治理对策》，《思想战线》2010年第4期。

[4] 唐文琳、范祚军等：《区域合作与金融支撑——以泛北部湾区域经济合作为例》，人民出版社2011年版。

[5] 李健、黄志刚、董兵兵等：《东盟十国金融发展中的结构特征》，中国社会科学出版社2017年版。

（四）印度尼西亚金融发展研究

从对印度尼西亚的金融发展研究成果来看，艾洪德①通过对印度尼西亚货币市场研究，认为印度尼西亚货币市场的发展对于我国货币市场的发展具有十分重要的意义。孟昭坤②通过对印度尼西亚小额信贷研究，认为印度尼西亚是亚洲小额信贷最发达的国家之一，较好地实现了信贷资金的良性循环和小额信贷业务的可持续发展。吴崇伯③通过对印度尼西亚银行业改革重组的进展与变化趋势的分析研究，认为印度尼西亚银行业重组是整个银行业改革的第一步，通过重组来降低银行业的风险和完成金融资源的配置，实现规模经济和提高银行业集中度，确保储户的存款安全，使银行业的投资者获得稳定收益。王海全、毕家新、谢进④通过对印度尼西亚汇率变迁研究，认为印度尼西亚应与东亚其他国家建立一种能使东亚在世界获得公平地位、能使经济繁荣和稳定的金融共同体，以提高自身在国际货币体系中的地位，以走出汇率制度选择的困境。徐光远、常志有、孙明浩⑤通过对印度尼西亚的金融脆弱性研究，认为稳健的金融系统运行是一国甚至全球经济持续健康发展的重要基础和保证。唐文琳、范祚军等⑥通过对印度尼西亚的金融结构考察研究，认为印度尼西亚银行规模的扩大有利于长期的经济发展，经济发展速度加快的结果是股票市场规模的扩大，印度尼西亚银行活跃度的增加会加快经济发展，经济发展加速会降低银行行为的活跃度，巩固银行主导型的金融

---

① 艾洪德：《印度尼西亚货币市场的研究》，《求是学刊》2001 年第 4 期。

② 孟昭坤：《东盟四国小额信贷发展研究》，厦门大学，硕士学位论文，2008 年。

③ 吴崇伯：《印尼银行业改革、重组的最新进展与变化趋势分析》，《东南亚研究》2009 年第 2 期。

④ 王海全、毕家新、谢进：《印度尼西亚汇率制度变迁研究》，《区域金融研究》2009 年第 12 期。

⑤ 徐光远、常志有、孙明浩：《中国—东盟五国金融脆弱性问题及治理对策》，《思想战线》2010 年第 4 期。

⑥ 唐文琳、范祚军等：《区域合作与金融支撑——以泛北部湾区域经济合作为例》，人民出版社 2011 年版。

结构地位有助于推动印度尼西亚经济发展，但经济的快速发展会削弱银行的地位，这种矛盾的解决需要金融当局的努力。谭春枝、金磊[1]通过对中国与印度尼西亚商业银行的比较研究，认为中国的商业银行应继续增强自身创新能力，扩大银行业开放程度，进一步提升自身国际竞争力和国际地位。李健、黄志刚、董兵兵等[2]在《东盟十国金融发展中的结构特征》一书中通过对印度尼西亚金融发展中的结构特征研究，认为印度尼西亚金融结构较为合理，金融体系较为完善，开放程度高，产业结构、市场结构以及融资、存贷款结构较为健全。

（五）菲律宾金融发展研究

从对菲律宾的金融发展研究成果来看，周波涛[3]通过对菲律宾债券市场发展研究，认为菲律宾的债券市场起步早发展慢，缺乏有效结算系统，交易成本高，机构投资者规模小，未来应设立债券交易所，降低交易成本，扩大投资者基础。孟昭坤[4]通过对菲律宾小额信贷的研究，认为提供高质量可持续的小额信贷服务是解决贫困问题，发展农村经济的有效形式。徐光远、常志有、孙明浩[5]通过对菲律宾的金融脆弱性研究，认为稳健的金融系统运行是一国甚至全球经济持续健康发展的重要基础和保证。范祚军、刘昕晰、闫鹏[6]通过对菲律宾金融供给研究，认为要缓解菲律宾的金融供给缺口问题，

---

① 谭春枝、金磊：《中国与印度尼西亚商业银行比较研究》，《广西大学学报》（哲学社会科学版）2014 年第 1 期。

② 李健、黄志刚、董兵兵等：《东盟十国金融发展中的结构特征》，中国社会科学出版社2017 年版。

③ 周波涛：《菲律宾债券市场的现状、问题与发展趋势》，《东南亚东南研究》2004 年第2 期。

④ 孟昭坤：《东盟四国小额信贷发展研究》，厦门大学，硕士学位论文，2008 年。

⑤ 徐光远、常志有、孙明浩：《中国—东盟五国金融脆弱性问题及治理对策》，《思想战线》2010 年第 4 期。

⑥ 范祚军、刘昕晰、闫鹏：《菲律宾金融供给缺口分析及其缓解路径》，《广西财经学院学报》2011 年第 1 期。

需要采取发展区域股权投资基金，发展供应链金融，构建区域贸易结算和融资中心等方式来健全菲律宾金融体系。唐文琳、范祚军等①通过对菲律宾的金融结构考察研究，认为菲律宾股票市场规模越大，经济发展速度就越快，经济快速发展会加大银行相对规模，经济发展增速会提高股票市场的效率，对菲律宾来说市场主导型的金融结构更加有利于经济的发展。但是，在菲律宾经济的快速发展中巩固市场主导型的金融结构会有一定的困难。李健、黄志刚、董兵兵等②在《东盟十国金融发展中的结构特征》一书中通过对菲律宾的金融发展的结构特征研究，认为菲律宾的金融体系较为完善，混业经营的银行业居于主体位置，股票市场发展迅速，内源融资为主，金融监管制度较为严格。

（六）越南金融发展研究

从对越南的金融发展研究的成果来看，成果颇多，做了许多有价值的研究，为后续研究打下了重要基础。汪铭芳③通过对越南金融动荡研究认为越南出现金融动荡是由于短期资本的过快流入、政府错误选择允许本币升值以及政府的透支造成的。吴庆平④通过对越南金融动荡的表现、成因与发展趋势以及对周边国家的影响分析，认为应提高宏观调控的科学性和有效性，避免类似震荡对我国经济金融稳定与安全的冲击。吴秀波⑤通过对越南金融困局的研究，认为由于越南片面追求经济增长、政府财政赤字、过于迷信外资、货币政策过于宽松等原因导致了越南金融困局。韩继云⑥通过对越南金

①　唐文琳、范祚军等：《区域合作与金融支撑——以泛北部湾区域经济合作为例》，人民出版社 2011 年版。

②　李健、黄志刚、董兵兵等：《东盟十国金融发展中的结构特征》，中国社会科学出版社 2017 年版。

③　汪铭芳：《鉴于越南金融动荡，警示中国经济安全》，《经济研究导刊》2008 年第 19 期。

④　吴庆平：《越南金融动荡的成因、发展趋势与启示》，《广西金融研究》2008 年第 8 期。

⑤　吴秀波：《越南金融困局的成因及对中国的警示》，《新金融》2008 年第 7 期。

⑥　韩继云：《越南金融动荡的成因、不良后果及教训》，《西南金融》2008 年第 10 期。

融动荡的分析，认为由于国内投资过热、国际热钱冲击、外汇储备短缺以及政府优柔寡断导致了越南金融动荡。王东刚、黄燕荣[1]通过对越南金融动荡的研究，认为越南金融危机通过贸易、投资、金融等渠道在一定程度上对广西经济和企业产生了不利影响。李鸿阶[2]通过对越南金融危机的分析，认为由于经济发展太快、宏观调控不力以及能源、原材料和粮食价格上涨等输入性通胀的影响，导致了越南金融危机。刘佳、刘虹秀[3]通过对越南金融危机的研究，认为由于过多过快吸引外资、进出口贸易持续出现逆差以及过早开放资本项目，导致了越南金融危机。林玲[4]通过对越南金融动荡的研究，认为由于世界经济发展失衡、政府宏观经济政策失衡以及国际热钱的冲击，造成了越南的金融动荡。Bahodir Ganiev、王海全（译）[5] 通过对 2008 年越南金融动荡的分析，认为越南需在加速推动经济增长的同时，又不能引发通货膨胀和使经常账户扩大。陈伊涵[6]通过对越南金融危机的分析，认为造成越南金融危机的原因，一方面是世界经济环境的影响以及国际热钱的冲击；另一方面是国内经济薄弱，过分依赖国外市场。王皖君[7]通过对越南金融动荡的研究，认为由于资本项目的不合理开放以及政府应对危机的不恰当政策反应，导致了越南金融动荡。谢忠考、林建坤[8]通过对越南银行业改革研究，认为越南银行业经过改革后，在国民经济中的枢纽地位得到加强，中小型银行数量显著增长，股份制银行份额显著提高。潘永、邹初冬[9]通过对越南银行业的改革研究，认为越南的银行业通过改革形成了国有控股商业银行、私

---

① 王东刚、黄燕荣：《越南金融动荡影响广西的路径及效应分析》，《广西金融研究》2008 年第 9 期。

② 李鸿阶：《近期越南金融危机的评估》，《亚太经济》2008 年第 5 期。

③ 刘佳、刘虹秀：《越南金融危机对中国的启示》，《现代商业》2008 年第 24 期。

④ 林玲：《越南金融动荡的成因和警示》，《管理与财富》2008 年第 9 期。

⑤ Bahodir Ganiev：《越南经济金融状况分析及展望》，王海全译，《创新》2009 年第3 期。

⑥ 陈伊涵：《越南金融危机浅析》，《广西大学学报（哲学社会科学版）》2009 年第4 期。

⑦ 王皖君：《越南金融动荡及其对我国的启示》，《商业经济》2009 年第1 期。

⑧ 谢忠考、林建坤：《越南银行业改革与成效分析》，《东南亚南亚研究》2010 年第4 期。

⑨ 潘永、邹初冬：《越南银行业改革：措施、成效、启示》，《区域金融研究》2011 年第9 期。

人股份制银行、外资银行、合资银行并存的多层次市场竞争局面。罗跃华等①通过对"地摊银行"的研究，提出以特许兑换业务方式带动本外币市场发展的构想。唐文琳、范祚军等②通过对越南的金融结构考察研究，认为越南银行类金融机构尤其是国有银行仍然占据着主导地位，越南银行资产在总资产结构中的比重最大，债券市场资本呈降低趋势，证券市场体系的实力相对较弱，保险市场规模不断扩大。陆峰、郭勇③通过人民币与越南盾汇率协调机制研究，认为建立人民币与越南盾汇率协调机制是推进中越金融合作的重要内容。阮氏秋河、何安妮④通过借鉴国外投资基金的发展经验研究，认为越南投资基金业的发展要降低市场准入标准、加强诚信并完善基金业的退出制度和民事赔偿机制以及提高信息披露的质量。唐金成、陈黎勇⑤通过对越南保险市场发展研究，认为越南加入 WTO 以及金融自由化后保险市场得到了飞速发展。何曾⑥通过对越南银行业改革研究，认为我国应把握好时机进入越南银行业发展，促进人民币在我国与越南之间的跨境使用。何碧英、何曾⑦通过对人民币与越南盾的外汇市场发展状况研究，认为"地摊银行"存在风险隐患，有必要建立完备的市场机制，通过市场力量推动正规金融机构来主导人民币与越南盾的外汇市场。梁晶晶⑧通过对越南资本市场发展状况的研究，认为越南资本市场过于倚重银行信贷规模扩张的不均衡发展，不利于分散和弱化金融系统风险，给越南金融体系和经济发展的稳定性带来风

---

① 罗跃华等：《中越边境地区本外币兑换市场建设的思考》，《区域金融研究》2011 年第 3 期。

② 唐文琳、范祚军等：《区域合作与金融支撑——以泛北部湾区域经济合作为例》，人民出版社 2011 年版。

③ 陆峰、郭勇：《人民币与越南盾汇率协调机制研究》，《金融与经济》2011 年第 7 期。

④ 阮氏秋河、何安妮：《基于国外经验借鉴的越南证券投资基金业发展策略探讨》，《区域金融研究》2011 年第 12 期。

⑤ 唐金成、陈黎勇：《越南保险市场发展研究》，《东南亚纵横》2012 年第 10 期。

⑥ 何曾：《越南银行业改革及启示》，《区域金融研究》2014 年第 2 期。

⑦ 何碧英、何曾：《人民币与越南盾外汇市场现状思考》，《区域金融研究》2014 年第 7 期。

⑧ 梁晶晶：《越南资本市场发展探析》，《区域金融研究》2014 年第 8 期。

险。杨孝萌①通过对越南金融发展状况的研究，认为人民币成为越南硬通货符合两国经济利益。李健、黄志刚、董兵兵等②在《东盟十国金融发展中的结构特征》一书中通过对越南的金融发展中的结构特征研究，认为越南的金融体系较为完善，银行业是金融体系的核心，国有金融机构占主导地位，金融监管较为严格。

（七）泰国金融发展研究

从对泰国的金融发展研究成果来看，于海军③通过对泰国金融制度改革与变迁研究，认为泰国的金融制度变迁是典型的供给主导型变迁，由政府通过强制手段来迅速推行金融制度改革，可以大大节约改革成本。孟昭坤④通过对泰国小额信贷的研究，认为小额信贷是泰国政府作为消除贫困、改善贫困人口生活条件和发展农村经济的重要措施。徐光远、常志有、孙明浩⑤通过对泰国的金融脆弱性的研究，认为稳健的金融系统运行是一国甚至全球经济持续健康发展的重要基础和保证。李峰⑥通过对泰国金融发展、金融结构变迁与经济增长关系的研究，认为泰国应注重银行业的发展，提高银行业的竞争水平和资本市场多元化，要强化银行业和金融市场的联结和协同，提高金融体系效率和规模。李健、黄志刚、董兵兵等⑦在《东盟十国金融发展中的结构特征》一书中通过对泰国的金融发展中的结构特征研究，认为泰国的

① 杨孝萌：《越南金融发展状况与人民币在越南发展成硬通货的展望》，《经济研究导刊》2014 年第 22 期。

② 李健、黄志刚、董兵兵等：《东盟十国金融发展中的结构特征》，中国社会科学出版社2017 年版。

③ 于海军：《泰国金融制度改革与变迁研究》，厦门大学，硕士学位论文，2006 年。

④ 孟昭坤：《东盟四国小额信贷发展研究》，厦门大学，硕士学位论文，2008 年。

⑤ 徐光远、常志有、孙明浩：《中国—东盟五国金融脆弱性问题及治理对策》，《思想战线》2010 年第 4 期。

⑥ 李峰：《金融发展、金融结构变迁与经济增长——以泰国为例》，西北大学，博士学位论文，2010 年。

⑦ 李健、黄志刚、董兵兵等：《东盟十国金融发展中的结构特征》，中国社会科学出版社2017 年版。

金融体系以商业银行为主导，市场资金主要通过间接融资取得，货币市场及外汇市场交易量大，证券性资产占比不断上升，金融开放度较高。

（八）柬埔寨金融发展研究

从对柬埔寨的金融发展研究成果来看，从可搜索到的研究文献来看，虽然成果不多，但为后续研究奠定了基础。田中秀和①认为柬埔寨的美元化程度高与支撑其经济增长的对外贸易和外国投资有关，随着金融部门的发展，对瑞尔的使用会不断扩大。李健、黄志刚、董兵兵等②在《东盟十国金融发展中的结构特征》一书中通过对柬埔寨金融发展中的结构特征研究，认为柬埔寨具有鲜明的银行主导型金融结构特征，银行体系在金融结构中占据着相当重要的地位，金融市场发展滞后，金融工具极度匮乏，企业融资以内源融资为主，外源融资中间接融资占主导地位。

（九）老挝金融发展研究

从对老挝的金融发展研究成果来看，从可搜索到的研究文献来看，虽然成果不多，但为后续研究奠定了基础。梁国平、黄丽③通过对老挝企业融资方式研究，认为需要采取改善企业信用环境，建立信用担保机制，开拓金融市场，建立债券市场等措施来解决老挝融资难的问题。郭勇等④通过对老挝的金融改革与发展研究，认为中老两国应采取扩大中老两国贸易投资、建立对话交流机制、促进银行业证券业交流合作和完善地区监管机制等措施，不断深化两国的金融合作和发展。康未来⑤通过对老挝国有商业银行中的农村金融问题研究，认为发展农村金融和微型金融机构有利于消除或缓解贫困和

---

① 田中秀和：《柬埔寨的经济发展及金融部门现状》，《南洋资料译丛》2008 年第 2 期。

② 李健、黄志刚、董兵兵等：《东盟十国金融发展中的结构特征》，中国社会科学出版社 2017 年版。

③ 梁国平、黄丽：《老挝企业的融资方式与对策》，《中国高新技术企业》2010 年第 4 期。

④ 郭勇等：《老挝金融改革与发展研究》，《区域金融研究》2011 年第 5 期。

⑤ 康未来：《谈谈老挝国有商业银行中的农村金融》，《时代经贸》2011 年第 21 期。

促进农民生产的积极性，有利于为中小企业提供资金融通。拉沙米、文淑惠[①]通过对老挝金融发展与经济增长关系的实证研究，认为老挝的金融发展是经济增长的原因，而老挝的经济增长不是金融发展的原因，老挝应大力发展金融促进经济增长。李健、黄志刚、董兵兵等[②]在《东盟十国金融发展中的结构特征》一书中通过对老挝金融发展中的结构特征研究，认为老挝具有鲜明的银行主导型金融结构特征，且银行业的市场集中度较高，这种金融结构能基本满足其自身经济发展需要，但仍需进一步优化其结构，逐步的提高银行业的竞争程度，加强资本市场的发展。

（十）缅甸金融发展研究

从对缅甸的金融发展研究来看，可搜索到的研究文献资料较为有限，但具有重要的研究价值，为后续研究提供了重要参考。赵瑞娟、王新芳[③]通过对缅甸金融发展的研究，认为保持政局稳定和经济繁荣是避免和克服金融危机的行之有效的办法。吴萍、段万春[④]通过对中缅货币兑换障碍问题的研究，认为应采取完善出口核销管理法规、边贸结算法规、人民币出入境管理办法、非居民人民币账户管理办法、出口退税等支持政策，推动境内商业银行向境外拓展业务，完善结算体系拓展"河口模式"的应用范围等措施解决货币兑换的障碍。李峰[⑤]通过对金融抑制下的缅甸金融发展研究，认为金融抑制阻碍了缅甸的经济增长，应取消对利率、汇率的管制，放宽金融准入的限

① 拉沙米、文淑惠：《老挝金融发展与经济增长关系研究》，《昆明理工大学学报》（社会科学版）2013年第3期。

② 李健、黄志刚、董兵兵等：《东盟十国金融发展中的结构特征》，中国社会科学出版社2017年版。

③ 赵瑞娟、王新芳：《缅甸的金融发展及其面临的危机》，《东南亚纵横》2004年第11期。

④ 吴萍、段万春：《中缅边贸货币兑换障碍问题探讨》，《商业研究》2008年第1期。

⑤ 李峰：《金融抑制下缅甸金融发展困境与自由化展望》，《东南亚研究》2009年第5期。

制。孙磊①通过对中缅边境地区"地摊银行"的调查研究，认为要解决"地摊银行"问题，需推动建立中缅双边合作机制，试点开办人民币与缅币兑换业务，鼓励我国商业银行到缅甸开立分支机构，提高边境商业银行的业务水平，促进"地摊银行"规范化合法化。周建华、谭映秋②通过对中缅金融合作障碍的研究，认为两国政治、国际关系、经济交往的加强是中缅金融合作顺利推进的保证。李健、黄志刚、董兵兵等③在《东盟十国金融发展中的结构特征》一书中通过对缅甸金融发展的结构特征研究，认为缅甸的金融结构具有鲜明的银行主导型金融结构特征，缅甸的金融体系能基本满足自身经济发展需求，但仍需不断优化金融结构，提高金融体系的功能和效率。

从上述文献资料综述来看，虽然对文献资料的收集不尽齐全，但总体上来说对这些国家的金融发展所做的系统性研究还存在不足，为本课题拓展研究创造了有利空间。本课题试图在现有研究成果的基础上做较为全面的研究，以进一步丰富前人的研究成果。

二、关于人民币走出去战略研究

关于人民币走出去战略的研究，从国内外的研究文献来看，总体上来说主要从货币国际化、人民币周边化、人民币区域化、人民币国际化等角度开展研究的成果较多。通过相关文献资料的梳理和综述，为后续研究夯实基础。

（一）货币国际化研究

从货币国际化一般视角的研究成果来看，Alogoskouts，George and Porters

---

①　孙磊：《中缅边境"地摊银行"现状、成因及对策分析》，《黑龙江对外经贸》2010年第12期。

②　周建华、谭映秋：《中缅金融合作现状浅析》，《时代金融》2013年第6期。

③　李健、黄志刚、董兵兵等：《东盟十国金融发展中的结构特征》，中国社会科学出版社2017年版。

（1992）①通过研究认为需求因素是决定在全球经济中哪种货币被用来作为国际货币使用过程中起着至关重要的作用，国际货币的选择是由国家和私人的共同决策决定的，政府可以通过税收等方式在国家货币国际化过程中发挥重要的推动作用。哈耶克②、Cooper③一致认为货币的国际地位很大程度上受该货币的稳定性及未来价值的可预测性影响，并把货币价值的不规则波动作为衡量货币是否成为国际货币的一个必要标准。蒙代尔④认为一国货币要成为国际货币受人们对该国货币的信心指数及该国货币政策的稳定性开放性、货币的流通规模和货币发行国的国力等因素决定。

（二）人民币在周边国家流通研究

从人民币在周边国家流通的研究来看，张春清、杨净捷⑤通过对周边国家人民币流通情况调查分析认为人民币在周边国家流通的规模不断扩大，对我国特别是边境地区经济金融带来的影响越来越大。文坚、何桂耘、王淼⑥通过对人民币跨境使用的研究认为人民币已取代美元成为云南边贸结算的首选，人民币跨境流通对境内外国家产生积极深远的影响。马咏洪、张永强⑦通过对西双版纳州人民币流通调查分析认为人民币的区域地位在跨境流通中

---

① Alogoskous, George an Porters, 1992, European Monetary Union and Interatial Currencies in Tri-polar world, in M. Canzoneri, V. Grill and P. Masson (eds), Establihing a Cetral Bank：Issues in Europe and Lessons from the US., Cambridge University Press and CEPR, Cambridge.

② Hayek F. A. 1970, The Denationalization of Money, London：Institute of Economic Affairs.

③ Cooper. Richard N, 1986, Dealing with the Trade Deficit in a Floating Rate System, Brookings Papers on Economic Activity, No1.

④ 蒙代尔、向松祚：《汇率与最优货币区——蒙代尔经济学文集》第5卷，中国金融出版社2003年版。

⑤ 张春清、杨净捷：《人民币在周边国家流通的调查》，《西南金融》2005年第8期。

⑥ 文坚、何桂耘、王淼：《人民币跨境使用对云南边境地区经济的影响》，《西南金融》2006年第3期。

⑦ 马咏洪、张永强：《人民币区域地位在跨境流通中提升——西双版纳州边境人民币流通的调查》，《时代金融》2007年第7期。

不断提升，已成为边贸结算的首选货币。鲁炳荣①通过对人民币在周边国家和地区的流通研究认为周边国家和地区居民逐渐认可和接受人民币作为交易货币和国际清算手段，导致大量人民币在境外流通，人民币在境外流通的规模继续扩大。胡俊琨②通过人民币跨境流通对红河州边境地区经济的影响研究认为人民币跨境流通促进了边境地区经济金融发展，但也带来了一些需要研究和解决的新课题，要进一步规范和推动边境地区人民币的跨境使用。雷钧③通过人民币境外流通及其对我国经济的影响分析认为我国应与周边国家加强金融合作，进一步完善人民币的汇率形成机制，扩大人民币资本账户下使用范围，尝试建立人民币离岸金融中心，以实现人民币的国际化。邓微子④通过人民币境外流通的研究认为应通过人民币跨境贸易结算的扩大稳步推动人民币走向国际化。樊永勤⑤通过对云南边境人民币流通现状、特点和存在问题的研究认为要建立健全监测工作机制，建立双边银行结算平台，完善非居民存款账户管理政策等措施以加强风险防范。于明飞⑥通过实证分析认为人民币流存量的快速增长会促进边境地区贸易的持续快速发展，有利于促进金融业的对外开放进程。但是，也会成为市场预期通货膨胀强烈的重要推手，成为制约银行货币政策调控的有效性。庞浩然⑦通过人民币跨境流通的研究认为应以人民币跨境流通为出发点，不断扩大人民币在国际市场中的

---

①　鲁炳荣：《人民币在周边国家和地区流通现状和原因浅析》，《中国集体经济》2007 年第 9 期。

②　胡俊琨：《人民币跨境流通对红河州边境地区经济的影响对策探析》，西南财经大学，硕士学位论文，2008 年。

③　雷钧：《人民币境外流通现状及对我国经济的影响分析》，《中国农业银行武汉培训学院学报》2008 年第 1 期。

④　邓微子：《人民币境外流通与国际化》，湖南大学，硕士学位论文，2011 年。

⑤　樊永勤：《人民币跨境流通对边境银行业金融安全的影响及相关对策研究——以云南边境为例》，《第十届 WTO 与中国国际学术年会论文集》，2011 年。

⑥　于明飞：《跨境流通中人民币流通、存量的动态反馈机制研究——基于云南边境地区人民币流通情况的实证分析》，云南财经大学，硕士学位论文，2011 年。

⑦　庞浩然：《人民币跨境流通的问题与对策》，对外经济贸易大学，硕士学位论文，2011 年。

影响和地位，强化人民币的部分国际货币职能，顺势推动人民币国际化进程。孙雪峰、龙超[1]通过对人民币跨境流通的研究认为人民币已经成为周边国家持币及边贸结算的首选货币，人民币跨境流通已经呈现出区域化雏形和不断扩展的态势。黎世才[2]通过对人民币在越南芒街的流通状况调查分析认为人民币在越南芒街流通的规模越来越大，甚至出现了替代当地货币的趋势。

（三）人民币在周边国家贸易结算研究

郑艳玲[3]通过对中缅贸易发展的研究认为应加强中缅货币金融合作，落实相关政策以推动人民币使用的便利化。吴萍、段万春[4]通过对中缅边贸货币结算存在的障碍研究认为应建立一个适应市场经济、科学规范的金融服务和银行结算体系和货币兑换体系，并建立区域内的危机救助机制。苏飞雨[5]通过对中越边境贸易人民币结算的研究认为应鼓励在直接投资中使用人民币计价结算。孙磊[6]通过对瑞丽"地摊银行"的调查分析认为我国政府应完善边贸结算体系的政策支持，我国银行应提供更为便捷的金融结算服务支持，同时还要加强与缅甸政府、银行的沟通和合作。孙晓娜[7]通过对跨境贸易人民币结算的研究认为构建畅通的人民币回流渠道是推进跨境贸易人民币结算业务进一步发展的必要条件。吴珩[8]通过对跨境贸易人民币结算业务策略的研究认为跨境贸易人民币结算对于推动我国与其他国家和地区的经贸发展，

---

① 孙雪峰、龙超：《人民币跨境流通现状及影响》，《时代金融》2012 年第 3 期。
② 黎世才：《人民币在越南芒街流通状况调查》，《区域金融研究》2012 年第 11 期。
③ 郑艳玲：《中缅贸易急需人民币主沉浮》，《时代金融》2008 年第 7 期。
④ 吴萍、段万春：《中缅边贸货币兑换障碍问题探讨》，《商业研究》2008 年第 1 期。
⑤ 苏飞雨：《基于贸易视角的中越人民币结算研究》，广西大学，硕士学位论文，2010 年。
⑥ 孙磊：《瑞丽"地摊银行"调查分析》，《云南财经大学学报》2010 年第 6 期。
⑦ 孙晓娜：《跨境贸易人民币结算研究》，河北大学，硕士学位论文，2011 年。
⑧ 吴珩：《跨境贸易人民币结算业务发展策略研究》，南昌大学，硕士学位论文，2012 年。

改善中国的贸易条件具有重要的现实意义。鲁刚①通过研究认为要解决跨境贸易人民币结算的制约因素，需要克服优势货币的使用惯性，理顺交易渠道，完善金融市场建设，并加大政府的支持。孙润生②通过研究人民币在周边国家贸易结算的现状及存在问题，提出要通过相关政策来推动我国跨境贸易人民币结算事业更好更快的发展。刘申、李继云③以云南为例对跨境贸易人民币结算的区域金融效应分析认为应开展国际金融协调与合作，加快完善金融服务体系，建设昆明金融中心。

（四）CAFTA 框架下人民币区域化研究

覃延宁④通过对人民币在东盟区域化的研究认为随着中国—东盟自由贸易区建立进入实施阶段，人民币的区域化进程进一步加快，应摆脱不利因素的影响，使人民币区域化有序健康发展。范祚军、关伟⑤通过对 CAFTA 框架下贸易和货币竞争的研究认为人民币区域化可以分为四个阶段推进：第一阶段把人民币的境外流通纳入正规的金融服务体系；第二阶段加强对人民币境外流通的综合管理；第三阶段使人民币成为东盟国家的投资资产；第四阶段使人民币成为东盟国家的储备资产。封大结⑥通过对中国周边国家地区人民币流通状况的研究提出应抓住中国—东盟自由贸易区建立的机遇推动人民币

①　鲁刚：《当前人民币跨境贸易结算的现状与问题探讨》，浙江大学，硕士学位论文，2013 年。
②　孙润生：《中国跨境贸易人民币结算研究——以中国东盟自由贸易区为例》，首都经济贸易大学，硕士学位论文，2013 年。
③　刘申、李继云：《跨境贸易人民币结算的区域金融效应——以云南为例》，《红河学院学报》2014 年第 4 期。
④　覃延宁：《人民币在东盟区域化发展的现状及建议》，《南方金融》2004 年第 9 期。
⑤　范祚军、关伟：《基于贸易与货币竞争视角的 CAFTA 人民币区域化策略》，《国际金融研究》2008 年第 10 期。
⑥　封大结：《中国周边国家地区流通的人民币国际化问题研究》，广西大学，硕士学位论文，2008 年。

国际化。王旭①通过对滇缅边境人民币区域化的研究认为人民币区域化对反洗钱工作带来种种困难，提出应加强反洗钱合作。国务院发展研究中心课题组②通过对人民币区域化的条件与路径进行研究，提出在国际贸易中推广使用人民币计价、结算，开启人民币离岸市场，继续推动人民币互换计划，支持国际货币体系重组，稳步推进资本项目开放等措施推进人民币区域化。范祚军、夏梦迪③通过对越南金融供给缺口问题的研究提出以拓宽政策性金融服务领域，构建区域内跨国金融体系和推进人民币区域化等方式促进越南金融供给。范祚军、黄立群④认为推进人民币区域化的条件已经成熟，应通过大力推进试点建设，建立人民币离岸市场，允许境外结算银行或代理行参与同业拆借等策略推进人民币区域化。刘璐⑤通过对人民币在中南半岛区域化背景与条件的分析认为人民币在中南半岛国家的国际化已经具备一定的基础和条件，但要成为真正的区域性国际性货币还有诸多问题需要解决。

（五）人民币国际化研究

从人民币国际化视角研究的成果来看，可谓汗牛充栋。施瑾⑥通过对人民币国际化问题研究认为人民币在周边地区的流动呈现出区域性特点和差异性特征，是一个自发的过程，而不是政府政策推动的结果。刘文刚⑦通过对

---

① 王旭：《浅析滇缅边境人民币区域化对反洗钱工作的影响——以缅甸果敢冲突为案例》，《时代金融》2010年第5期。

② 国务院发展研究中心课题组：《人民币区域化条件与路径》，中国发展出版社2011年版。

③ 范祚军、夏梦迪：《以区域金融合作缓解越南金融供给缺口的实证分析》，《区域金融研究》2011年第2期。

④ 范祚军、黄立群：《"10+3"框架下的人民币区域化推进策略》，《东南亚纵横》2011年第9期。

⑤ 刘璐：《人民币在中南半岛区域化的背景与条件分析》，《时代金融》2013年第9期。

⑥ 施瑾：《人民币国际化问题研究》，上海大学，硕士学位论文，2006年。

⑦ 刘文刚：《人民币国际化的初步探讨》，首都经济贸易大学，硕士学位论文，2006年。

人民币国际化的研究认为人民币国际化是中国经济政治发展的必然选择。唐爱朋①通过对人民币国际化的研究认为人民币在中国与东盟框架协议内成为关键货币，才能在国际货币竞争格局中赢得利益。张青龙②通过人民币国际化研究认为中国与周边国家和地区乃至世界各国经贸往来的不断加深，人民币国际化进程将进一步向前推进。闵娟③通过对人民币国际化问题研究认为中国要成为政治强国就必须参与货币国际化角逐。严华④通过对人民币国际化问题的研究认为人民币在东南亚国家已经成为事实上的硬通货，推动人民币成为世界货币具有极其重大的意义。高洁⑤通过对人民币周边流通状况的研究认为周边国家和地区对人民币的认可和接受人民币作为交易货币和国际结算手段，以及人民币在境外流通，人民币的国际化趋势渐现，从而提出走一条"市场演进+政府主导"的国际化之路。黎杰生⑥通过对人民币国际化的研究认为人民币成为国际货币是整体政治经济实力发展的必然选择。董玉峰⑦通过对人民币的国际化研究认为应从边贸和旅游出发率先实现人民币的周边化，再次实现人民币的区域化，最终在人民币区域化的基础上实现全球化。王茜⑧通过对人民币国际化模式研究认为人民币国际化应以现有条件和发展状况为基础，以区域化为重点，按自身的模式稳步发展。马芸⑨通过对人民币国际化的路径研究认为人民币应首先在周边国家实现流通，在此基础

---

①　唐爱朋：《人民币国际化的路径研究——基于 OCA 理论的分析》，中国海洋大学，硕士学位论文，2006 年。

②　张青龙：《人民币国际化问题研究》，复旦大学，博士学位论文，2006 年。

③　闵娟：《人民币国际化问题研究》，厦门大学，硕士学位论文，2006 年。

④　严华：《人民币国际化问题研究》，西南财经大学，硕士学位论文，2007 年。

⑤　高洁：《人民币国际化——基于人民币周边流通状况分析》，厦门大学，硕士学位论文，2007 年。

⑥　黎杰生：《人民币国际化问题研究》，首都经济贸易大学，硕士学位论文，2008 年。

⑦　董玉峰：《人民币国际化的路径选择与策略研究》，河北大学，硕士学位论文，2009 年。

⑧　王茜：《人民币国际化模式选择分析》，对外经济贸易大学，硕士学位论文，2010 年。

⑨　马芸：《人民币国际化的国际借鉴与路径选择研究》，南京师范大学，硕士学位论文，2010 年。

上实现人民币的区域化，最后才能走向国际化。邱礼海[1]通过对人民币国际化的前景与挑战研究认为顺应市场选择，人民币国际化自然水到渠成。苗超杰[2]通过对人民币国际化研究认为推进人民币国际化需完善金融监管机制，加快实现利率市场化，推进资本项目的可自由兑换，同时要防范金融风险。孙辉[3]通过人民币国际化的汇率制度研究认为人民币汇率制度改革的目标要与人民币从周边化到区域化再到国际化的三步走战略相协调。马昱[4]通过对人民币国际化研究提出在深化金融体制改革的基础上完善监管体系，稳步推进人民币国际化进程。孟思[5]通过对人民币国际化经验借鉴研究认为应进一步提高人民币在周边国家的地位，以对抗美元惯性影响，实现更大范围的人民币区域化，进而逐步实现全球范围的人民币国际化。范祚军、何安妮、阮氏秋河、周南成[6]通过人民币国际化战略研究认为国家应调整人民币国际化战略，布局人民币区域化，应首推人民币东盟化。范祚军、唐文琳[7]通过对人民币的国际化条件研究认为人民币的国际化需满足包括国力条件、金融市场条件、金融体制条件和汇率利率条件等。乔艳丽[8]通过对美国次贷危机后我国人民币国际化问题的研究认为经济发展是人民币国际化的基础，金融市场的高度发展与开放是人民币国际化的关键要素。陈雨露[9]通过对"大金融"战略的研究提出人民币国际化的两个"三步走"战略。即：在人民币

---

①　邱礼海：《人民币国际化：前景与挑战》，江西财经大学，硕士学位论文，2010年。

②　苗超杰：《我国人民币国际化问题研究》，首都经济贸易大学，硕士学位论文，2010年。

③　孙辉：《人民币国际化的汇率制度研究》，广西大学，硕士学位论文，2011年。

④　马昱：《人民币国际化研究》，《商情》2011年第15期。

⑤　孟思：《人民币国际化的国际经验借鉴》，云南财经大学，硕士学位论文，2011年。

⑥　范祚军、何安妮、阮氏秋河、周南成：《人民币国际化战略调整：区域布局与整体推进》，《经济研究参考》2012年第23期。

⑦　范祚军、唐文琳：《人民币国际化的条件约束与突破》，人民出版社2012年版。

⑧　乔艳丽：《我国现阶段人民币国际化问题研究》，对外经济贸易大学，硕士学位论文，2012年。

⑨　陈雨露：《走向核心国家：中国的"大金融"战略与发展路径》，中国发展出版社2013年版。

崛起的使用范围上，先周边化，后区域化，再国际化；在人民币充当世界货币的功能上，先贸易结算化，后金融投资化，再国际储备化。郭姗姗①通过对人民币国际化的实现路径研究认为随着人民币在周边国家流通范围不断扩大，以及人民币的国际影响力和国际信誉的提高，推动人民币国际化无论是对中国还是对世界都具有非常重要的意义。程诺②通过人民币国际化的可行性分析认为人民币已经在周边国家和地区的广泛流通和跨境贸易人民币结算范围逐步扩大，以及签订双边互换协议的情况来看，人民币国际化势在必行。

　　从上述文献资料的综述来看，虽然文献资料的收集不尽齐全，但总体上来说针对中国东南周边国家这个区域所做的研究还存在明显不足，尤其是从人民币走出去战略角度所做的研究成果更不多见。这就为本课题的拓展研究创造了空间。为此，本课题在前人研究成果的基础上，试图结合中国东南周边10个国家金融发展情况来探索人民币走出去战略，从而提出较为系统的人民币走出去战略思路，以进一步丰富前人的研究成果。

三、本课题研究重点与研究思路

（一）研究重点

　　1. 对中国东南周边国家的金融现状及其发展趋势的分析。通过对中国东南周边国家的金融现状分析，研判中国东南周边国家的金融发展趋势。

　　2. 对中国东南周边国家的人民币流通考察和需求情况分析。通过对中国东南周边国家人民币流通考察和需求情况的分析，把握人民币境外流通和需求的趋势，为人民币走出去创造有利条件。

　　3. 探索人民币走出去的可复制可推广经验。在借鉴国际经验的基础上，

---

① 郭姗姗：《人民币国际化的实现路径分析》，河南大学，硕士学位论文，2013年。
② 程诺：《人民币可行性分析》，《辽宁广播电视大学学报》2014年第2期。

通过对云南、广西沿边金融综合改革试验区的试验示范效应的分析，为人民币走出去探索可复制可推广经验。

4. 人民币走出去战略研究。通过研究阐明人民币走出去的战略定位、战略目标、战略步骤、战略路径和战略保障。

（二）研究思路

围绕课题研究目标，利用理论推理与规范研究，资料与实际情况相结合的方法，对中国东南周边国家的金融现状及其发展趋势、滇桂沿边金融综合改革试验区的试验示范、广西建设面向东盟的金融开放门户和人民币走出去战略进行详细的理论和实际分析，以保证课题研究的科学性、可行性、实用性和指导性。

围绕课题设计的研究目标，首先对目前已有的研究成果进行系统梳理，在此基础上，考察中国东南周边国家金融现状及其发展趋势，进而研究人民币在中国东南周边国家的流通与需求情况，为人民币走出去提供实践依据。其次在阐明人民币走出去战略的理论支撑和国际主要货币国际化的经验基础上，分析人民币走出去战略的条件。再次在综合分析评估滇桂沿边金融综合改革试验区试验示范效应的基础上，研究提出人民币走出去的战略定位与目标选择、战略步骤与路径。最后提出实施人民币走出去战略的保障措施。

第三节　研究方案

前文在对国内外研究综述的基础上提出了本课题研究重点和研究思路。以下将对研究的思路具体化，提出本课题的框架安排及研究的主要内容、核心观点，并为研究的具体实施做出具体安排，并确定研究方法和研究的技术路线。

一、框架安排及主要内容

（一）框架安排

导论。主要阐明课题的研究背景、研究意义、研究框架及主要研究内容、研究方法与研究思路、创新与不足等问题。

第一章，中国东南周边国家金融发展。通过对中国东南周边的新加坡、文莱、马来西亚、印度尼西亚、菲律宾、泰国、越南、柬埔寨、老挝、缅甸的金融现状及其发展趋势进行分析研判，摸清中国与中国东南周边国家的金融合作现状，进一步分析中国与这些国家的金融合作前景。

第二章，中国东南周边国家人民币流通与需求。通过对中国东南周边的新加坡、文莱、马来西亚、印度尼西亚、菲律宾、泰国、越南、柬埔寨、老挝、缅甸的人民币流通与需求情况进行分析，摸清人民币在中国东南周边国家的流通状况和人民币在中国东南周边国家的需求态势，从而把握人民币的基本走向。

第三章，沿边金融综合改革试验区的试验示范效应。通过对滇桂沿边金融综合改革试验区的运作情况、成效及其存在的问题与原因进行分析，提出沿边金融综合改革试验区的深化发展方向，为人民币走出去战略提供实践依据。

第四章，人民币走出去战略的理论支撑。通过对货币替代理论、区域汇率协作理论、最优货币区理论、一体化货币金融理论及其他货币金融理论的研究，试图从中得到一些启示，为人民币走出去战略提供理论支撑。

第五章，人民币走出去战略的国际经验借鉴。通过对美元、欧元、日元三大货币的国际化经验教训进行分析，试图从中得到一些启示，为人民币走出去战略的实施提供经验借鉴。

第六章，人民币走出去战略的条件。通过对货币竞争条件、综合国力条件、金融体制条件、金融市场条件、汇率利率条件的分析，研究人民币走出去战略需具备的条件。

第七章，人民币走出去战略的目标与路径。在对中国东南周边国家金融发展、中国东南周边国家人民币流通与需求、沿边金融综合改革试验区以及人民币走出去战略的理论支撑、人民币走出去战略的国际经验借鉴以及人民币走出去战略条件分析的基础上，阐明人民币走出去战略的定位、目标、步骤与路径。

第八章，人民币走出去战略的保障措施。通过推进汇率利率市场化改革、建立健全金融市场体系、建立健全金融体制、加强金融监管国际协调、进一步提升综合国力、营造和谐的国际合作环境等措施，为人民币走出去战略的实施提供重要保障。

（二）主要内容

1. 中国东南周边国家金融发展

中国东南周边国家的金融发展水平是有差异的。新加坡是中国东南周边国家中金融发展水平最高的国家，金融开放程度高，是区域性国际金融中心，也是人民币离岸金融中心，金融市场较为发达，是市场主导型国家，高度重视和加强与中国各领域的合作，特别是金融领域的开放合作。马来西亚和菲律宾都属于市场主导型国家，重视发挥市场作用，重视金融市场建设，以市场为主导建立具有自身特点的金融结构，这种特点的金融结构与其经济发展水平是匹配的，中国与这些国家的金融合作，除了加强金融机构之间的合作外，要侧重于加强在金融市场领域的合作。文莱是一个小型经济体，是一个银行主导型国家，伊斯兰金融发展对中国具有重要的借鉴意义。文莱的金融结构与其经济发展水平是相匹配的，较好地促进了本国经济的发展。印度尼西亚是一个人口较多的国家，其金融结构属银行主导型，其银行业的发展在金融结构中占据主导地位，经济发展主要是通过银行机构融资发展，银行主导型的金融结构与其经济发展水平是相匹配的。越南、柬埔寨、老挝、缅甸都属于湄公河流域国家，越南和柬埔寨还参与了泛北部湾区域经济合作，这四个国家的金融发展水平大体相当，都是银行主导型国家，其金融结构与其经济发展水平是匹配的，中国与这些国家的金融合作，要把重点放在加强金融机构之间的合作，以此为基础不断拓展合作领域和合作空间。泰国是一个从银行主导型金融结构向市场主导型金融结构转变的国家，其金融市场开放程度较高，金融体系较为完善，重视与中国的金融合作，其金融结构与其本国的经济发展水平相适应。总体来看，中国东南周边国家根据本国国情建立起来的金融结构与其本国的经济发展水平是相适应的。随着区域经济一体化的推进，中国东南周边国家都在加强金融改革创新，积极推进金融市场发展。中国与中国东南周边国家的金融合作具有广阔前景，是人民币走出去的首选区域，中国应不失时机地推动人民币走出去。

2. 中国东南周边国家人民币流通与需求

首先对中国东南周边国家的人民币流通状况进行综合考察。对中国东南周边 10 个国家的人民币流通状况进行分别考察，主要从中国东南周边国家将人民币作为储备货币或贸易结算货币的角度进行分析。

其次对中国东南周边国家的人民币需求进行分析。对中国东南周边 10 个国家的人民币需求进行分别分析，主要利用贸易、投资、旅游的数据进行分析。中国对中国东南周边国家的进出口贸易额、直接投资额以及出境旅游人数都呈逐年增长趋势，标志着中国与中国东南周边国家的经贸合作越来越紧密，特别是在美元汇率不稳定的背景下，国际货币格局也处于深度调整中，人民币价值稳中有升，强势货币特征显现，使中国东南周边国家对人民币的需求意愿增强，中国东南周边国家也将人民币纳入了储备货币或结算货币范畴。因此，通过加强贸易、投资和旅游等领域的合作，促进人民币贸易结算、人民币投资和人民币旅游消费将成大势，未来人民币也必将成为中国东南周边国家的重要储备货币。

3. 沿边金融综合改革试验区的试验示范效应

沿边金融综合改革试验区建设是促进中国与中国东南周边国家加强金融

合作的制度性创新实践平台，旨在推进沿边金融、地方金融和跨境金融改革创新。通过几年的改革创新实践，沿边金融、地方金融和跨境金融改革创新都取得了显著成效，沿边金融、地方金融和跨境金融都得到了很好的发展，取得了重要突破。特别是在跨境金融领域的创新实践，探索形成了人民币与越南盾、人民币与瑞尔、人民币与泰铢的汇率形成机制，开辟了人民币与越南盾、人民币与瑞尔、人民币与泰铢的银行间交易，越南盾、泰铢的跨境调运实现了突破，建立了人民币回流机制。但是，沿边金融综合改革也存在一些问题，面临一些困难，需要进一步探索实践，不断实现新突破，使沿边金融综合改革试验区建设不断深化发展。根据未来中国与中国东南周边国家的金融合作趋势，应围绕人民币跨境使用为重点不断深化改革创新，加快形成人民币跨境使用的体制机制，把沿边金融综合改革试验区打造成为中国与中国东南周边国家金融合作的重要门户。

4. 人民币走出去战略的理论支撑

通过对货币替代理论、区域汇率协作理论、最优货币区理论、一体化货币金融理论以及其他货币金融理论的研究，对人民币走出去战略的研究具有重要的启示意义。中国作为世界第二大经济体、世界第一贸易大国、第一大国际储备国和负责任大国，在全球经济格局中具有举足轻重的地位和影响，特别是在中国东南周边国家中的地位和作用更加突出。推进人民币走出去战略的实施，毫无疑问应首选中国东南周边国家。通过加强金融合作，推动人民币成为该区域使用的关键货币，有利于促进区域经济金融一体化发展。

5. 人民币走出去战略的国际经验借鉴

从对美元、欧元、日元三大货币的国际化经验教训来看，三大货币的国际化经验教训对于人民币走出战略的实施具有重要的启示意义。首先从美元国际化来看。美元国际化是第二次世界大战后，通过建立美元与黄金挂钩、其他国家货币与美元挂钩的国际货币体系，从而使美元走向了国际化，成为国际化货币，并在相当长的时期里成为实际上的世界霸权货币。欧元的国际化与欧洲货币一体化实际上是同步推进的，欧元诞生之日，也是欧元国际化之日。欧元是在主权国家让渡货币主权的基础上，建立单一货币欧元，并走向国际化。欧元的国际化对于促进中国与中国东南周边国家的货币金融合作，推动人民币走出去具有重要的启示意义。日元国际化可谓一波三折，教训深刻。日本作为亚洲国家，曾经提出建立以日元为主导的亚洲货币体系，但由于美国的干扰以及亚洲国家的不认同，最终夭折。但日元国际化的教训对人民币走出去战略的研究同样具有启示意义。在中国东南周边国家推进人民币的跨境使用，首先面临的是与日元的竞争问题，要推进人民币走出去行稳致远，需要营造更加有利的条件和良好氛围。

6. 人民币走出去战略的条件

推进人民币走出去战略，需要满足一定的条件。首先是货币竞争力条件。在国际货币竞争格局中，作为一国货币要在现有国际货币格局中赢得信任，需要保持币值稳定，并在国际货币格局中的占比不断提高。随着人民币加入特别提款权，人民币的国际地位在提升，人民币的使用程度在日益提高，人民币的国际竞争力也在提高。其次是综合国力条件。中国已经成为世界第二大经济体和第一大国际贸易国，硬实力和软实力都显著增强，中国的国际贸易地位、国际经济地位、国际政治地位和对外投资地位已经显著提高，具有推进人民币走出去战略的坚实基础。第三是金融市场条件。推进人民币走出去战略，需要有完善的国际化货币市场、国际化资本市场和国际化衍生品市场。目前，中国的国际化货币市场健康发展，国际化资本市场建设稳步推进，国际化金融衍生品市场逐步完善。第四是金融体制条件。推进人民币走出去战略，需要资本项目的开放和可兑换、完善的金融监管制度和金融机构的国际化。目前，资本项目已经达到了一定的开放条件，金融监管制度在不断完善，金融机构在向国际化方向迈进。第五是汇率利率条件。推进人民币走出去战略，汇率利率条件很重要。从汇率条件来看，需要汇率机制的相对透明和增强主权货币的信任，需要建立健全货币互换机制，加快形成人民币的汇率形成机制。目前，已经建立了人民币与越南盾、人民币与瑞尔、人民币与泰铢的汇率形成机制。从利率条件来看，利率与汇率是相互影响相互制约的，利率对资本流动规律的影响是短期的，是以套利资本的流动为前提的，利率对汇率的影响主要取决于资本账户开放的影响效果。

7. 人民币走出去战略的目标与路径

推进人民币走出去战略，要以习近平新时代中国特色社会主义思想为指引，加强党对金融工作的领导，贯彻新发展理念，坚持稳中求进的工作总基调，遵循金融发展规律，充分发挥地缘优势，立足中国东南周边国家，辐射RCEP，拓展"一带一路"，以沿边金融综合改革试验区、面向东盟的金融开放门户、自由贸易试验区为重要载体平台，以推动人民币面向中国东南周边国家跨区域使用为重点，深化金融合作和金融改革创新，努力推进人民币区域性国际化，最终实现人民币国际化。推进人民币走出去战略，要遵循如下原则：一是坚持市场主导与政府引导原则；二是坚持本币驱动与服务实体原则；三是坚持稳妥有序与风险可控原则；四是坚持创新发展与人才引领原则。根据中国东南周边国家的区域特点，人民币走出去战略的实施可以按照区域步骤和职能步骤分步实施。从区域步骤来看，可以按照泛北部湾区域合作和大湄公河次区域合作两个不同区域协同推进。从职能步骤来看，要按照贸易结算货币、投资货币和储备货币的次序依次推进，但也不能过于拘泥，在依次推进的过程中，可以相互交叉推进。鉴于中国东南周边国家与中国的既有合作基础，人民币走出去战略的实施路径，要通过贸易结算、电子商务、基础设施投资、产业园区建设、旅游以及通过金融机构走出去等路径带动人民币走出去。

8. 人民币走出去战略的保障措施

首先要完善汇率利率机制。在中国与中国东南周边国家现有汇率机制的基础上，进一步建立健全汇率协调机制；基于面向东盟的金融开放门户平台，积极推进利率市场化改革，探索建立与中国东南周边国家的利率协调机制。其次要完善金融市场体系。要加快完善人民币离岸金融市场和人民币结算清算服务系统，积极推进债券市场的合作发展。只有建立健全金融市场体系，才能更好地推动人民币走出去。第三要完善金融体制机制。通过加快完善跨境贸易人民币结算制度、跨境人民币投资制度、跨境人民币融资制度、跨境人民币使用制度、外汇管理制度、跨境金融合作制度、沿边金融合作制度、金融主体合作制度和金融人才制度等制度，为人民币走出去提供制度保障。第四要加强金融监管国际协调。通过加快完善跨区域金融监管协调机制、跨区域金融危机救助机制、跨区域金融风险预警机制和跨区域金融机构退出机制等机制，有效规避和防范化解人民币走出去的风险挑战。第五要进一步增强综合国力。综合国力是人民币走出去的重要基础。只有增强综合国力，才能扩大对中国东南周边国家的综合影响。特别是中国周边省区的综合实力对中国东南周边国家的影响至关重要。第六要营造和谐的国际合作环境。通过营造和谐的国际合作政治环境、社会环境和经济环境，为推进人民币走出去战略营造良好氛围。

（三）核心观点

1. 人民币走出去的金融基础和条件已经具备

2008 年以来，中国政府分别与韩国、阿根廷等 6 个国家和地区签订了人民币互换协议，并于 2009 年在上海、广州等五个城市开始了跨境贸易人民币结算试点；之后又增加广西、云南、海南、四川、内蒙古等 14 个省（直辖市、自治区）作为开展人民币贸易结算试点区域。2013 年，经国务院同意，中国人民银行等 11 个部委联合印发《云南省广西壮族自治区建设沿边金融综合改革试验区总体方案》，为人民币走出去作出了制度性安排。2018年，国务院同意广西建设面向东盟的金融开放门户，将进一步深化人民币面向中国东南周边国家跨境使用为重点的体制机制改革，进一步夯实人民币走出去的战略安排。

2. 中国—东盟自由贸易区升级发展拓展了人民币周边区域化的成果

从已有的资料和研究成果的分析来看，人民币在中国东南周边国家的流通规模越来越大，甚至在一些国家的一些区域大有用人民币取代本币的趋势。随着中国—东盟自由贸易区的升级版打造，为规避汇率变动风险，使用人民币进行投资、贸易结算和旅游消费的偏好越来越大，使人民币周边区域化的成果得到进一步拓展。

3. 国际货币格局调整使货币互换合作下的人民币国际化增强了中国东南周边国家对人民币的认同

金融危机的爆发及其造成的不利影响，国际货币格局处于深度调整中，中国与一些国家加强了货币互换合作，签订了货币互换协议。在货币互换合作下推进了人民币的国际化进程。伴随着中国综合国力的提升与睦邻安邻富邻的周边外交战略的推进，中国与中国东南周边国家的货币互换合作增强了中国东南周边国家对人民币的认同，为人民币走出去战略营造了一个和平稳定、平等互信、合作共赢的周边环境，人民币走出去战略的基石进一步夯实。

4. 中国与中国东南周边国家的金融合作为人民币走出去战略的实施累积了区域性优势

金融危机对现行金融体系的冲击，加速了区域货币金融合作趋势，促使中国东南周边国家加快了金融改革，加强了金融监管国际协调，使中国与中国东南周边国家的货币金融合作进一步深化，中国与中国东南周边国家的经贸合作、投资合作、旅游合作越来越紧密，为人民币走出去战略的实施累积了区域性优势。

5. 沿边金融综合改革试验区的试验示范为人民币走出去战略的实施探索了"东兴模式"

经过几年的沿边金融综合改革试验，不仅推动了沿边金融、地方金融、跨境金融的发展，而且探索形成了可复制可推广的新模式新经验。建立了人民币与越南盾、人民币与瑞尔、人民币与泰铢、人民币与缅币的汇率形成机制，建立了中国—东盟货币指数发布机制。在中国东兴建立的中国—东盟货币业务中心，探索形成的人民币对越南盾的多家银行"抱团定价""轮值定价"的"东兴模式"，实现人民币对越南盾的直接报价兑换。"东兴模式"

已被上海国际金融中心作为报价参考。

6. 应不失时机地加快推进人民币走出去战略

从货币国际化的货币金融理论和主要国家货币国际化的经验教训分析来看，特别是自1998年东南亚金融危机以来，金融危机的教训和应对的方略，充分说明了中国作为一个负责任大国在其中所发挥作用的重要性。进入2020年以来，伴随新冠肺炎疫情而来的全球金融市场动荡已经波及中国东南周边国家，中国东南周边国家金融市场出现激烈动荡，并有可能引发金融危机。中国应抓住时机，在做好风险防控基础上，不失时机地加快推动人民币走出去，使人民币成为中国东南周边国家的主要交易货币和储备货币，加快实现人民币的区域性国际化。

二、研究方法与技术路线

（一）研究安排

1. 课题立项前的工作

课题组成员对课题的选题进行资料收集、文献梳理、调研和课题论证等前期准备工作，将资料和文献整理成综述，并就其中重点、难点问题进行深入研究和讨论，最后立题论证。在确定研究选题后，着手开展进一步研究。

2. 课题立项后的工作

（1）国内调研和数据资料收集。2016年和2017年，课题组对中国与越南的边境口岸——东兴、凭祥、平而、龙邦、水口等口岸，中国与老挝边境口岸——猴桥口岸，以及中国与哈萨克斯坦口岸——霍尔果斯口岸，中国与俄罗斯边境口岸——满洲里、绥芬河等口岸的货币流通和货币结算情况进行了实地调研，尤其是滇桂沿边金融综合改革试验区的调研工作，取得了重要的调研成果。2019年对中缅边境口岸——瑞丽、畹町等口岸的货币流通和货币结算进行调研，了解人民币跨境使用情况。2016年和2017年对广西金融办、中国人民银行南宁中心支行、防城港支行、北海支行、钦州支行、云南省金融办、国家开发银行广西分行、中国建设银行广西分行、中国工商银行广西分行、浦东开发银行南宁分行、中国进出口保险公司广西分公司、南宁市金融办、昆明市金融办等金融机构或部门，以及广西博览局、广西商务厅、广西发改委、广西外事办、广西北部湾经济区管委会、广西贸促会、广西农垦集团、广西大学中国东盟研究院等部门进行调研，收集第一手资料。2018年对中马"两国双园"进行调研。2019年对云南大学中国周边外交研究协同创新中心进行调研。

（2）国外调研和数据资料收集。课题立项以来，按照项目研究进度，2016年对老挝、马来西亚、印度尼西亚等国进行实地调研。2017年对泰国、文莱、柬埔寨等国进行考察调研。2018年对周边国家的越南、老挝、缅甸等国的边境地区进行实地调研和访谈，并形成调研报告。

（3）召开专家座谈会。2019年7月，在南宁主持召开中越国际学术研讨会，越方专家10人参会，中方专家10人参会，对中越金融合作进行深入研讨。2019年，邀请柬埔寨、菲律宾、韩国专家前来开展学术交流，就人民币跨境使用进行交流。2016年、2017年、2018年、2019年，课题组负责人连续受邀参加在南宁举办的第七届、第八届、第九届、第十届中国—东盟智库战略对话论坛，与东盟各国智库学者进行学术交流。多次参加中国亚太学会组织的"一带一路"专题研讨会，并与同行专家开展深入的学术交流。

（二）研究方法

1. 比较分析方法。通过对主要国家货币国际化的比较分析，找出它们的共同特点和可资借鉴的经验启示，为人民币走出去战略指明方向。

2. 静态与动态相结合的分析方法。静态分析主要考察中国东南周边国家的金融现状以及人民币在中国东南周边国家的流通与需求状况。动态分析主要以时间为纵轴分析中国东南周边国家的金融发展趋势以及中国东南周边国家的人民币的流通与需求和人民币走出去的环境条件。静态分析与动态分析相结合，不仅可以了解某一时间节点上中国东南周边国家的金融现状以及人民币的流通与需求情况；而且可以了解中国东南周边国家的金融发展趋势以及中国东南周边国家的人民币需求态势，从而把握人民币走出去的战略取向。

3. 理论分析与实际分析相结合的分析方法。理论分析主要研究人民币走出去的理论基础，为人民币走出去提供理论支撑；实际分析主要研判中国东南周边国家人民币的需求态势以及沿边金融综合改革试验区的试验示范效应，为人民币走出去战略提供实践依据。

（三）技术路线

本课题围绕课题的研究目标，利用理论推理和规范研究，资料与实际情况相结合的方法对中国东南周边国家的金融发展和人民币走出去战略进行理论和实证分析，以保证课题研究的科学性、可行性、实用性和指导性。

围绕中国东南周边国家金融发展和人民币走出去战略研究这一课题，首先对中国东南周边国家金融发展进行研究，分析研判中国东南周边国家的金融发展现状、发展特征及其与中国的金融合作；并对中国东南周边国家的人民币流通与需求进行分析；然后考察沿边金融综合改革试验区的试验示范效应；在此基础上对人民币走出去战略进行研究，先是从货币金融理论视角对人民币走出去战略的理论基础进行分析，并从三大货币的国际化视角进行经验教训分析，为人民币走出去战略提供经验借鉴，然后分析人民币走出去战略的条件，在此基础上对人民币走出去战略的定位、目标、步骤与路径进行研究，最后提出人民币走出去战略的保障措施。

第四节　创新与不足

一、创新之处

（一）学术思想的创新

本课题从中国东南周边国家的金融现状及发展趋势和人民币流通状况及对人民币的需求分析入手，对人民走出去战略进行探讨，创新性地对沿边金融综合改革试验区的试验示范效应进行分析评估，探索可复制可推广的新经验新模式，在此基础上阐明人民币走出去的战略选择。

（二）学术观点的创新

1. 本课题在对中国东南周边国家的金融现状分析的基础上，做出的趋势判断和中国与中国东南周边国家的金融合作建议的观点具有一定的创新性。本课题比较系统地按国别分别研究了各国的金融发展趋势，并提出了具有针对性和操作性的国别合作建议。

2. 本课题提出的人民币走出去战略是基于中国东南周边国家的货币流通与需求分析基础上提出来的。首先，在战略定位上，提出把中国东南周边国家作为人民币走出去的战略支点；其次，在战略目标选择上，提出人民币周边区域化的目标；第三，在战略步骤上，提出按照区域步骤和职能步骤的"两步骤"战略。区域步骤上按照泛北部湾区域合作和大湄公河次区域合作两大板块推进；职能步骤上按照贸易、投资、储备货币三大职能推进。第四，在战略路径上，按照贸易结算、基础设施投资、产业园区、跨境电子商务、旅游、金融机构国际化等路径带动人民币走出去。

3. 本课题对沿边金融综合改革试验区的先行先试研究，探索可复制可推广的新经验新模式，具有重要的创新性。通过对沿边金融综合改革试验区的先行先试研究提出了未来沿边金融综合改革试验区的深化发展方向。

（三）研究方法的创新

1. 本课题成果采用一些图表来分析和阐述问题，使观点更清晰更直观。

2. 对中国东南周边国家的人民币流通与需求分析，主要通过对贸易、投资、旅游等发展趋势，以及中国东南周边国家对人民币的喜好程度来判断中国东南周边国家的人民币需求倾向。并通过对沿边金融综合改革试验区的运作情况进行评估分析，动态地观测人民币的流通与需求态势。

3. 研究视角有创新性。本课题选取中国东南周边国家作为分析对象，具有较强的针对性和可操作性。中国东南周边国家是中国周边外交的优先方向，也是整体参与中国—东盟自由贸易区、RCEP 的国家，面向中国东南周边国家推动人民币走出去，实现区域性国际化，对推进人民币国际化具有示范意义。

二、不足之处

1. 对中国东南周边国家金融发展趋势的分析判断。由于对中国东南周边国家的金融发展现状分析的第一手材料较为缺乏，有的数据资料还略显陈旧，对中国东南周边国家的金融发展趋势判断可能存在偏差。

2. 对中国东南周边国家的人民币流通与需求分析。由于实地调研和数据收集的难度大，有的数据资料采用的是有关年鉴和文献资料的数据，给准确把握人民币境外流通与需求的特点和规律带来一定的难度，对人民币需求态势的分析可能存在偏差。

3. 人民币走出去战略的选择。对人民币走出去战略的研究是本课题的重点，更是本课题研究的难点。基于前面提到的两大难点，以及受到一些政治因素的影响，使人民币走出去战略的选择增加了难度，因此提出的战略选择可能不是很到位或不够精准。

第一章　中国东南周边国家金融发展

通过对中国东南周边 10 国的新加坡、文莱、马来西亚、印度尼西亚、菲律宾、泰国、越南、柬埔寨、老挝、缅甸的金融现状及其发展趋势进行分析研判，摸清中国东南周边国家的金融发展环境，把握其发展态势，探索中国与中国东南周边国家的金融合作前景及合作取向。

中国与中国东南周边国家形成了两大区域合作组织。一是泛北部湾区域经济合作组织。参与泛北部湾区域经济合作的国家有新加坡、文莱、印度尼西亚、马来西亚、菲律宾、越南、泰国、柬埔寨和中国。近年来，泛北部湾国家的金融合作日益加强，呈现出勃勃生机。泛北部湾区域经济合作是 2006 年提出来的，至今已经 15 年了，在广西南宁连续举办了 11 届泛北部湾区域经济合作论坛。泛北部湾区域经济合作开展以来，在泛北部湾国家的共同努力下，已经取得了许多务实的成果。金融领域的合作日益加强，取得新进展。近年来，中国东南周边国家的经济发展受到国际金融危机的重创，经济发展速度有所放缓，但总体态势向好，经济发展充满活力。由于中国东南周边国家经济发展水平的差异性，金融发展水平也有所不同。因此，中国东南周边国家与中国在货币金融领域的合作水平也参差不齐。总体上来说，参与泛北部湾区域经济合作的国家的经济金融发展水平相对较高，与中国的经济金融合作程度相对紧密。二是大湄公河次区域经济合作组织。参与大湄公河次区域经济合作的国家有中国、越南、老挝、缅甸、柬埔寨、泰国。参与大湄公河次区域经济合作的一些国家同时也是参与泛北部湾区域经济合作的国家。如越南、柬埔寨、泰国。大湄公河次区域合作是大湄公河流域国家建立起来的区域合作组织，在亚洲开发银行的支持下，在农业、生态、基础设施建设等领域取得许多重要的成果。在大湄公河次区域经济合作的基础上，又建立了澜沧江—湄公河合作新机制，为促进大湄公河流域国家合作发展，提供了新的助力。中国政府高度重视该区域合作，并发挥重要作用。如今，在金融领域的合作不断深化和拓展，具有广阔的发展前景。除中国外，参与大湄公河次区域合作国家的经济金融发展水平相对较低，与中国在经济金融领域的合作水平也相对较低。但发展潜力大，后劲足。大湄公河次区域合作以流域为纽带开展合作，与中国的合作起步较早，与中国的合作意愿较为强烈，希望通过加强与中国的经济金融合作，促进经贸稳定发展，实现合作共赢，造福各国人民。总体上来说，随着中国—东盟自由贸易区的建设和发展，特别是随着中国—东盟自由贸易区的升级发展，中国东南周边国家与中国的货币金融合作呈现出日益深化的发展趋势。

第一节　新加坡金融发展

新加坡的金融业以银行业和亚洲货币单位业务为主。2015 年，新加坡银行业总资产 10575.2 亿新元（约合 7692.2 亿美元），保险业总资产 2027.3 亿新元（约合 1474.7 亿美元），证券市场总资产 21.1 亿新元（约合 15.3 亿美元）。银行业集中度很高，以星展银行、华侨银行和大华银行为前三大银行，世界银行 GFD 数据库统计新加坡前五大银行资产集中度接近 1。离岸金融市场极其发达，2015 年，新加坡 80% 的资产管理规模来自外国，说明新加坡已经成为区域服务和国际投资的金融中心。

一、新加坡金融发展现状及其发展趋势

新加坡是泛北部湾区域经济合作组织成员，也是泛北部湾区域经济合作组织成员中金融发展水平最发达的国家，金融开放程度和市场化程度都比较高，重视金融创新，金融机构和金融工具种类齐全，金融组织体系完善，金融市场稳定，外资金融机构活跃，也是人民币的离岸金融中心。新加坡的金融发展适应了经济快速发展的需要，与新加坡作为国际金融中心的地位是相称的。近年来，新加坡十分重视与中国开展货币金融合作，使新加坡成为人民币的离岸金融中心，为人民币走出去搭建了重要的交易平台。

（一）新加坡金融发展现状

1. 高度集中的银行业结构

新加坡银行业是按先外国银行后本国银行的发展顺序发展起来的。19 世纪初期，由于新加坡港口贸易的不断发展，美国和欧洲一些国家开始涌入新加坡（新加坡当时属于马来西亚）投资橡胶园和锡矿等项目。随着经济的不断发展，华人企业家和富商也开始投资新加坡。在 19 世纪末 20 世纪初期，商业发展对金融的需求日渐活跃，出现了由华人家族经营的小型本地银行就有 10 多家。1932 年，华侨银行开始出现，由华商及华侨 3 家福建银行合并组成的华侨银行，规模较大。新加坡从马来西亚独立出来之后，新加坡政府在 1968 年成立了国有的发展银行，为国有企业提供融资和担保业务。但是，本地银行的规模一般不大，经营也较为落后，主要服务于本地居民和本地企业，在新加坡的全部银行市场上的表现并不突出。到了 20 世纪 60 年代至 70 年代，新加坡积极引进外资。新加坡政府为外国资本和外国银行的进入予以充分的支持和扶植，允许外国银行经营本地银行业务。但是，新加坡政府发现这样的政策不利于本地银行的生存和发展。为了促进本土银行业的发展，扩大投资规模，新加坡积极引进外国银行入驻。新加坡政府通过颁发限制性

银行执照和离岸性银行执照的方式，把外国银行和本土银行的业务做了明确划分，明确经营范围，并形成了完全执照银行、批发执照银行和离岸性执照银行三大执照银行。拥有完全执照的银行可以在新加坡经营所有银行业务，可以在新加坡开设一家以上的分行。到1971年止，共有13家当地银行和包括中国银行新加坡分行在内的24家外国银行，获得这一营业执照。完全执照银行可以同时获得亚洲货币单位执照，可以开展离岸业务。截至2016年3月，新加坡5家本地银行全部持有完全执照，在110家外国银行中有28家持有完全执照。批发执照银行，曾称为限制性执照银行，拥有批发执照的银行只能在新加坡境内设立1家办公机构，不能从事新加坡货币、定期储蓄存款业务。限制性执照银行可以获得亚洲货币单位执照，经营离岸业务。截至2016年3月，在119家外国银行中有53家持有批发执照。离岸性执照银行从1973年开始颁发，进入新加坡的外国银行大都持有离岸执照。但是，离岸银行业务主要经营亚洲货币单位交易。1978年之后，离岸银行可以同时经营国内金融业务，但需要满足一定的条件要求。离岸银行不得开展普通存款业务，不能吸收新加坡居民的定期存款。非新加坡居民的新加坡元定期存款只有大于等于25万新元才被允许。每家离岸银行开展的新加坡货币存款额度不能超过5000万新元。每家离岸银行只能在新加坡成立1家分行。截至2016年3月，在新加坡境内的119家外国银行中，只有38家银行获得离岸性银行执照。[①] 但是，近年来，新加坡金融管理局放开了执照限制，向更多合格的外国银行颁发完全执照。根据新加坡统计年鉴的资料，到2016年3月，获得三种执照的银行有119家，其中占比最高的是批发执照。这种用银行执照区分业务的金融体系，使得新加坡既引入了大量的优质外国银行，又很好地促进了本土银行的发展。在20世纪70年代末，在新加坡政府的促进下，10多家小型本地银行联合成为4个大型银行集团，即星展银行、大华银

---

① 李健、黄志刚、董兵兵等：《东盟十国金融发展中的结构特征》，中国社会科学出版社2017年版，第208页。

行、华侨银行、华联银行。至此，新加坡银行体系逐渐发展成为以星展银行、华侨银行、大华银行为前三大银行的高度集中的银行业结构。

2. 证券业发展迅速

新加坡的证券业发展经历了从无到有的 40 多年时间里，发展非常迅速。1965 年 8 月，新加坡共和国正式成立初期，新加坡和马来西亚共用一个证券交易所。1973 年 5 月，由于马来西亚政府中止了两国货币互换业务，证券市场也因此一分为二。1973 年 6 月，新加坡证券交易所开始正式营业，新加坡资本市场也因此发展起来。截至 2016 年 3 月底，新加坡共发放资本市场服务许可 533 家，其中证券交易 137 家、企业财务咨询 40 家、期货交易 68 家、基金管理 367 家、杠杆式外汇交易 27 家、证券托管服务 37 家、证券融资 17 家、信用评级服务 4 家、房地产投资信托管理 36 家。除了资本市场持牌机构，截至 2016 年 3 月底，获许信托公司 53 家，注册基金管理公司 273 家。

3. 离岸金融市场蓬勃发展

新加坡独立后，注重发展传统的中介和服务贸易。在推行国内工业化的同时，将打造国际金融中心作为发展目标，不断扶植金融机构发展，大力发展离岸金融市场，推行了一系列的扶持措施。1968 年 8 月，新加坡免除对非居民外汇存款利息的从源征税。1968 年 10 月，为了发展类似欧洲美元市场的亚洲美元市场，开设与国内金融市场完全分离的亚洲货币单位账户。亚洲货币单位账户是离岸外汇交易账户，与国内金融账户有严格区分，主要为了簿记和管理银行在亚洲美元市场的外币业务，同时也保证了金融政策独立性，避免在经济规模尚小、金融及资本市场尚未完善时直接使用新元进行管理导致的混乱。截至 2016 年 3 月底，新加坡经营货币单位的机构有 155 家，其中银行 122 家，商人银行 33 家。亚洲货币单位资产总量从 1989 年开始呈上升趋势，2014 年和 2015 年略有下降。亚洲货币单位的设立使新加坡吸收了大量周边国家的存款。银行同业的存款和贷款对国外的依赖程度一直高于国内。非金融机构在负债中所占的比重很大。1971 年，新加坡成立金融管理局，加强对金融机构的管理，越来越多的外国银行经营新加坡银行业。1983

年，新加坡对银团贷款手续费收入给以免税，离岸资产规模大于国内资产规模，但国内资产规模增长较快。根据新加坡金融管理局统计资料，从 1989 年到 2015 年，离岸资产规模从 3366 亿美元增长到 11558.2 亿美元，增长了 2.43 倍。从亚洲货币单位的总资产构成来看，2015 年新加坡离岸金融市场亚洲货币单位资产总额中，银行间资金占比最高，达到 47%，非银行客户贷款次之，占 35%，再次是债券证券，占比 10%，其他资产仅占 8%。

新加坡的所有银行都需要维持一个国内银行单位和一个亚洲货币单位。新加坡元交易只能在国内银行单位中预订，而外币交易通常在亚洲货币单位中预订。自 1968 年亚洲市场成立以来，国内货币单位和亚洲货币单位的划分和围绕其建立的监管框架已经形成，并有力地促进了新加坡银行业的发展，国内金融的稳定性得到了保障，允许对新加坡银行的国内银行业务实行额外的审慎要求，避免对新加坡银行的离岸活动造成不当的限制。

（二）新加坡金融发展趋势

1. 金融管理从严格监管到鼓励创新

新加坡早期对金融监管十分严格，任何法律没有明文许可的业务都被禁止。1998 年的东南亚金融危机之后，新加坡推行大规模的金融改革。虽然严格的金融监管使新加坡在金融危机中得以明哲保身，但也限制了新加坡金融市场的创新和发展。监管机构对商业银行的限制影响了对利润和机会的追逐。为了适应全球金融开放和一体化趋势，在 1998 年至 2000 年间进行了大规模的金融体制改革，成立了由李显龙负责的金融部门检讨小组，负责对新加坡股票市场、基金管理、债券市场、国债及风险管理、保险和再保险、企业融资以及全球电子银行等领域的整顿改革。新加坡的监管逻辑因此发生了变化，保持高度谨慎和严格的监管标准，管理重点从管制转向监督，以维护金融系统的稳定和信心。以风险控制为核心，进行自上而下的银行监管，银行评估以管理水平、风险管理与控制系统为重点，提高披露标准，增加透明性，鼓励市场自律，根据市场的变化时刻进行政策调整。监管转型后，新加坡管理当局开始大力推动资产管理业务的发展，推动新加坡成为亚洲的资产管理中心。新加坡金融管理局加强了对各个市场发展的可行性研究，在股票市场、债券市场、商品市场、外汇市场以及衍生品市场中，更加注重资产管理业务的发展，把优先发展资产管理业务作为吸引买方市场，带动其他市场发展的重要业务。为了吸引海外基金的兴趣，1998年，新加坡政府投资公司和金融管理局将350亿新元（约合210亿美元）的资金作为种子资金以市场运作方式进行管理。这笔资金运作方式引发了国际市场的关注。ABN-Amro、Capital International等国际资产管理公司将其全球调度中心转移到了新加坡。摩根士丹利资产管理部门、邓普顿、施罗德基金也拓展了在新加坡的业务。截至2015年底，由新加坡资产管理机构管理的总资产规模达到2.6兆美元，比上年增长9%。2015年，在新加坡注册获得执照的基金有37家。根据《2015年新加坡资产管理调查报告》的数据，2015年，新加坡80%的资产管理规模来自外国，其中50%来自亚太，18%来自北美，17%来自亚洲，新加坡在区域服务和国际投资中扮演了重要角色。

在金融市场建设方面也进行了一系列改革。新加坡股票交易所和新加坡国际金融交易所合二为一。1998年5月，新加坡中央公积金投资计划允许参与社保的公众，利用普通账户和特别账户的积蓄参与投资。鼓励中央公积金计划成员，将老年储蓄投资于固定存款、单位信托、年金、保险单以及债券等产品，优化配置投资组合以分散风险。对基金业实施税收激励计划，给予符合一定条件的基金管理公司10%的特许税率。

新加坡作为世界上最早发展和实施综合金融监管的国家之一，其金融监管体制已经非常成熟、非常完善。新加坡货币局作为新加坡货币委员会的常设机构，履行货币发行职能。金融监管局作为新加坡的金融监管部门，拥有很强的独立性和权威性，履行宏观审慎监管职责。新加坡金融监管局既是央行，也是金融业的监管机构，其职能是维持物价稳定、促进经济增长、促进就业、维持国际收支平衡，也对所有的金融部门进行监督管理。

新加坡金融机构主要包括银行、亚洲货币单位、财务公司、商人银行、保险公司、保险经纪公司、银行代表处、国际货币经纪、持牌财务咨询、资本市场持牌服务、信托公司、注册基金管理公司。截至 2015 年，资本市场服务机构以 533 家的规模成为新加坡金融结构数量最高的部门，占到 34% 的比重；其他的依次是注册基金管理公司占比 18%，保险公司占比 12%，亚洲货币单位占比 10%，银行占比 8%，保险经纪占比 5%，持牌财务咨询占比 4%，信托公司占比 3%，银行代表处占比 3%，商人银行占比 2%，国际货币经纪占比 1%。

2. 金融发展规模日益扩大

新加坡金融发展规模呈波浪式增长，其经济发展规模高度依赖国际市场。从 1981—2013 年的经济增长、广义货币量增长和通货膨胀率的变化趋势来看，新加坡的经济增长率波动较大，在 1985 年、1998 年、2001 年、2009 年分别出现负增长，体现了新加坡经济对世界经济发展的高度依存性。广义货币量增长波动幅度较大，在 1998 年东南亚金融危机时，广义货币量增长率达到 30.3%，自 2006 年以来基本保持下行趋势，体现了国际经济增长乏力给新加坡经济带来的增长引擎不足。通货膨胀率与广义货币增长率趋势基本相同，物价相对稳定，通货膨胀率大体保持在 5% 以下。

新加坡作为亚洲的金融中心，银行体系开放程度较高，经济货币化水平很高。1999 年 M2/GDP 达到 112.09%，广义货币首次超过国内生产总值，随后该指标稳中有升，近年来一直维持在 120% 以上。狭义货币化比率自 1980—2006 年的 26 年间一直维持在 21%—25% 之间，自 2007 年开始快速上升，在 2013 年达到 41.51%。这些数据的变化，充分表明新加坡经济货币化水平高，在中国东南周边国家中是位居前列的。

二、中新金融合作现状及其发展前景

（一）中新金融合作现状

新加坡的金融发展处于亚洲领先水平。由于地理位置优越、低税收和政府优惠政策，新加坡离岸金融市场在新加坡经济中占有重要地位。虽然银行集中度高，但是货币市场和资本市场活跃度高、资金融通能力强，属于市场主导型金融体系。同时，新加坡是亚太地区最大的外汇中心，在伦敦和纽约之后，位列全球第三。为了进一步打造国际金融中心，新加坡不断优化金融结构，在明确市场规则的前提下鼓励创新，推动银行业混业经营，不断提高外汇市场价格发现能力，增强流动性和透明度。

新加坡在中国和中国东南周边国家的经贸往来中扮演着极其重要的角色，无论是地域、文化，还是交易的便捷性，新加坡在中国东南周边国家都具有特定优势，中新金融合作对中国东南周边国家具有很强的辐射作用。新加坡位于马六甲海峡东端，是连接太平洋和印度洋的航运要道，虽然国土面积小，但却是东南亚各国的经济腹地，中新合作前景广阔。新加坡是华人社会，华裔华资企业多，对人民币的接受和使用程度较高。新加坡是马来西亚、印度尼西亚、菲律宾等国很多大型企业的财务和运营中心。这些大型企业与中国都有着密切的贸易和投资往来关系，为新加坡开展离岸人民币业务创造了得天独厚的有利条件。

中国是新加坡最大的贸易伙伴。2014 年，中新双边进出口贸易额达900.7 亿美元。2014 年，新加坡实际对中国投资 59 亿美元。截至 2013 年底，新加坡在华直接投资设立企业达 2 万多家，中资占股超过 50% 的新加坡注册企业超过 4000 家。2016 年上半年，新加坡对中国、中国香港、印度尼西亚和马来西亚的出口额分别占其出口总额比重为 12.4%、12.2%、7.7% 和11.0%，来自中国、中国台湾、马来西亚和美国的进口额分别占其进口总额的比重为 14.0%、7.9%、11.0% 和 10.9%。新加坡主要的顺差来源地是中国香港、印度尼西亚、泰国、越南。2016 年上半年，中国与新加坡双边贸易进出口额为 390.1 亿美元，新加坡对中国出口 197.7 亿美元，占其进出口总额的 14.0%。在中新双边贸易品类中，机电类产品是新加坡对中国出口的主要产品，然后是塑料、橡胶、化工产品和矿产品。机电产品也是新加坡自中国进口的首要商品，其次是矿产品和贱金属及制品。光学钟表、医疗设备、化工产品和纺织品及原料等也是新加坡自中国进口的主要商品大类。

2013 年 4 月，中国工商银行在新加坡开启了人民币清算行服务。新加坡与其他国家和地区的商业银行，借助人民币清算行服务系统，可以通过开立账户办理人民币业务，极大地提高了人民币在全球范围内的汇划效率和便利化，使人民币资金在海外的运用渠道进一步得到拓展。截至 2014 年 12 月，新加坡与中国境内发生的跨境人民币结算收付达到 1.1 万亿元，占全部海外市场的 11.1%，超过中国台湾和日本的结算量。2016 年 8 月，中国人民银行重庆营管部宣布，上半年重庆市与新加坡发生的跨境人民币实际收付结算量达到 50.5 亿元，占全市跨境人民币结算总量的 9.4%，同比提升 2.8 个百分点。新加坡已成为重庆市跨境人民币结算仅次于中国香港、中国台湾地区的第三大境外地域。

外汇市场方面，中国在银行间外汇市场引入人民币兑新加坡元的直接交易。新加坡人民币外汇日均交易量已经超过日本和伦敦，成为三地最高。2014 年上半年，新加坡人民币外汇日均交易量为 710 亿美元，香港人民币日均交易量达 300 亿美元，伦敦人民币日均交易量上升至 424 亿美元，新加坡人民币日均交易量为三地最高。新加坡金管局认为，新加坡在衍生品交易方面的优势是人民币交易量增长的重要原因之一。2015 年 2 月，新加坡人民币外汇日均交易量 655 亿美元，首次超过日元成为新加坡本地第三大外汇交易货币。

在货币市场方面，截至 2014 年 12 月末，新加坡市场各项人民币存款达到 2750 亿元。较 2013 年同期增加 800 亿元，同比增幅 41%。新加坡金管局已经开始正式向新加坡本地金融机构提供隔夜资金拆借（最多 50 亿元人民币），借此进一步提高新加坡各金融机构支持和参与人民币业务的积极性，为后续人民币资金池扩大提供支持。

在资本市场方面，中国证监会与新加坡政府签署了资本市场监管合作备忘录，双方加强了在证券期货领域的跨境监管合作与信息互换，有力地促进了双方资本市场的健康发展。截至 2016 年，已有 10 家机构在新加坡发行离岸人民币债券——狮城债，共计 172 亿元人民币，中国工商银行新加坡分行参与承销 108 亿元人民币，占比 63%。

中国人民银行通过与新加坡央行签订协议方式，允许新加坡银行在核准的额度内以人民币资金的形式进入中国银行间债券市场。

在证券市场方面，2013 年 8 月，首只新加坡元和人民币双货币交易的股票在新加坡上市，标志着新加坡离岸人民币市场结构进一步完善。此外，扬子江船业 2010 年在新加坡和中国台湾两地挂牌上市，成为首家在两地市场上市的中国内地企业，为股市投资者提供购买人民币定价股票的选择。

在跨境投资方面，2013 年 7 月，新加坡获得 500 亿元人民币合格境外机构投资者（RQFII）试点额度。2014 年 1 月，中国证监会正式受理新加坡金融机构的 RQFII 资格申请。截至 2015 年 4 月末，新加坡本地 16 家机构已经获批 260 亿元的 RQFII 额度。至 2015 年 5 月，获准开展 RQFII 试点业务的国家和地区已有 13 个，投资额度合计有 10200 亿元。

新加坡在推动大宗商品交易以人民币计价和结算方面有着较大的发展空间。新加坡作为全球大宗商品交易中心，约有 23 家国际商品交易所在新加坡开展业务，其交易量占到了全球大宗商品场外交易额的 8%。交易品种包括天然橡胶、黄豆、棕榈油、原油和铜。从政策来看，中国—新加坡自由贸易协定（CSFTA）免除了新加坡对中国出口 95% 的关税并允许商品的第三方开票。中国—东盟自由贸易区（CAFTA）减免了新加坡对中国出口的约 85% 的关税，允许成员国之间货物的背靠背装运，允许货物的第三方开票，并可运用于东盟内部的累计规则。这些利好政策有助于推动中新贸易的发展，从而推动新加坡大宗商品交易以人民币计价和结算。作为以服务业为主体的经济体，新加坡金融服务业也在寻找与中国的合作空间。新加坡星展银行于1993 年在北京开设了第一个代表处，2007 年 5 月在中国成立了第一家新加坡银行。截至 2015 年 11 月，星展银行在中国拥有 2200 多名员工。2014 年，星展银行在中国特许经营收入增长 30%以上。通过把握中国企业的亚洲内部业务和投资业务，星展银行与中国 700 家企业建立了稳固的合作关系。此外，星展银行在中国各个经济特区，如中国（上海）自由贸易试验区（FTZ）、前海深港合作区、苏州工业园区、天津生态城都建立了业务。2015年 10 月，星展银行成为第一批参与中国跨境国际支付系统（CIPS）的外资银行，CIPS 的推出促进了人民币的国际化，改善了金融基础设施。在未来发展方向上，离岸人民币、贸易融资、资本市场和衍生品市场是在过去开放的新业务，具有广阔的发展前景。新加坡银行机构可以通过数字化转型加速进入中国市场，创造新的机遇。

在金融监管合作方面，中国银监会与新加坡银行监管部门签署了合作备忘录，进一步加强了与新加坡的金融监管合作。通过合作协议的签订，中国与新加坡的信息交流与共享得到进一步提升，双方能够及时将互设机构的经验情况、存在问题进行沟通，并对产生的问题及时解决，保证互设机构的稳健运行，在对监管的交流中能够取长补短，提高自身的银行监管水平。

在区域金融稳定合作方面，在新加坡设立了由东盟与中国、日本、韩国（简称"10+3"）共同设立的区域内部经济监测机构，即"东盟与中日韩宏观经济研究办公室"（简称 AMRO）。其职能是对"10+3"区域宏观经济进行监测分析，并支持清迈多边协议的实施，寻求加强地区经济监督能力的办法。在世界经济不确定性因素影响下，AMRO 可以起到保护"10+3"成员的作用，并与亚洲开发银行和国际货币基金组织等国际金融机构一道为本地区的稳定、发展和繁荣做出贡献。在东亚及太平洋中央银行行长会议组织（EMERP）框架下推动成立的货币与金融稳定委员会，使在亚洲区域范围内，各国共同努力在宏观经济监测和危机管理方面的能力进一步得到提升，也标志着各国的协调合作得到加强。

　　尤其是中新（重庆）战略性互联互通示范项目运行以来，中新金融合作进一步得到加强。一是建立多样化跨境融资渠道。截至 2018 年 2 月，中新（重庆）战略性互联互通示范项目共实现跨境融资项目 64 个，总金额超过 60 亿美元，有效降低了西部地区的融资成本。目前，四川、青海、陕西等省份的有关企业通过中新（重庆）战略性互联互通示范项目累计完成了境外发债 20.2 亿美元。在金融领域，创新政策不断丰富，中国方面已出台 41 项金融专项支持政策，新加坡方面给予支持赴新加坡设立分支机构等 19 条政策。中新金融合作项目不断落地，新设中新互联互通基金，国际投资路演中心等 90 个项目加快推进，涉及金额近 200 亿美元。重庆砂之船在新加坡交易所成功上市。重庆砂之船房地产投资信托（REITS）作为中国中西部地区首个在新加坡交易所上市的房地产投资信托项目，标志着中新（重庆）战略性互联互通示范项目在金融领域实现了全新突破。砂之船房地产投资信托初始资产组合，包括重庆璧山、重庆两江、合肥和昆明等四个奥特莱斯商业物业，融资总计约 10 亿新元（折合人民币约 49 亿元）。二是吸引了一批金融机构入驻。中信银行等金融机构在重庆设立了全球或区域性资金运营与结算中心。普洛斯金融控股、伟仕小额贷款、毅鸣基金等多家金融机构在重庆设立中新互联互通股权投资基金，基金管理规模达 77.6 亿元，投资项目涉及物流、大数据、新能源等。重庆市政府与新加坡金融管理局经过磋商达成了共同建设中新金融科技合作示范区的合作共识。三是共同推动金融领域服务创新。中新两地金融机构合作开展出口双保通、贸易融资、跨境资产转让和内河承运人责任保险业务，以及海铁多式联运进口信用证和境外信用证循环额度等业务。重庆还颁布了《关于推进运单融资促进重庆陆上贸易发展的指导意见》，并试点铁路运单融资业务。四是搭建金融服务新平台。新加坡报业控股集团（SPH）与猪八戒网（JZB）联合成立的 www.zomwork.com 英文服务交易平台，是中新（重庆）战略性互联互通示范项目下属的合作项目，业务辐射到整个东南亚市场。猪八戒网自 2017 年 9 月在 ZomWork v1.0 上线进入试运营以来，已经有超 1000 个注册服务商，国际服务商占比达 82%，订单金额超过 300 万元人民币。2018 年 4 月，ZomWork v2.0 版正式上线。自 2017 年 8 月中信银行国际业务运营中心开始试营业以来，到 2018 年 8 月共办理国际结算、融资业务约 105 亿美元。

（二）中新金融合作发展前景

1. 人民币投资市场的进一步扩大

中国利率水平，相对新加坡金融机构接近零的利率水平来说，相对较高，对新加坡机构投资者，特别是境外央行具有一定吸引力。扩大境外投资与货币互换签署范围，将有助于促进新加坡对华投资。目前，人民币在全球外汇占比中仍然较小，在中国银行间债券市场托管量中，国际投资者占比不到 2%，与发达经济体和主要新兴经济体的平均水平相比，仍然处于较低水平。2016 年 10 月 1 日，随着人民币正式纳入国际货币基金组织特别提款权篮子后，境外机构参与境内银行间市场的投资意愿显著提高。基于商业机构的配置需求，代理机构配置人民币资产业务将具有很大的发展空间。

为了促进新加坡央行和其他金融机构的人民币投资，中国金融市场需要进一步对外开放。2015 年 7 月和 9 月，中国人民银行分别发布政策，允许境外央行和货币当局、国际金融组织、主权财富基金进入中国银行间债券和外汇市场。中国工商银行已经成功与近 50 家境外央行类机构在代理外汇交易、代理债券交易、银行间本外币交易和开展人民币结算专用存款账户方面建立了合作关系。

由于境外央行类机构对中国的人民币政策和人民币市场的情况了解不够，对中国市场投资规则也不甚了解，投资进程往往比较缓慢，投资效率往往不高。中新应扩大货币互换协议范围，积极推行境外央行进入中国银行间债券市场备案制，境外机构对中国的外债以人民币进行偿还，充分发挥人民币清算的重要作用。加快完善债券市场基础设施，促进场外场内债券市场的互联互通，解决好债券市场多头监管问题。建立健全符合国际标准的信用评级制度，建立健全全口径外债统计监测体系。中国境内金融机构也要加强银行间市场债券、外币和相关衍生产品的做市报价水平，提高代理境外央行客户交易的服务能力。

2. 人民币债券市场的进一步发展

鼓励新加坡金融机构在中国金融市场发行债券，可以完善国内金融市场结构，推动"一带一路"金融合作，满足新加坡市场金融需求，为国内经济增长提供新机遇。

由于境内银行离岸发债存在区域限制，资金回流困难，境外银行类金融机构很难进入境内市场发债融资，应该简化境外发行人民币债券的流程并放松发债募集资金回流限制。加大金融支持企业走出去力度。将境外投资外汇管理改为汇兑资金时在银行直接办理。放宽境内企业、商业银行在境外发行人民币债券的地域限制。进一步简化境外上市、并购以及在境外设立银行分支机构核准手续。支持境内政策性银行、中央企业等机构利用新加坡资本市场进行融资，积极推进资本项目开放，改善离岸人民币市场流动性，鼓励新加坡金融机构在境内市场发行熊猫债并将资金用于境外人民币业务。

第二节　文莱金融发展

文莱的金融发展以银行业为主导，以银行业为主导的金融结构能够适应本国经济发展的金融需求，能够为本国经济发展提供较好的金融服务。近年来，文莱与中国的合作呈现出良好发展态势，积极推进中国（广西）—文莱经济走廊建设，在金融领域的合作也日益加强。

一、文莱金融发展现状及其发展趋势

（一）文莱金融发展现状

文莱是东南亚的一个小岛国，金融发展水平相对西方发达国家的金融发展水平，还是比较落后的。金融体系以银行业为主，银行业占绝对主导地位，承担了国民金融服务的绝大部分业务。其次是保险业。其他的金融市场尚没有。同业拆借市场和票据市场几乎不存在。股票市场还在筹建之中，债券市场中只有短期伊斯兰债券发行。但从其金融功能来看，文莱的金融体系能够较好地适应本国经济发展对金融发展的需要，能够为本国经济发展提供较好的金融服务。

文莱的金融业，是在外资银行进驻的情况下发展起来的。随着文莱经济的发展和伊斯兰文化的内在需要，逐渐形成了以银行为主导、传统金融和伊斯兰金融并存的金融体系。过去，文莱从来不设中央银行，其央行职能由财政部通过其下属的文莱货币与金融委员会及金融机构部行使。前者负责国家货币发行，后者负责监管金融体系运作，包括签发银行业营业执照。2011 年 1 月 1 日，文莱政府设立了相对独立的国家金融管理局，负责执行国家货币政策及监督金融体系运作，相当于文莱的中央银行，标志着文莱中央银行的设立。

文莱的金融发展，大致可以划分为三个阶段。（1）1967 年 6 月 12 日以前，为第一阶段。文莱没有独立的货币发行当局，在相当长的一段时间里，文莱没有发行本国的货币，只使用他国货币。最初，文莱把英镑作为本国使用的货币。后来把新加坡和马来西亚的货币作为本国使用的货币。根据《马来亚与英属婆罗洲 1960 年货币协定》建立的货币委员会，是马来西亚、新加坡和文莱共同的货币发行机构。随着货币委员会陆续交出在三国发行货币的权力，马来西亚国家银行、新加坡货币发行局、文莱货币局于 1967 年 6 月 12 日分别取代货币委员会，成为三国的货币发行当局。（2）1967 年 6 月 12 日至 2004 年 2 月 1 日，为第二阶段，属于货币局阶段。根据《1967 年货币法案》建立的文莱货币局，负责文莱纸币和硬币的发行。文莱货币局致力于为银行和公众提供高水准的金融服务。（3）2004 年 2 月 1 日以后，为第三阶段，属于货币与金融委员会阶段。货币与金融委员会取代货币局，负责文莱的货币发行等金融管理事务。1967 年签订的《1967 年新加坡—文莱货币等值互换协定》仍然有效。根据该协定，新加坡元与文莱元等值互换，可以在对方国家自由流通，外汇可以自由汇入汇出，没有外汇管制。文莱元与美元可以自由兑换，货币比价随行就市。而人民币与文莱元还不能直接兑换。近年来，文莱货币对西方主要货币的汇率呈稳定上升趋势。

文莱的银行业，由 7 家传统的商业银行、1 家伊斯兰银行、3 家金融公司、1 家信托基金公司组成。3 家金融公司与银行一样可以吸收公众存款和发放贷款。文莱是典型的银行主导型经济体。除了银行体系外，文莱的保险业相对较发达。文莱的资本市场并不发达，股票市场至今尚未建立。债券市场只有伊斯兰债券，金融结构比较单一。文莱历史上第一家银行——邮政储蓄银行于 1935 年成立，接受公众存款，文莱政府为这些存款提供担保，但在 1976 年停业。1947 年，香港汇丰银行在文莱斯里巴加湾港设立分行，汇丰银行在瓜拉贝拉设立办事处。第二次世界大战后，在文莱设立分行的外国银行还有英国的渣打银行、马来西亚的马来亚银行和合众银行、美国的花旗银行和美洲银行、新加坡的华联银行。

在文莱的金融体系中，伊斯兰金融发展得较好，各个领域几乎都是传统金融与伊斯兰金融并存。文莱第一家伊斯兰金融机构——文莱伊斯兰教信托基金于 1991 年成立。文莱伊斯兰银行，是目前文莱最大的伊斯兰教金融机构。据 2016 年 7 月 14 日《文莱快报》报道，在《银行家》杂志发布的年度最佳 1000 家世界银行排名中，文莱伊斯兰银行在其资本资产比率的合理性方面排名第 38 名，也是唯一一家上榜的文莱银行。较高的资本资产比率排名，反映了健康的商业模式和良好的财务实力，也表示伊斯兰金融在文莱发展的良好势头。

(二) 文莱金融发展趋势

1. 实行混业监管的管理模式

文莱金融业实行混业监管模式。文莱金融管理局相当于文莱的中央银行，主要负责管理国家金融事务，制定货币政策并监管国内金融机构。文莱金融管理局同时兼行货币政策与金融管理职能，管理货币运行，并对国内金融业实施全面监管。文莱金融管理局有四大目标：保持文莱国内物价稳定；确保金融体系稳定，制定金融法规和审慎标准；建立运作高效的支付体系并予以监督；培育发展良好的渐进的金融服务业。文莱的金融监管模式设置与其国家特点和金融业发展现状高度契合。文莱作为一个富庶的君主制国家，其金融业发展规模相对较小，结构相对单一，并不需要建立复杂的调控监管体系来保障金融体系的平稳运行。在这种管理制度安排下，货币政策的制定与执行和监管职能集于一身，能更有效地确保货币政策的贯彻实施。在这种监管制度下，文莱的金融稳定性相对较高。据世界发展论坛"2008—2009年度全球竞争力报告"，在134个国家参与的政府债务管理和宏观经济稳定性两个指标排名中，文莱分别高居第一位和第二位。

2. 伊斯兰银行在经济发展中的促进作用增强

由于文莱的金融业以银行为主导，其金融发展水平总体偏低。近年来，由于外资银行撤出在文莱的金融业务，传统银行资产规模下降导致文莱金融机构资产规模整体呈下降趋势。但是，金融机构资产总额与GDP的占比呈逐年上升趋势。2015年底，文莱金融机构的资产规模达207亿文莱元。金融机构资产总额与GDP的规模相当。随着传统银行规模的缩小以及伊斯兰银行在文莱的兴起和发展，金融机构资产规模与GDP的比值，与发达国家相比，虽然不处于较高水平，但是近年来的上升趋势说明，伊斯兰银行在文莱的经济发展中起到了积极的促进作用。

二、中文金融合作现状及其发展前景

（一）中文金融合作现状

文莱作为"一带一路"沿线国家，具有得天独厚的区位优势，环境开放，国内政治稳定，加强中文合作具有重要的战略意义。

目前，两国金融合作处于起步阶段。双方在人民币结算、伊斯兰金融和资本市场业务方面的合作前景广阔。2009 年 11 月，文莱香港汇丰银行与中国交通银行开启了人民币贸易结算业务。该业务的启动极大地便利了两国的贸易结算，避免了因美元汇率波动导致的风险损失，有利于双边贸易合作。2010 年，中国银行与花旗银行、汇丰银行和渣打银行达成双边合作协议，实现了银联卡在文莱 ATM 的受理。2011 年，文莱最大的信用卡收单机构——百度瑞银行发行了该国第一张银联卡，覆盖了文莱主要的高端零售店、餐馆、酒店等银联卡持卡人经常光顾的商户，为当地居民提供了新的支付产品选择。2017 年 9 月，中国银行在文莱开设分支机构，中国银行文莱分行是中国在文莱开设的第一家中国大陆金融机构。2014 年 2 月，中国证监会与文莱金融管理局签署了两国证券期货管理合作谅解备忘录，该备忘录的签署，意味着文莱金融机构可以向中国证监会申请合格境外机构投资者资格，可以进入中国市场开展投资。

文莱作为一个经济结构急需转型的能源型国家，面临着巨大的转型压力和合作需求，其金融体系也面临转型和完善。对于没有多元化产业支撑的文莱经济结构来说，转型中如有大国施以援手，将会事半功倍。改革开放以来，中国取得的成就举世瞩目。但是，中国也处于经济转型和结构优化中，需要与友邻合作谋求新的发展。中国的高铁技术正在走出去，亚投行的建立也在"一带一路"国家中进行基础设施建设布局，随之而来的金融服务显得非常必要。两国互设金融机构，可以为基础设施建设、经济结构的调整，提供必要的资金支持和便捷的金融服务，为两国长效的经济合作提供保障。

长期以来，中文两国一直保持友好的经贸往来，未来更可以通过增加文莱直接投资等方式帮助其发展服务业。也可以向文莱出口粮食、生活用品，并从文莱进口其优势产品，以帮助其发展民族工业。目前，人民币与文莱元尚不能自由兑换，开通人民币结算业务将为两国经贸结算提供有力支持。由于发达国家从文莱金融业中逐渐撤离，西方金融集团缩减在亚洲的金融业务量。中国作为亚洲经济大国，现在是中国金融机构进驻文莱的最好时机，中国金融机构的进驻，可以为文莱带来新的合作空间和可能。文莱的伊斯兰金融业发展，也为中国带来重要的借鉴意义。中国曾在新疆、青海一带进行过伊斯兰金融业务的试点，文莱的伊斯兰金融业务值得借鉴。文莱金融体量虽小，但伊斯兰金融发展得较好。从规模上来看，其发展势头良好；从业务种类来看，其发展的业务种类相对比较齐全。尤其是伊斯兰保险运作得较好，在实际运行中表现出的安全性和稳定性，值得中国借鉴。文莱的华裔虽然不像其他中国东南周边国家多，但人数也不少。从管理的角度来看，中资企业和金融机构进入文莱将会为华裔提供更好的金融服务。

（二）中文金融合作发展前景

中文两国的金融合作，要立足区域长远发展和互惠互利，依托两国的实体经济稳步推进，建立畅通稳定的合作机制和模式。

1. 人民币结算业务创新

人民币与文莱元不能直接兑换，对两国的经贸往来不利。随着"一带一路"倡议的深入实施，中国与文莱的经贸合作将会进入一个新阶段，中文两国开展人民币跨境结算业务，有利于为两国双边贸易提供便利。文莱正面临经济结构转型，推行人民币结算业务，可以极大地促进两国经贸合作，帮助文莱实现经济结构战略转型。文莱作为"一带一路"沿线节点国家，推行人民币结算业务，也有利于共同推进"一带一路"建设，对于人民币走出去起到促进作用。

2. 金融机构互设

近年来，中国在西部地区推行的伊斯兰金融业务试点，开启了改革探索之路。在2008年金融危机中，伊斯兰金融表现出良好的稳定性和普惠性，引起了理论界和实务界的关注。无论是伊斯兰银行还是伊斯兰保险业务，其表现都可圈可点。文莱具有发展伊斯兰金融良好的先天条件和后天成果，对于中国探索伊斯兰金融服务，建立完善稳定的金融体系有重要的借鉴意义。

中国作为一个银行主导型国家，在传统商业银行业务的发展上拥有较丰富的经验，中文两国可以通过互设金融机构，加强金融基础设施建设，开展相关业务可以实现优势互补。

3. 资本市场业务合作

中国资本市场虽然发展起步较晚，但经过不断的深化改革，已具备一定的金融市场规模，金融品种和金融业务种类相对较为齐全，金融创新渐渐活跃，且发展成效明显。但也存在一些问题需要解决，可谓经验与教训并存。文莱把发展资本市场作为未来国家发展重要战略目标之一。两国开展金融市场业务合作，可以帮助文莱建立完善现代资本市场。探讨文莱资本市场发展路径过程，也有利于我们进行自身反思，为中国资本市场健康发展提供助益。

第三节　马来西亚金融发展

马来西亚是高度重视金融创新和金融业多元化发展的国家，形成了以马来西亚国家银行为管理核心，银行、保险与资本中介并存共同发展的金融体系。外资银行在马来西亚的银行类金融机构中的占比较小，主要是以马来西亚本土金融机构为主。银行业发展对经济发展起到了比较大的促进作用，表现在银行效率越高，经济发展就越快。在马来西亚的金融市场中，股票市场的发展对经济发展的影响比较大，股票市场发展与经济发展互为促进。

一、马来西亚金融发展及其发展趋势

（一）马来西亚金融发展现状

马来西亚是亚洲传统的金融中心之一。马来西亚金融市场在亚洲国家中具有重要的影响，其金融市场发展比较充分。特别是 1985 年以来，由于采取了一系列的经济金融改革措施，放宽对外国投资和证券市场活动的限制，加快了金融及证券市场的发展速度。虽然在亚洲金融危机中，其金融市场受到一定程度的冲击，但由于在危机后做了许多卓有成效的工作，其金融市场不断向良性发展。

马来西亚的金融产业中，商业银行占据主导地位。从金融机构的资产规模来看，商业银行所占比重较高。2015年，马来西亚银行、证券、保险、信托等金融机构的总资产为8552.5亿美元，商业银行占比为69%，处于绝对优势。从金融产业结构来看，马来西亚银行业是一个以本土银行为主体、外资银行并存的银行业结构。当地主要商业银行有马来银行、联昌银行、大众银行、丰隆银行、兴业银行等；外资银行包括花旗银行、汇丰银行、渣打银行、美国银行、德意志银行、华侨银行以及中国银行、中国工商银行在马来西亚设立的分行等。马来西亚共有27家商业银行，包括8家本地银行和19家外资银行。从金融市场结构来看，包括货币市场和资本市场两部分。货币市场交易主要是以政府债券、流通存款票据、银行承兑汇票、国家银行票据为主。政府证券交易量占据货币市场交易量的主要部分，亚洲金融危机之后，政府证券交易量一度达到50%的比重。虽然在2006年前后有下滑，但也占到40%的比重。国家银行票据交易量波动性较大，2007年至2012年国家票据交易量显著增加，从不足10%跃至30%—40%。2013年出现下滑，到2015年已下滑至不足5%。2015年，整个货币市场交易量达到825亿美元，与当年GDP占比为27.7%。资本市场结构是多层次的。吉隆坡股票交易所是马来西亚的股票交易机构，也是亚洲最大的证券交易所之一，可以容纳超过800家上市公司的各种投资选择。资本规模较大的公司可以选择在主板挂牌交易，中型企业则在二板挂牌交易。从上市公司数量来看，虽有波动，但总体保持在800家左右。债券筹资主要以政府证券、中期票据和政府投资债券为主，政府证券占据债券发行市场的40%的份额，近年来，有所下降，2015年占债券市场的28%。其余债券发行占整个市场的比重较小。从融资结构来看，马来西亚的企业融资从间接融资为主转向间接融资与直接融资并重。2009年以来，间接融资的比重逐年下降，直接融资的比重逐年上升，到

2012 年直接融资的比重超过间接融资，占比 51.3%。近年来直接融资比重有所下降，但仍然保持在 40% 以上的比重。马来西亚的直接融资表现为重债轻股的特点。债券融资常年保持在 75% 以上。2015 年，债券融资占直接融资的比重为 13%。间接融资中，以传统的商业银行融资为主，2006—2015 年，商业银行企业贷款（余额）一直维持在 70% 以上的占比，但来源于伊斯兰银行的企业贷款表现出增长趋势，从 2006 年的约 15% 上升至 30% 以上。从贷款主体来看，房地产业、批发零售和制造业为获取贷款的前三大行业，这与马来西亚的经济结构相似，表现出一致性。从金融资产结构来看，马来西亚的金融资产结构包括货币性资产、保险保障性资产、证券性资产、在国际金融机构的资产、黄金白银以及其他资产等。2015 年，在证券性金融资产中，股票市值占 60% 以上，在货币性金融资产中，定期存款是主要部分，占 54%。总体上来说，表现出较为合理的货币层次结构，以企业为主的活期存款和以个人为主的定期存款的特点。从金融开放结构来看，银行业中外资机构占比较大，商业银行外资机构占比达 70% 以上。外资商业银行的资产规模占整个商业银行资产规模的 18%，外资保险机构占整个马来西亚保险公司的 70% 以上，呈现出较为开放的金融发展态势。

随着马来西亚经济持续高速增长，其金融化水平和金融发展程度也在不断上升，马来西亚在 1989—1996 年保持了较快的经济增长速度，较快的经济增长速度引致了较大的金融需求，广义货币量增长迅速，从 1970 年的约 13.5 亿美元，增长到 2015 年的 4067.4 亿美元，扩大了 300 倍。进入 21 世纪以来，马来西亚经济发展较为平稳，2002—2015 年（除 2009 年外）一直保持了 5% 以上的增长速度，广义货币增长率由 2004 年最高的 25% 逐步降至 5% 以内，物价水平也处于相对稳定的区间，通货膨胀率保持在 3% 以下，总体上呈现出良好的金融发展态势。

（二）马来西亚金融发展趋势

1. 传统金融与伊斯兰金融并重

马来西亚的金融体系由传统金融与伊斯兰金融组成，也称为双系统金融。马来西亚的伊斯兰金融系统具有完整性和系统性特点，这是与其他国家的伊斯兰金融发展不同的地方，这是马来西亚金融发展的一大特色。伊斯兰金融与传统金融并行不悖，兼容性发展。但是，在马来西亚的现代化进程中，发挥主导作用的仍是传统金融业，伊斯兰金融只是作为补充。

2. 银行业高集中度与商业银行主导

在马来西亚的金融发展中，呈现出集中度高和商业银行主导的特点，无论是银行业，还是证券业、保险业，其集中度都较高。在银行业中，比较集中在前五大银行，但波动性大。在证券业中，前五大投资银行的集中度高达80%，最大证券公司的集中度高达50%。在保险业中，前五大保险机构的集中度也在60%以上。较高的市场集中度，是市场的自主选择的结果，但也与政府的干预有关。

3. 间接融资与直接融资并重的融资结构

马来西亚的证券市场相对比较发达，融资结构从间接融资为主向间接融资与直接融资并重转变，且直接融资呈上升趋势。直接融资中具有明显的重债轻股特点。债券融资中又以中期票据为主。在金融资产结构中，证券资产占比较高，达到60%以上。

4. 开发性金融呈现发展活力

在马来西亚，开发性金融主要服务于特定对象，主要包括农业、中小企业、基础设施、进出口贸易以及高新技术产业。马来西亚的开发性金融机构提供了一系列的专门金融产品和服务，以满足战略部门的特殊需求，也为特定行业提供咨询服务，满足特定行业的金融需求，促进了所扶持行业的发展。

二、中马金融合作现状及其发展前景

(一) 中马金融合作现状

近年来，马来西亚非常重视加强与中国的合作，开启了中马（钦州）产业园和马中（关丹）产业园的"两国双园"模式，这是中马两国的旗舰项目和标志性工程，"两国双园"合作项目为两国金融合作提供了动力。

在东亚货币合作的基础上，中马两国加强了金融领域的合作。由于1998年东南亚金融危机的爆发，使东南亚各国加强了货币合作。许多东南亚国家认识到，只有加强地区金融合作，才能有效抵御金融危机，保护各国的金融稳定发展。在中国东南周边国家中，应把加强与马来西亚的金融合作放在优先地位。目前，人民币在马来西亚的贸易、投资及外汇储备领域中都处于上升趋势。双方合作空间广阔，潜力很大。

从多边框架下的金融合作来看，马来西亚与中国的金融合作主要表现在货币互换及债券市场建设方面的合作。早在2000年5月，东盟10国和中日韩三国财长在泰国清迈达成了区域性货币互换网络协议。简称"清迈协议"。"清迈协议"内容中，包括扩大东盟货币互换协议的数量与金额，以及建立中日韩与东盟国家的双边互换协议等内容。根据"清迈协议"安排，如果一国出现外汇流动性或国际收支问题时，其他成员国应提供应急外汇帮助，以维持本区域金融市场稳定。美国次贷危机后，"清迈协议"由双边协议转向多边协议，"清迈协议"规模提高到了120亿美元。在决策机制上以及评估监测方面都有了改善。其中，马来西亚与中国的金融合作发展较好，两国作为"清迈协议"的推动者和参与者，"清迈协议"为两国的货币互换奠定了坚实的基础。2012年2月，中国人民银行和马来西亚国家银行签署了双边本币互换协议，互换规模也由原来的800亿元人民币/400亿林吉特增加到了1800亿元人民币/900亿林吉特，降低了汇率变动风险，从而减少了因汇率变动可能造成的损失。在亚洲债券市场的发展中，两国作为主要参与国，通过这个平台深化了金融合作，建立了危机救援机制。

从双边合作框架来看，两国在外汇市场和债券市场等领域加强金融合作。早在 2010 年 8 月，中国银行间外汇市场就推出了人民币与马来西亚林吉特的外汇交易。林吉特是在中国银行间外汇市场交易的第一个新兴市场货币。对于建立健全人民币与新兴市场国家货币的汇率机制，具有重要的示范作用。2010 年 9 月，中国人民银行打开了境外机构投资者投资本国银行间债券市场通道，允许境外机构投资者投资人民币债券市场，为境外机构投资者依法获得人民币资金提供了便利，有力地促进了跨境贸易人民币结算业务的发展。马来西亚中央银行开始买入人民币计价债券作为其外汇储备，这一举动不仅有利于人民币获得国际认可，也有利于促进双边贸易结算的顺利进行。2011 年 4 月，马来西亚国家银行在中国设立了代表处，马来西亚国家银行可以在中国银行间债券市场进行投资交易。2011 年，马来西亚主权财富基金开始发行人民币计价的伊斯兰债券，总规模为 5 亿元人民币，这是中马金融合作的重要突破，为持有人民币储备的投资者提供安全投资渠道，以人民币计价的投资产品也越来越多样化。但是，中马两国的双向交易仅有约 1%是以人民币作为结算货币开展的，美元结算占比仍然较高，达到 90%左右，这说明中国和马来西亚的贸易以人民币结算的合作潜力仍然较大。虽然马来西亚没有透露其外汇储备中人民币的比重，以及人民币债券的获取途径。中马金融合作仍局限于银行业内部，而且是在中国—东盟合作的框架下实现的。微观金融机构内部的业务往来没有旅游业密切。微观企业是服务两国民众的主体，它们之间的相互合作，有利于促进两国金融合作发展，只要两国相互开放国内金融市场，金融机构之间的相互交流就有可能得到不断深化。

（二）中马金融合作发展前景

中马加强金融合作是大势所趋，应在现有合作的基础上不断推动双边合作深化发展。

1. 人民币结算规模进一步扩大

人民币结算系统在马来西亚已经开始运作。但是，人民币作为结算货币的规模还比较小，与双边贸易规模不是很匹配，这与双方企业的结算习惯有关。此外，马来西亚在本地企业中的宣传和沟通不够也有关系。在双边贸易中，扩大人民币的结算规模，不仅能够为双边贸易提供顺利便捷的服务，也能够更好地避免由于汇率波动造成的损失，减少结算成本。

2. 金融业务合作进一步拓展

中马两国金融机构业务合作领域，可以说是十分广阔的。积极探索在资金借贷、清算、国际结算、资产转让、现金管理、融资互换、投资银行等领域的渐进合作，有利于促进双方金融业务的发展。两国应建立起金融市场内部的高层对话交流机制，定期或不定期进行会晤交流，增进共识，可以循序渐进地推进金融业务合作。随着两国金融业务的不断拓展，双方甚至可以考虑适当降低对方金融机构准入门槛，以鼓励两国金融机构向本国金融市场提供更多人民币和林吉特计价的金融产品，满足两国的投资需要。此外，可以借鉴苏州工业园区在新加坡发行人民币债券的经验，在马来西亚发行人民币债券。根据苏州工业园区关于人民币债券业务创新管理规定，苏州工业园区企业在新加坡可以发行人民币债券业务，并将发行债券所筹集资金允许在境外使用，中国人民银行根据宏观调控需要，对发行债券筹集的人民币资金回流中国境内使用进行管理。因此，可以选择中马"两国双园"作为先行试点，开展试点企业赴马来西亚发行人民币债券的创新业务，可以利用马来西亚低息的人民币资金支持园区建设以及企业发展，又可以拓宽海外人民币资产的投资渠道，从而进一步促进人民币在中国东南周边国家的使用和流通，提高人民币在中国东南周边国家的接受程度，加快人民币走出去步伐。中国政府及相关部门可以加大人民币债券的宣传推广，让更多的试点园区企业了解该项融资工具，并且及时制定园区企业赴马来西亚发行人民币债券实施细则、操作办法等配套措施。金融机构可以在潜在客户中开辟市场，建立相关项目储备，争取开展人民币创新业务。

2014 年 7 月，国家外汇管理局正式发文同意在中马（钦州）产业园区开展外商投资企业外汇资本金结汇管理方式改革试点。针对该项政策，一是各级政府及时跟进企业、银行在实施外汇资本金结算管理方式改革的进展及问题，加强与国家外汇管理局的沟通汇报，进一步便利和满足外商投资企业经营与资金运作需要，有效改善和提升外汇投资和金融政策环境。二是积极扩大政策宣传影响。通过灵活多样的推介活动，让更多企业了解意愿结汇的政策优势，以吸引更多潜在投资意向企业入驻中马（钦州）产业园区，带动产业园区实体经济发展。充分利用中马"两国双园"的特殊优势和金融资源，探索构建中马合作银行，由中资银行和马来西亚银行合作，在中马（钦州）产业园区成立一个两国合作的共同银行，面向中马"两国双园"和中国东南周边其他国家开展金融综合服务。

3. 伊斯兰金融对中国民族地区金融发展的促进

早在 2009 年 3 月，民革中央在全国政协会议上，就曾经提出过中国发展伊斯兰金融的建议。国际货币基金组织的报告也曾指出，在金融危机期间，伊斯兰银行表现稳健，受到冲击较小。中国近年来也在西部地区推行伊斯兰金融业务试点。马来西亚伊斯兰金融系统的完善性、系统性和兼容性的特点是其他国家伊斯兰金融业所无法比拟的。马来西亚伊斯兰金融是宗教与金融集合的产物，已经深受穆斯林居民的认可。中国穆斯林地区矿产资源丰富，基础设施有待开发，伊斯兰金融有助于当地居民分享发展成果，支持地方建设。在未来中马双边合作中，可以考虑引进马来西亚伊斯兰金融产品和机构。

第四节　印度尼西亚金融发展

金融发展与经济发展有着显著的相关性，银行业的发展促进了经济的快速发展，经济的快速发展又进一步促进金融市场的发展。印度尼西亚的金融体系由银行金融机构与非银行金融机构两部分组成，银行金融机构占据金融体系的主导地位，银行业资产占到印度尼西亚所有金融机构总资产的80%以上；非银行金融机构包括保险公司、风险投资公司、信用担保公司、证券公司、金融公司等，非银行金融机构的种类不多，规模也比较小，其资产占所有金融机构总资产的比例不到20%。印度尼西亚对外汇市场的管制比较宽松，实行浮动汇率制度，资本可自由流动；债券市场发展非常快、发展得较好；保险市场的发展相对比较滞后，其保险收入大部分来自寿险。近年来，印度尼西亚与中国的经贸合作进一步加强，双方共同建设的中国·印度尼西亚经贸合作区成为两国的合作亮点，中国和印度尼西亚的金融合作也因此得到了加强。

一、印度尼西亚金融发展现状及其发展趋势

（一）印度尼西亚金融发展现状

印度尼西亚的金融体系是在1966年后逐渐建立起来的。印度尼西亚的金融体系是由政府监管部门、金融机构、金融市场等共同组成的，是典型的银行主导型金融体系，以银行体系特别是商业银行为主。银行业、保险业、证券业均有一定的发展，但银行业占据绝对主导地位。从1966年到现在，印度尼西亚的金融业发展经历了从无到有，从功能缺失到逐步完善，从结构失衡到逐渐合理，其中走过不少弯路以及近乎推倒重来的重大改革。从纵向时间轴来看，印度尼西亚每一次的制度变革以及金融体系的发展历程都与印度尼西亚的金融结构的形成密切相关。

1. 金融体系建立阶段

1966—1982年，是印度尼西亚的金融体系建立阶段。1966年以前，印度尼西亚没有完整的金融体系。1967年，苏哈托执政。在苏哈托执政时期，一系列的金融监管制度以及立法得以实施，为建立现在的金融体系奠定了基础。1968年，印度尼西亚建立了中央银行制度，印度尼西亚银行是印度尼西

亚的中央银行。将原来印度尼西亚国家银行的行业性业务分解到 5 个国有银行。这些国有银行继续掌控着印度尼西亚的银行系统，利率直接受到控制，信贷业务则分配给 5 家国有商业银行及下属部门。实际上，作为中央银行的印度尼西亚银行不仅向企业提供直接贷款，还向银行系统提供流动资金贷款，促进一些作为目标的活动。印度尼西亚中央银行和国有银行提供了占总额 85% 到 90% 的银行信贷。

2. 金融体系结构调整并快速发展阶段

1983—1997 年是印度尼西亚金融结构调整并快速发展阶段。1983 年，印度尼西亚实行金融改革。印度尼西亚的金融改革给印度尼西亚的金融结构带来了显著的改变。在 1966 年至 1982 年期间，印度尼西亚银行业仅仅由印度尼西亚的中央银行及国有银行组成。在 1983 年至 1988 年系列金融改革过程中，印度尼西亚把公共财政的分配制度转型为金融体系的一部分，把国有银行的垄断市场体系转变成了较为现代化的竞争性市场结构体系。

1988 年 10 月，苏哈托政府将其全部的注意力转向调整金融市场的结构。当时所采取的政策称为 PAKTO'88，旨在通过取消那些甚至在 1983 年以后仍然继续实行的"加入壁垒"来加强金融部门内部竞争的一系列改革措施。根据 PAKTO'88，政府放宽了对外资银行的营业限制，简化了建立分支行的手续流程并放宽了对建立外汇银行的条件。同时，PAKTO'88 还减少了国有金融机构的种种特权和职能，降低了各类证券纳税的差别待遇。PAKTO'88 把银行准备金降至 2% 的水平，有效地缩小了存贷利差。但是，印度尼西亚通过硬性规定迫使银行持有更多次级准备金，即印度尼西亚银行证券来抵消上述变动所带来的直接延展性影响。1987 年中至 1990 年初，央行采取了宽松的货币政策。因此，1990 年的年增长率达到了 70%。但央行后来推出了紧缩的货币政策。在实施 PAKTO'88 政策之后，该执政政府还开展了旨在加强本国金融体系内部竞争的改革。随后又采取了一系列措施来建立证券市场，并营建有利于各类金融机构，以及风险投资、融资租赁、信用卡贷款等金融工具的发展环境。1989 年 3 月，印度尼西亚政府出台政策加紧实施了法定贷款限制。1990 年 1 月，更是取消了大部分印度尼西亚银行流动资产信贷安排。

3. 金融体系稳健发展阶段

1997 年至今，是印度尼西亚金融的稳健发展阶段。印度尼西亚放宽对金融体系的管制本身往往比确保新宽松体系保持审慎运转更容易，这也是在 1998 年东南亚金融危机中印度尼西亚金融业遭受重创的一个潜在因素。东南亚金融危机后，一些银行开始了重组合并，拓展了业务范围，朝着多元化方向发展，收入来源也增加了。通过重组合并后，不少银行的核心资本、资产规模也明显扩大了，抗风险能力、综合竞争力也大大增强了。致使在 2008 年美国次贷危机引发的全球金融危机到来时，印度尼西亚的经济以及金融没有遭受像 1998 年东南亚金融危机那样的重创。印度尼西亚金融业经过重组合并，管理水平也提高了。在信用水平、存贷款率、利润率、资本充足率等方面都有了显著的改善。国际评级机构多次将印度尼西亚金融评级提高，印度尼西亚的金融业发展重现了生机和活力。

近年来，印度尼西亚的金融发展较快。据印度尼西亚国家统计局的公开信息显示，截至 2015 年底，印度尼西亚商业银行的数量为 118 家，其中国有控股银行 4 家，外汇商业银行 40 家，非外汇商业银行 27 家，区域性发展银行 26 家，外资独资银行 11 家，有 12 家伊斯兰银行以及 22 家伊斯兰金融单位。根据印度尼西亚股票交易所公开信息显示，2015 年末，在印度尼西亚股票交易所上市企业为 523 家，市值 3543.27 亿美元。虽然，雅加达综合指数在 2015 年 4 月达到了 5523.29 亿美元的新高，但年末的市值相比 2014 年末下降了 11.47%。根据印度尼西亚金融服务管理局披露的信息显示，2015 年 10 月，印度尼西亚保险公司总资产为 234.06 亿美元。寿险业务增长率在 2015 年第二季度同比达到了 26.6%，2015 年第三季度一般保险增长率同比达到 10%。2015 年末，印度尼西亚保险业共有 30 家寿险公司，81 家一般保险公司。2015 年第三季度末，传统保险业务的全国普及率为 2.51%，伊斯兰保险业务普及率为 0.08%。①

（二）印度尼西亚金融发展趋势

1. 商业银行集中度高

印度尼西亚的金融体系，由政府监管部门、金融机构、金融市场等共同组成。但以银行体系特征特别是商业银行为主。在经营和监管模式上，实行银行、证券、保险分业经营分业监管，但允许商业银行投资参股证券、保险等公司业务。印度尼西亚对银行、证券、保险等分业监管，是由印度尼西亚金融服务管理局进行监管的。东南亚金融危机以来，随着印度尼西亚经济复苏并进入经济增长期，以及政府大力整顿金融体系特别是对银行业的整顿，完善银行法规，提高监管能力，改善银行管理运营，强化银行发展基础，加强对客户的保护，促使银行经营管理更加透明，内部控制进一步强化，印度尼西亚央行的监督机制逐步与国际接轨，印度尼西亚的金融体系的安全性得到了提升，国家主权及金融机构的信用评级被逐步调升，外汇储备逐步增加，投资者看好其经济金融发展前景。据印度尼西亚国家统计局数据显示，包括保险业在内的金融服务业在 2015 年占印度尼西亚 GDP 的 4%有余。由于受到 1998 年东南亚金融危机的影响，印度尼西亚政府通过接管以及购买深陷债务危机的银行股份，累积了大量的国内银行股权，印度尼西亚国内银行的私有化进程还将缓慢进行。

2. 小微金融服务体系独具特色

印度尼西亚的小微金融发展得较好。村镇银行是印度尼西亚银行业发展的一大特色，村镇银行的数量众多，分布在各个岛屿上的村镇银行可以深入地为村民提供金融服务，村镇银行保持较好的发展状况。此外，印度尼西亚人民银行的业务结构中的小微企业贷款比重常年保持在 1/3 左右，消费贷款

---

① 李健、黄志刚、董兵兵等：《东盟十国金融发展中的结构特征》，中国社会科学出版社 2017 年版，第 48 页。

在 2015 年达到 16.3%，保持不良率低于 2% 的水平，利润率达到 8.09%，利润率远超印度尼西亚银行业总体利润率的 5%。[①] 印度尼西亚人民银行在小额贷款领域的创新为全球同类金融机构树立典范。

3. 间接融资与外源融资成为企业融资主渠道

印度尼西亚融资结构呈现外源融资与间接融资为主的结构特征，外源融资长期以来保持在 70% 左右的水平，并呈现上升发展趋势。在以银行业为主导的金融体系中，企业选择间接融资更为便利，间接融资因此占据主导位置。由于印度尼西亚股票市场以金融企业为主的结构特征，以及债券市场公司发行债券融资占比较小的结构特征，加剧了企业融资的结构失衡，导致间接融资成为主要的融资渠道。

4. 金融监管约束较为严格

长期以来，印度尼西亚受欧洲国家的殖民影响，开放程度相对我国来说较高。但监管体系相对美国来说较为严格，相对我国来说较为宽松。对外资银行进入印度尼西亚银行业的持股比例有严格限制，在严格的监管环境下，印度尼西亚的对外开放程度仍然保持较高的水平，印度尼西亚的金融服务管理部门对于外资机构的监管要求与本国机构一视同仁，向外国投资者和国际金融机构展示出开放包容性。但是，对于外资企业进入印度尼西亚经营有着比较严格的本土化经营要求，外国居民要取得印度尼西亚的工作签证，需要通过印度尼西亚语言的等级考试，还有对印度尼西亚员工雇佣的比例限制，在一定程度上制约了印度尼西亚金融业的进一步开放。

5. 证券市场体系较为完整

印度尼西亚拥有一个较为完整的证券市场结构，包括股票市场和债券市场，基金的参与度也较高。但是，印度尼西亚证券市场的投资者以机构投资者为主，个人投资者的参与度较低。在股票市场，筹资者以金融企业、消费

---

① 李健、黄志刚、董兵兵等：《东盟十国金融发展中的结构特征》，中国社会科学出版社 2017 年版，第 77 页。

品企业为主。在债券市场，政府占据了筹资者结构的绝对主导地位，公司债券的占比较小。证券市场的工具结构多样性程度低，除了传统的债券以外，其他诸如资产证券化产品、衍生产品等金融工具占比微乎其微。

二、中印尼金融合作现状及其发展前景

近年来，中国与印度尼西亚的金融合作不断深化，有力地促进了两国的投资和经贸合作，呈现出总体向好的发展趋势。

（一）中印尼金融合作现状

1. 金融机构互设层面的合作不断深化

从金融机构互设这一层面来看，中国先后有 3 家商业银行以分行或子公司的形式进入印度尼西亚开展金融业务。1938 年创立的中国银行雅加达分行，在服务两国贸易和非贸易服务方面，表现出特有的优势。2007 年，印度尼西亚的哈利姆银行与中国工商银行完成股份转让，成为中国工商银行印尼有限公司。2013 年，中国建设银行收购总部位于雅加达的鸿图国际银行后，又收购了总部位于泗水的 1 家本地银行，中国建设银行总持有股份为 60%。国家开发银行以代表处的形式进入印度尼西亚，中国出口信用保险公司以工作组的形式进入印度尼西亚，太平洋保险以子公司的形式进入印度尼西亚市场。印度尼西亚在中国设立金融机构相对较少。2012 年 4 月 27 日，印度尼西亚曼迪利银行上海分行正式成立，曼迪利银行上海分行的设立宗旨，是开展跨国企业的贸易金融、贸易融资和资金业务。印度尼西亚也是中国—东盟银行联合体成员，中国—东盟银行联合体由中国国家开发银行与东盟国家银行发起成立。印度尼西亚曼迪利银行是该联合体的参与行。

2. 金融业务层面的合作不断拓展

中国与印度尼西亚在金融业务层面的合作不断深化。国家开发银行在印度尼西亚开展的主要业务，就是为中资企业投资印度尼西亚矿业工程提供贷

款。国家开发银行向印度尼西亚金光纸业集团提供 18 亿美元的贷款。国家开发银行后来向印度尼西亚最大的 3 家国有银行提供了贷款 30 亿美元，间接帮助印度尼西亚政府稳定了印尼盾的汇率。2016 年，中国银行在印度尼西亚设置了 12 个网点，除了 1 个网点和签证中心在棉兰，1 个网点和签证中心在泗水以外，其余机构均位于雅加达。服务客户定位首先是服务基础设施行业，包括对印度尼西亚国家电力公司的贷款、石油公司的贷款等；第二是支持中资企业走出去；第三是联络两国人民的友谊，服务重点集中于私人银行服务；第四是人民币国际化。近年来，中国银行成为印度尼西亚最大的承办人民币业务的银行，大力开展人民币批发换汇业务。中国建设银行通过收购两家本地银行，不断深化拓展印度尼西亚银行业务，目前有分支机构超过100 家，员工有 1700 人，两家被收购的银行业务重心均是面向华裔客户服务，中国建设银行收购后的发展方向是在延续传统理念的同时注入中国建设银行元素。中国出口信用保险公司主要是提供股权、债权以及贷款的保障。中国出口信用保险公司在印度尼西亚开展的保险项目，涵盖服务进出口贸易的短期到中长期大多数险种。太平洋印尼有限公司总部位于雅加达，且在印度尼西亚主要的城市均有分支机构，经营产品包括财产保险、工程保险等，凡是在中国国内能开展的保险业务，在印度尼西亚均可以开展。太平洋保险也为中资企业走出去提供了一系列服务，包括寿险、产险、养老保险、再保险、再保险经纪及保险代理、电子商务、证券经纪、资产管理、不动产投资以及养老产业投资等领域，保险业务种类齐全，对客户提供综合性金融保险服务。在金融监管合作方面，中国证监会已与印度尼西亚签署了资本市场领域监管合作备忘录，进一步加强了双方在证券期货领域的跨境监管合作和信息互换，有力地促进了双方资本市场的发展。

3. 政府层面的合作往来频繁

中国与印度尼西亚政府合作层面往来颇为频繁，取得了重要的成果。1998 年，在东南亚金融危机中，印度尼西亚受到了严重的影响，中国政府通过世界银行向其提供 10 亿美元贷款和 300 万美元的无偿援助。2000 年，又增加了 3 亿美元贷款与 4000 万元人民币的无偿援助。2002 年，中国又为印度尼西亚基础设施建设提供了 4 亿美元贷款，并赠送 5000 万元人民币，用于印度尼西亚的社会福利。2003 年，中国与印度尼西亚政府签署总规模为 10 亿美元的双边本币互换协议。2009 年，中国和印度尼西亚政府签署了 3 年期的 1000 亿元人民币/175 万亿卢比额度双边货币互换协议，双边本币互换协议的签订，对提升双边贸易投资便利化，解决流动性短缺与国际收支平衡，维护区域金融稳定发挥了重要作用。

但是，中印尼金融合作也面临一些制约因素。首先从业务开展层面来看。一是印度尼西亚的金融监管对中资银行的经营管理有较多限制。主要表现在部门给中资银行业务牌照上有限制，如给中国银行信用卡牌照就不给中国工商银行相同业务牌照。二是根据伊斯兰教义，印度尼西亚监管当局禁止期权交易，商业银行的业务完整程度受到了限制。三是监管部门规定在当地吸纳存款必须持有国债 8%。但是，印度尼西亚卢比面值的国债国别风险高，美元面值的国债收益又低，对中资银行的风险管理和收益产生了不利影响。四是印度尼西亚外资银行本土化发展很严苛。五是招聘本地员工困难。其次从政府层面来看。印度尼西亚政府部门机构存在的腐败问题较为严重，办事效率低，影响了两国的经济金融合作。印度尼西亚项目方有时会对中资企业竞标进行干扰，可能需要政府层面的沟通。中国政府层面，中国的监管政策需要进一步放宽，为两国金融深度合作提供更大空间。

（二）中印尼金融合作发展前景

根据印度尼西亚金融发展状况以及中国与印度尼西亚金融合作面临的困难和约束因素，深化中国与印度尼西亚的金融合作要从以下几个方面推进。

1. 从合作共建产业园区入手促进金融机构合作

以"一带一路"建设为重点，加强双方金融合作，推动建设产业合作园区，为中资企业走出去，从而带动中资金融机构走出去，为中资企业提供金融支持，这样也有利于带动人民币走出去。未来双方开展更加密切的经济往来和金融合作是大势所趋。当前和今后一个时期，要以中国·印度尼西亚经贸合作区建设为示范，创造一切有利条件，探索中国—印度尼西亚金融合作模式，推动中资企业和中资金融机构走出去，不断深化两国金融机构合作。

2. 从双方需求出发寻找金融合作新空间

双方的金融合作，要从双方的需求出发，找准需求的切入点，以切入点为突破口推进合作。从调研中了解到，印度尼西亚的农村信贷以及小微企业贷款方面有其独特之处，也有其特有优势。中国的村镇银行、农村信用社、商业银行、小微企业信贷部门可以学习借鉴印度尼西亚的金融发展经验。而中国的互联网金融特别是移动支付、区块链金融，在全世界处于领先地位，相信印度尼西亚也非常希望学习中国的经验，中国可以将区块链金融理念输出去，这样双方的合作空间将进一步得到拓展。

3. 从加强顶层设计入手推进制度性合作

加强顶层设计，是双方的共同期盼。我们知道推动合作要基于双方的共同需求。从现实来看，双方的合作能否深化，要考虑到双方的金融开放程度和双方的政府间往来程度。从当前来说，要积极推动双边货币互换，签署货币互换协议，这样会大大拓展两国的金融合作空间。此外，印度尼西亚方面的一些限制要放宽，印度尼西亚对外资员工的一些限制，如外籍员工要学习印尼语并且必须通过考试，且签证时效较短等，这些限制会制约中国金融机构走出去更好地开展业务。因此，双方通过加强顶层设计，通过谈判解决这些问题，就会大大有利于双方的合作，促进双方的金融合作，共同推动双方的经济金融合作发展。

第五节　菲律宾金融发展

菲律宾金融具有较为完善的金融市场制度体系，基本按照美国模式建立独立的中央银行制度，庞大的商业银行体系和活跃的股票交易市场。菲律宾重视发挥市场的主导作用，促进金融机构朝着多元化方向发展。在菲律宾的银行体系中，商业银行处于核心地位，其资产占到银行业总资产的 90%。商业银行可以经营比索、美元以及其他货币的远期和掉期交易。资本市场、货币市场和保险市场发展得比较快。菲律宾的经济发展对股票市场的发展影响比较大，经济发展越快，股票市场的效率就越高，这种市场主导型的金融结构比较有利于菲律宾的经济发展。前些年，菲律宾与中国的经贸与投资增长缓慢，低于同期中国与其他中国东南周边国家，两国的金融合作也受到了影响。但是，杜特尔特上台以后，双边合作出现向好的发展势头，为中国与菲律宾的金融合作创造了有利条件。

一、菲律宾金融发展现状及其发展趋势

（一）菲律宾金融发展现状

1. 建立健全金融产业体系

菲律宾金融发展起步较早，起点较高，与大多数中国东南周边国家横向比较来说，其金融业较为发达。但与其自身金融发展的纵向比较，菲律宾的金融发展速度远低于预期。菲律宾的金融制度体系完善程度与其发展水平不匹配，能够从其金融结构中得到体现，问题的根源就在于菲律宾的社会政治、经济的整体水平落后。由于菲律宾长期处于美国殖民统治之下，其建国之初的金融体系吸收了美国的金融体系安排，较早地拥有了商业银行体系、证券交易所等金融部门。

菲律宾金融体系主要由一个臃肿而庞大的银行体系构成。这一体系在 20 世纪 70 年代的金融压制下经营效率极低，使得菲律宾金融中介成本极高。菲律宾在建国之初就全盘接受了西方发达经济体的金融体系安排，却不具备与之匹配的各项经济金融条件。同时期马科斯政府腐败导致的垄断、权力寻租以及金融市场的封闭，导致菲律宾金融体系陷入失灵状态。20 世纪 70 年

代初，菲律宾采纳世界银行和国际货币基金组织调查团提出的金融改革方案，开始进行金融自由化改革，包括放开利率管制、重启中央银行市场调控手段等。菲律宾还着手改善自身庞大而低效的银行体系，通过限制最低资本要求、提高监管标准等方式，促进银行之间的收购合并，培养高效的大型商业银行。1972年，金融改革中将投资银行从商业银行的业务中分离出来，强化原有金融机构的专业性，但业务过于单一的商业银行无法满足社会需求，自身经营效率较低。1980年，世界银行和国际货币基金组织新的改革方案，建议允许金融机构从事更多业务，鼓励发展大型全能商业银行。1962年，成立的菲律宾首都银行在不断地并购下，逐渐发展成为菲律宾最大的商业银行，同时也是一家集商业银行、投资银行等多项金融业务于一体的大型银行集团。菲律宾通过两次大规模购并以后，逐渐发展形成以几家大型全能商业银行为核心，辅以数量众多小型存款的金融体系。

菲律宾的银行业在19世纪末就在外资银行的带动下开始萌芽发展，但至今菲律宾银行业仍以传统的商业银行业务为主。菲律宾的银行业主要由全能商业银行、存款银行和农村合作银行组成。全能商业银行是菲律宾国内规模最大、资源最充足的金融机构，能够提供最全面的银行金融服务，具有传统商业银行的功能，也允许从事证券公司经纪业务和投资银行业务。存款银行，也称作储蓄银行或平民银行，主要包括存贷银行、股票储蓄贷款机构和微型存款银行。存款银行的主要客户群体为个人客户，贷款主要以小额、短期消费贷款为主。农村合作银行在菲律宾农村商业体系中占有重要地位，主要是向农村商业体系中的个人提供金融服务。菲律宾银行业是混业经营的全能商业银行，全能商业银行可以经营商业银行业务、投资银行业务、租赁业务、信托业务、保险业务等。全能商业银行通过合并、收购其他银行及金融机构，逐渐成为菲律宾银行业乃至金融业的核心。2015年，菲律宾的全能商业银行有36家，是银行业的绝对核心，银行业的集中度较高，前十大全能商业银行的资产总额占到所有银行资产总额的 90% 左右。[①] 菲律宾银行业的家族势力庞大，前十大全能商业银行中有 6 家是家族银行，其总资产占到 80% 左右。[②] 菲律宾的国有银行最早有 3 家，即菲律宾国家银行、菲律宾土地银行和菲律宾发展银行。20 世纪 80 年代以后，菲律宾国有银行开始转型，转型为政策性银行。政策性银行不能向公众吸收存款，其资金来源主要是政府机构的资金运作。

保险业是菲律宾主要的非银行金融机构，资产占非银行金融机构资产的 80% 左右。[③] 菲律宾的保险机构大多数为较大型国际保险机构在菲律宾设立的子公司。保险业中的寿险市场集中度高，非寿险市场集中度低。保险资金主要投资政府债券，30% 以上的资金投资于政府债券。

证券业是菲律宾发展较早的金融产业，其交易所是亚洲最早的证券交易所之一，菲律宾证券交易所的前身是建立于 1927 年的马尼拉证券交易所。证券市场较早就开展了股票交易，建立了较为完善的证券市场体系，许多国际金融机构纷纷进入菲律宾的市场。1994 年，菲律宾成立新的证券交易所，新的证券交易所合并了马尼拉证券交易所和马卡蒂证券交易所。1998 年，菲律宾证监会认可证券交易所作为行业自律机构，可以设定规则来限制参与交易者和上市公司。2001 年，菲律宾证券交易所从一个无利润、无股本、会员管理制的组织变成一个基于股东利润、由董事会管理的组织。2013 年，菲律宾证券交易所推出第一个交易型开放式指数基金——第一首都菲律宾股票交易所交易基金并上市交易。同年，还推出了伊斯兰证券，涉足伊斯兰金融领域。菲律宾证券清算公司专门负责菲律宾证券交易所发生的清算和确认工作。2004 年，菲律宾证券清算公司成为菲律宾证券交易所的全资子公司。成

---

① 李健、黄志刚、董兵兵等：《东盟十国金融发展中的结构特征》，中国社会科学出版社 2017 年版，第 160 页。

② 李健、黄志刚、董兵兵等：《东盟十国金融发展中的结构特征》，中国社会科学出版社 2017 年版，第 162 页。

③ 李健、黄志刚、董兵兵等：《东盟十国金融发展中的结构特征》，中国社会科学出版社 2017 年版，第 169 页。

立于 2011 年的 CMIC 承担交易所的监管责任。2012 年，CMIC 获得其行业自律组织地位，同年开始实施监督。

2. 建立健全中央银行制度

1949 年，菲律宾成立自主程度较高的中央银行，但仍带有一定的殖民色彩，不具备完全独立性。1993 年 7 月 3 日，菲律宾中央银行依据 1987 年颁布的《菲律宾宪法》有关条款和 1993 年颁布的《新中央银行法》正式成立，取代 1949 年 1 月 3 日成立的菲律宾中央银行行使货币当局职能。菲律宾中央银行把维持价格稳定，促进经济平衡增长，保持货币稳定与比索的可兑换性，作为宏观调控的管理目标。同时，菲律宾中央银行还担负着发行货币、监督银行和开展类似银行业务的非银行金融机构、管理外汇储备、制定汇率政策、充当最后贷款人和政府的银行等重要职能。中央银行的注册资本为 500 亿比索，全部由政府出资，由货币委员会负责管理。货币委员会由 7 名成员组成，全部由总统任命，任期 6 年且不能连任，包括行长（担任主席）、5 名来自私营部门的全职委员和 1 名来自内阁的委员，下设秘书处、综合咨询和法律服务办公室、内审办公室和特别调查办公室等职能部门，至少每周召开一次会议。货币委员会需要定期向总统和议会提交国内经济金融发展状况、货币政策执行以及运行情况报告。

1995 年以前，菲律宾中央银行实施货币总量目标导向的货币政策。实施货币总量目标的货币政策，是基于货币、产出、通货膨胀之间存在稳定可预测关系的假设，即货币流动率时刻保持稳定的假设。货币供应量的变化会直接影响通货膨胀率，给定的通货膨胀率会存在相应的经济增长目标。

1995 年以后，菲律宾中央银行更加强调保证物价水平稳定，而不是单独依靠控制货币供应量。在调整后的货币政策框架中，中央银行能够在实际通胀保持合理水平的情况下控制货币总量。同时，政策制定者将大量经济金融变量纳入货币政策制定框架，包括关键利率、汇率、国内信贷水平、资产价格、供需指标、外部经济情况等。2000 年 1 月，货币政策委员会将控制通胀率的变化作为货币政策框架原则，将保持物价水平稳定作为货币政策目标。

中央银行公布一个具体的通货膨胀目标，并保证在一定时间期限内实现。菲律宾中央银行制定货币政策的首要目标，是保证一个较低且稳定的通货膨胀率，以适应可持续经济增长率。考虑到货币政策的时滞效应，菲律宾政府一般会提前两年公布未来年度将要实现的调控目标，主要是控制通货膨胀的目标。该目标主要是由发展预算协调委员会和菲律宾中央银行共同设定，选取的指标为 CPI 的平均同比变动值。菲律宾的货币政策由货币咨询委员会讨论研究并提供建议，最终由货币委员会决定，主要内容是确定隔夜的正逆回购利率调整与否及调整幅度。货币咨询委员会的成员包括中央银行行长、主管货币稳定部和监管检查部的两名中央银行副行长、货币政策分部和国库部的两名执行董事、经济研究部下设的技术秘书处的主管。技术秘书处由来自经济研究部、货币金融政策中心和国库部的专家组成。货币咨询委员会每 6 周召开一次会议，如有必要可临时召开会议。货币委员会每年共举行 8 次会议来基于宏观经济环境和商品价格情况的检查、讨论和决定合适的货币政策。

中央银行采用多种货币政策工具，调节金融体系的流动性，促进价格的稳定，包括公开市场操作、接受定期存款、常备便利、准备金要求。

菲律宾实行自由浮动汇率制度，采取比索盯住美元的汇率制度。汇率一旦出现波动，中央银行就会进行适当干预。1998 年，东南亚金融危机后，为了提振菲律宾以出口为导向的经济，菲律宾中央银行实施货币贬值政策以促进出口贸易。在 1999—2005 年的 6 年间，菲律宾比索一直处于贬值状态，虽然中间出现过反弹，但整体处于持续快速的贬值通道。比索兑美元的平均汇率从 1∶39.09 贬值至 1∶56.04，贬幅达 43.36%。① 2006 年，随着菲律宾改革成效初显，菲律宾比索进入升值周期，在 2008 年达到 44.47 的高点。虽然 2008 年的金融危机后全球经济疲软在一定程度上影响到比索汇率，但全球银根放松导致的大量外资流入和菲律宾海外劳工的海外汇款，使得菲律

① 李健、黄志刚、董兵兵等：《东盟十国金融发展中的结构特征》，中国社会科学出版社 2017 年版，第 156 页。

宾比索重新进入升值轨道。2015年，菲律宾比索兑美元汇率略微回调，达到1∶45.50。

菲律宾从1980年开始进行利率市场化改革，1981—1985年间逐渐放开利率市场化，先放松长期贷款利率，后逐渐放宽短期利率，最终形成了完全市场化的利率制度。

中央银行依据中央银行出台的一系列通知和规范性文件进行外汇管理，通过出台法规管理外汇交易，并向有关机构颁布外汇业务经营牌照，授权代理银行、中央银行监管的非银行机构附属的外汇交易公司，获得牌照后可以经营外汇业务，辅助中央银行开展外汇管理工作。

3. 金融市场发展较快

菲律宾的证券交易所最早建立于1927年，现在其证券市场虽然活跃，但市场影响力仅限于菲律宾国内，且对实体经济作用有限。1994年，菲律宾将马尼拉证券交易所和马卡蒂证券交易所合并成立新的证券交易所。到2015年，菲律宾证券交易所会员中一般性证券公司有132家，其中有125家持有经纪业务和自营业务双牌照，7家只持有经纪业务牌照，有20家专门服务于机构客户的大型券商，34家能够同时服务机构客户和个人客户的中等券商，78家只能服务于个人客户的小型券商，有10家外资证券公司，包括瑞士信贷、JP摩根、大和证券、德银等国际知名金融机构，能够从事保荐与承销业务的投资银行共有27家，[①] 包括菲律宾首都银行信托集团、菲律宾金融银行，以及花旗银行、摩根大通等国际机构的投行部门。2000年，菲律宾证券交易委员会正式成为菲律宾证券业的监督管理机构。菲律宾证券清算公司负责菲律宾证券交易所发生的交易的清算和确认工作。2004年，菲律宾证券清算公司成为菲律宾证券交易所的全资子公司，负责交易清算、中介交易风险管理和交易保证金的管理。成立于2011年的CMIC（Capital Markets Integrity

---

① 李健、黄志刚、董兵兵等：《东盟十国金融发展中的结构特征》，中国社会科学出版社2017年版，第169页。

Corporation）是从菲律宾证券交易所的市场管理部门中独立出来的公司实体，承担交易所的监管责任。2012 年获得行业自律组织地位，并于同年开始实施监管。

在菲律宾金融市场发展中，股票市场和债券市场都保持了不同程度的发展。股票市场的规模相对较大，保持了较大幅度的增长。但是，股票市场的波动幅度较大，受政治经济形势的影响较大。家族集团控制的控股集团是股票市场的主要筹资主体，家族财团将上市公司作为重要的筹资工具，以资金优势在市场中进行商业竞争，逐渐垄断了国民经济的各个行业。股票市场上的机构投资者比较活跃。2015 年，股票市场投资者账户数目仅为 70 万户，人均开户率不足 1%，[①] 股票投资者主要是外资、本土机构投资者以及富豪阶层，普通人对股票市场的参与相对较少，是一个机构投资者为主的市场。菲律宾债券市场发展水平相对较低。20 世纪 70 年代，菲律宾政府为了弥补自身财政赤字而开启的国债市场是菲律宾债券市场的起步。最初，菲律宾是亚洲除日本、中国以外最大的外币债券发行国。受东南亚金融危机影响，菲律宾债券市场发展曾一度陷入停滞。2005 年后，随着菲律宾经济发展的稳定，债券市场发展出现好转，政府积极扶持债券市场的发展，政府债券、公司债券、商业票据都有所增加。债券市场中，各类政府债券发行额约占总额的 98%，是债券市场的绝对主体。债券市场中的公司债和商业票据不是很发达，债券市场的融资公司基本上都是超大型公司。

（二）菲律宾金融发展趋势

1. 较为完整的金融体系

菲律宾国家拥有较为完整的金融体系，银行、证券、保险各个行业发展历史悠久，金融市场具有较强的活力。金融业以银行为核心，建立了混业的

---

① 李健、黄志刚、董兵兵等：《东盟十国金融发展中的结构特征》，中国社会科学出版社 2017 年版，第 177 页。

银行。证券业、保险业发展都较早。证券市场中股票交易活跃，众多国际知名券商参与交易。保险业中有很多国际保险机构进入菲律宾保险市场，保险市场的规范程度和完善程度在中国东南周边国家位居前列。

2. 实施混业经营的银行业

银行业是菲律宾的金融核心，在金融业中占据主要位置，实行混业经营，其资产额占到全部金融机构资产的80%以上，银行业的集中度高，几乎占有银行业绝大多数的市场份额。银行业务以传统商业银行业务为主，银行业的经营效率较低，但经过不断的整顿改革，不断扩大服务范围和服务面积，不断提高风险管理水平，菲律宾的银行业进入良性发展阶段。

3. 迅速发展的股票市场

菲律宾的股票市场发展较早，拥有完善的基础设施和规范完善的治理体制，股票市场的主要参与者为机构投资者，家族控制的控股集团是股市的主要筹资主体，控股集团占有将近40%的市值比例，通过股市将投资所得投入旗下其他公司，以资金优势在相应市场进行竞争，以垄断国民经济各个行业。个人投资者占比相对较低，由于普通人对股票市场的参与、了解极少。总体上说，菲律宾股票市场是一个机构投资者为主的市场，市场投资水平相对较高。

4. 内源融资为主的融资结构

在菲律宾的企业融资结构中，以内源融资为主，内源融资具有原始性、自主性、低成本和低风险等特点，是企业的主要资金来源。外源融资主要是接受其他经济主体的投资，是企业规模逐步扩大时的重要资金来源。内源融资的比例略大于外源融资的比例，内源融资是企业融资的最重要的资金来源。内源融资又以间接融资为主，间接融资的比例高达90%以上，且以银行信贷等间接融资作为主要融资渠道。直接融资虽有所发展，但总体上来讲规模较小。

5. 家族财团控制的私有银行机构占主导地位

在菲律宾金融体系核心的全能商业银行中，前十大商业银行中除了两家政策性银行外，其他银行都属于家族财团控制的私有银行。菲律宾金融市场完全由私有金融机构占据主导地位，各大家族财团控制的金融财团是菲律宾金融体系的重要组成部分，菲律宾的私有金融机构占据了除保险市场外的金融市场。

6. 严格的金融监管制度

菲律宾是较早接受巴塞尔监管协议的国家之一，通过对巴塞尔协议的实施，加强了对银行业风险管理体系的建设，提高了最低资本金要求，规范了监督程序，加强了市场行为规范。特别是对家族控制的金融机构提出了硬性要求，如规定要将一定比例的贷款投向农业、小微企业等。虽然监管制度严格，但是由于菲律宾私有银行的家族势力庞大，家族财团会建立符合政策性支持的企业，将贷款发放至自身所控制的企业，避免资金流出。

二、中菲金融合作现状及其发展前景

（一）中菲金融合作现状

中国与菲律宾于 1975 年 6 月 9 日建交，建交以来中菲关系总体发展顺利，各领域合作不断拓展。2014 年，中菲双边贸易额 444.42 亿美元，较上年增长 16.75%。其中菲律宾从中国进口 234.59 亿美元，同比增长 18.27%；菲律宾出口 209.83 亿美元，增长 15.11%。2014 年，中国企业在菲律宾签订的工程承包和劳务合作合同总金额为 117.36 亿美元，完成额 89.58 亿美元。同年，中国对菲律宾非金融类投资 5769 亿美元，累计投资 4.58 亿美元；菲律宾对中国实际投资 9707 万美元，同比增长 44.3%，累计达到 31.89 亿美元。[①]

2002 年，中国银行马尼拉分行在马尼拉金融中心正式运营，注册资本金 1200 万美元，从事本币业务包括存贷款、汇款、贸易融资和结算，重点是服

---

① 李健、黄志刚、董兵兵等：《东盟十国金融发展中的结构特征》，中国社会科学出版社 2017 年版，第 197 页。

务中国和菲律宾之间的贸易结算和融资业务。中国银行自 2005 年开始与菲律宾银行合作，推进银联卡在菲律宾国内的受理业务。2009 年以来，中国银联已经和菲律宾联盟银行、中华银行、中国银行等开展合作，陆续在菲律宾发行了多款中国银联信用卡、借记卡产品。2010 年 12 月，中国银联与菲律宾第一大银行——菲律宾金融银行在马尼拉宣布全面合作，发行银联信用卡。同时，开展菲律宾金融银行旗下商户银联卡受理业务，并在一年内开通 10000 台 POS 机。截至 2014 年，银联卡已经在菲律宾超过八成的 ATM 上使用。

2009 年，菲律宾首都银行及信托有限公司在中国境内改制的由其单独出资的外商独资银行——首都银行（中国）有限公司开业。首都银行总行设立在南京，并开通上海分行。经中国银监会批准，首都银行可以从事吸收存款、发放贷款、票据业务、买卖债券、同业拆借、银行卡业务等。2011 年泉州分行成立。

总体上来说，菲律宾属于欧美国家传统势力范围，欧美国家金融机构很早之前进入了菲律宾市场。例如，渣打银行在 1872 年就设立了菲律宾支行，汇丰银行 1873 年进入菲律宾，花旗银行 1902 年进入菲律宾。菲律宾金融机构接触世界先进金融机构的时间和程度要优于中国金融机构，对金融合作的要求更高。因此，在单纯的金融合作方面，中国的金融机构对菲律宾没有吸引力，没有明显的竞争优势。中国与菲律宾的金融合作需要结合中国自身优势和特点，以开拓新的金融市场为起点，而非与菲律宾当地或欧美金融机构展开直接竞争。

2016 年 10 月，菲律宾新任总统杜特尔特访问中国，表现出与中国加强双边合作的强烈意愿。其中，双方关于加强金融合作的共识，将有助于扩展中国与菲律宾的金融合作空间。但菲律宾政府权力相对有限，受国内大家族、日美等国家影响较大，政策反复可能性较大。杜特尔特政府所展现的改善与中国关系的积极态度，需进一步通过努力加以巩固。

（二）中菲金融合作发展前景

随着杜特尔特的上台和中菲关系改善，中国与菲律宾的金融合作呈现出良好的发展态势。应该抓住双边加强合作的意愿，不断推进双边金融合作。

1. 中国金融机构应以人民币和中国企业走出去为切入点

菲律宾大多数金融市场已经被本土金融机构或外资金融机构所占据，中国金融机构与菲律宾金融合作的空间，集中在具有中国特色的金融领域。中国金融机构可以人民币国际化为契机推进与菲律宾的金融合作。中国金融机构尤其是大型国有商业银行，需要利用人民币逐渐扩大的影响力和使用范围，利用自身提供人民币服务的绝对优势，推进金融合作进展。2016 年，中菲发表联合声明，表示将共同推进清迈协议多边化、双边本币互换安排。这一共识将扩大人民币在菲律宾的影响，也是中国金融机构加强与菲律宾金融合作的重要渠道。当前，中国经济转型，推动供给侧结构性改革，过剩产能需要消解，大量的中国企业急需海外市场。中国金融机构应该给中方企业提供走出去的机会，成为中国和菲律宾企业与市场之间的桥梁和纽带，以在菲律宾开展更多更有效的金融合作。此外，菲律宾大型企业在原材料采购、销售等方面也需要中国庞大的市场，这也是中国金融机构能够提供帮助，促进合作的重要渠道。

2. 推进基础设施建设领域的金融合作

菲律宾国家基础设施极为落后，相当于中国 20 世纪 80 年代之初的水平，基础设施建设需求极大。菲律宾政府自身财政实力较弱，难以支持基础设施建设的大量投资，具有雄厚资金实力的家族财团在公共设施建设方面缺乏足够的兴趣和动力。中国在国家基础设施建设领域的丰富经验和水平，都有利于中国企业在菲律宾发展过程中发挥更大的作用。

中国可以在基础设施建设中推进金融合作的深度和广度。2014 年，中国倡议成立亚洲基础设施投资银行，正适合菲律宾经济发展最为迫切的需求。

2016 年 10 月，中菲共同声明表达了双方在包括基础设施建设投资、基础设施项目建设、工业产能等领域共同开展务实合作的意愿。通过帮助菲律宾建设其基础设施，从而使更多的中国企业进入菲律宾市场。中国金融机构通过自身实力帮助中国企业在菲律宾开展扩张业务，并帮助中国企业逐步进入菲律宾市场，扩大与菲律宾的金融合作。

3. 加强与菲律宾华侨金融机构的合作对接

菲律宾华人在菲律宾商界占据重要地位，其所领导的金融集团与中国金融机构在以往也有较好的合作优势。菲律宾华人对中国大陆的投资热情和同根同源的文化感情，都是中国金融机构开展合作的主要优势。未来中国金融机构应以菲律宾华人市场为切入点，通过与菲律宾华人金融机构合作，逐步扩大与菲律宾金融合作的范围和深度。

第六节　越南金融发展

越南的金融体系由银行机构和非银行金融机构组成。银行类金融机构包括工商银行、外贸银行、农业银行、投资银行、发展银行和九龙江房产发展银行。[①] 银行类金融机构在越南金融体系中居主导地位。商业银行有城市股份制商业银行和农村股份制商业银行。私营商业银行主要是针对个人存户以及小型企业的融资。非银行金融机构包括金融公司、金融租赁公司、保险公司和证券公司。金融公司主要经营包括一年期以上的存款业务和各种期限的贷款业务、外汇业务、以及有价证券的抵押业务。金融租赁公司除了可以开展与金融公司相类似的信贷业务外，还包括进行本外币直接租赁、转租赁、委托租赁、回租等业务。保险公司主要提供寿险、非寿险、保险经纪和代理、再保险等服务。越南的外汇市场不是很发达，各项功能都不成熟，交易

---

① 唐文琳、范祚军等：《区域合作与金融支撑——以泛北部湾区域经济合作为例》，人民出版社 2011 年版，第 288 页。

量不大，外汇衍生品很少使用，流动性低、价格信号失真等与以市场为导向的经济发展动态不相适应。近年来，越南高度重视同中国开展金融合作，有力地促进了两国的经贸合作，使两国的经贸依存度尤其是边境贸易的依存度进一步提高。

一、越南金融发展现状及其发展趋势

（一）越南金融发展现状

20 世纪 80 年代，越南开始进行金融体制改革，对投资、利率、汇率制度和资金提供方式等方面分别进行了改革，使其与越南经济改革相适应。改革后，越南各方面的发展都取得了积极的成效，并成为中国东南周边国家中经济发展较快的国家，市场发展充满活力和生机。尤其是 1998 年东南亚金融危机之后，越南政府为了刺激经济发展，采取了高投资的刺激措施，使得越南的经济实现了快速增长。越南还加大了吸引利用外资的力度，使人均投资水平甚至超过中国和其他发展中国家水平。越南积极主动融入世界经济体系，不断提高对外开放水平。但是，市场结构很不平衡，在越南资本市场上市的 100 多个上市公司中，投资型公司、资源型公司占比较高。建立一个完善的金融服务体系，是越南未来经济发展的必然要求。

1. 建立国家银行主导的金融管理制度

越南国家银行是越南的中央银行，是越南中央政府的一个部级机构。董事会是国家银行最高决策机构，其成员有行长、副行长，行长以下设有若干位副行长分工履行相应职能。越南国家银行行长属于越南政府内阁成员之一。

越南中央银行对货币供应量，特别是货币供应量的控制能力，总体上来讲是比较差的。在 20 世纪 90 年代中期以前，越南中央银行投放基础货币的渠道，主要是提供贷款给金融机构。但是，受到金融监管水平的局限，商业银行通常要求中央银行以增加贷款的形式来实施信贷扩张。在调控能力不足的情况下，越南中央银行在基础货币的投放方面往往处于比较被动的境地。

越南在利用利率作为中介目标调控方面，条件不是很充分。短期利率有一定的效果。但是，在不同的经济环境下，由于存在政策的外在时滞效应，货币政策的最终作用效果往往难以达到预期目标。对于越南来说，由于缺乏充分的成本控制与效益优化，其作用效果是不言自明的。因此，单纯的利率调整对存款的调节作用也是有限的。因为货币政策受到对未来预期变动的影响。越南对控制通货膨胀问题进行积极探索，但限于金融市场发展的相对薄弱以及政策作用的有限性。越南政府不希望通过完全控制通货膨胀目标来制定越南的货币政策目标。在中央银行缺乏货币政策独立性的情况下，越南政府也不愿意牺牲经济增长或就业目标来换取通货膨胀目标的实现。

以汇率作为货币政策中介目标，对于开放程度较高的经济体来说，可以通过使汇率在合理的区间内波动，来影响进出口的变动以及生产要素的国际流动，实现内部均衡与外部均衡。在操作中，可以通过设定一个汇率浮动的合理区间，通过公开市场业务等政策工具来进行调控，将汇率控制在合理区间，对于小型开放经济体来说，具有探索实践的价值。

越南的经济增长和货币增长都较快。但是，通货膨胀较为严重。从1997年至2014年的越南的实际GDP增长率、广义货币量增长和通货膨胀率来看，在这17年间，越南的经济发展较为迅速，保持了5%以上的增速，国内生产总值最高时甚至达到8%以上。但是，越南经济的快速发展，使越南的通货膨胀也呈现加剧的局势。2007年以后，越南的通货膨胀日益加剧，2008年5月，越南的消费价格指数同比上涨达到25.2%，增速为1997年以来最快水平，成为亚洲通货膨胀最严重的国家。[①] 越南的通货膨胀主要是货币的投放增长较快、本币贬值、经济持续过快增长以及自然灾害频繁发生造成的。在越南政府采取适度降低经济增长率、实施紧缩的货币政策和财政政策、限制

---

① 李健、黄志刚、董兵兵等：《东盟十国金融发展中的结构特征》，中国社会科学出版社2017年版，第370页。

部分产品出口、实行限价等综合性调控政策以后，越南的通货膨胀才得到缓解。2011 年越南的 CPI 达到 18.2%，越南现在的通货膨胀率仍然处在 4% 左右的水平。广义货币量的增长也较快，广义货币量从 1997 年的 81.558 万亿越南盾增长到 2014 年的 5179.216 万亿越南盾，17 年间增长了 63.5 倍。越南经济的货币化水平也提高较快。2007 年以前，越南的广义经济货币化比率（M2/GDP）在快速攀升。2008 年以后虽有反复，但总体呈现攀升趋势。截至 2014 年末（M2/GDP）已达到 131.5%。[①] 狭义经济货币化率也达到 117.2%，经济货币化水平的明显提高，反映出越南的金融发展水平在提高。越南的金融深化水平也在大幅提高，2014 年越南商业银行存款同比增长 21.6%，达到 3892.232 万亿越南盾，约合 1832 亿美元。商业银行贷款同比增长 12.8%，达到 2732346.8640 万亿越南盾，约合 128.6052 万亿美元。[②] 为稳住宏观经济，控制通货膨胀，2019 年，融资和贷款利率保持稳定，信贷机构的资本融资增长了 12.5%，经济体的信贷增长了 12.1%。越南国家银行于 2019 年发布了下调利率的文件，自 2019 年 11 月 19 日起生效。根据该文件，满足农业、农村地区、出口、支持产业、中小企业和高科技企业的越南盾短期贷款利率由 6.5%/年降低至 6%/年。许多商业银行同时宣布降低贷款利率，帮助企业获得资本以促进生产和经营。目前，活期存款和期限少于 1个月的越南盾的平均存款利率为 0.2%—0.8%/年，1 个月至 6 个月的定期存款年利率为 4.3%—5%，6 个月至 12 个月的定期存款利率为 5.3%—7%，12个月及以上的年利率为 6.6%—7.5%/年，越南盾的短期利率约为每年 6%—9%，中期和长期的利率约为 9%—11%。

2. 建立银行业主导的金融产业体系

越南金融体制经过不断地深化改革，已经形成了一个多层次的银行业结

---

① 李健、黄志刚、董兵兵等：《东盟十国金融发展中的结构特征》，中国社会科学出版社 2017 年版，第 370 页。

② 李健、黄志刚、董兵兵等：《东盟十国金融发展中的结构特征》，中国社会科学出版社 2017 年版，第 371 页。

构，包括国有商业银行、社会政策银行、开发银行、商业股份银行、外资银行分行、合资银行、独资银行、信用社等，高度集中的银行业结构相对于越南的国内市场规模来讲显得数量过多，但与越南的经济发展需要还是适应的。从 2015 年越南不同性质的银行资产占比来看，国有商业银行占 44%，股份商业银行占 43%，合资银行占 11%，其他银行金融机构的资产占比只有 2%。① 银行业总资产占到整个金融体系总资产的 80% 以上。银行集中度高还表现在前三大银行的资产占比上，越南前三大银行分别是越南农业与农村发展银行、越南工商银行、越南外贸银行，2013 年以来，前三大银行的总资产占比基本上保持在 80% 以上，呈现出国有银行主导的金融产业结构。

越南的证券业发展比较迅速。越南的证券市场具有分工明确的主体层次结构，越南有两大分工明确的证券交易所，即主板市场和中小企业板市场。胡志明市证券交易所是主板市场，主要满足规模较大的企业的上市融资和交易；河内市证券交易所是中小企业板市场和场外交易所，主要服务于较小规模企业的上市融资和交易，以及未上市企业的场外股票交易。越南证券市场交易的主要品种是股票和债券，基金数量较少，其中债券的数量占比较高，但是股票数量增速较快，越南证券市场的股票是可以全流通的。越南的证券市场虽然建立时间不长，但是开放度不低，从一开始就可以允许外国投资者参与交易，但是对持股比例有限制，还有开放审查限制。虽然允许外国投资者参与交易，但外国投资者的参与交易度不高，本国投资者仍然占据主导地位，说明外国投资者不看好越南证券市场，没有把越南证券市场作为重点战略目标。

越南保险业发展程度总体水平较低，但竞争激烈。越南政府高度重视保险业发展，颁布了《保险法》，成立了保监局，不断完善保险业监管法律法规，不断推进保险市场开放，开展保险业国际合作。但是，对外资在越南的

① 李健、黄志刚、董兵兵等：《东盟十国金融发展中的结构特征》，中国社会科学出版社 2017 年版，第 374 页。

保险业持股比例有限制，不能超过 49%。截至 2015 年底，越南共有财产保险公司 29 家，寿险公司 16 家，再保险公司 2 家。① 越南的保险业发展虽然较快，但是无论是保险深度还是保险密度，总体上来讲仍处于较低水平。2019 年整个保险收费市场的营业收入为 160.2 万亿越南盾（69.65 亿美元），比 2018 年增长 20.3%，其中，人寿保险保费达到 107.8 万亿越南盾（46.86 亿美元），增长 25.1%，非寿险领域达到 52.4 万亿越南盾（22.79 亿美元），增长 11.6%。

3. 重视金融市场发展

越南的金融市场总体上来讲不是很发达，但是发展比较快。革新开放以后，越南的货币市场、外汇市场、证券市场、保险市场等都发展了起来。其中，货币市场相对比较发达，但结构比较单一。货币市场中的同业拆借市场较为发达，而票据市场和债券回购市场的发展规模相对较小。货币市场中的短期资金市场是金融市场的重要组成部分，其金融工具主要是政府、银行及工商企业发行的短期信用工具，具有期限短流动性强和风险小等特点。证券市场中的股票市场发展起伏不定，规模也比较小，但近年来发展较快。截至2019 年 12 月 24 日，VNindex 达到 958.88 点，比 2018 年底增长 7.4%。截至2019 年 12 月 17 日，市值达 4400 万亿越南盾（约 1913 亿美元），增长10.3%。债券市场发展以政府债券为主，主要由国债、政府担保债券、组合式债券和公司债券构成。越南的政府债券发行流动量占到市场总值的 90%，但是越南政府债券市场总值仅占越南 GDP 的 14% 左右。大型国有商业银行是政府债券的主要持有者，并且所持有的债券基本不会流转到二级市场，越南最大的 4 家国有商业银行持有约 65% 的市场总值的政府债券，债券市场的发展还缺乏做市商和专业的机构投资者。公司债券的起步相对较晚，且缺乏透明性。2006 年之前，越南的公司极少发行公司债券。2006 年之后，随着

---

① 李健、黄志刚、董兵兵等：《东盟十国金融发展中的结构特征》，中国社会科学出版社2017 年版，第 381 页。

越南《公司法》的颁布，公司债券发行日益活跃，公司债券的发行不再局限于国有企业和国有商业银行，公司债券的发行主体扩大到了私营企业和外资公司。由于商业银行不断扩大债券发行规模，从而拉动了债券市场的发展。虽然债券市场发展迅速，但是规模总体仍然偏小。目前，在债券市场上有509 只债券，市值为 1162 万亿越南盾（约 505 亿美元），比 2018 年底增长 3.7%。

4. 内源融资为主的融资结构

越南的金融发展水平总体不高，企业的融资渠道主要依赖内源融资。随着金融业的不断开放和发展，内源融资占比有所下降，但内源融资仍然是越南最主要的融资方式。此外，由于越南金融体系以银行为主导，股票市场的活跃程度不高，银行信贷为主的资源配置方式仍然是越南最主要的融资方式。随着革新开放，越南的私有企业不断得到发展，越南的信贷资源流向私有企业的比重不断增加，资金更多流向了私有企业，私有企业的发展对越南国民经济的贡献越来越大。

5. 多元化的金融资产结构

越南金融资产结构呈现多元化特点，包括货币性金融资产、证券性金融资产、保险保障性金融资产、黄金白银、在国际金融机构的金融资产以及其他金融资产。其中，货币性金融资产是主要的资产形式。根据 2015 年的数据，货币性金融资产占总资产的比重达到 78.25%，证券性金融资产占总资产的比重为 20.24%，两者构成了越南金融资产的绝对主体，两者之和达到98%以上。[1] 保险类金融资产仅占总资产的 1.24%。黄金白银在越南的金融资产结构中仅占极小部分。

---

① 李健、黄志刚、董兵兵等：《东盟十国金融发展中的结构特征》，中国社会科学出版社2017 年版，第 388 页。

（二）越南金融发展趋势

自革新开放以来，越南重视金融改革和金融发展，金融体系日益完善，形成了以国有金融机构为主导的银行体系，实施严格的金融监管制度，更加重视金融风险防范。

1. 金融体系日益完善

越南国家拥有较为完善的金融体系，银行业、证券业、保险业都得到了迅速的发展，金融市场充满活力。但是，越南的金融体系发展很不平衡。在越南的金融体系中，银行业占主导地位，以银行为中心建立了多元化的银行体系。证券市场虽然起步晚，但发展迅速。保险业的起步也较晚，但是发展也比较迅速。随着外资的介入，保险市场竞争日趋激烈。

2. 国有金融机构主导的银行体系

银行业是越南金融体系的核心，银行数量占到所有金融机构的70%左右。虽然随着金融业的发展，特别是多种金融机构的持续发展，银行数量在全部金融机构中的数量占比有所下降，但仍占据金融机构数量的绝大比重，银行资产额占到总金融资产比重的80%左右。在银行业中，国有金融机构基于主导位置，越南国家银行在全国七大银行的资本金中占了25%的比重，以国有金融机构为主导的银行体系与越南的经济发展是相匹配的，这是由其国情决定的。

3. 实施严格的金融监管制度

越南国家银行依法履行国家制定的货币政策，依法对银行和非银行信用机构的经营活动进行监督管理。越南对信用机构准入和退出都做出明确规定。越南国家银行对信用机构的资本金、自有资本金、流动比率、中长期贷款及贷款总量都实行了严格监管。越南国家银行对外资银行经营业务也实行了严格的监管，规定外资银行要实行越南国内统一的会计制度，不得使用越南国外的会计制度。近年来，越南对保险机构的准入规定有所放宽，国内保险机构的发展较为迅速。同时，对外资保险机构的准入条件也有所放宽，意味着将有更多的外资保险机构进入越南保险市场，保险市场的竞争将越来越激烈。

二、中越金融合作现状及其发展前景

近年来，中越两国政府重视金融领域的开放合作，加强金融风险防范，维护金融稳定，促进经贸合作健康发展，造福两国人民。未来两国应共同努力，进一步深化金融领域的开放合作，为建设中越命运共同体提供金融支撑。

（一）中越金融合作现状

经济全球化有利于实现资源的高效配置，促进国际贸易的快速发展，并带动新兴经济体的发展。但是，经济全球化是一把双刃剑。经济全球化容易给国际游资造就破坏市场的机会。国际巨额资本的快速流动容易给发展中国家造成的经济损失是难以估摸的。国际资本市场的信息不对称性，使处于信息末端的投资者容易跟风，从而有可能成为货币危机的源头。国际评级机构延迟评级，也容易给投资者发出有失公允的信号。尚未发生危机时，国际评级机构由于看好新兴国家的经济，投资者会把资本投向这些国家。但是，危机发生后，国际评级机构下调了受灾国的信用等级，这会加剧投资者的撤离速度。因此，只有加强金融合作，才能较好地抵抗全球金融风波的不利冲击。中越两国作为邻居，同属社会主义国家，具有较好的合作基础。如果两国能够进一步发展成为更高级别的区域合作，中越两国可以尝试率先建立单一货币区，不仅可以提高两国的金融地位，也有利于增强两国的区域竞争力，促进区域经济发展。中国已经是世界第二大经济体，有能力稳定货币币值。从2013—2017年，中国的进出口贸易额保持持续稳步增长的趋势，就表明中国与世界各国的经贸往来关系是越来越密切的。中国有着非常充足的外汇储备，对防范区域金融风险，起着"货币锚"的作用。近年来，中越双边贸易与投资呈现稳定增长趋势。2010 年，在中国—东盟自由贸易区成立之时，中越双方相互约定的贸易目标是 250 亿美元。随后，两国的贸易总额逐年增长。截至 2017 年底，中越两国贸易额已经达到 1100 亿美元。2017 年，中国对越南的进口规模也较 2016 年有了较大幅度的增加。截至 2016 年底，中国对越南的直接投资额为 30 亿美元，与越南签订的工程类合同额为 175 亿美元。[①]

推动开展区域银行间人民币对越南盾挂牌交易业务。广西防城港市先行先试开展区域性银行间人民币对越南盾挂牌交易业务。2014 年 3 月 24 日，中国（东兴国家重点开发开放试验区）东盟国家货币交易信息服务中心网络平台经过前期运行后正式运行。目前，该平台运行情况良好，相关业务稳步推进。2014 年 3 月 24 日至 2016 年 12 月 31 日，中国（东兴国家重点开发开放试验区）东盟货币信息服务平台上，5 家边贸结算银行共录入越南盾交易信息 43950 笔，金额 662.4204 亿元，越南盾卖出报价 1340 次，越南盾买入指导报价 1257 次。2016 年，中国（东兴国家重点开发开放试验区）东盟货币服务平台越南盾交易信息共计 14373 笔，交易金额共计 247.63 亿元，同比增长 11.7%，越南盾卖出报价 450 次，越南盾买入指导报价 449 次。境内货币交易市场的有序发展，有效提高了境内货币交易市场发展。

人民币与越南盾汇率定价机制初步形成，提高了东兴边贸结算银行汇率定价话语权。服务平台运行前，中国边贸结算银行主要依据"地摊银行"和越南代理合作银行定价，被动接受越南"地摊银行"和越南代理合作银行报价。服务平台运行后，中国边贸结算银行与越南代理合作银行协商定价、自主定价。越南"地摊银行"报价汇率只起参考作用。目前，"东兴模式"已被广西沿边地区的崇左、百色等市复制。"东兴模式"也已经升级为广西的

---

① 张永起：《"一带一路"背景下中越金融合作现状、问题与对策》，《对外经贸实务》2019 年第 1 期，第 59 页。

服务平台。构建了人民币与越南盾"零售市场"价格发现体系，实现了人民币与越南盾的挂牌交易。2014 年，上海外汇交易中心将越南盾列入交易货币。"东兴模式"形成的汇率，作为上海外汇交易中心的官方参考汇率。越南盾成为全国范围内的挂牌交易货币。

区域银行双边结算网络初步建立，跨境人民币结算量稳步增长。中国人民银行与越南中央银行已经签署了双边结算合作协定，对两国货币兑换、结算、账户开立等都有了约定。目前，广西和云南两省（区）已经有了 7 家省级国有商业银行分行分别与越南的广宁、谅山、老街等省的 8 家国有银行签订了双边结算协议。2009 年，自跨境贸易人民币结算试点启动以来，中国东南周边国家已经成为人民币跨境贸易结算重点地区，跨境人民币业务有序发展。从 2009 年至 2013 年 6 月末，中国与东盟跨境人民币结算量达到 11200多亿元，数量呈逐年增加之势。以广西为例，广西开展跨境贸易人民币结算试点以来，从 2010—2013 年 12 月末，广西累计办理跨境人民币结算业务2135 亿元。其中，东盟是广西跨境人民币业务的第一大市场，结算额达1924 亿元人民币，占广西跨境人民币结算量的 90%。2011 年 6 月，中国工商银行中国—东盟人民币跨境清算（结算）中心在南宁挂牌成立，人民币对越南盾结售汇挂牌与交易业务正式开办。广西有 4 家银行开办了人民币与越南盾汇率挂牌业务。2013 年 7 月，广西正式颁布《广西边境贸易人民币结算业务管理办法》，明确由东兴国家重点开发开放试验区先行试点个人跨境人民币结算业务，有效促进了个人跨境贸易人民币结算便利化，推动个人跨境贸易人民币结算从"地摊银行"转向正规银行结算。截至 2013 年 12 月末，东兴国家重点开发开放试验区共办理个人跨境人民币结算笔数 5350 笔，同比增长 99%，金额 62.97 亿元，同比增长 1.91 倍。2014 年 4 月，中国人民银行南宁中心支行印发《广西壮族自治区沿边金融综合改革试验区个人跨境人民币业务管理办法》，将个人跨境贸易人民币业务扩大到整个试验区。

货币层面的合作是中越双方政府金融合作的重要项目。两国的中央银行积极参与东盟区域的金融合作，也在东盟与中日韩（简称"10+3"）金融合作中发挥了重要作用。广西、云南两省区在沿边金融综合改革中，积极探索与越南开展跨境金融合作。在利率汇率市场化、人民币国际化以及金融监管机制创新合作等方面大胆先行先试，积极推进对外投资、融资、贷款等金融一体化发展，推进以人民币为结算货币的金融综合改革，极大地促进了中越两国贸易投资合作，也极大地促进了沿边地区的经济发展。2018 年 12 月，中国人民银行又颁布了《广西壮族自治区建设面向东盟的金融开放门户实施方案》，明确在广西建设面向东盟的金融运营服务基地、财富管理服务基地、金融信息服务基地和金融交流培训基地，无疑对推进中越金融合作起到积极的促进作用。

金融机构积极拓展在越南的金融业务。早在 1995 年，中国银行就在越南胡志明市成立了分支机构，与当地的中越企业都建立了良好的商贸关系。现在，国内的其他商业银行也已经入驻越南设立分支机构。国家开发银行在越南设立工作组。越南也是中国—东盟银行联合体成员，其参与行是越南投资发展银行。中国—东盟银行联合体已经在越南开展了授信及其他项目的合作。2008 年，越南西贡商信银行在南宁设立了代表处。中越双方的商业性金融机构合作也取得了阶段性成果。中国建设银行与越南银行签订了边境贸易合作协议，建立了边境贸易合作关系。在中国—东盟自由贸易区建立之初，在广西的国有商业银行分支机构如中国银行、中国农业银行、中国工商银行、中国建设银行、中国交通银行等与越南国家银行开展了以人民币为结算货币的业务往来。中越双方的边境贸易结算货币，有超过80%是使用人民币进行结算的。在边境贸易中，人民币已经成为老百姓认可的货币。双边的金融基础设施和人民币结算网络也在不断完善。中越双边金融合作已经迈向了一个更高的水平。

但是，在中越金融合作中，还存在一些问题。

1. 双边金融机构间的高层对话不够

双方中央银行以及监管机构之间的合作，还处在较低水平阶段，常规化的对话机制有待建立健全，沟通交流渠道有待拓展。虽然，两国已经签署了有关协定，但扩大中越贸易人民币结算比例，有关细节尚待协商确定，有关机制尚待完善。这些问题如果未能尽快协商解决，会制约两国金融机构间的合作，也会对双边贸易结算和货币流通产生制约。由于两国的货币兑换业务，主要是通过代理提供金融服务的，自然会增加两国货币兑换的成本，影响货币流通和资金使用的效率，企业的外部融资能力也会受到约束。

2. 实体基础数量不足

由于传统的边境贸易，仍然是双方商业往来的主要贸易模式。所以，双方的金融业务往来，仍然处于分散且层级不高的状态，更多的业务往来仍然是贸易结算业务为主，双方金融实体渗入不足，两国商贸金融尚未实现互联互通化。金融机构网点布局不够充分，中国企业走出去的范围和程度受到约束。金融机构也难以预判各类风险，影响到资金的安全性和项目的实施。由于两国也缺乏大型的经贸项目，因此两国的金融合作的纵深发展受到一定的影响。

3. 两国的货币汇率形成机制有待深化

双方的正规金融合作发展与民间金融合作发展相比稍显滞后，两国正规金融机构的货币互换业务发展还处在较为初级阶段，官方的货币互换机制有待建立健全，两国间的货币互换，基本是由强大的经济主体自发约定形成的，缺乏合理的保障机制，容易导致金融风险。虽然人民币与越南盾可以兑换，但也仅限于小额贸易，或出境旅游兑换。在国际贸易中，如果通过购买第三方货币（如美元）来结算，无疑会增加人民币和越南盾赎回的时间成本。虽然中国银行、中国农业银行、中国工商银行、中国建设银行等大型商业银行与越南金融机构达成了阶段性合作意向。但是，由于越南的"地摊银行"仍然存在，而且"地摊银行"愿意承担更高的汇率变动风险。因此，通过"地摊银行"结算的比例依然较高。

4. 人民币的弱流动性约束

在调查中发现，双边的边境贸易主要是通过人民币结算为主。但是，一般贸易是通过银行进行结算的。使用人民币结算的比例大概占25%左右，美元结算占比高达75%左右。由于人民币属于不完全可自由兑换货币，越南民众持有的人民币基本上是通过在边境贸易结算中使用，通过购买中国的产品和服务来使用人民币。对于别国的劳务无法使用人民币进行服务，这会影响人民币的内在价值和流通价值。此外，微信支付等支付方式在越南受到限制，这无疑会影响到人民币的跨境使用和跨境支付。

（二）中越金融合作发展前景

中越金融合作具有较好的基础，特别是沿边金融综合改革试验区的建设，在跨境金融合作方面取得了较大的突破，为中越金融合作的深化发展打下了坚实的基础。双方可以在以下几个方面进一步努力，积极推动中越金融合作不断深化发展。

1. 加强两国高层间金融对话交流

加强两国高层金融对话交流，对于增进两国金融合作共识，具有十分重要的意义。中越双方应充分发挥中国—东盟金融合作与发展领袖论坛、中国—东盟保险合作与发展论坛等平台的作用，加强双方对话交流。此外，加强两国智库间的对话交流，就相关议题展开对话。两国政府间在高层领导会晤时，适时就相关议题进行沟通交流，形成基本共识。两国央行以及商业性金融机构之间，也适时启动对话机制，就一些共同关心的业务议题进行沟通交流。双方应对边境地区货币金融领域合作的经验进行总结交流，以此为基础深化合作。利用好双方银行间本币清算合作机制，积极营造一个良好的金融市场环境。充分利用好亚洲基础设施投资银行等双多边金融机构的合作平台作用，加强投融资领域合作，为基础设施互联互通和国际产能合作拓展融资渠道。

2. 积极推进双边金融机构布局

中越两国同属于社会主义发展中国家，金融发展模式较为相似。中越边境地区的金融合作层次虽然仍处于较低层次。但是，两国商业银行在双方边境地区的金融合作已经有了较好的基础，以商业银行为主体促进两国金融合作向纵深发展，是大有可能的。因为银行间的合作能够满足现阶段日益增大的贸易投资需要。双方的商业银行可以考虑先行在两国互设金融服务中心，以更好地满足两国不断增长的贸易、投资对货币互换的需求。双方中央银行应积极为两国金融合作搭建平台，双方商业银行可以利用双方搭建的平台为两国企业提供金融服务。此外，双方要积极探索开展互联网模式下的金融合作，探索使用电子支付、微信支付等新业态，设立更多越南盾兑换人民币的ATM 服务网点，积极推广使用人民币信用卡作为国际结算重要通道，打通互联网支付方式，促进两国金融深度合作。

3. 完善人民币与越南盾汇率兑换机制

可以借助沿边金融综合改革试验区、面向东盟的金融开放门户和跨境经济合作区等实体平台，充分发挥银行作为货币兑换的主体作用，建立双边货币兑换做市商机制。由两国的中央银行根据商业银行的交易能力筛选决定做市商。为了防范商业银行做市时可能出现的风险，可以考虑根据两国中央银行签署的人民币与越南盾的货币互换协议，有计划地根据市场需要交换货币。两国中央银行与商业银行共同承担一定的风险，可以考虑中央银行承担相对较多一些的风险损失，商业银行承担相对较小一些的风险损失。人民币与越南盾汇率兑换机制的落实，最终要落到产业实体经济上。金融机构要充分发挥好自身的融资功能，开展好境外贷款和投贷联动等配套服务。通过不断完善区域金融合作机制，为企业提供外汇兑换和跨境支付结算等服务，保障贸易往来畅通。同时，要提高金融业风险管理职能，以保障资金收益和资金使用的安全性。

4. 继续完善人民币跨境使用机制

在市场驱动的原则下，继续积极推进与越南的货币合作，鼓励在边境贸易与投资中尽可能使用本币结算，使双边货币互换协议落到实处，使双边贸易投资便利化，为市场提供流动性支持。

积极商签双边本币结算协定，努力推进双边本币结算，降低对第三方货币的依赖和汇率风险，积极推进本币结算基础设施建设，搭建货币跨境结算平台，稳步开展人民对越南盾挂牌交易和兑换业务，促进贸易投资便利化发展。

逐步实现人民币在越南的真正落地。一是修改完善中越《关于结算与合作的协定》和《边境贸易双边本币结算协定》，建立定期的金融监测、信息交换、干部培训、经验交流、金融救助磋商机制，加强中越边境间贸易结算、货币互换、货币流通管理、假币风险防范与管理方面的信息交流和合作，逐步建立多层次的制度与非制度磋商协调机制。二是推进银行间外汇市场实现越南盾挂牌交易，探索规范管理"地摊银行"的途径。三是放宽人民币流出入限制，拓宽人民币回流渠道，疏通人民币境外直接投资渠道。扩大人民币跨境使用范围，提高人民币对外开展直接投资的规模。金融机构要大力支持互联互通基础设施建设、能源资源合作和国际产能合作等，积极参与制定国际金融规则，加快人民币走出去步伐。四是在中越两国跨境经济合作区内提供较为完善的跨境贸易人民币结算服务，允许跨境经济合作区内的越南金融机构开展人民币存贷款及投融资业务，将中越两国跨境经济合作区建设成为中国—东盟自由贸易区下先行先试的对外金融合作区，推进中越金融合作进程，逐渐推进人民币在越南落地，积极推动人民币成为主要的贸易结算货币，实现在经常项目下和资本项目下的本币定价、结算和投资。

建立人民币的现钞回流机制，改善人民币现钞的境外流通环境。目前，人民币现钞在越南已具备一定的规模。根据中国人民银行南宁中心支行的调研分析，在与广西防城港市、崇左市相邻的越南边境地区，人民币的流通量约有 136 亿元，估计滞留越南的人民币现钞存量约为 30 亿元。[1] 应尽快建立完善人民币的跨境调运回流机制，以防范人民币在境外持有和流动可能产生的风险。当前，在越南还缺少对境外现钞的人民币业务库，对人民币现钞的境外投放、跨境调拨等业务还有很大的限制。而美联储、欧洲央行等在对境

---

[1]　崔瑜:《广西沿边金融综合改革实践与探索》，广西人民出版社 2018 年版，第 103 页。

外现钞的处理通常是通过本币业务库的管理，因此应借鉴香港经验，尽快建立起海外商业银行的人民币业务库，同时人民银行应当考虑成立统一的人民币现钞流通管理中心，对人民币跨境流动监测、反假货币等业务进行统一管理。

第七节　泰国金融发展

泰国实行的是以中央银行为领导、商业金融机构为主体、政策性金融机构为补充的专业化银行制度。泰国的金融体系越来越完善，融资体系日益健全，金融机构多元化发展，商业银行成为金融市场的主导，金融市场发展比较快，朝着自动化、自由化和国际化方向发展。

一、泰国金融发展现状及其发展趋势

（一）泰国金融发展现状

泰国的金融业发展总体上来说较为迅速，其金融深化程度不断提升。1960年，泰国的 M2/GDP 衡量的金融深化程度为 20%。到 2015 年底达到 137%。泰国的金融机构种类也比较齐全，具备了金融发展所需要的各种载体，但仍然表现为银行业主导的金融体系。

1. 银行业起步早且发展快

早在 19 世纪末，西方殖民者开始对泰国进行资本输入，设立外资银行分行。1888 年英国人开始在泰国设立汇丰银行分行，1894 年伦敦渣打银行在泰国设立分行，1897 年法国人在泰国设立法属东方汇理银行分行。第一家泰资银行是 1906 年建立的汇商银行。1939 年设立了国家银行局，履行中央银行职能，加强金融监管，1942 年更名为泰国银行。

从 20 世纪 80 年代至 20 世纪 90 年代初，是泰国金融业迅速发展时期，也是泰国金融自由化时期。泰国的金融自由化政策，包括外汇管制自由化、利率自由化、成立国际银行离岸机构、放宽金融机构管制和扩大金融机构业务范围。这一时期泰国银行业迅速发展，银行借贷繁荣，规模也迅速扩大。但是，1998 年的东南亚金融危机，泰国的银行业遭受重创。银行业不良贷款率达到 42.9%。为挽救泰国的经济和金融系统，泰国成立企业债务重组委员会与多债权人重组框架，加强对债务重组的协调。鼓励金融机构向资产管理公司转移不良资产，加强对不良资产的处置。随着不良资产的转移，不良率恢复到正常水平。近年来，泰国的不良资产率维持在 2% 至 3% 的水平，经济增长趋于稳定。监管部门参照国际先进金融监管标准，深化以风险为导向的金融部门改革，颁布实施了新金融机构法、存款保护制度、新巴塞尔协议以及国际会计准则等，为泰国银行业的健康发展提供保障。

2. 债券市场发展基础薄弱

1998 年东南亚金融危机前，泰国债券市场的规模总体上来说较小，有限的政府债券供给限制了无风险基准利率的形成。真正启动泰国债券市场发展的是 1998 年的东南亚金融危机后。当年泰国政府发行储蓄债券 1915 亿泰铢，占当年债券发行量的 68.1%。① 泰国债券市场发展因为政府赤字融资而被动发展。政府债券的大量发行为市场提供了无风险基准利率曲线，也为企业的融资发展打下了坚实的基础。

3. 股票市场发展迅速

泰国股票市场建立于 1962 年 7 月，当时由一家私有集团建立了一个有限合伙制的证券交易所，该集团后来改组为有限责任公司，并于 1963 年更名为曼谷证券交易有限公司，由于经营不善，在 20 世纪 70 年代末倒闭。1975 年泰国政府建立了泰国证券交易所，并开始正式运营，1991 年更名为泰国证券交易所。泰国证券交易所成立的最初十年，总体规模尚小。1986—1996 年，是泰国经济最繁荣时期，此时上市的企业新增了 377 家，股市的发

---

① 李健、黄志刚、董兵兵等：《东盟十国金融发展中的结构特征》，中国社会科学出版社 2017 年版，第 281 页。

展对传统银行业形成了冲击，新兴企业部门对银行业的依赖开始减弱。泰国证券交易所指数呈攀升趋势，1990 年达到阶段高点 1143.78 点。1990—1991年，受海湾战争的影响，股市下跌，回落到千点以下。1992 年以后，泰国金融自由化加速，外资大量进入泰国股市，证券交易所指数在 1994 年达到历史最高纪录的 1753.73 点。自此之后，由于泰国国际收支出现逆差，外资投入股市风险增加，泰国股票指数逐渐走低，交易额开始下降。2001 年，他信政府制定了泰国资本市场发展整体规划，从 2002 年开始执行。第一阶段（2002—2005 年）重点在于建立资本市场基础设施，改善公司治理和增加市场流动性。第二阶段（2006—2010 年）重点在于通过放松资本管制建立有竞争力的环境，扩大并多元化投资者基础，使泰国资本市场更接近于发达国家资本市场。随着泰国经济和贸易方面的恢复，以及政策的支持，泰国股票市场迎来新一轮发展机遇，股市开始攀升。截至 2016 年 6 月底，泰国证券交易所市场指数达到 1444.9 点。①

4. 保险市场发展活跃

泰国保险市场始建于 20 世纪 30 年代，当时有 30 家外国保险公司在泰国开办保险业务。此后 30 年，泰国保险业基本控制在外国人手中。20 世纪60 年代以后，由于泰国民族经济的发展，民族保险业开始由弱变强，成为泰国保险市场的主导力量，但外资仍然很活跃。在 20 世纪 90 年代至东南亚金融危机前，泰国的保险业呈现连续增长的势头，寿险行业的发展显著领先于非寿险行业。在东南亚金融危机时期，泰国金融产业出现萧条，保险市场受到波及。2000 年之后，泰国保险业进入恢复增长期，保费收入增速提升。泰国对保险业的发展有比较严格的规定，1997 年以前成立的保险公司资本金要求是 3000 万泰铢，1997 年以后成立的保险公司资本金要求是 3 亿泰铢，每个险种的保证金要求达到 350 万泰铢。1997 年以前成立的寿险公司要求资本

---

① 李健、黄志刚、董兵兵等：《东盟十国金融发展中的结构特征》，中国社会科学出版社2017 年版，第 283 页。

金达到 5000 万泰铢。1997 年以后成立的寿险公司要求资本金不得低于 5 亿泰铢。此外，寿险公司的资本金不得低于准备金的 2%，要求必须有 2000 万泰铢的保证金，保证金以现金、政府债券和保险委员会办公室规定的其他资产形式存在。泰国的保险条款、保单文本以及其他销售资料在使用前必须报保险委员会办公室批准。保险公司可以在保险委员会办公室规定的费率变动范围内确定自己的费率水平，经保险委员会办公室许可后可以使用。保险金额超过 20 亿泰铢的企业可自由厘定自己的费率。

5. 共同基金市场起步早

泰国的证券投资基金业务，相较于其他东南亚国家来说，起步较早。泰国的证券投资基金，也叫共同基金。泰国第一只封闭式共同基金——永盛基金成立于 1975 年。之后，泰国共同基金市场发展颇为迅速。截至 2016 年 5 月，共同基金总数达到 1354 只，净资产值达到 3.75 万亿泰铢。股票类共同基金和债券类共同基金是整个基金市场的主要品种。股票类共同基金占 38%，国库券、政府债券占 35%，信用债、汇票、本票占 26%，其他占 1%。[①]

（二）泰国金融发展趋势

泰国自金融自由化以来，以商业银行为主导的金融体系不断向市场导向型的金融体系转变，更加重视金融市场发展，股票市场和债券市场的融资功能作用显著增强，金融业的开放程度越来越高，金融监管制度越来越完善。

1. 商业银行主导的金融体系

泰国的金融体系比较健全。20 世纪 80 年代末开始金融自由化以来，泰国中央银行逐渐放松金融行业的准入门槛，取消存款利率限制，允许商业银行进入证券业、保险业等行业以混业经营模式经营。泰国商业银行的全能银

---

① 李健、黄志刚、董兵兵等：《东盟十国金融发展中的结构特征》，中国社会科学出版社 2017 年版，第 285 页。

行模式比较接近于德国。1997 年以前银行业在金融市场上占据绝对主导地位，资产集中度高，大多数由大型家族财团控制。1997 年以后传统的银行导向型金融机构向市场导向型金融机构转变，泰国政府重视金融市场发展，企业融资转向资本市场进行直接融资，储蓄者也开始通过股票、债券、共同基金和其他金融市场工具进行直接融资。但是，泰国的金融结构仍然是银行主导型的金融结构，商业银行的金融资产占金融业总资产的40%以上，间接融资的比重仍然占到 70% 以上。① 但是，股票市场和债券市场的发展较为迅速，中央银行可操作的金融市场工具大量增加，企业债券市场规模不断扩大，股票市场建立了服务中小企业的 MAI 市场，组建了期货交易所并不断增加期货交易品种，证券类型更加多元化，证券类型金融资产规模迅速扩张，股票市场和债券市场的融资功能作用越来越显著。货币市场交易日益活跃，尤其是国家代理债券发行量的快速上升，为泰国中央银行调控市场提供了充足的金融工具。

2. 金融业开放程度相对较高

泰国金融业的开放程度在中国东南周边国家中处于相对较高水平。20 世纪 80 年代末 90 年代初，泰国在金融深化理论基础上实行金融自由化，但由于金融开放速度过快，金融市场发展却相对滞后，受到国际游资的冲击，导致了 1997 年的金融危机，并引发了东南亚金融危机。1997 年之后泰国政府对外资保持了审慎的态度，政府短期外债的比重也开始下降。从金融产业的机构来看，外资机构的数量虽然较多，但是外资金融机构的资产比重不是很高。从金融市场来看，泰国股票市场上的外国投资者交易较为活跃。泰国中央银行从 2016 年 7 月 20 日起允许本国企业和个人直接投资国外证券市场，允许泰国企业从 2016 年 7 月 28 日起在国内外发行外币债券，允许本国企业投资者在国内外发行外币债券。

---

① 李健、黄志刚、董兵兵等：《东盟十国金融发展中的结构特征》，中国社会科学出版社 2017 年版，第 311 页。

3. 金融监管制度比较完善

不同的金融机构有相应的金融监管机构以及法规来监督和约束其运营。泰国的《新金融机构业务法》规定，泰国中央银行、财政部、证券与外汇委员会等机构分别履行金融监管职能。随着金融业的迅速发展，根据国际经验，许多国家已经不再满足于分散的监管体制。1997年泰国成立了独立于中央银行的统一的金融监管机构，成立了金融服务管理局。随着泰国金融行业的综合化以及混业经营程度的不断提高，统一的金融监管模式，已经成为泰国金融管理体制的发展方向。

二、中泰金融合作现状及其发展前景

中泰两国经贸关系密切，加强两国的金融合作有助于进一步扩大两国的贸易规模，也有利于两国各自发挥比较优势实现优势互补。而且，两国的金融发展各有特色，相互学习借鉴也可以使本国享受更好的金融服务，对经济发展的推动作用也会更加显著。

（一）中泰金融合作现状

中泰两国金融合作可以从两个方面来分析。即中央银行和监管机构的合作以及商业性金融机构的合作。

1. 中泰两国中央银行和监管机构的合作

在中国—东盟自由贸易区成立之前，中国与泰国的中央银行和监管机构就已经有了初步的合作意向。2006年，中国与泰国中央银行共同签署了两国跨境银行监管合作的谅解备忘录，加强了信息互换、市场准入、现场检查等方面的合作。中国银监会与泰国的金融监管当局加强了信息沟通与交叉核实工作，及时掌握了互设机构经营情况，做到了及时预警与及时惩戒，较好地促进了双边互设机构的合法稳健运营。2008年中国人民银行与泰国反洗钱署签署了《金融情报交流合作谅解备忘录》，为中泰两国金融情报机构在打击毒资洗钱和恐怖融资犯罪活动方面的合作创造了有利条件。

中国—东盟自由贸易区建立以来，中泰两国在金融领域的合作得到加强，取得了重要进展。2011 年，中泰两国中央银行签署了 700 亿元人民币/3200 亿泰铢双边货币互换协议。泰国将人民币资产纳入了外汇储备库。2010 年，中泰两国中央银行共同签署了泰国银行在华设立代表处的协议。这是外国央行在中国设立的第五家代表处。2014 年，中国人民银行与泰国银行共同签署了建立人民币清算安排的合作备忘录，建立曼谷人民币业务清算行。中国人民银行与泰国银行续签了双边本币互换协议，使双边的本币互换规模提高到 700 亿元人民币/3700 亿泰铢。协议有效实施期限为 3 年，经双方协商同意还可以展期。

2. 中泰两国商业性金融机构的合作

中国和泰国的金融合作主要建立在银行层面。1994 年，中国银行在曼谷设立了分行，资本金规模为 35 亿泰铢。2012 年，中国银行在拉差达又开设了分行。中国银行（泰国）股份有限公司（简称"泰国中行"）本部设在曼谷。泰国中行于 2014 年由曼谷分行转为子行，是第一家进入泰国市场的中国金融机构。2010 年，中国工商银行进军泰国银行业，收购了 ACL 银行 97.24%的股份，总价约为 5.52 亿美元，相当于 177.86 亿泰铢，设立中国工商银行（泰国）股份有限公司（简称"工银泰国"）；工银泰国的牌照属于泰国本地银行牌照，也是泰国最高等级的银行牌照，持有牌照的可以自由增设分行，办理各类金融业务，并享受与泰国大银行同等的监管待遇；工银泰国旗下已经拥有了 1 家经营租赁业务的子公司和 1 家上市证券公司；工银泰国总部设在泰国首都曼谷，已经拥有了 19 家分行，其中在曼谷设有 8 家，在清迈、孔敬、普济、罗勇、合艾等其他城市也设有分行；产品及服务涵盖企业银行、个人银行、资金及金融机构业务、租赁业务、投资银行与证券业务。泰国盘谷银行在推动中泰两国贸易和投资领域的合作方面也取得了重要进展，1954 年，盘谷银行在香港设立第一家海外分行。1986 年，盘谷银行在北京设立代表处。在上海、深圳、重庆、厦门设立分行。在中国（上海）

自由贸易试验区设立有支行。2009 年 12 月，盘谷银行（中国）股份有限公司在上海正式运营，由泰国最大的商业银行盘谷银行全资所有。盘谷银行（中国）股份有限公司向境内外客户提供各种服务，凭借其在亚洲和中国市场的悠久经营历史和专业服务，经营范围得到不断拓展，经营业务范围包括本外币银行存款、中长期贷款、流动资金、外汇兑换及买卖、全球支付、贸易融资以及其他资金业务。泰华银行于 2005 年与中国银联携手合作，共同开发银联卡业务，泰华银行是泰国首家开通受理银联卡业务的金融机构，在中国香港和深圳开设有分行，在北京、上海、昆明等地开设有办事处。中国民生银行、包商银行、哈尔滨银行等中小型金融机构于 2012 年共同发起创立的亚洲金融合作联盟，吸收泰国泰华农民银行参加，重点在战略研究、科技系统、风险管理、运营管理、金融市场、信用卡、私人银行等领域开展合作。开泰银行与包商银行于 2012 年签署了全面战略合作谅解备忘录，在信贷工厂技术、银团贷款、国际业务、同业业务、经验交流及培训等领域建立了广泛合作关系。中国与泰国都属于中小企业、小微企业融资需求大，金融体系又难以满足其需求的发展中国家，创新中小企业、小微企业金融服务模式，有利于促进中小企业、小微企业的成长发展。2009 年，深圳证券交易所和泰国证券交易所签订了合作谅解备忘录，2013 年，郑州商品交易所和泰国农产品期货交易所签署了合作谅解备忘录。这两家交易所在稻谷期货和其他农产品期货的经验交流，有利于促进两国的证券交易合作，共同促进金融市场合作发展。

（二）中泰金融合作存在的问题

中泰金融合作具有良好的基础。中泰两国同属于发展中国家，在经济全球化和区域经济一体化的大趋势下，两国政府加强经贸合作，有利于实现互惠互利。中国已经成为泰国的重要进口国和出口国，中泰两国加强金融领域合作，有利于更好地促进两国的经贸合作，共同提高经贸合作水平。经贸合作是两国金融合作的重要基础。加强两国金融合作可以更好促进两国经贸合作的发展。在投资合作领域，2002 年以来，中国对泰国的投资也有较大幅度的增加。2019 年 12 月，广西在泰国举行面向东盟的金融开放门户建设推介会。在推介会上，广西提出三个方面的合作建议。一是共同推动金融领域资金互融、货币互兑。二是共同推动金融领域人员交流和机构互设。三是共同推动金融领域信息互通和监管互动。在推介会上，广西地方金融监管局与泰国开泰银行签署了合作协议。标志着广西与泰国的金融合作将开启新篇章。伴随着技术、竞争力以及泰国出口的增多，泰国经济在中国的投资带动下，有利于实现持续性增长。中国作为泰国的重要合作伙伴，两国经济有较强的互补性，加强经贸以及金融领域的合作，有利于实现资本的优化配置和经济的互惠互利。

但是，中国与泰国的金融合作也存在一些问题。

1. 中泰贸易结构不平衡的制约

中国从泰国进口的产品，从结构上来说，主要是农产品、矿产品等初级产品，以橡胶、锅炉、塑料为主。泰国从中国进口的产品，主要是制造业产品，以电机、钢铁、机械器具为主。双方虽然可以充分发挥各自的比较优势。但这种贸易格局往往使泰国处于逆差地位，这不利于中泰两国经贸合作的持续健康发展。由于中国出口到泰国的制造业产品，主要是劳动密集型产品，与泰国本土企业生产的同类产品是竞争性的，这不利于双方的深化合作。

2. 负面舆论的不利影响

中国提出"一带一路"倡议，推进"五通"建设，对泰国来说是一个重要机遇。"五通"建设中的"资金融通"建设，不仅有利于解决发展中遇到的资金问题，而且有利于深化两国的金融合作。但是，自中国提出"一带一路"倡议以来，在泰国民间社会和舆论界对"一带一路"的认知存在不对称，泰国一些民众产生一些心理不安，这些负面因素会产生一些不利影响，但不足以影响中泰关系发展。但需要加以正视，积极宣传引导。

3. 金融人才不足的制约

中泰两国跨国金融业务发展，需要熟识两国经贸和法律制度以及通晓两国语言的专业金融人才。但这方面的人才较为缺乏。目前，中泰两国金融机构区域内的跨境交易和经营，尚且可以部分解决人力资源不足的问题。但是，长期来看，还是缺乏稳定的高质量金融人才的培养机制。这是两国金融合作的重要制约因素。

（二）中泰金融合作发展前景

"中泰一家亲"的传统观念是中泰合作的重要社会基础，也是中泰两国深化金融合作的社会根基。在既有合作的基础上，中泰两国可以在以下几个方面不断推动金融合作深化发展。

1. 建立健全货币互换监督机制

中泰两国开展金融合作，需建立健全货币互换监督机制。双方货币在两国能自由兑换，能更好地满足两国企业贸易结算的需要。建立健全货币互换监督机制，在风险可控的范围内，开展货币直接结算服务，有利于加强金融风险防范。

2. 加强金融信息交流

双方应加强沟通交流，并且在金融领域避免竞争和抢占市场的行为出现。双方应各取所长，中国可以发挥在区块链金融、电子支付领域的优势，重点服务于旅游人士，泰国可以与中国商业银行开展更加广泛的交流合作，帮助中国解决中小企业融资难问题。当前和今后一个时期，要以泰中（罗勇）工业园区发展模式，推动中资金融机构更好走出去，探索中泰金融合作模式，促进金融合作向深层次发展。

3. 合作培养国际金融人才

中泰两国可以采用定期培养与定期交流的学习方式，加强两国金融专业人才的培养。两国通过协商，可以选定一些具有重要影响力的高等院校进行联合培养，包括研究生、本科生以及技能人才培养，重点加强语言与业务操作技能人才的培养。此外，两国金融机构可以相互选派业务骨干，到双方所在国的金融机构跟班学习的常规化机制，突出人才培养的实操性，以提高人才培养的实效和质量。

第八节　柬埔寨金融发展

柬埔寨的金融体系比较脆弱，货币价值也不稳定。但是，柬埔寨重视金融业的发展，开放了金融业，允许外资银行进入柬埔寨，使柬埔寨的金融体系得以不断完善。近年来，柬埔寨重视和加强与中国的经济金融合作，扩大人民币的使用范围和领域，使双方的经济金融合作水平不断提升，有力促进了柬埔寨的经济发展。

一、柬埔寨金融发展现状及其发展趋势

（一）柬埔寨金融发展现状

柬埔寨建立了以银行为主导的金融体系，金融业发展较快，但是总量相对较小，金融市场还处于起步发展阶段。

1. 以银行为主导的金融体系

柬埔寨金融体系以银行为主导。截至 2015 年末，柬埔寨共有 47 家银行机构，包括 36 家合资银行和 24 家外国商业银行和 11 家专业性银行，也有 100 多家小额信贷机构和其他金融机构。[①] 柬埔寨银行体系占据了金融系统超过 90% 的资产。柬埔寨的金融开放程度较深，形成了国有、民营、内资、合资、外资独资等多种所有制共同存在的银行体系。商业银行包括本国

---

① 李健、黄志刚、董兵兵等：《东盟十国金融发展中的结构特征》，中国社会科学出版社 2017 年版，第 492 页。

100%出资的银行、5家合资银行和24家外国银行子公司或分支机构。专业银行包括1家100%本国出资银行、3家合资银行和7家外资银行。外资银行份额较大，资产集中度降低。外资银行机构在资产、贷款、存款以及资本等方面都占据着50%以上比例，尤其是在商业银行的市场份额中，外资银行优势较为明显。银行资产和存贷款数量持续高速增长。截至2015年底，柬埔寨银行资产达到了808486.9亿瑞尔，同比增长23.21%，相当于柬埔寨GDP的107.89%。客户贷款和存款总数分别达到475545.2亿瑞尔和463460.3亿瑞尔，相当于GDP的63.46%和61.85%。[1] 2015年开设57家分支机构，发放3808台POS机和178台新ATM终端。柬埔寨银行机构的不良贷款率整体较低。小微金融机构是柬埔寨银行体系的有效补充。小微金融机构贷款总额保持持续高速度增长，到2015年达到122443.57亿瑞尔。不良贷款率相对较低，在2015年只有0.77%,[2] 远低于同期商业银行不良贷款率。在柬埔寨以银行为主导的金融体系中，银行收入是柬埔寨金融收入的主要组成部分。柬埔寨的银行存贷款利差较大，业务结构单一，过度依赖利息收入。在柬埔寨的货币兑换点分布广泛，街边兑换点和ATM机大多支持银联、VISA卡和Mastercard，为游客提供便利的货币兑换服务，便捷地满足了游客的货币兑换需求。

保险业历经波折，但发展较快。20世纪初期进入正轨，保险业规模小，财险市场和寿险市场均处于起步状态，但发展速度快。柬埔寨制定了一系列法规，形成了保险业发展的有力保障。2001年出台了《保险法》，还有对保险业下达的各种部长令，包括《保险公司以及外国保险公司设立资格令》《保险公司、保险代理公司、经纪公司设立资格令》等。2007年，又颁布了三个关于营业执照、偿付能力以及公司治理方面的重要规定。

---

[1] 李健、黄志刚、董兵兵等：《东盟十国金融发展中的结构特征》，中国社会科学出版社2017年版，第496页。

[2] 李健、黄志刚、董兵兵等：《东盟十国金融发展中的结构特征》，中国社会科学出版社2017年版，第498页。

证券业发展规模尚小。柬埔寨是亚洲最后一个建设证券市场的国家，柬埔寨王国政府原计划于 1995 年建立证券市场，由于各种原因未建立。直到 2011 年才建立。2012 年，柬埔寨第一支股票金边税务局正式上市交易。直到 2016 年仅有 4 家企业上市。包括 2 家国有企业和 2 家私营企业。2016 年，柬埔寨启动股票交易，规定股票交易商可以直接开展股票直接交易，交易平台启动后，有 7 家股票承销商开展股票直接交易。

2. 金融业发展较快但总量小

柬埔寨的金融发展较快，但总量相对较小。柬埔寨的金融总量及其在 GDP 中的比重一直处于上升状态，广义货币量 M2 不断提高。1993 年占 GDP 的比重不足 10%，到 2014 年就占到了 60% 以上。[1] 柬埔寨的经济货币化水平不断提高，反映出柬埔寨的金融发展水平得到了显著提高。但是，从金融产业产值来看，2013 年柬埔寨金融产业产值为 10142.2996 亿瑞尔（约合 2.0285 亿美元），较 1996 年增长近一倍，占 GDP 的比重仅为 1.64%。[2]

3. 金融市场尚处于起步阶段

从货币市场来看，货币市场尚未形成，短期政府债务市场、票据市场、回购协议市场均没有建立。究其原因，一是缺乏可以为银行间市场发展的政府债券等交易工具；二是缺乏做市商和中介机构网络；三是缺乏证券发行时定价的基准利率。为此，柬埔寨发布了《柬埔寨国家银行发行可交易证券的有关规定》，提出设立银行间市场开发项目的目标。采取的具体措施有：（1）在担保的基础上促进银行间同业拆借。（2）为实现货币政策和汇率政策目标提供更高效的工具。（3）再分配金融机构间的金融资源，促进金融市场间的资金融通。（4）满足市场投资临时过剩流动性需求。

从资本市场来看，资本市场发展尚处于起步阶段。以柬埔寨证券市场为

---

① 李健、黄志刚、董兵兵等：《东盟十国金融发展中的结构特征》，中国社会科学出版社 2017 年版，第 490 页。

② 李健、黄志刚、董兵兵等：《东盟十国金融发展中的结构特征》，中国社会科学出版社 2017 年版，第 490 页。

主，仅有 4 家上市公司，交易也不活跃，未能发挥资本融通的作用。

从金融衍生品市场来看，金融衍生品市场也处于起步阶段。2016 年，金边衍生品交易所正式在柬埔寨首都金边市成立，建立衍生品交易所的目的是促进柬埔寨经济发展，并实现与世界外汇金融交易的接轨。金边衍生品交易所是柬埔寨历史上首家认可的衍生品交易所，交易的商品种类有现货黄金、白银、外汇期货等多种金融产品。

（二）柬埔寨金融发展趋势

从柬埔寨的金融发展水平来看，总体上来说，还是比较落后的。但从其金融发展的整体来看，柬埔寨金融发展呈现出新的发展趋势。

1. 以国家银行为主导的金融监管体制

柬埔寨国家银行是柬埔寨的货币发行和金融监管机构，是本国货币瑞尔的唯一发行者。柬埔寨国家银行有权对柬埔寨的银行等金融机构进行许可、取消许可、规范和监督。柬埔寨国家银行负责定期进行经济和货币分析、监督全国支付体系、建立国际收支平衡和参与对外债务债权管理等事务。柬埔寨国家银行下设五个部门：秘书处、中央银行理事会、银行监督理事会、现金总监以及检查总监。这五个部门还下设有 21 个子部门，在行长、副行长的监督下，行使对柬埔寨日常金融货币政策的执行和监督职能。

通过周期性审查、监控、信息分析和要求商业银行定期报告，柬埔寨国家银行定期对商业银行进行非现场监督，并根据需要进行特别监督。此外，无论是全范围还是针对性的检查，柬埔寨国家银行都会进行每年一次的现场检查，根据需要随时进行特殊的现场检查。现场监督涉及基于骆驼评级的银行和金融机构的评估，包括资本充足率、资产质量、管理、净资产、流动性和敏感性，同时侧重于包括战略风险、信贷和市场风险、操作风险和流动性风险在内的关键风险。

柬埔寨国家银行对外币存款和本国货币的准备金率采取区别对待的办

法。明确外币存款和本币存款的准备金率分别为 12.5% 和 8%。柬埔寨国家银行对 4.5% 的外币存款准备金支付利息，而对剩余的 8% 不支付利息。柬埔寨国家银行对本国货币存款准备金也不支付利息。

柬埔寨国家银行通过实行有管理的浮动汇率制度来干预外汇市场。汇率由柬埔寨国家银行汇率决定委员会确定。当汇率波动超出确定范围时，汇率决定委员会就要召开经济会议讨论新的策略和方法。

2. 高度开放的金融体系

柬埔寨是一个开放度很高的国家，其金融体系完全处于开放状态。外资可以自由进出，除土地投资外，其他投资基本不受投资比例约束的限制。外国投资者可以直接投资设立新的金融机构，也可以入股现有的金融机构。基于开放包容的政策环境，柬埔寨形成了多种所有制并存的金融体系。柬埔寨是一个高度美元化的国家，美元化程度接近 95%。在存贷结构中，美元的存贷款比例占据着 95% 以上的比例。近年来，柬埔寨努力摆脱美元化，强调本国货币瑞尔的地位，但鉴于柬埔寨高度开放的经济政策，短期内难以脱离美元化。

3. 金融结构发展趋向平衡

柬埔寨建立的是以银行体系占据绝对主导、小微金融机构形成有效补充、证券保险行业共同发展的金融体系。通过加强金融改革和金融市场整顿，柬埔寨银行业取得了快速的发展，形成了较为完备的银行体系。

保险业发展起步较晚，但发展速度较快。柬埔寨保险业由国家保险公司和私营保险公司构成，购买保险的主体由初期在柬埔寨的国际机构或非政府组织逐渐过渡到了柬埔寨的普通民众，越来越多的柬埔寨民众购买了保险，使柬埔寨的保险业得到了快速发展。

证券业发展不太顺利，市场规模和交易量发展都相当缓慢。早在 1995 年，柬埔寨就着手筹建证券市场，曾一度中断。直到 2012 年，柬埔寨证券交易所第一只股票——金边税务局正式上市，标志着柬埔寨证券交易所正式建立，开启证券市场由小到大的发展进程。但证券市场的规模和交易量发展都较为缓慢。

二、中柬金融合作现状及其发展前景

近年来，中国与柬埔寨的金融合作得到不断加强，中柬金融合作不断取得新进展。随着中柬贸易、投资的不断深化，中柬双边金融合作也不断得到发展，未来中柬金融合作仍有很大合作空间。

（一）中柬金融合作现状

中国与柬埔寨的金融合作，通过参加东南亚和新西兰以及澳大利亚央行组织、东南亚央行组织、东亚及太平洋央行行长会议组织、东盟央行论坛、亚太经合组织财长机制、东盟财长机制、亚欧会议财长机制和"10+3"财长机制等合作机制，实现了中柬金融合作较大发展。

中国的银行机构与柬埔寨的银行机构保持着密切的沟通和联系。在中国—东盟银行联合体框架下，中国国家开发银行与柬埔寨成员行加强金融合作，为柬埔寨农业发展提供信贷支持。中国银行金边分行持有柬埔寨中央银行合法营业执照，经营柬埔寨国内及国际所有商业银行产品及服务，包括公司金融、贸易金融、个人金融及金融市场业务等。中国工商银行金边分行于2011年开始正式对外营业。中柬金融合作不仅促进了中柬两国的金融合作，也促进了柬埔寨的金融和经济发展。

中柬产融结合重要合作项目的西哈努克港经济特区，已经成为柬埔寨境内最大的经济特区，已逐步呈现出国际工业园区的雏形。该项目实现了中国企业走出去的意愿和柬埔寨经济发展阶段性需求的有效对接，不仅极大地促进了中柬两国贸易，而且带动了中柬两国金融合作的深化。柬埔寨政府提出的鼓励人民积极持有人民币进行结算等促进两国金融发展的举措，极大地促进了中柬两国金融合作的不断深化。

中柬两国金融合作的不断深化，将成为一种必然趋势和不可逆转的潮流，并具有较大的合作空间和较强的可行性。

中国与柬埔寨的经济增长率波动周期较为一致。两国间贸易、投资规模的持续扩大，为中柬两国的未来经济发展奠定了良好的基础。作为柬埔寨的最大援助国、最大的投资国和第一大侨国，中国与柬埔寨深厚的历史基础和合作基础，为未来深化金融合作提供了重要保障。在全球化浪潮下，各区域成员逐渐意识到了加强区域经济合作的紧迫性，纷纷寻求开展金融合作路径，中国也在区域合作方面摆出了较为积极的姿态，形成合作的一大助力。中柬开展金融合作对于促进中柬两国经济发展和维护金融稳定具有重要意义。从政府到民间都有强烈的动力去推动金融合作。支付宝作为全球领先的移动互联支付手段已经在柬埔寨国内逐渐涌现，未来将成为支撑自下而上的中柬金融合作的强大助力。柬埔寨工业体系中，建筑业占据较大比重，而且建筑业具有前期投入资本多、投资回收周期较长的特点，而中国资本丰富，中柬加强金融合作有利于创造出较大的合作空间。

（二）中柬金融合作发展前景

鉴于中柬金融合作的基础扎实，未来中柬金融合作的前景广阔，在双方的共同努力下，金融合作将不断深化发展，中柬金融合作呈现出广阔发展前景。

1. 不断促进两国贸易投资合作

金融领域的合作与实体经济领域间的合作相辅相成。贸易与投资领域的合作往往能够促进金融合作，而金融合作的发展又进一步带动贸易与投资的融合发展。中国企业有着强烈的走出去意愿，柬埔寨国家基础设施不完善、资金缺口较大，中柬两国双边贸易的不断发展，有利于进一步深化双方金融合作。

2. 扩大金融合作范围和规模

近年来，中柬两国的金融合作局限于贸易投资基础上的金融合作为主，局限于两国金融间的货币互换，其他金融合作相对较少。随着两国间贸易投资的不断发展，金融合作的范围将不断扩大，为探索更加丰富和多元化的金融合作模式、创新金融产品和服务、开发适合中柬金融市场的金融工具创造更加有利的条件。包括开展双边股权合作、银团贷款、融资代理等合作，不断提升金融服务水平。同时，积极拓展跨境人民币业务，加大人民币在两国间的直接结算比例，促进中柬两国贸易投资便利化。

3. 不断丰富金融合作主体

加强两国金融合作，需要在丰富金融合作主体上下功夫。中柬两国间的金融合作，既要在政府间宏观战略上加强两国金融联系，推动金融经济一体化，建立联动机制的需求，又要在微观金融机构间加强合作，提升金融服务能力的需求，还要重视民间经营主体便利贸易投资结算，促进经济交流的要求。因此，既要形成政府主导自上而下的合作机制，又要强化民间机构对两国金融合作的助推作用，形成多主体共同发力合作机制。

4. 加强功能性金融合作

要树立大国心态，立足于中柬两国长远发展，加强功能性金融合作，利用中国金融发展中积累的经验和资本，帮助柬埔寨弥补不发达的金融业在支持实体经济发展的不足，并以具体问题为切入点展开金融合作，以点带面，从而降低合作成本，减少合作障碍。

第九节　老挝金融发展

老挝实行的是两级银行管理系统。老挝国家银行（中央银行）负责维持本国货币币值的稳定，保证银行体系的安全性，推动社会发展和经济安全。老挝的国有商业银行是从省级、市级的国家银行分支机构中分离出来的，并朝着市场化的管理体制转变。老挝的银行规模相对较小，也比较脆弱。证券业和保险业的发展也比较落后。货币的币值不稳定，较容易受到金融危机的冲击。

一、老挝金融发展现状及其发展趋势

（一）老挝金融发展现状

老挝的金融发展与经济发展大体适应，经历了一个从计划经济向市场经济的转变，积极推动金融改革和金融发展，建立与经济发展相适应的金融结构和金融体制，积极推进金融市场发展，重视和加强金融监管，金融发展速度比较快。

1. 从计划到市场的金融改革

老挝的金融体系经历了从计划到市场的改革历程，从大一统的银行体系，逐渐转变为中央银行与商业银行分离，银行、保险、证券三业分明的金融体系，金融效率和金融功能大幅提高。

老挝在社会主义计划经济时期，建立了大一统的银行体系。老挝人民民主共和国银行是国家金融监管部门，执行中央银行职能，又是商业银行，从事各种具体的金融业务活动，全国的资金运用实行计划和配给制度。1988年，老挝国务院颁布《社会主义银行体系的经营转变》法案，规定国家银行不再对企业和个人办理存贷款等金融业务，转变为专门从事金融管理、制定和实施货币政策的国家机构。随着老挝银行体系改革的逐步推进，老挝国家银行和老挝银行经过多轮的剥离、合并和重组，在1995年成立了老挝中央银行，也标志着老挝现代银行体系框架的形成。1989年，老挝第一家商业银行——老挝外贸银行建立。之后，又陆续成立了老挝发展银行和农业促进银行两家商业银行，以及老挝—越南银行和法国—老挝银行两家合资商业银行，以国有商业银行为主体的银行体系日益完善。2010年，老挝证券交易所成立。截至2015年，老挝证券交易所共有5家公司上市交易，总市值12.05

万亿基普（约合 14.9 亿美元），占当年名义 GDP 的 12%。① 至此，老挝的金融体系框架已基本形成，从单一的大一统的银行体系发展到中央银行与商业银行并存，国有、股份制、私有与外资等多种所有制并存，银行、保险与非金融机构并存的现代金融体系。金融资源的配置方式，也从过去纯粹的资金纵向计划分配发展到银行间接融资、货币市场和资本市场直接融资并存的格局。金融工具日益完善，从简单的贷款工具发展到债券、股票、基金、保险等多种金融工具，金融广度与深度都不断提升。

2. 实行一元监督体系

老挝现行金融监督体系是以中央银行为核心，各监督职能单位为下属的金融监督体系。老挝中央银行主要负责老挝货币基普、信贷的宏观管理，金融、货币法规制定；负责商业银行和金融机构的监督；负责向地方商业银行和金融机构提供贷款；负责外币申请和进口物品审批，出具外资资金汇入的银行证明；负责私人货币兑换网点、地方抵押机构和信用合作社成立手续的审批。较为单一的监管框架避免了多头监管问题，且能够有效地实施跨部门合作，对银行、机构和市场之间形成联合监管。这种监管形式符合老挝的国情。

3. 金融发展速度较快

老挝货币增长和经济增长都较快，但通货膨胀率较为合理。老挝较快的经济增长速度引致了较大金融需求。老挝的广义货币增长十分迅速，从 1996—2014 年期间，广义货币量从 1996 年的 0.25 万亿基普增长到 2014 年的 52.32 万亿基普（约合 64.8 亿美元），扩大了 208 倍。② 1998 年，老挝政府为了援助经济，大量发行货币，广义货币量增长 113%。老挝经济货币化水平提高较快，2006 年以前，老挝的广义经济货币化比率 M2/GDP 较为稳

---

① 李健、黄志刚、董兵兵等：《东盟十国金融发展中的结构特征》，中国社会科学出版社 2017 年版，第 411 页。

② 李健、黄志刚、董兵兵等：《东盟十国金融发展中的结构特征》，中国社会科学出版社 2017 年版，第 414 页。

定，保持在 15% 左右。2007 年开始，该指标快速攀升。截至 2014 年该指标已达到 58%。狭义经济货币化比率也达到 10%，经济货币化水平的明显提高，反映老挝金融发展水平得到显著提高。但是，老挝的经济货币化水平与发达国家相比还存在较大差距，金融发展有待进一步深化。老挝的存贷款增长也较快，金融深化水平大幅提高。2014 年老挝商业银行存款同比增长 20%，达到 49.8 万亿基普（约合 64.23 亿美元），占当年 GDP 的 55%。商业银行贷款同比增长 5%，达到 40.3 万亿基普（约合 51.55 亿美元），占当年名义 GDP 的 44%。[1] 从 2006 年起，老挝金融发展规模开始快速增长，银行贷款、存款占 GDP 的比重分别从 10%、20% 增长到 50% 的水平，[2] 表明老挝的金融发展与经济货币化比率所反映的情况相似，发展较快。

（二）老挝金融发展趋势

老挝是银行主导型的金融结构，商业银行是老挝金融体系中最主要的金融机构。存贷款业务是商业银行的主要业务，利息收入是商业银行的主要收入来源。货币类金融资产是主要的金融资产。银行业相对发达，资本市场相对落后。但是，呈现出新的发展趋势。

1. 金融发展水平相对较低，但发展迅速

从 2014 年的数据来看，M2 占 GDP 的比重为 58%，银行资产占 GDP 的比重为 39%。[3] 相比于全球水平，这两个指标反映了老挝的金融发展水平较低。这与其经济发展水平是相适应的。但是，其金融发展速度相对来说，是比较快的。从 2004 年至 2014 年的信贷平均增速来看，达到了 33%，信贷总

① 李健、黄志刚、董兵兵等：《东盟十国金融发展中的结构特征》，中国社会科学出版社 2017 年版，第 415 页。
② 李健、黄志刚、董兵兵等：《东盟十国金融发展中的结构特征》，中国社会科学出版社 2017 年版，第 415 页。
③ 李健、黄志刚、董兵兵等：《东盟十国金融发展中的结构特征》，中国社会科学出版社 2017 年版，第 415 页。

额增长了 16 倍。[①] 2008 年的金融危机不仅没有影响到老挝，反而为老挝金融发展带来了契机。

2. 金融结构以银行为主导

老挝的金融体系主要是商业银行，经济活动主要依赖银行资金支持。金融市场发展较晚，企业融资极少依靠股权融资和债券融资。2015 年，老挝的银行信贷余额是股票市场交易额的 234 倍，是其股票市值的 3 倍。[②] 保险业发展也不发达，保费收入有限，保费收入仅占 GDP 比重的千分之一左右。

3. 银行业集中程度高

老挝银行体系中，占主导的是三大国有商业银行。其中老挝外贸银行，2015 年的资产总额占全部商业银行资产的 1/3，足以说明老挝的银行业的集中程度高。虽然，老挝有 20 余家外资银行子行或分支机构，但其银行体系中占主导地位的仍然是三大国有商业银行。

4. 金融支持私营企业的信贷比重高

老挝的银行效率也比较高，银行体系对私有企业的贷款占总贷款的比重超过 80%。其中，商业银行对私有企业的贷款比重超过 90%，股票市场中非国有企业占到 60%。[③] 私有企业利用资本市场融资的比例也较高。

5. 本位币地位提升

老挝的外币存款占总存款的比重长期超过 60%，反映了老挝存款的开放度高，也说明老挝的本位币地位不高。由于本国通货膨胀严重，货币增长过快，本币币值存在贬值预期，导致本国居民倾向持有更多的外币存款。但是，近年来，本币存款出现上升趋势，持有本币意愿增强，反映了本国居民对经济的信心在增强。

---

① 李健、黄志刚、董兵兵等：《东盟十国金融发展中的结构特征》，中国社会科学出版社 2017 年版，第 436 页。

② 李健、黄志刚、董兵兵等：《东盟十国金融发展中的结构特征》，中国社会科学出版社 2017 年版，第 436 页。

③ 李健、黄志刚、董兵兵等：《东盟十国金融发展中的结构特征》，中国社会科学出版社 2017 年版，第 436 页。

二、中老金融合作现状及其发展前景

（一）中老金融合作现状

老挝是一个内陆国家，与工业发达国家相比，老挝经济无论是规模，还是范围都很有限。中老两国建交于 1961 年，双边关系稳定，经贸往来不断。2015 年，中国对老挝非金融类直接投资突破 10 亿美元，同比增长 36.2%，①超过印度尼西亚并排在新加坡之后，在中国东南周边国家中居第二位。近年来，老挝积极推动从"陆锁国"向"陆联国"转变，积极推进与中国的互联互通。双方在跨境经济合作方面，构建了跨境经济合作区，积极推进跨境经济合作和跨境金融合作，并取得了显著的成效。

1. 建立了银行间双边结算网络

据 2016 年对老挝的调研发现，老挝国家对加强金融风险防范意识较浓，充分认识到建立健全金融救助机制的必要性。

老挝长期以来习惯于现金结算方式。这种结算方式虽然有利于风险防范，但不利于双边经贸关系的发展。由于现金流动的不足，制约了双方边贸规模的扩大和层次的提升。为了解决现金不足的问题和弊端，中国人民银行与老挝中央银行签署了双边结算合作协定，建立了银行双边结算网络，这有利于推动双边贸易的快速发展。人民币贸易结算业务也在稳步推进中。开展跨境贸易人民币结算，有利于满足老挝国家企业对人民币的需求，也有助于锁定老挝进口企业的成本，有利于提高老挝出口企业的收益，有效规避汇率变动风险，减轻老挝企业的经营压力，对于推动中老贸易人民币结算起到示范作用，也有利于人民币走出去战略的实施。2008 年，国务院决定开展中国与包括老挝在内的东盟国家的货物贸易人民币结算试点。2009 年，国务院批

---

① 李健、黄志刚、董兵兵等：《东盟十国金融发展中的结构特征》，中国社会科学出版社 2017 年版，第 440 页。

准在上海、深圳、广州、珠海、东莞等城市开展跨境贸易人民币结算试点，并将境外区域范围主要确定为中国东南周边国家。2010 年，昆明和南宁被确定为跨境贸易人民币结算城市。2011 年，中国工商银行在南宁挂牌成立中国—东盟人民币跨境清算中心，为双边金融服务提供了新的便利。2014 年，中国建设银行中国—东盟跨境人民币业务中心在南宁挂牌成立，极大地提升了金融服务能力。

2. 金融机构业务合作不断推进

在银行机构设立方面，2009 年中国农业银行云南省分行与老挝发展银行边贸网银结算开始业务合作，是中国商业银行首次与老挝银行进行边境贸易人民币银行跨境结算。2010 年，中国富滇银行在老挝设立了代表处。2011 年，中国工商银行万象分行开业。2014 年，中国富滇银行与老挝外贸大众银行合资成立老中银行，这是中老首家合资银行，2015 年开始正式营业。

在货币合作方面，中国是《清迈协议》的签署国之一。在支付清算方面，2011 年中国银联与老挝外贸银行合作正式开通银联卡业务。

在证券公司设立方面，2013 年，中老合资证券公司成立，总投资为1000 亿基普，约合 8000 万元人民币。其中，太平洋证券公司拥有股份 39%，老挝农业银行拥有股份 41%，老挝信息产业股份有限公司拥有股份 20%。[①]老挝证券交易算成立于 2010 年，是由老挝银行与韩国交易所合资成立。其中老挝银行占股 51%，韩国交易所占股 49%。此外，老挝还与泰国、越南分别成立 2 家合资证券公司，负责老挝股票市场的买卖和发行等业务。

（二）中老金融合作发展前景

2016 年，中国与老挝签订了共同推进"一带一路"建设合作规划纲要的谅解备忘录，这是中国与中南半岛国家签署的第一个政府间文件。中老双

---

① 李健、黄志刚、董兵兵等：《东盟十国金融发展中的结构特征》，中国社会科学出版社2017 年版，第 442 页。

方秉持合作、发展、共赢的理念，围绕基础设施、农业、金融、电力建设、商业、文化旅游、投资以及产业集聚区等领域开展合作，这对推动中老开展金融合作具有重要的促进作用。由于老挝的金融实力较弱，开展金融合作要遵循两条主线。一是在中国—东盟框架下特别是在《清迈协议》框架下加强与老挝的货币合作、金融危机救助、金融稳定等方面的金融合作；二是在中老双边合作基础上加强官方与民间的金融合作。

1. 深化《清迈协议》框架下金融合作

由于老挝的经济和金融发展水平总体上来讲不高，创汇能力有限，筹资能力不足，面临的约束因素较多。双方的金融合作可以考虑在《清迈协议》框架下深化发展，可以考虑增加协议内部的借贷额度，放宽信贷条件，扩大外汇储备库规模，吸收区域外新兴市场经济国家加入外汇储备库，中国可以尝试适度扩大规模，进一步完善治理结构，以扩大中国对老挝的影响力。

2. 建立健全官方合作平台机制

在双边合作方面，加强双边在财政部门、中央银行、监管部门等机构的合作，建立健全中国与老挝金融合作的官方合作平台机制。中国要积极帮助老挝加强金融基础设施建设，帮助老挝不断完善其金融基础设施，加强在货币合作、信用体系建设、投融资基础设施建设方面的合作，共同制定合作规划。具体来说，可以考虑在以下几个方面深化合作。一是加强双边货币互换的紧密程度。中国应帮助老挝建立健全对企业和个人的征信体系和债务市场评级体系，运用亚洲基础设施投资银行等平台帮助老挝建设证券市场以及商业银行融资等基础设施。二是尝试在资本市场方面进行合作。在宏观和微观审慎监管的基础上，建立中老金融稳定协调机制，为两国银行、证券、保险、基金等金融机构开展跨境业务时提供重要保障，帮助老挝金融行业建立行业自律组织，并持续进行合作交流。

在双边金融机构合作方面，鼓励中资金融机构到老挝设立分支机构。中国政府应鼓励中资金融机构到老挝开展业务，使中资机构成为老挝的主流银行。推动双方在交易所、结算机构、保险公司、基金公司、证券公司、民间资本等相关机构开展业务合作，在信贷、托管结算、抵押担保等方面开展业务合作，进一步加强中老合作的紧密程度。对一些政治意义明显，但风险较高、收益不确定的项目，鼓励政策性金融机构发挥其政策性优势，建立补贴机制吸引商业机构参与到项目中来。成立金融技术援助机构，为老挝提供技术支持，破解老挝金融人才的不足问题，助力老挝改善其金融基础设施。鼓励老挝金融机构到中国设立分支机构，开展相关金融业务，增强双方业务的紧密程度。

3. 不断提高便利化水平

随着中国—东盟自由贸易区升级版打造，人民币在双边跨境贸易结算方面仍有较大的提升空间。因为人民币具有良好的储备货币的发展前景，中国应进一步降低老挝人民币交易的成本，提高交易的便利化水平。中老双边加强金融合作将会为老挝的经济增长和金融稳定发展提供坚实的保障，也会增强中国在区域合作中的影响力，从而更好地推动人民币的跨境使用。

第十节　缅甸金融发展

缅甸的金融机构体系由中央银行、经济银行、外贸银行、投资和商业银行、农业和农村开发银行、储蓄银行等国家银行、保险公司以及非银行金融机构和少数私营银行、外资银行共同构成。相对于保险市场、证券市场来说，缅甸的银行业发展相对比较快，缅甸中央银行的货币政策更多的是通过银行来实现的。

一、缅甸金融发展现状及其发展趋势

缅甸是中国东南周边国家中经济金融发展水平比较落后的国家之一，与中国云南相连，属于沿海国家。由于各方面的原因，缅甸的经济发展水平比较落后，其金融发展水平也不高。但是，缅甸的金融发展与其经济发展是大体适应的。近年来，缅甸积极推进改革开放，重视和加强与中国开展经济金融合作，使经济和金融都得到了较好的发展。

（一）缅甸金融发展现状

缅甸的金融发展植根于缅甸的历史、经济、政治土壤中，具有鲜明的改革特征，先后经历了由计划到市场、由国有垄断向混合经营发展的过程。总体来看，缅甸初步建立了以银行、保险、证券为主体的金融体系，形成了以银行为主导的金融结构。但对外开放程度仍然较低，金融发展水平有待进一步提升。

1. 从计划到市场的金融改革

缅甸的金融体系具有鲜明的政治变迁特征。在殖民统治时期，缅甸的银行和保险业蓬勃发展，私人机构与外资机构广泛参与金融业务，金融机构在各地呈现蓬勃发展态势，共有 24 家私人银行、上百家外资保险公司在缅甸开展保险业务，成为外资机构在缅甸发展的鼎盛时期。1962 年，奈温政府执政，建立社会主义国家，并宣布将私人银行和保险公司收归国有，建立大一统的银行体系，由中央银行及其分支机构管理全国的金融业务。中央银行既是监管部门，执行准中央银行职能，同时又从事各项金融业务，履行商业银行职能。建立国有联邦保险局，垄断全国保险业务，曾经纳入中央银行体系，由中央银行统一管理。计划经济体制下的缅甸中央银行权力高度集中，全国资金运用实行计划配给，金融体系在中央政府的严格控制下发展较为缓慢。1988 年奈温政府被推翻，新政府建立的国家法律与秩序恢复委员会开始在国内推行市场化改革，并在之后 30 多年的发展中逐步放开对金融体系的限制，打破了国有垄断局面，银行业实现快速发展。但是，缅甸银行业市场化进程并未完成，在放宽了银行业准入限制，允许建立私人银行后，缅甸政府对私人银行的经营范围进行了严格限制。国有银行与私人银行的非均衡发展形成了缅甸国有银行独大局面。但是，保险业仍由政府垄断。直到 2013 年，缅甸财政部宣布允许私人部门建立保险公司，开始了保险业私有化进程。缅甸证券业尚处于起步阶段，2015 年缅甸证券交易所成立，但市场建设仍处于探索阶段。总的来看，缅甸金融体系发展相对缓慢,主要表现为国家主导了整个金融体系的改革。

2. 金融发展水平与金融深化程度仍然较低

从货币增长速度来看,缅甸的货币增长速度是比较快的,广义货币供应量呈持续增长趋势,但相较于经济发展水平,货币供应量相对较低,广义货币供应量占国内生产总值的比重波幅较大,阶段性特征显著。从1966—2013年的变化来看,1966年缅甸的M2/GDP的值为30.4%,波动上升至1986年的40.29%,增速达32.53%。[①] 但此后的十多年间,该比值出现下降,并在30%的附近波动,受2003年国内金融危机的影响,该值在2004年下降了20.42%。[②] 此后,缅甸金融深化程度加深,2011年该比值达到41.29%。[③] 由此可见,进入21世纪后,缅甸的金融开始复苏,金融在经济发展中的作用加强。

从金融结构演变来看,我们从金融产业结构、金融市场结构、金融资产结构、融资结构和金融开放结构等方面进行了分析。总体上来讲,缅甸的金融结构表现为以银行为主导的金融体系结构,商业银行是缅甸金融体制中最主要的金融机构。总体来看,缅甸的金融深化程度、对外开放程度均较低,金融工具种类少,仅能满足国内传统融资功能和融资需求。

从金融产业结构来看,金融产业包括银行业、保险业、证券业、信托业等行业。从各类金融机构数量来看,2015年内资银行有28家,占整个金融机构数的53%,[④] 保险公司和从事相关业务的金融公司分别为13家和11家,证券业仅有1家公司。[⑤] 金融产业内不同金融机构呈非均衡发展,行业结构

---

① 李健、黄志刚、董兵兵等:《东盟十国金融发展中的结构特征》,中国社会科学出版社2017年版,第455页。

② 李健、黄志刚、董兵兵等:《东盟十国金融发展中的结构特征》,中国社会科学出版社2017年版,第455页。

③ 李健、黄志刚、董兵兵等:《东盟十国金融发展中的结构特征》,中国社会科学出版社2017年版,第455页。

④ 李健、黄志刚、董兵兵等:《东盟十国金融发展中的结构特征》,中国社会科学出版社2017年版,第460页。

⑤ 李健、黄志刚、董兵兵等:《东盟十国金融发展中的结构特征》,中国社会科学出版社2017年版,第460页。

失衡严重。国有银行资产占整个银行体系的 64.3%，为私人银行资产的 2 倍。① 保险业发展方面，近 20 多年来，国有保险公司几乎垄断了缅甸所有保险业务。2013 年开始允许私人保险存在。截至 2015 年，有 12 家私人保险公司。2015 年有 21 家外资保险公司在缅甸设立代表处。② 日本财产保险公司成为首家获准在缅甸开展业务的外国保险公司。但是，缅甸的保险业务结构较为单一，而且业务量增速较慢。证券业尚处在起步阶段。2015 年成立了缅甸证券交易所，并于同年开业。截至 2016 年 3 月，仅有 6 家企业上市交易，但只允许本国居民进行证券交易。③

从金融市场结构来看，货币市场的规模不断扩大，但二级市场的流动性较差。据有关资料分析，仅 2007—2008 财年至 2011—2012 财年，缅甸政府发行的债券总额从 1685 亿缅元增至 20219.72 亿缅元，增长了近 11 倍。④ 但由于国债利率与存款利率差距小，二级债券市场尚未建立起来。大部分债券购买者为当地私人银行。之后，由于允许国有银行用过剩的流动性购买国债，国有银行逐渐成为国债的主要投资者。但央行仍然是唯一的投资者。

从金融资产结构来看，随着缅甸经济的持续快速发展，其货币供应量保持上升趋势。特别是进入 21 世纪以后，缅甸的广义货币供应量大幅增加，年均增速超过 30%。⑤

从融资结构来看，以非正规金融为主，私人信贷占比不高。缅甸的企业

---

① 李健、黄志刚、董兵兵等：《东盟十国金融发展中的结构特征》，中国社会科学出版社 2017 年版，第 462 页。

② 李健、黄志刚、董兵兵等：《东盟十国金融发展中的结构特征》，中国社会科学出版社 2017 年版，第 465 页。

③ 李健、黄志刚、董兵兵等：《东盟十国金融发展中的结构特征》，中国社会科学出版社 2017 年版，第 466 页。

④ 李健、黄志刚、董兵兵等：《东盟十国金融发展中的结构特征》，中国社会科学出版社 2017 年版，第 467 页。

⑤ 李健、黄志刚、董兵兵等：《东盟十国金融发展中的结构特征》，中国社会科学出版社 2017 年版，第 468 页。

融资结构中外源融资与内源融资之比达到9∶1,① 外源融资占比高,内源融资不足,两者的差距比较大。

从金融开放结构来看,以长期外债为主,且高度集中于公共部门。但是,长期外债占外债总额的比重是不断下降的,短期外债总额占比上升,债务期限结构总体上是合理的。据有关资料,从1971—1988年,缅甸的外债总额呈增加之势,由1.48亿缅元增至40.7亿缅元,年均增速为22.56%;1989—2013年外债增速出现下降,仅为18.35%。② 从1971—1976年,外债中的长期外债占比达到100%。1977年起开始借入短期外债,但规模不大,1977年的短期外债规模仅为3万缅元,到了2013年达到9.02亿缅元,在外债总额中的占比达到12.24%。从1977—2013年,年均短期外债增速高达387.83%。③ 从债券结构来看,长期外债中的公共部门的外债占比较高,私人部门的外债占比虽然不断增加,但占比不高。据有关资料分析,时至2013年,私人部门的外债占比仅为2%。④

总体来看,缅甸金融体系能够满足自身经济需求。但随着经济改革的推进,结构仍需优化,金融体系的功能和效率仍有待提高。

(二) 缅甸金融发展趋势

随着经济改革的推进,老挝的金融结构仍需优化,金融体系的功能和效率仍有待提高。与缅甸的经济发展相适应,缅甸的金融发展具有其自身的一些特征,实行比较严格的利率管制制度,尝试建立与国际接轨的监管制度,

① 李健、黄志刚、董兵兵等:《东盟十国金融发展中的结构特征》,中国社会科学出版社2017年版,第468页。
② 李健、黄志刚、董兵兵等:《东盟十国金融发展中的结构特征》,中国社会科学出版社2017年版,第470页。
③ 李健、黄志刚、董兵兵等:《东盟十国金融发展中的结构特征》,中国社会科学出版社2017年版,第471页。
④ 李健、黄志刚、董兵兵等:《东盟十国金融发展中的结构特征》,中国社会科学出版社2017年版,第471页。

并逐步放开固定汇率制度。

1. 实施严格的利率管制制度

缅甸央行规定缅甸的货币政策主要通过利率、存款准备金率和公开市场业务等工具进行。缅甸存贷款利率长期受到中央银行严格管制，中央银行规定了存贷款基准利率，并主要根据国家实体经济景气程度和通货膨胀率对存贷款利率进行调整，各金融机构在允许的浮动范围内实行自由浮动。2013—2014 财年，缅甸国内通货膨胀率为 5.70%，中央银行基准利率为 10.0%，存贷款利率分别为 8.0%、13.0%。[①]

2. 尝试与国际接轨的监管制度

1988 年，缅甸成立银行监管委员会，主要通过场内和场外两种方式对金融机构进行监管以维持金融稳定。场内监管是监管银行的金融业务活动和内部管理，分析银行交易和金融条件以确保其各项业务达到法律、监管条款的要求。场外监管要求被监管主体按规定要求和规定期限向中央银行提交监管报告。中央银行定期向公众发布法定存款准备金率、资本充足率、流动性、风险管理和评估等报告。缅甸中央银行还规定各银行要对未偿还贷款和垫款提取 20%的准备金，并针对 5 级贷款分类提出特殊监管政策。

3. 逐步放开固定汇率制度

在缅甸军政府统治时期，缅甸的货币汇率，出现过官方的、半官方的、非官方的、甚至存在黑市汇率。在官方汇率制度下，缅币采取与特别提款权货币篮子挂钩。但是，官方汇率与黑市汇率差距较大，达上百倍。从 1977 年开始，缅甸数次政权更迭，但汇率政策一直没变。吴登盛政府时期，对汇率制度进行改革，自 2012 年起开始实行有管理的浮动汇率制度，但这一政策实施以来，导致缅币汇率大幅贬值，官方汇率与非官方汇率的差价较大。根据 1947 年颁布的《外汇管理法》和 1957 年颁布的《外汇管理手册》，缅

① 李健、黄志刚、董兵兵等：《东盟十国金融发展中的结构特征》，中国社会科学出版社 2017 年版，第 456 页。

甸中央银行加强了外汇管理，授权缅甸外贸银行、缅甸经济银行、缅甸投资与商业银行对外汇进行管理。1993 年，缅甸发行外汇券，面值分别是 1、5、10 和 20，这些面值的货币在缅甸广受旅游者和投资者的喜爱。缅甸中央银行与财税部门、计划与发展委员会每年都开展一年一度的收支预算，外汇的进口支出与出口收入大体保持相称的水平。

二、中缅金融合作现状及其发展前景

现阶段两国金融合作主要以政府为主导，集中在人民币结算、货币互换和设立分支金融机构等方面。中缅两国加强金融合作是未来进一步交流和发展的核心领域，在金融合作主体、金融合作内容、金融合作方式等方面将不断加强。

（一）中缅金融合作现状

中缅金融合作是未来两国进一步交流和发展的核心领域。现阶段两国金融合作主要以政府为主导，集中在人民币结算、货币互换和设立分支金融机构等方面。未来应拓宽金融合作主体、合作内容和合作方式。

中缅两国交往已久，双方金融合作衍生于两国的政治、经济、文化交流过程中。中缅两国的金融合作最早可追溯到唐代，当时，两国金融交往主要局限于伴随物资贸易产生的货币交换。现阶段两国的金融合作，包括政府、机构和民间等层面。从政府层面来说，中国中央银行与缅甸中央银行在政策引导方面进行了广泛合作，主要涉及金融安全、金融监管和金融协调等方面。2011 年，中国人民银行加入东南亚中央银行组织，并与缅甸中央银行签订了合作协议和备忘录，加强两国政府层面的合作交流。从机构层面来说，中缅两国商业银行之间的合作是两国金融合作的主要方式，其合作形式主要有（详见表 1-1）：（1）边境地区互设人民币存款以及边境贸易人民币结算业务，创建人民币现钞跨境调运与回流机制；（2）挂牌缅币汇率，经营人民币与缅币兑换业务和跨境金融服务业务；（3）设立金融机构代表处，建立分支机构。民间层面，非正规金融合作是中缅两国民间层面金融合作的主要形式，主要表现为在两国边境地区设立私人货币兑换点、"地摊银行"或"板凳银行"等。中缅著名口岸城市瑞丽有 30 多家"地摊银行"主要集中在华丰商场及附近街区，从事人民币兑换业务。现在已经对地摊银行进行规范。

表 1-1　中缅金融合作一览表①

时间	具体业务
1996 年	佤邦银行开展人民币业务
2009 年 9 月 7 日	工商银行云南省分行、建设银行云南省分行、农业银行云南省分行与缅甸经济银行开立人民币结算账户协议
2015 年	缅甸首家中资银行中国工商银行仰光分行举行开业典礼
2012 年 5 月	云南省瑞丽市在中缅边境附近设立跨境人民币金融服务中心
2010 年 9 月	中国工商银行德宏分行与缅甸经济银行木姐分行和腊成分行签署了人民币结算合作协议
2011 年	中国工商银行在缅甸设立代表处
2015 年	缅甸环球财富银行和富滇银行瑞丽分行在洽谈中达成以下 4 项重要合作意向：环球财富银行木姐支行在富滇银行瑞丽分行开设人民币结算账户；富滇银行瑞丽分行将择机赴环球财富银行木姐支行开设缅币结算账户，实现双边账户互设；富滇银行将着手研究，双方将致力于总行等更高层级、更深入、更全面的合作。
2014 年 4 月	中国银联商务有限公司云南分公司对缅甸首个非现金支付跨境使用业务正式启动，缅甸边境和缅甸境内可凭银联卡刷卡购物、结算，主要投放在与瑞丽口岸毗邻的缅甸木姐市区。
2015 年 3 月 24 日	云南省瑞丽市人民政府批准成立中缅货币兑换中心，全国首个中缅货币兑换中心在德宏挂牌成立，形成瑞丽指数。瑞丽大通、瑞丽台丽、云南亚盟、天津渤海通汇 4 家企业，可从事经常项目下人民币与缅币兑换和个人项目下人民币与其他挂牌币种的兑换。
2015 年 1 月	中国建设银行云南分行与缅甸合作社银行签署跨境人民币清算合作协议
2016 年 1 月 21 日	AGD 银行宣布正式推出缅甸首个 Mpu-UnionPay（缅甸支付联盟—中国银联）联名借记卡 Co-brand Debit Card，中国银联卡开始在缅甸使用，开始了缅甸支付联盟和中国银联之间合作的新篇章。

① 资料来源：李健、黄志刚、董兵兵等：《东盟十国金融发展中的结构特征》，中国社会科学出版社 2017 年版，第 476—477 页。

（二）中缅金融合作发展前景

中缅两国政治、经济、文化交流具有悠久历史，具有良好的合作基础。中缅两国在中国—东盟自由贸易区框架下建立了良好的贸易合作机制、利益协调机制、互动对话机制。中缅两国的金融合作建立在两国全面战略合作伙伴关系的基础上，双方金融合作形成以政府为主导、机构为主体、民间为辅助的合作机制，这是一种自下而上的合作机制。在中缅两国的金融合作机制中，加强了高层互访机制。通过两国高层领导人之间的沟通切磋和两国政府间的互通互联，构建两国金融合作的顶层设计。在此基础上推动两国金融机构间的相互合作，扩大合作空间和合作方式。民间自发式合作较为松散，主要服务于公众的金融需求，大多集中于中缅边境地区。缅甸的金融体系与中国有一定程度的相似性，都是从计划经济转向市场经济，从国有垄断银行向国有银行和私人银行共同发展。但是，缅甸的资本市场、保险市场发展，以及对外开放严重滞后，未来将逐渐开放金融市场，这为两国开展金融合作提供了广阔空间，双方可以在技术、人才、产品设计、管理经验、资金支持等方面进行合作。中缅金融合作是两国在经济合作中取得初步成功后的重要合作形式。在经济合作基础上，两国金融合作基础将更加夯实，合作空间巨大，前景广阔。

1. 不断深化合作层次

从合作主体来看，应从政府层面不断向下拓展，加强金融机构、实体企业乃至民间的金融合作，强化自下而上的推动力量。再由政府统揽合作全局，制定合作规划的同时，充分了解缅甸当地的贸易融资需求和小微企业融资方面的需求。在缅甸逐渐放宽外资金融机构准入的条件下，通过互设金融分支机构开展投融资活动，为中缅两国金融机构寻找海外发展新的利润增长点，从而促进两国金融机构层面的深化合作。

2. 不断拓展合作领域

从合作内容来看，未来两国的金融合作应在边境贸易提供汇兑和结算的基础上，实现从传统的银行业务逐渐扩展到其他领域，包括金融市场、金融制度建设、金融安全合作等。但是，缅甸的金融市场建设刚刚起步，市场发展和制度建设迫切需要具有相似国家提供经验借鉴。中国的金融发展已经积累了一定的经验，可为缅甸提供经验借鉴，在一定程度上可为缅甸金融改革和制度建设提供帮助。此外，由于双边边境线长，且经济发展水平相对滞后，一些非法的、不规范的资金跨境流动问题难以避免。加强两国金融监管合作，有利于维护两国边境安全，也有助于两国金融合作健康发展。

3. 不断丰富合作形式

从合作方式来看，要将双边合作进一步扩展到人才培训、技术支持、管理经验等方面，通过合作加强人才培训，提高人员素质，促进交流，快速学习先进管理经验，夯实金融合作基础，为中缅金融合作拓展新空间，实现新突破。

本 章 小 结

中国东南周边国家的金融发展水平是有差异的。新加坡是中国东南周边国家中金融发展水平最高的国家，金融开放程度高，是区域性国际金融中心，也是人民币离岸金融中心，金融市场较为发达，是市场主导型国家，高度重视和加强与中国各领域的合作，特别是金融领域的开放合作。马来西亚和菲律宾都属于市场主导型国家，重视发挥市场作用，重视金融市场建设，以市场为主导建立具有自身特点的金融结构，这种特点的金融结构与其经济发展水平是匹配的，中国与这些国家的金融合作，除了加强金融机构之间的合作外，要侧重于加强在金融市场领域的合作。文莱是一个小型经济体，是一个银行主导型国家，伊斯兰金融发展对中国具有重要的借鉴意义，文莱的金融结构与其经济发展水平是相匹配的，较好地促进了本国经济的发展。印度尼西亚是一个人口较多的国家，其金融结构属银行主导型，其银行业的发展在金融结构中占据主导地位，经济发展主要是通过银行机构融资发展的，银行主导型的金融结构与其经济发展水平是相匹配的。越南、柬埔寨、老挝、缅甸都属于湄公河流域国家，越南和柬埔寨还参与了泛北部湾区域经济合作，这四个国家的金融发展水平大体相当，都是银行主导型国家，其金融结构与其经济发展水平是匹配的，中国与这些国家的金融合作，要把重点放在加强金融机构之间的合作，以此为基础不断拓展合作领域和合作空间。泰国是一个从银行主导型金融结构向市场主导型金融结构转变的国家，其金融市场开放程度较高，金融体系较为完善，重视与中国的金融合作，其金融结构与其本国的经济发展水平相适应。总体来看，中国东南周边国家根据本国国情建立起来的金融结构与其本国的经济发展水平是相适应的。随着区域经济一体化的推进，中国东南周边国家都在加强金融改革创新，积极推进金融市场发展。中国与中国东南周边国家的金融合作具有广阔前景，是人民币走出去的首选区域，中国应不失时机地推进人民币走出去。

第二章　中国东南周边国家人民币流通与需求

通过对中国东南周边的新加坡、文莱、马来西亚、印度尼西亚、菲律宾、泰国、越南、柬埔寨、老挝、缅甸的人民币流通考察和需求分析，摸清中国东南周边国家人民币流通与需求的基本态势，从而把握人民币的基本走向。

第一节　新加坡人民币流通与需求

新加坡位于马来半岛最南端，在马六甲海峡的入口，北隔狭窄的柔佛海峡与马来西亚相邻，在北部和西部边境建有新柔长堤，与第二通道相通。南隔新加坡海峡，与印度尼西亚的民丹岛、巴淡岛等岛屿有轮渡联系。新加坡国土面积为 718.3 平方公里。2017 年新加坡常住总人口近 561.23 万人。2017 年，GDP 增速达 4.5%。新加坡是中国东南周边国家中经济金融发展最充分的国家，是国际金融中心，是最早建立人民币离岸金融市场的国家。随着中国与新加坡各领域合作的不断深化。人民币在新加坡的流通与需求必将不断扩大，对中国与中国东南周边国家货币合作必将产生深远影响。

一、新加坡人民币流通考察

新加坡是世界上第四大外汇交易市场，同时又是一个非常重要的贸易中心，这使得新加坡成为东盟的重要门户，是一个非常重要的推动人民币交易的平台。从 20 世纪 90 年代开始出现人民币现钞市场，主要从香港流入，每天大约有 150 万元人民币流入，现钞多为个人持有。人民币在新加坡属于非自由兑换货币，在新加坡金管局的官方网站上无相关政策指引，在银行对外公布的外汇牌价上无报价。但是，新加坡金管局批准的货币兑换专营机构以及部分银行设置在机场的柜台，可以自由办理人民币现钞与其他货币之间的兑换，在消费时，当地部分商家，特别是旅游地商家接受人民币付款，如使用银联网络刷卡、酒店前台用人民币现钞支付费用、摊贩接受人民币现钞购买商品。

2009 年 7 月，中国人民银行等部委出台《跨境贸易人民结算试点管理办法》以来，中新之间可以使用人民币结算。按照新加坡金管局的规定，新加坡的企业和个人可以在办理人民币结算的银行，主要是中资银行和新加坡的 DBS、UOB、OCBC 等银行开立人民币账户，同时也允许境外企业在上述银行开立离岸账户进行结算。人民币的收付除了必须遵守反洗钱和反恐怖融资的规定以外，并无其他限制。但是，按照新加坡金管局的规定，非金融机构在办理新元与其他货币的兑换时，受总量不超过 500 万新元的限制。此规定主要是防止炒作新元，避免出现破坏新元的稳定性。2010 年 7 月，新加坡金管局已与中国人民银行签署货币互换协议。新加坡交易所积极探索发展离岸人民币债券交易，是世界上首个开展人民币远期合约场外交易清算服务的交易所。2011 年人民币在新加坡的交易比之前增长了 10 倍，达到 5000 亿元。很多国际银行和本地银行在新加坡尝试人民币储蓄、存款产品，满足更多的人民币需求。新加坡的人民币储蓄规模已经超过 600 亿元①，已经发展成为继香港之后的又一个人民币离岸市场。2011 年，新加坡交易所的各种债券融资规模已经达到 1000 多亿元人民币，成为仅次于香港的非常重要的人民币债券市场。2012 年 7 月，2 家符合新加坡经营资格的中资银行，获得新加坡银行监管部门颁发的特许全面银行业务牌照。其中，有 1 家还被授权成为新加坡的人民币清算银行。新加坡交易所积极开展人民币计价证券业务。已经有越来越多的国内外投资者将新加坡视为一个离岸人民币中心。鉴于新加坡与东盟之间的交易联系比中国香港广泛得多，新加坡有可能成为向东盟提供人民币服务的地区性中心。

自人民币国际化进程启动以来，新加坡与中国人民银行于 2010 年 7 月签署了货币互换协议，协议规模为 1500 亿元人民币/300 亿新加坡元，新加坡对人民币的需求在增长，且官方对人民币的接受程度在提高。2013 年 4 月，中国人民银行与中国工商银行新加坡分行签订了《关于人民币业务的清算协议》。中国的金融机构和在新加坡的分支机构，可以通过代理行渠道，为客户办理跨境人民币结算业务。还可以通过清算行渠道为客户办理跨境人民币结算业务。中国人民银行与新加坡金融管理局还签订了关于在新加坡开展人民币业务的合作备忘录。新加坡作为东南亚地区唯一的国际金融中心，地缘和文化优势十分明显，人民币业务范围可以覆盖整个东盟地区。新加坡人民币清算行服务的启动，对促进中国与东盟贸易间人民币的广泛使用具有十分重要意义。

为推动人民币的跨境使用，作为商业银行的中国工商银行发挥了重要的作用。中国工商银行新加坡分行自 2013 年以来获得中国人民银行授权担任新加坡人民币业务清算行资格，人民币清算行业务实现了迅速发展，有力地促进了新加坡人民币市场的快速发展。截至 2014 年末，新加坡清算行累计

---

① 李备远：《人民币离岸市场发展现状及展望》，《中国集体经济》2012 年第 9 期，第 100 页。

人民币清算量已超过 40 万亿元，其中 2014 年完成清算量 37.5 万亿元，较 2013 年的 2.6 万亿元增长超过 13 倍。新加坡完善的清算体系，是扩大人民币跨境使用，促进离岸人民币市场深化发展的重要依托。新加坡清算行的设立有力地促进了新加坡市场人民币资金池的积累，降低了人民币资金交易成本，为提供多元化的人民币投融资产品创造便利和机会，增强了市场的活跃度。依托中国工商银行的人民币清算系统和专业高效的清算服务，清算报文的直通率达到国际先进水平。境外人民币清算行是人民币境内外流动的关键枢纽，新加坡清算行支持各参加行新的业务需求，率先推出了清算网银服务。

新加坡人民币资金池的迅速扩张带动了新加坡市场人民币资产负债规模的不断壮大。2014 年，新加坡清算行成功开办人民币现钞跨境调运服务，首次将人民币现钞自中国大陆直接调运出国，较好地满足了当地市场对于人民币现钞的需求。

新加坡的各类人民币投资产品日益增多，人民币债券市场发展平稳。2014 年，狮城债的发行规模达到 127 亿元，中国工商银行新加坡分行承销金额占比达 68.5%。新加坡清算行通过开展人民币外汇即、远期及掉期交易，跨境人民币购售以及参与人民币、新币直接交易及人民币期货做市交易，活跃人民币外汇交易市场。新加坡清算行还通过人民币货币市场融资、人民币定期存款、日间透支等金融市场业务，满足市场对人民币资金的需求，在离岸市场流动性趋紧时，为参加行和本地市场提供人民币流动性支持，平抑本地人民币市场的价格波动。新加坡清算行致力于新产品、新服务的创新推广工作，与中国工商银行集团内其他人民币清算行的合作进一步加强，推进人民币清算 24 小时不停顿运作，进一步提升服务水平。新加坡清算行严格按照两国监管部门要求，通过构建完善的金融服务基础设施，夯实新加坡离岸人民币市场的优势，推动人民币的跨境使用。

据对新加坡的考察，新加坡对人民币走出去持欢迎的态度。新加坡金管局支持人民币作为结算货币使用，而且从打造国际金融中心的愿望出发，希望中国将新加坡作为跨境贸易人民币结算的试验中心。新加坡金管局认为新加坡有条件成为继香港之后的第二个人民币结算中心，希望能够在新加坡推出人民币产品，如人民币债券。新加坡金管局认为，中国上海、中国香港和新加坡可以扮演不同的角色，中国香港辐射东北亚，上海覆盖大陆以及部分欧美投资人投向北亚的资金，新加坡主要辐射南亚地区。对于人民币走出去的风险，新加坡金管局认为人民币走出去从贸易开始是比较安全的，只要不让人民币轻易回流到在岸人民币市场，风险是可以控制的。中资金融机构对人民币走出去持欢迎态度，中资金融机构在人民币业务方面有优势，特别是在新加坡对本土银行保护严格的情况下，很多赚钱的业务，新加坡金管局是不允许外资银行参与经营的，大大压缩了外资银行的利润空间。因此，中资银行以人民币业务为突破口，提高中资银行在新加坡的影响力。由于境外人民币的使用渠道有限，客户收到的人民币，只能用作支付进口货款之用，而且只用作与中国的双边经贸往来，无法与第三国结算。客户持有人民币的目的是为了在双边贸易中规避汇率风险，或者利用国内人民币远期价格与国外的价差做无风险套利为主，长期持有的意愿不足。对中资银行来说，开展人民币业务还面临一些困难。新加坡金管局规定，外资银行从总行获得的头寸必须大于回流到国内的资金头寸。由于境外人民币没有投资渠道，境外人民币只能回流到国内总行，结果被监管当局视为存款回流。作为境外货币结算代理行，只能做单边业务，不能将结算收取的人民币用于放贷或贸易融资，轧差只能到香港清算，或者到国内清算，但这两条途径不够顺畅。前者会增加银行经营成本，后者又要求必须有外贸凭证，保证有真实贸易背景。据课题组在新加坡的实地考察，目前新加坡对人民币的欢迎程度相当高。无论是商店、酒店还是商品市场，都可以直接用人民币办理业务，直接结算。因此，未来人民币在新加坡的流通规模将越来越大。

二、新加坡人民币需求分析

自 1998 年东南亚金融危机以来，人民币的国际地位在不断提升，人民币越来越成为强势货币。特别是 2020 年的新冠肺炎疫情在全球蔓延，并引发了全球金融市场的激烈动荡，主要发达国家金融市场一片哀号，人民币更加备受瞩目。那么，人民币在新加坡会引发什么样的关注？为此，结合数据资料对新加坡的人民币需求进行分析。

（一）进出口贸易促进人民币跨境使用

新加坡作为亚太经合组织（APEC）、亚欧会议（ASEM）、东南亚国家联盟（ASEAN）、中国—东盟自由贸易区（CAFTA）、跨太平洋伙伴关系协定（TPP）等区域合作组织的成员，是世界上签订自由贸易协定较多的国家之一。新加坡签订的自贸协定涵盖了 20 个地区，涉及 31 个贸易伙伴，包括美国、中国、日本、秘鲁、韩国、澳大利亚、东盟各国、新西兰、印度、巴拿马、瑞士、约旦、冰岛、挪威、土耳其、智利等国家和地区。与加拿大、巴基斯坦、墨西哥、乌克兰等国家或组织，积极商谈自贸协定。正在参与商谈的主要区域贸易协定是区域全面经济伙伴关系协定（RCEP），区域全面经济伙伴关系协定将于 2020 年签订。新加坡建立的自贸区数量多，在亚洲最早与美国签有自贸区协定。新加坡是中国（南宁）至新加坡经济走廊的终点，海上丝绸之路的重要枢纽，中国与其经济合作的重点在服务贸易和投资。新加坡是中国的第五大服务贸易伙伴。新加坡的主要投资对象为中国、马来西亚、中国香港和印度尼西亚等国家和地区。

根据《中国—东盟统计年鉴（2018）》数据统计分析，2013 年至 2017 年期间，中国内地与新加坡的进出口贸易总体上保持较高的规模，经贸关系密切。其中，2013 年 932.35 亿美元，2014 年 990.82 亿美元，2015 年 935.18 亿美元，2016 年 848.34 亿美元，2017 年 993.09 亿美元。（见表 2-

1、表2-2）。规模巨大的贸易，使中国内地与新加坡的贸易依存度越来越高。加强中新贸易合作，有利于人民币的跨境使用，使人民币成为重要的贸易结算货币，使新加坡成为重要的离岸人民币结算中心，有利于加快人民币离岸金融市场的建设，促进人民币走出去。

表2-1 新加坡 2013—2017 年出口排名前十位的国家和地区①

单位：百万美元

2013		2014		2015		2016		2017	
国家（地区）	出口	国家（地区）	出口	国家（地区）	出口	国家（地区）	出口	国家（地区）	出口
马来西亚	51899	中国	54662	中国	51392	中国	44338	中国	54002
中国	49267	马来西亚	50082	中国香港	41107	中国香港	43247	中国香港	45979
中国香港	46065	中国香港	45779	马来西亚	38651	马来西亚	35623	马来西亚	39553
印度尼西亚	43638	印度尼西亚	38455	印度尼西亚	29595	欧盟28国	29043	欧盟28国	31199
欧盟28国	31095	欧盟28国	31943	欧盟28国	28127	印度尼西亚	26582	印度尼西亚	27932
美国	22847	美国	21690	美国	21710	美国	21595	美国	23439
日本	17580	日本	16737	日本	15279	中国台湾	14730	日本	17045
韩国	16621	韩国	16682	韩国	14476	日本	14557	韩国	16732
澳大利亚	15530	中国台湾	16130	中国台湾	14434	韩国	14516	中国台湾	16598
泰国	15368	泰国	15522	泰国	14073	泰国	13761	泰国	14681
总计	419969	总计	415174	总计	357737	总计	337974	总计	373000

① 国家统计局国际统计信息中心、广西壮族自治区统计局、国家统计局广西调查总队：《中国—东盟统计年鉴（2018）》，中国统计出版社2018年版，第244页。

表 2-2　新加坡 2013—2017 年进口排名前十位的国家和地区①

单位：百万美元

2013		2014		2015		2016		2017	
国家（地区）	进口	国家（地区）	进口	国家（地区）	进口	国家（地区）	进口	国家（地区）	进口
欧盟 28 国	46161	中国	44420	中国	42126	中国	40496	中国	45307
中国	43968	欧盟 28 国	43755	欧盟 28 国	37942	欧盟 28 国	38407	欧盟 28 国	40100
马来西亚	40878	马来西亚	39043	美国	33377	马来西亚	32238	马来西亚	38828
美国	38679	美国	38101	马来西亚	33052	美国	30822	美国	34443
中国台湾	29056	中国台湾	30061	中国台湾	24779	中国台湾	23297	中国台湾	27117
韩国	24109	韩国	21808	日本	19187	日本	21293	日本	20468
日本	20712	日本	20356	韩国	18305	韩国	17018	韩国	16167
印度尼西亚	19436	印度尼西亚	19045	印度尼西亚	15183	印度尼西亚	13996	印度尼西亚	15119
阿拉伯联合酋长国	18457	阿拉伯联合酋长国	15913	瑞士	8807	沙特阿拉伯	8128	沙特阿拉伯	9147
瑞士	13514	沙特阿拉伯	14604	阿拉伯联合酋长国	8654	瑞士	7792	瑞士	9131
总计	388053	总计	377699	总计	307974	总计	291932	总计	327444

（二）直接投资促进人民币跨境使用

新加坡作为亚太地区资本市场发展最成熟的国家之一。新加坡在亚太地区的房地产投资信托基金（REITS）市场业务发展得比较好，较好地促进了房地产市场的发展。新加坡已经成为亚洲最大的新兴市场货币交易中心，各种货币交易较为活跃。新加坡是全世界发展最快的国内债券市场之一，各种债券交易甚为活跃。新加坡也是亚洲地区进行金融衍生品场外交易最活跃的国家，在国际金融、海事金融、贸易融资、财务运作、保险等方面都处于领

① 国家统计局国际统计信息中心、广西壮族自治区统计局、国家统计局广西调查总队：《中国—东盟统计年鉴（2018）》，中国统计出版社 2018 年版，第 245 页。

先地位。非常重视资产及财富管理、信息技术发展与应用。根据 2014 年埃森哲咨询公司的研究报告分析，新加坡电子政务发展排在世界第一位。根据《2014 全球信息技术报告》发布的信息分析，新加坡是"最佳互联国家"之一，排在全球第二位。新加坡政府还颁布了"智慧国家 2025" 10 年计划，这份计划被认为是"智能城市 2015"计划的升级版，标志着新加坡有望建成世界首个智慧国家。[①] 总体上来说，新加坡是直接投资的理想国家。2014年，标准普尔将新加坡信用等级确认为"AAA"级，是亚洲国家中唯一获此评级的国家。

　　新加坡作为中国东南周边国家中经济最发达的国家。虽然国家不大，但其国际影响力是比较高的。在"一带一路"建设中，其态度较为积极。从国观智库 2015 年发布的"一带一路"国别投资价值排行榜来看，在"一带一路"政策所辐射的国家中排在第一位，充分说明新加坡是最具投资价值的国家之一。这与新加坡作为全球国际金融中心、亚洲最大的商品和石油贸易枢纽，以及中国、亚洲乃至亚太市场的重要连接点，有着天然的联系。新加坡的优势产业发展，吸引了不少中国企业前来投资。据了解，目前已有不少中国企业在新加坡进行各类投资，成功整合了区域资源，实现了国际化的发展目标。现在，新加坡已经成为人民币贸易的第二大离岸中心。然而这仅仅是"一带一路"为新加坡带来机遇的一部分。

　　近年来，中国东南周边国家高度重视加强基础设施建设。随着港口、机场等设施的日益完善，各国的商贸、人员往来会越来越密切。新加坡作为东南亚航运中心和航空枢纽的地位会更加突出。可以预见，新加坡作为国际金融中心和贸易物流中心的地位，将进一步得到提升。除了"一带一路"建设带来的历史机遇外。还与新加坡有发达投融资服务市场和成熟的金融系统密切相关。此外，健全的法律体系，稳定的政治社会环境，以及完善的基础设

---

　　① 王天乐、施晓慧：《新加坡推出"智慧国家 2025"计划》，《人民日报》2014 年 8 月19 日。

施等，为新加坡巩固其战略地位提供了重要支撑。

2015 年 11 月 7 日，中国和新加坡发表了关于建立与时俱进的全方位合作伙伴关系的联合声明。一致认为，双方始终从战略高度和长远角度规划两国关系未来发展方向，紧密契合两国的独特优势和发展需求。近年来，两国高度重视开展多领域、多层次的务实创新合作，双边关系发展表现出前瞻性，且与时俱进。全方位和合作伙伴关系的达成，为中新未来在经贸领域的合作指明了方向。①

2015 年，习近平总书记对新加坡进行国事访问，两国就共建中新（重庆）战略性互联互通示范项目举行了签字仪式。杨洁篪国务委员与新加坡副总理兼国家安全统筹部部长张志贤代表两国政府签署了合作框架协议。商务部部长高虎城与新加坡总理公署部长陈振声共同签署了补充协议。重庆市市长黄奇帆与新加坡陈振声部长共同签署了实施协议。项目合作的启动成为习近平总书记访问新加坡的重要成果之一。高虎城部长与新加坡贸工部部长林勋强就关于同意启动中国—新加坡自贸协定升级谈判换函。中国与新加坡共同发表了关于建立与时俱进的全方位合作伙伴关系的联合声明。中国和新加坡将通过投资促进委员会等平台，继续鼓励和推动双边经贸投资。新加坡非常欢迎中国企业通过新加坡这个平台走出去。中国和新加坡两国政府积极鼓励两国企业在"一带一路"和东盟互联互通总体框架下，探索开拓第三方市场的合作模式，支持在中国西部地区建设一个高起点、高水平、创新型的示范性重点项目。支持把重庆作为项目运营中心，将金融服务、交通物流、航空和信息通信技术作为重点合作领域。通过该项目建设保持双方金融合作的发展势头，扩大人民币在双边贸易和投资中的使用，支持用好新加坡人民币清算行平台，加强金融监管领域交流合作，稳步推进跨境人民币业务发展。加强交通运输和信息通信领域合作，深化海运、航空和信息通信产业合作。

---

① 《中华人民共和国和新加坡共和国关于建立与时俱进全方位合作伙伴关系的联合声明》，《人民日报》2015 年 11 月 8 日。

推进前沿技术研究、产业技术开发和成果转化等领域的合作，促进两国产业合作发展。探讨开展两国文化产业合作，设立新加坡中国文化中心。推动生态环境保护和水处理合作。开展质量管理和进出口食品安全等务实合作。推进两国海关在贸易便利化和海关执法等领域合作。拓展教育合作新领域和新模式，推动中国—东盟教育交流合作实现新发展。① 根据有关协议精神，新加坡将积极创造条件，推动人民币在新加坡的适用范围和规模。

根据《中国—东盟统计年鉴（2018）》的数据分析，从 2004 年至 2016 年期间，中国内地对新加坡的投资呈逐年增长之势。其中，2004 年 3.6 亿新元，2005 年 9.1 亿新元，2006 年 16.9 亿新元，2007 年 23.14 亿新元，2008 年 44.24 亿新元，2009 年 97.26 亿新元，2010 年 171.63 亿新元，2011 年 150.97 亿新元，2012 年 163.06 亿新元，2013 年 178.46 亿新元，2014 年 161.95 亿新元，2015 年 226.89 亿新元，2016 年 244.98 亿新元。（见表 2-3）。日益增多的投资必然会带动人民币走出去，有利于促进人民币的跨境使用和流通。

表 2-3　新加坡 2004—2016 年按来源国和地区分的年末外商直接投资②

单位：百万新加坡元

国家（地区）	2004	2005	2006	2007	2008	2009	2010	2011	2012	2013	2014	2015	2016
澳大利亚	2674	2847	3319	4615	4573	6004	8296	10053	10220	10425	15217	15792	15567
加拿大	2836	2589	2736	3126	3022	2882	3417	4447	5171	6980	8543	10535	12140
中国	360	910	1690	2314	4424	9726	17163	15097	16306	17846	16195	22689	24498
欧盟 28 国	97724	108953	131407	152289	153400	166583	177312	201167	217725	226919	244838	297079	338643
印度	481	1303	2578	13026	16861	21955	24542	23104	23862	25444	25759	24542	20627
日本	37502	44813	44971	47540	50446	50515	56005	55338	60069	72246	11016	115247	93985

① 《中华人民共和国和新加坡共和国关于建立与时俱进全方位合作伙伴关系的联合声明》，《人民日报》2015 年 11 月 8 日。

② 国家统计局国际统计信息中心、广西壮族自治区统计局、国家统计局广西调查总队：《中国—东盟统计年鉴（2018）》，中国统计出版社 2018 年版，第 246 页。

国家（地区）	2004	2005	2006	2007	2008	2009	2010	2011	2012	2013	2014	2015	2016
韩国	847	1268	781	3040	3251	2906	3062	4143	3306	4681	7576	10781	13920
新西兰	133	1482	1705	1619	1903	2110	2510	3082	3473	4288	3571	3869	4591
美国	41020	40574	38325	51551	52758	58969	67206	74645	105145	129928	192312	242937	279577
其他	93243	119083	142985	187448	219948	253054	305600	311490	363184	406467	488208	523636	555930
总计	276819	323821	370495	466567	510585	574704	665113	702565	808461	905224	1112325	1267105	1359477

（三）旅游消费促进人民币跨境使用

新加坡是重要的旅游目的地，是购物消费天堂。近年来，中国内地游客赴新加坡旅游观光、消费的游客日益增多。据《中国—东盟统计年鉴（2018）》数据分析，自2004以来，直到2017年，累计有中国内地游客2287.8万人赴新加坡旅游观光和购物消费。（见表2-4）。日益增多的中国内地游客旅游消费，将带动人民币走出去，刺激人民币的旅游消费需求。

表2-4 新加坡2004—2017年按来源国家和地区分的入境游客[①]

单位：千人

国家（地区）	2004	2005	2006	2007	2008	2009	2010	2011	2012	2013	2014	2015	2016	2017
中国香港	272	314	291	302	278	294	388	464	472	540	631	610	538	466
韩国	361	364	455	464	423	272	361	415	445	472	537	577	567	631
中国台湾	182	214	219	208	176	157	191	238	282	350	337	378	394	396
中国	880	858	1037	1114	1079	937	1171	1578	2034	2270	1722	2106	2864	3228
印度	471	584	659	749	778	726	829	869	895	934	944	1014	1097	1272
日本	599	589	594	595	571	490	529	656	757	833	825	789	784	793

---

① 国家统计局国际统计信息中心、广西壮族自治区统计局、国家统计局广西调查总队：《中国—东盟统计年鉴（2018）》，中国统计出版社2018年版，第247页。

续表

国家 (地区)	2004	2005	2006	2007	2008	2009	2010	2011	2012	2013	2014	2015	2016	2017
德国	142	155	161	165	175	184	209	220	252	252	264	287	329	342
英国	457	467	488	496	493	470	452	443	446	461	462	474	489	519
美国	333	371	400	409	397	371	417	441	477	492	485	500	516	565
澳大利亚	561	620	692	768	833	830	881	956	1050	1125	1075	1044	1027	1082
总计	8329	8943	9751	10285	10116	9683	11642	13171	14496	15568	15095	15231	16404	17425

第二节　文莱人民币流通与需求

近年来，文莱高度重视加强与中国在各领域的开放合作，取得了显著的成绩。随着中国一系列重磅开放政策的实施，加强和扩大了向南开放的广度和深度，不仅为中国南方地区的开放发展提供了加速器，而且为推动文莱与中国的开放合作提供了重要机遇。中国（广西）—文莱经济走廊已经成为两国合作的标志性项目。随着各领域合作的深化，必将为中国与文莱的货币金融合作提供广阔空间，为人民币走出去创造更加有利条件。

一、文莱人民币流通考察

随着人民币逐步成为强势货币，文莱对人民币的流通使用持欢迎态度，在文莱设立的中资金融机构都开设有人民币业务，但人民币与文莱元不可直接兑换。文莱没有外汇限制，银行允许非居民开户和借款。外资企业在文莱开立外汇账户须提供公司注册文件及护照复印件等材料。个人可自由携带现金出入境，不需要申报。个人及公司外汇可自由汇出，但须在汇出时说明原因。

汇丰银行（文莱）于2011年启动了首批人民币存款业务，成为文莱首家开展人民币存款业务的银行，在全球金融危机大背景下，在文莱开展人民币业务前景广阔。

中国银行作为走出去的商业银行，充分利用网点布局的优势，积极为企业境外投资畅通渠道，为企业开展人民币境外投资提供优质的金融服务。2016 年，中国银行（香港）文莱分行隆重开业，中国银行（香港）文莱分行作为在文莱成立的第一家中资银行，为文莱企业和在文莱的中国企业提供优质的金融服务，助力中文经贸合作的进一步发展。2016 年，中国银行广西分行联动中国银行（香港）、中国银行（香港）文莱分行为广西企业办理了首笔汇往文莱的人民币境外直接投资业务，该业务不仅是该行汇往文莱的首笔人民币境外直接投资业务，也是广西汇往文莱的首笔跨境人民币境外直接投资业务，开启了人民币在文莱的海外投资业务。文莱作为一个只有 40 多万人口的小国，近年来重视和加强与中国在经贸领域的合作，积极推进中国（广西）—文莱经济走廊建设，不断拓展双向投资业务，必将有利于推动人民币的跨境使用，使人民币的跨境使用空间不断拓展。

二、文莱人民币需求分析

自"一带一路"倡议提出以来，文莱积极响应并积极参与到"一带一路"建设中来，随着双方合作的日益紧密，人民币在文莱的影响力也日益提升。从双边进出口贸易、直接投资以及旅游消费等领域的合作发展来看，近年来呈逐年增长之势，这必将增加对人民币的需求，促进人民币的跨境使用。

（一）进出口贸易促进人民币跨境使用

根据《中国—东盟统计年鉴（2018）》的统计数据，从 2013—2017 年的中国内地与文莱的进出口数据来看，2013 年 5.6486 亿美元，2014 年 3.567 亿美元，2015 年 3.7734 亿美元，2016 年 3.4846 亿美元，2017 年 9.1149 亿美元。（见表 2-5、表 2-6）。文莱主要出口商品是原油和天然气。

主要进口商品是机械及交通设备、食品、工业制成品和化工制品等。日益扩大的进出口贸易规模，将有利于推动人民币的贸易结算，促进人民币的跨境使用。

表 2-5　文莱 2013—2017 年出口排名前十位的国家（地区）①

单位：百万美元

2013		2014		2015		2016		2017	
国家（地区）	出口	国家（地区）	出口	国家（地区）	出口	国家（地区）	出口	国家（地区）	出口
日本	4553.38	日本	4206.40	日本	2312.05	日本	1748.34	日本	1635.43
韩国	1867.07	韩国	1156.56	韩国	994.34	韩国	680.86	韩国	791.84
印度	865.73	印度	960.87	印度	576.09	印度	456.43	马来西亚	627.60
澳大利亚	837.51	澳大利亚	824.90	泰国	549.34	泰国	436.72	印度	546.62
越南	602.30	印度尼西亚	639.54	中国台湾	437.09	澳大利亚	232.01	泰国	613.43
印度尼西亚	537.27	中国台湾	582.33	新西兰	332.37	新加坡	325.00	新加坡	426.88
新加坡	501.12	泰国	549.72	马来西亚	294.04	马来西亚	278.22	中国	269.96
泰国	481.22	马来西亚	371.85	新加坡	222.46	中国	227.71	中国台湾	206.38
马来西亚	448.15	新西兰	366.74	澳大利亚	222.15	新西兰	152.99	澳大利亚	152.78
中国	158.11	新加坡	343.89	印度尼西亚	102.77	中国台湾	134.72	新西兰	123.43
其他	594.80	其他	578.31	其他	318.45	其他	247.26	其他	193.75
总计	11446.66	总计	10581.11	总计	6361.15	总计	4920.26	总计	5588.10

---

① 国家统计局国际统计信息中心、广西壮族自治区统计局、国家统计局广西调查总队：《中国—东盟统计年鉴（2018）》，中国统计出版社 2018 年版，第 160 页。

表 2-6　文莱 2013—2017 年进口排名前十位的国家（地区）①

单位：百万美元

2013		2014		2015		2016		2017	
国家（地区）	进口	国家（地区）	进口	国家（地区）	进口	国家（地区）	进口	国家（地区）	进口
马来西亚	792.94	马来西亚	738.64	马来西亚	689.93	马来西亚	562.97	中国	641.53
新加坡	690.44	新加坡	733.44	新加坡	459.39	新加坡	512.27	新加坡	569.38
美国	431.94	中国	356.70	中国	377.34	中国	348.46	马来西亚	562.14
中国	406.75	美国	323.69	美国	344.66	美国	309.04	美国	291.77
日本	209.22	韩国	311.87	韩国	301.91	日本	114.58	德国	171.73
泰国	180.67	泰国	161.34	日本	245.12	泰国	102.88	英国	131.89
印度尼西亚	153.54	德国	154.72	泰国	125.61	韩国	96.34	日本	120.48
德国	124.67	日本	144.53	德国	113.10	英国	86.25	泰国	95.09
韩国	124.52	印度尼西亚	104.09	印度尼西亚	88.64	印度尼西亚	83.15	韩国	84.39
英国	73.14	英国	85.91	英国	85.90	德国	77.07	印度	50.46
其他	428.66	其他	472.64	其他	414.78	其他	380.14	其他	365.80
总计	3616.49	总计	3587.57	总计	3246.38	总计	2673.15	总计	3084.66

（二）直接投资促进人民币跨境使用

文莱位于加里曼丹岛西北部，北临南中国海，面积 5765 平方公里，由 33 个岛屿组成，海岸线长 162 公里。东、南、西三面与马来西亚的沙捞越州接壤，并被沙捞越州分隔成互不相连的东、西两部分。2017 年全国人口 42.13 万人。2017 年，文莱实现 GDP167.48 亿美元，GDP 增速为 1.3%。其中农业、工业和服务业占其国内生产总值的比重分别为 1.1%、58.7% 和 40.2%。石油和天然气是文莱的经济支柱。

为鼓励更多的外资进入，文莱政府在国内划出了 10 个工业区供外国投

---

① 国家统计局国际统计信息中心、广西壮族自治区统计局、国家统计局广西调查总队：《中国—东盟统计年鉴（2018）》，中国统计出版社 2018 年版，第 161 页。

资者投资，并为外国投资者提供价格低廉的土地，这些工业区的基础设施一应俱全，投资企业只要建造好厂房，就可以开业经营。为大力发展经济多元化，文莱政府宣布建设占地 500 公顷的农业科技园（BATP）。该科技园位于加东东固区（Kg Tungku, Gadong），发展农林渔业产品加工、农产品物流及生物制药等行业，主要通过建立科研、加工和物流产业推动文莱清真产业和旅游业发展，总产值有望达到 27 亿文元（约合 22 亿美元），将创造 9000 个就业机会。该园区项目将帮助文莱发展水稻种植、畜牧业、农业食品和清真产业发展，2012 年，占地 50 公顷的该园第一期工程动工，工期为 30 个月。为鼓励外资，农业科技产业入驻文莱可享受一定年限免税优惠政策。

2014 年，文莱金融管理局与中国证监会签署了两国关于开展证券期货管理合作谅解备忘录，文莱金融机构可以向中国证监会申请合格境外机构投资者资格，并进入中国市场开展投资。截至 2014 年底，文莱吸收外资存量为 62.2 亿美元。其中英国资本居首位，其次是荷兰、日本、新西兰等。投资项目主要在石油勘探和开采、天然气液化工程及发电站等方面。在文莱投资的世界著名跨国公司包括壳牌公司、法国道达尔、日本三菱煤气、日本伊藤忠商社等。近年来，中国对文莱直接投资不断增加，截至 2014 年末，中国对文莱直接投资存量 6955 万美元。

2015 年 12 月 31 日，文莱通过 2035 宏愿理事会草拟的《文莱 2035 愿景框架》文件，"2035 年远景展望"提出提高经济水平，发展高效可持续的经济，使文莱人均收入进入世界前十名的目标，采取了加速拓展油气下游产业链，加大吸引外资的力度，重视基础设施建设和互联互通，大力发展旅游业，努力将文莱建成地区性国际金融中心，加大对农、林、渔业的投入等具体措施。

在"一带一路"建设中，包括文莱在内的中国东南周边国家是 21 世纪海上丝绸之路沿线上的重点国家。文莱参与"一带一路"建设，可以分享到中国发展繁荣带来的机遇红利。"一带一路"建设，将加快完善沿线的交通网，文莱从中可以获得更广阔的市场，获得更多的投资。为了摆脱经济上严重依赖石油、天然气出口的困局，文莱通过参与"一带一路"建设，能够更好提高经济竞争力和可持续发展能力。① 文莱正在积极寻求与中国加强港口合作，共建 21 世纪海上丝绸之路，促进海上互联互通，实现合作共赢。

目前，中文两国在投资方面相较于其他东盟国家来说，数量还较少，但在中国—东盟自由贸易区升级版及"一带一路"倡议的影响下，其今后发展合作的潜力很大。文莱是"一路"的重要节点和东盟东部地区次区域经济合作的跳板，中国与文莱的合作重点可以考虑以中国（广西）—文莱经济走廊为基础，拓展到东盟东部地区。以中国（广西）—文莱经济走廊为切入点，拓展中国与文莱各领域合作。首先，文莱目前亟须发展清真和物流产业，与中国合作前景看好。第二，双方应重点发展农渔业。推动文莱农渔业实现高度机械化生产，鼓励中资企业与文莱开展食品安全和农业合作。第三，积极发展中医药产业。鼓励中国中医药和相关中医药企业，加强与文莱开展推拿、正骨等中医项目以及治疗生育疾病的中药产品合作。第四，在促进进出口贸易的基础上，促进钦州港和大摩拉港的合作。通过直接投资带动人民币走出去，将极大地促进人民币的跨境使用。

（三）旅游消费促进人民币跨境使用

近年来，中国内地赴文莱旅游的人数日益增多，居各国赴文莱旅游人数的第 2 位。根据《中国—东盟统计年鉴（2018）》的数据分析，2013 年 3.048 万人，2014 年 2.647 万人，2015 年 3.689 万人，2016 年 4.084 万人，2017 年 5.239 万人。（见表 2-7）。日益增多的中国内地游客必将带动人民币走出去，促进人民币的跨境使用，从而刺激人民币的旅游消费需求。

---

① 黄瑛、罗传钰、黄琴：《文莱经济社会发展与"一带一路"建设互动分析》，《东南亚纵横》2015 年第 11 期，第 17 页。

表 2-7 文莱 2013—2017 年按来源国家（地区）分的入境游客（前十位）①

单位：千人

2013		2014		2015		2016		2017	
国家（地区）	入境游客	国家（地区）	入境游客	国家（地区）	入境游客	国家（地区）	入境游客	国家（地区）	入境游客
马来西亚	57.48	马来西亚	54.97	马来西亚	57.99	马来西亚	54.37	马来西亚	60.03
中国	30.48	中国	26.47	中国	36.89	中国	40.84	中国	52.39
菲律宾	18.87	菲律宾	18.57	菲律宾	17.92	印度尼西亚	20.84	菲律宾	23.16
印度尼西亚	18.11	新加坡	16.48	印度尼西亚	17.15	菲律宾	17.06	印度尼西亚	22.42
新加坡	17.82	印度尼西亚	15.38	新加坡	16.23	新加坡	14.47	新加坡	14.92
澳大利亚	13.82	英国	10.50	英国	11.13	英国	10.36	英国	12.09
英国	12.16	澳大利亚	9.97	澳大利亚	9.97	印度	7.19	韩国	8.71
印度	6.28	印度	6.05	印度	6.38	澳大利亚	6.67	印度	8.69
泰国	6.06	泰国	5.53	泰国	5.83	泰国	6.30	澳大利亚	8.60
日本	5.75	日本	4.67	日本	4.34	日本	4.47	泰国	6.30
其他	38.08	其他	32.41	其他	34.39	其他	36.22	其他	41.65
总计	224.90	总计	200.99	总计	218.21	总计	218.81	总计	258.96

第三节 马来西亚人民币流通与需求

马来西亚是"一带一路"的陆海双重节点，马来西亚被南中国海分隔成东、西两部分。西马与泰国接壤，东马位于加里曼丹岛北部，与印度尼西亚、菲律宾、文莱相邻。南与新加坡隔柔佛海峡相望，东临南中国海，西濒马六甲海峡。截至 2017 年中，人口为 3202.3 万人。中马两国在各领域的合作不断拓展和深化，中马"两国双园"合作已经成为两国合作的重点和旗舰项目，已呈现出广阔前景。在货币金融领域的合作不断加强，马来西亚对加

① 国家统计局国际统计信息中心、广西壮族自治区统计局、国家统计局广西调查总队：《中国—东盟统计年鉴（2018）》，中国统计出版社 2018 年版，第 163 页。

强与中国的货币金融合作高度重视，不断探索实践，并取得了许多重要成果。未来双方必将在该领域进一步加强合作，拓展人民币在马来西亚的使用广度和深度，为人民币走出去创造更加有利条件。

一、马来西亚人民币流通考察

历次金融危机的影响，都使马来西亚的经济形势黯然失色，却令人民币大放异彩，使人民币在马来西亚的影响力不断上升。据媒体报道，金融危机使人民币越来越受到人们的欢迎，马来西亚通过各种渠道，表达了希望中国在金融危机中予以援助的愿望。

在历次金融危机的冲击下，马来西亚将投资目标放在了人民币投资上，增加了人民币的储备量。2009 年 6 月 22 日，《华尔街日报》在报道中称，马来西亚央行准备将人民币资产纳入外汇储备。报道指出中国证监会已批准马来西亚中央银行成为合格境外机构投资者，马来西亚中央银行可以投资于中国交易所买卖的股票和债券，QFII 限额的批准使中马两国中央银行加强了合作，加强本币而非美元的贸易和投资，双方签订了货币互换协议，约定互换规模为 800 亿元人民币/400 亿林吉特。货币互换协议的全面实施，将增加人民币在马来西亚与林吉特在中国的使用。马来西亚中央银行行长泽提（Zeti Akhtar Aziz）表示货币互换协议有利于促进两国的贸易和投资。负责马来西亚和新加坡业务的花旗集团（Citigroup）经济学家 Kitwei Zheng 表示货币互换意味着马来西亚中央银行的储备中有人民币，可能是现金，或其他流动性很强的资产。①

马来西亚是中国在东盟的最大贸易伙伴，两国发展人民币贸易结算的业务潜力很大。2011 年，马来西亚国家银行（中央银行）委任其独资子公司马来西亚电子清算机构私人有限公司和马来西亚中国银行共同开发人民币清

---

① 中国驻马来西亚使馆经商处：《中国工商银行与马来西亚银行签订人民币贸易结算协议》，《国际商报》2011 年 1 月 29 日。

算系统，此项清算服务由马来西亚电子清算机构私人有限公司运作，马来西亚中国银行是马来西亚境内人民币清算行。截至 2012 年 5 月，有 11 家马来西亚金融机构加入了马来西亚电子清算机构设立的人民币清算服务系统。中马两国贸易商可以用人民币作为贸易结算货币。2011 年，中国工商银行马来西亚有限公司和马来西亚的丰隆银行、兴业银行签署了人民币贸易结算账户协议。① 中国工商银行及其马来西亚合作伙伴向马来西亚企业和商界人士推出了全方位的人民币跨境贸易清算产品和服务，业务范围包括付款/汇款交易、银行保函和信用证、进出口单据托收等，这极大便利了人民币交易业务的发展，有利于提高人民币跨境使用的便利化水平，促进人民币的跨境使用。

二、马来西亚人民币需求分析

近年来，马来西亚重视和加强与中国在各领域的合作，中国已经成为马来西亚最大的贸易伙伴和最大旅游客源国，也是马来西亚重要的投资来源国，随着双方合作的日益紧密，对人民币的需求会越来越大。

（一）进出口贸易促进人民币跨境使用

马来西亚属于出口导向型经济，多年来对外贸易一直保持顺差。2014年，马来西亚进出口贸易总额为 4427.8 亿美元，创历史新高。2015 年，马来西亚的货物进出口规模为 3759.4 亿美元，比上年同期下降了 15.2%。其中，出口规模为 1999.6 亿美元，同期下降了 14.6%；进口规模为 1759.8 亿美元，同期下降了 15.8%。进出口相抵，贸易顺差 239.8 亿美元，同期增长 6.4%。②

① 韦朝晖：《马来西亚 2011—2012 年回顾与展望》，《东南亚纵横》2012 年第 3 期，第 28 页。
② 韦朝晖：《马来西亚 2015 年回顾与 2016 年展望》，《东南亚纵横》2016 年第 6 期，第 8 页。

中国已经成为马来西亚第一大贸易伙伴、第一大进口来源地和第二大出口目的地。马来西亚还是中国在全球的第六大贸易伙伴国。根据《中国—东盟统计年鉴（2018）》数据分析，以 2006—2017 年中国内地与马来西亚的数据为例，2006 年 371.1 亿美元，2007 年 463.9 亿美元，2008 年 535.6 亿美元，2009 年 519.7 亿美元，2010 年 742.5 亿美元，2011 年 900.3 亿美元，2012 年 948.3 亿美元，2013 年 1060.8 亿美元，2014 年 1020.2 亿美元，2015 年 972.9 亿美元，2016 年 868.7 亿美元，2017 年 960.2 亿美元。[①] 2006—2008 年是增长的，2010—2013 年是增长的，2014—2016 年逐年下降。但总体上来讲，贸易规模均比其他东盟国家高，充分说明中国内地与马来西亚的经贸合作前景较好，这必将有力地促进人民币的跨境结算，带动人民币走出去。

（二）直接投资促进人民币跨境使用

2015 年，马来西亚已经从一个农业导向型经济体转型成为一个以制造业和服务业为主的经济体，成为东南亚区域经济增长最快的国家之一。统计资料显示，马来西亚人均国内生产总值已从 2009 年的 7590 美元增长至 2014 年的 10802.9 美元，每年平均增长 8.27%。2015 年全年国内生产总值达 2964.3 亿美元，经济增长率为 5%；2016 年国内生产总值 2965.4 亿美元，经济增长率为 4.2%；2017 年国内生产总值 3145.0 亿美元，经济增长率为 5.9%。[②]

制造业作为马来西亚重要的支柱产业之一，占马来西亚国内生产总值的 1/3，占马来西亚出口总额的 3/4 以上，占马来西亚国内总就业的 30% 左右。制造业已经成为马来西亚最重要的经济部门之一。马来西亚政府鼓励以本国原料为主的加工工业发展。重点发展汽车制造、电子、石油化工、钢铁和纺

---

① 国家统计局国际统计信息中心、广西壮族自治区统计局、国家统计局广西调查总队：《中国—东盟统计年鉴（2018）》，中国统计出版社 2018 年版，第 60—61 页。

② 国家统计局国际统计信息中心、广西壮族自治区统计局、国家统计局广西调查总队：《中国—东盟统计年鉴（2018）》，中国统计出版社 2018 年版，第 29—30 页。

织业等。近年来，马来西亚政府一直致力于经济改革，将经济发展重心从制造业转移到服务业，促进产业结构升级。经过多年积累，马来西亚服务业比重不断上升，为全国经济贡献了 55% 的国内生产总值，预计到 2020 年，服务业将贡献 60% 的国内生产总值。

2006 年，马来西亚政府为了平衡区域经济发展，推动自由贸易，促进外商投资和经济发展，在"大马第九计划中"宣布设立五个区域经济发展走廊。根据各区域的产业与自然条件的不同情况，制定不同的发展策略，提供劳动力、土地、资本等优惠政策，吸引外商投资重点产业。这五大城市及区域经济走廊分别为：马来西亚半岛上的柔佛（Johor Bahru）与依斯干达（IM）、乔治城（Georgetown）与北部经济走廊（NCER）、关丹（Kuantan）与东海岸经济区（ECER），以及在婆罗洲岛的古晋（Kuching）与沙捞越再生能源走廊（SCORE）和沙巴发展走廊（SDC）。东海岸走廊经济特区横跨彭亨、登嘉楼、吉兰丹三州和柔佛州的丰盛港，占地面积约 6.7 万平方公里。主要发展项目为旅游、石化油气、农业、教育及制造业。中国与马来西亚合作开发的关丹工业园区，对促进两国间的贸易与经济合作发挥了旗舰作用。

根据《中国—东盟统计年鉴（2018）》的数据分析，以 2007—2016 年的数据为例，从投资国别来看，马来西亚主要的外资来源地是日本、美国、欧盟、韩国，但是从 2016 年的数据来看，中国成为马来西亚最大的外资来源国，直接投资额达 14.15 亿美元。（见表 2-8）。中国对马来西亚投资的日益增多，有利于带动人民币走出去，从而更好地促进人民币的跨境需求和境外使用。

表 2-8　马来西亚 2007—2016 年按来源国和地区分的外商直接投资①

单位：百万美元

来源国家和地区	2007	2008	2009	2010	2011	2012	2013	2014	2015	2016
澳大利亚	89	98	182	7	158	539	122	-127	-159	-134
加拿大	66	3	44	-2	7	24	39	83	60	-6
中国	70	57	-121	-6	-15	34	94	302	324	1415
欧盟 28 国	1721	1017	2396	1980	2587	1522	1736	2984	1377	1408
印度	6	-71	108	41	-61	-23	-27	7	-12	-56
日本	873	542	163	909	3154	1887	2570	670	2539	862
韩国	61	16	108	1461	142	-58	-165	-254	152	359
新西兰	0	-23	-24	7	58	97	131	220	45	-1
俄罗斯	1	5	-3	-7	-4	44	9	-23	-24	-5
美国	808	1297	-2278	2492	1172	-671	187	-520	1491	1191
总计	8538	7248	1405	9156	12001	9400	12107	10875	10180	11329

马来西亚加入 TPP 对其强化与 TPP 成员国的战略和经贸关系，拓展全球市场，吸引外国投资，提升马来西亚整体竞争力，并获得企业界的支持具有重要作用。具体影响如下：（1）有助于马来西亚开拓市场；（2）有助于马来西亚吸引外资；（3）也面临多项挑战。

未来中国对马来西亚的投资应以中马"钦州产业园"和马中"关丹产业园"的建设为契机，积极宣传双方投资优惠政策，推动中马企业进行相互投资，特别是吸引更多中国企业到马来西亚投资兴业，将马来西亚打造成为中国企业辐射东盟、走向世界的首选目的地之一。目前，由广西北部湾国际港务集团投资年产 350 万吨的钢铁厂项目已经在园区内动工建设。2015 年，中马双方在吉隆坡召开"两国双园"理事会第 2 次会议，共同为"两国双

---

① 国家统计局国际统计信息中心、广西壮族自治区统计局、国家统计局广西调查总队：《中国—东盟统计年鉴（2018）》，中国统计出版社 2018 年版，第 209 页。

园"特别是关丹产业园的发展明确方向。在吉隆坡设立人民币清算行，扩大了人民币与林吉特的互换规模和范围，跨境贸易人民币结算业务得到拓展，贸易和投资的汇率风险和结算成本进一步降低。进一步完善了中马双边金融合作机制，同时两国在亚洲基础设施投资银行建设中的协调，也为马来西亚及东盟各国的互联互通提供了融资平台。

中国已经与马来西亚建设了"两国双园"并可以全天候的开展合作。这样可以比较周全地考虑中国相关产业转移出去的整体布局。只要是成员国之间的原料和产品是可以相互累计的。这样生产出来的产品一样可以享受出口到美国的零关税待遇。以纺织品为例，可以将一部分前期的纺织和印染放到马来西亚，这部分可以通过自动化取代人工来降低成本，同时可以利用越南劳动力红利把制衣等后工序放到越南，到越南投资还可以多利用香港的优势，到香港成立相关公司，然后以香港公司的名义到越南办香港工业园区。这样可以避免全是中国企业的工业园区，这样可以规避风险，也可以较好地带动人民币境外投资，从而刺激对人民币的境外需求增加，促进人民币的跨境使用。

（三）旅游消费促进人民币跨境使用

旅游业是马来西亚的第三大经济支柱，第二大外汇收入来源。2011 年，中马正式签署互认马中高等教育机构学位及学历架构协议，进一步推动了两国间高等教育的交流与合作。根据《中国—东盟统计年鉴（2018）》的数据分析，2007—2015 年期间，中国内地赴马来西亚旅游的人数一直居第 1位。其中，2007 年 68.9 万人，2008 年 94.4 万人，2009 年 102 万人，2010年 113 万人，2011 年 125.1 万人，2012 年 155.9 万人，2013 年 179.1 万人，2014 年 161.3 万人，2015 年 167.7 万人。（见表 2-9）。中国内地赴马来西亚旅游人数虽然有波动，但是总体呈递增趋势。中国是马来西亚最大的旅游客源国，由于赴马来西亚旅游人数的增长，旅游购物消费也呈增多趋势，这必将刺激人民币的旅游消费需求，从而带动人民币走出去。

表 2-9 马来西亚 2007—2015 年按来源国家和地区分的入境游客①

单位：千人

来源国家和地区	2007	2008	2009	2010	2011	2012	2013	2014	2015
韩国	225	267	227	264	263	284	275	386	421
中国台湾	201	191	198	211	234	243	286	275	283
中国	689	944	1020	1130	1251	1559	1791	1613	1677
印度	422	551	590	691	693	691	651	770	722
日本	368	433	396	416	387	470	513	553	484
德国	79	112	128	131	125	131	137	158	145
英国	276	371	435	430	404	402	413	446	401
加拿大	47	78	88	92	86	87	89	93	80
美国	205	223	229	233	217	240	247	262	238
澳大利亚	320	427	533	581	558	508	526	571	487
总计	20236	22052	23646	24577	24714	25033	25716	27437	25721

第四节 印度尼西亚人民币流通与需求

印度尼西亚是东南亚国家中人口最多的经济体，经济发展可观，是东盟总部所在地，正在实施全球海洋支点战略，21 世纪海上丝绸之路可与其海洋支点战略进行对接，经济合作潜力大。在"五通"建设中可以发挥重要作用，畅通资金融通渠道，拓宽人民币与卢比的直接兑换渠道，扩大人民币的使用空间范围，为人民币走出去创造有利条件。

---

① 国家统计局国际统计信息中心、广西壮族自治区统计局、国家统计局广西调查总队：《中国—东盟统计年鉴（2018）》，中国统计出版社 2018 年版，第 210 页。

一、印度尼西亚人民币流通考察

在印度尼西亚使用人民币已经成为一种时尚。据课题组对印度尼西亚的实地考察发现，目前印度尼西亚人特别是华人大多都有收集人民币的习惯。平时在家里都会存放一些人民币现金，以备到中国旅游之用。印度尼西亚华人普遍看好人民币，认为人民币已经是一种硬通货。在华人圈里，都有在新年给亲戚发红包的习惯，过去是用美元发红包，现在大多都用人民币发红包，已经成为华人圈的一种时尚。虽然人民币还没有在印度尼西亚广泛使用。但是，印度尼西亚市场对人民币的需求还是很大的。在雅加达等城市的很多外汇兑换店都可以换到人民币。主要原因是人民币汇率稳定，特别是人民币对印尼卢比的汇率是稳中有升，而美元汇率波动无常。甚至有一些华人开的公司发放人民币工资。

两国中央银行之间的合作为人民币的跨境使用创造了有利条件。早在2009年3月，两国的中央银行就签署了人民币1000亿元的货币互换协议，这为两国直接开展人民币贸易结算奠定了基础。据业界人士反映，跨境贸易结算中使用人民币结算有利于促进双边贸易的发展。随着人民币跨境结算试点范围的不断扩大，在双边贸易中使用人民币结算也越来越频繁，这为两国贸易商减少了对美元作为单一国际结算货币的依赖，也减少了货币兑换的交易成本，有利于降低进出口商的汇率变动风险。

中资金融机构开通了人民币的结算业务，为企业提供了便利化服务。随着印度尼西亚对人民币需求的增大，中资金融机构开通了人民币在印度尼西亚的结算业务。2009年7月6日，中国工商银行（印尼）有限公司为中国客户开出了第一笔人民币信用证，标志着印度尼西亚市场首单人民币贸易结算业务的实现，也意味着人民币作为贸易结算货币正式进入了印度尼西亚市场，也标志着中国工商银行的跨境贸易人民币结算业务正式在印度尼西亚市场启动。①

人民币正式进入印度尼西亚市场，广受出口商的青睐。印度尼西亚企业通过人民币结算方式，可以便捷地从中国进口产品，人民币结算大大降低了出口收汇中的风险管理成本，同时人民币成为贸易结算货币必然对双方贸易有很大的推动作用。②

据课题组对印度尼西亚的实地考察，在巴厘岛等旅游胜地，有一些小商贩专门囤积人民币，他们与各处的货币兑换店都有联系，并主动到各兑换点收购人民币。在印度尼西亚的许多货币兑换店，都可以直接自由兑换人民币，兑换量远超日元，由此可见人民币的受欢迎程度。

随着中国与印度尼西亚金融合作的深化，人民币在印度尼西亚的需求将会越来越大，人民币必将成为印度尼西亚的主要储备货币。

二、印度尼西亚人民币需求分析

近年来，中国与印度尼西亚的经贸合作不断加强，中国已经成为印度尼西亚的最大贸易伙伴，也是印度尼西亚的重要投资来源国和重要的旅游客源国。通过扩大进出口贸易、直接投资和旅游消费，有利于刺激对人民币的需求，带动人民币走出去。

（一）进出口贸易发展促进人民币跨境使用

印度尼西亚位于亚洲东南部太平洋和印度洋之间，横跨赤道，由 1.75 万个大小岛屿组成。截至 2016 年末，人口 2.5871 亿人，约 50% 的人口居住在爪哇岛。印尼矿产资源非常丰富，主要有天然气、石油、煤、铝矾土、锡、铜、镍、金、锰、银等。石油、锡在世界上占有重要地位。农业总产量

---

① 赵金川：《中国工商银行成功办理印尼首单人民币贸易结算业务》，《国际商报》2009年7月14日。

② 赵金川：《中国工商银行成功办理印尼首单人民币贸易结算业务》，《国际商报》2009年7月14日。

约占全国 GDP 的 16%左右，农产品出口额约占全国出口总额的 5%。工业部门主要有采矿业、原料加工业、纺织业、食品和轻工业、木材加工业、电子、汽车和装配制造业等。印度尼西亚为世界最大的天然气输出国，已探明天然气储量约 73 万亿立方米。

印度尼西亚虽然遭受了 2008 年国际金融危机的冲击。但是，印度尼西亚经济保持了较高的增长率。2014 年的名义 GDP 为 8350 亿美元，2015 年全年 GDP 增长率为 4.79%，2016 年 GDP 增长率也在 5%左右。2011 年，印度尼西亚政府推出了加速与扩大经济建设总规划，在基础设施、能源和旅游等方面已取得初步成效，希望新当选总统继续实施这一规划。佐科于 2014 年 11 月份在东亚峰会上提出的全球海洋支点愿景，宣布未来五年印度尼西亚计划新建、改建各类公路、铁路 8600 公里，兴建大坝 49 座，兴建 35000 兆瓦的发电站，建设港口 24 个。印度尼西亚官方测算显示，所需资金达到 4590 亿美元。根据印度尼西亚《2015—2019 年中期建设发展规划》框架，主要在以下四个方面加强规划建设。一是提高印度尼西亚人力资源素质和社会生产力，这是印度尼西亚经济发展的首要目标；二是创造繁荣，提高社会福利，避免财富两极分化；三是政府将更加关注中下层民众生活以及生产力水平；四是保持经济与生态环境的可持续发展。根据印度尼西亚政府《2015—2019 年中期建设发展规划》，5 年内印度尼西亚计划建设公路 2650 公里、高速公路 1000 公里、铁路 3258 公里、24 个大型港口、60 个轮渡码头、15 个现代化机场、14 个工业园区、49 个大坝、3500 万千瓦电站、约 100 万公顷农田灌溉系统，所需资金约 4245 亿美元。

对外贸易在印度尼西亚国民经济中占有重要地位。对外贸易总额相当于其国民生产总值的 40%左右。石油和天然气是其传统的主要出口商品。近年来，印度尼西亚政府采取简化出口手续、降低关税等一系列措施鼓励和推动非油气产品出口。根据《中国—东盟统计年鉴（2018）》的数据分析，中国内地与印度尼西亚的进出口贸易额为：2013 年 524.51 亿美元，2014 年 482.302 亿美元，2015 年 444.567 亿美元，2016 年 475.913 亿美元。（见表 2

-10、表2-11）。从近年来中国内地与印度尼西亚的贸易额来看，虽然有所波动，但规模还是相当可观的，是印度尼西亚的第一大贸易伙伴。2015年3月27日，中国外交部网站公布了中国和印度尼西亚关于加强两国全面战略伙伴关系的联合声明，双方希望扩大货币互换规模，共同促进双方贸易发展，使两国贸易在2020年达到1500亿美元的目标。因此，双方进出口贸易的稳步发展有利于促进人民币的跨境使用，刺激人民币的跨境贸易结算使用需求。

表2-10　印度尼西亚2013—2016年出口排名前十位的国家和地区①

单位：百万美元

2013		2014		2015		2016	
国家（地区）	出口	国家（地区）	出口	国家（地区）	出口	国家（地区）	出口
日本	27086.3	日本	23117.5	日本	18020.9	中国	16790.8
中国	22601.5	中国	17605.9	美国	16240.8	美国	16141.4
新加坡	16686.3	新加坡	16728.3	中国	15046.4	日本	16089.6
美国	15691.7	美国	16530.1	新加坡	12632.6	新加坡	11861.0
韩国	11422.5	韩国	10601.1	韩国	7664.4	马来西亚	7121.6
马来西亚	10666.6	马来西亚	9730.0	马来西亚	7630.9	韩国	7008.9
泰国	6061.9	中国台湾	6425.1	泰国	5507.3	泰国	5394.0
中国台湾	5862.4	泰国	5783.1	中国台湾	5043.5	菲律宾	5270.9
澳大利亚	4370.5	澳大利亚	4948.4	菲律宾	3921.7	中国台湾	3655.8
荷兰	4106.0	荷兰	3984.6	澳大利亚	3702.3	荷兰	3254.9
其他	57996.1	其他	60525.9	其他	54955.5	其他	52597.3
总计	182551.8	总计	175980.0	总计	150366.3	总计	145186.2

① 国家统计局国际统计信息中心、广西壮族自治区统计局、国家统计局广西调查总队：《中国—东盟统计年鉴（2018）》，中国统计出版社2018年版，第184页。

表 2-11 印度尼西亚 2013—2016 年进口排名前十位的国家和地区①

单位：百万美元

2013		2014		2015		2016	
国家（地区）	进口	国家（地区）	进口	国家（地区）	进口	国家（地区）	进口
中国	29849.5	中国	30624.3	中国	29410.3	中国	30800.5
新加坡	25581.8	新加坡	25185.7	新加坡	18022.5	新加坡	14548.3
日本	19284.3	日本	17007.6	日本	13263.5	日本	12984.8
马来西亚	13322.5	韩国	11847.4	马来西亚	8530.7	泰国	8666.9
韩国	11592.6	马来西亚	10855.4	韩国	8427.2	美国	7298.4
泰国	10703.1	泰国	9781.1	泰国	8083.4	马来西亚	7200.9
美国	9065.7	美国	8170.1	美国	7593.2	韩国	6674.6
沙特阿拉伯	6526.4	沙特阿拉伯	6516.2	澳大利亚	4815.8	澳大利亚	5260.9
澳大利亚	5038.2	澳大利亚	5647.5	德国	3471.7	越南	3228.4
中国台湾	4480.3	德国	4091.2	沙特阿拉伯	3421.6	德国	3159.5
其他	51184.3	其他	48452.4	其他	37654.3	其他	35829.6
总计	186628.7	总计	178178.8	总计	142694.8	总计	135652.8

（二）直接投资促进人民币跨境使用

2007 年 8 月 20 日，印度尼西亚政府正式设立巴淡、宾丹和吉里汶 3 大自由港和自由贸易区。印度尼西亚集中精力开发建设 13 个工业园区。有 7 个工业园区位于印度尼西亚的东部地区。工业园区的建设均依托当地的资源优势，打造各具特色的上下游产业链，走可持续发展道路。截至 2014 年末，中国对印度尼西亚的直接投资存量达 67.94 亿美元。中国企业在印度尼西亚开展投资合作的项目越来越多，涉及领域比较广泛，其中有一些属于大型投资项目。2013 年 10 月 3 日，中国和印度尼西亚政府共同发布《中印尼全面

① 国家统计局国际统计信息中心、广西壮族自治区统计局、国家统计局广西调查总队：《中国—东盟统计年鉴（2018）》，中国统计出版社 2018 年版，第 185 页。

战略伙伴关系未来规划》。两国元首指示两国官员继续积极努力，到2015年要实现两国贸易额800亿美元的目标。两国政府更加重视实现强劲、平衡、可持续、稳步增长的贸易。两国政府高度认同加强工业合作的重要性和互利性。印度尼西亚政府支持中国企业在印度尼西亚建立印度尼西亚—中国综合产业园区。中国政府积极鼓励和支持中国企业积极参与印度尼西亚基础设施建设，特别是印度尼西亚《2011—2025年经济发展总体规划》包含的项目。寻求在印度尼西亚六大经济走廊框架下开展经济合作。印度尼西亚的六大经济走廊是指苏门答腊走廊（自然资源和能源）、加里曼丹走廊（矿业和能源）、爪哇走廊（服务业和工业）、苏拉威西走廊（农业、种植业、渔业和矿业）、巴厘—努沙登加拉走廊（旅游、食品和农业）、巴布亚—马鲁古走廊（食品、能源和矿业）。印度尼西亚政府欢迎和鼓励中国企业加大对印度尼西亚互联互通基础设施建设投资和贡献。如铁路、桥梁、高速公路、港口和机场。中国和印度尼西亚两国政府认为，有必要加强两国之间的互联互通，包括建立海上、航空和信息通讯直接联系。积极推动两国产业园区、港口和机场之间的合作。加强双边农业合作磋商，在粮食生产与加工、化肥和农产品互惠贸易、食品安全等领域开展务实全面的合作，保障粮食安全。充分发挥两国能源论坛作用，扩大在油气、电力和矿业等领域的合作，积极探讨新能源和可再生能源的合作机会。进一步加强在航行安全、海上安全、海洋科研与环保、海军合作、海上搜救、蓝色经济、渔业等领域的务实合作，加快推进中国—印度尼西亚海洋与气候中心等项目建设。①

　　2015年3月27日，中国和印度尼西亚发表关于加强两国全面战略伙伴关系的联合声明。双方把合作重点放在贸易、投资和经济发展等重点领域。双方认为要加强战略交流和政策沟通，充分发挥各自特有优势，加强海上基础设施互联互通。双方认为要深化产业投资和重大工程建设合作，积极推动海洋经济、海洋旅游和海洋文化合作，共同打造海洋发展伙伴。中国国家开

---

① 《中印尼全面战略伙伴关系未来规划》，《人民日报》2013年10月4日。

发银行与印度尼西亚国有企业部共同支持中国优质企业参与印度尼西亚国有企业合作。中国国家发展和改革委员会与印度尼西亚国有企业部共同支持中印尼基础设施与产能合作项目和中印尼雅加达—万隆高铁合作项目。2015年，佐科总统表示，印度尼西亚和中国地理相近，是亲密朋友。进入 21 世纪，国际政治经济格局发生显著变化，印度尼西亚和中国等发展中大国应在国际事务中发挥更大作用。印度尼西亚欢迎中国国有、民营企业参与印度尼西亚的基础设施建设和经济特区建设。①

中国·印度尼西亚经贸合作区是广西农垦集团有限责任公司于 2007 年 9 月投标获得的国家级项目，是我国商务部批准的 19 个境外经贸合作区之一。中国·印度尼西亚经贸合作区已经建成，2013 年报中国商务部正式验收。中国·印度尼西亚经贸合作区总体规划面积 200 公顷，分两期建设，总投资 6.5 亿元。

近年来，印度尼西亚吸引的外资规模越来越大。2014 年印度尼西亚吸引外资 292 亿美元，比上年增长 13.5%。2014 年印度尼西亚外国投资的前五大来源国为新加坡、日本、马来西亚、荷兰、英国，其中新加坡投资 58.32 亿美元，占外国投资总额的 20.4%；中国投资 8 亿美元（中方统计为 10.52 亿美元）排名第 7 位，占比 2.8%。印度尼西亚新政府希望在 2015—2019 年间吸引 3518.5 万亿盾（约合 2932.1 亿美元）外资，2016 年印度尼西亚吸引外资 594.8 万亿盾，2019 年达到 932.9 万亿盾，平均每年吸引外资增速达到 15.4%。印度尼西亚最大的投资来源国是日本、新加坡和美国，中国暂居第九位。未来双方应以中国·印度尼西亚经贸合作区等产业园区为切入点来深化双方的经贸合作，扩大人民币的投资规模，促进印度尼西亚经济发展。

（三）旅游消费促进人民币跨境使用

印度尼西亚欢迎中国旅游者到印度尼西亚访问交流，扩大社会文化领域

---

① 林梅：《印度尼西亚佐科政府的"全球海洋支点"战略及中国与印度尼西亚合作的新契机》，《东南亚纵横》2015 年第 9 期，第 38 页。

合作交流，表明两国各领域合作互补性强，具有广阔合作前景。

近年来，中国赴印度尼西亚旅游的人数日益增多。根据《中国—东盟统计年鉴（2018）》的数据分析，2013 年至 2017 年期间，中国内地赴印度尼西亚的旅游人数累计达到 663.33 万人。其中，2013 年为 80.74 万人，2014年为 92.68 万人，2015 年为 124.91 万人，2016 年为 155.68 万人，2017 年为 209.32 万人。（见表 2-12）。从中国内地赴印度尼西亚旅游人数的数据来看，呈逐年增多趋势，意味着携带的人民币出境量也日益增多，这必将有力地推动人民币走出去，满足游客的购物消费需求愿望。

表 2-12　印度尼西亚 2013—2017 年按来源国家和地区分的入境游客①

单位：千人

2013		2014		2015		2016		2017	
国家 （地区）	入境 游客	国家 （地区）	入境 游客	国家 （地区）	入境 游客	国家 （地区）	入境 游客	国家 （地区）	入境 游客
新加坡	1634.1	新加坡	1739.8	新加坡	1594.1	中国	1556.8	中国	2093.2
马来西亚	1431.0	马来西亚	1485.6	马来西亚	1431.7	马来西亚	1541.2	马来西亚	2121.9
澳大利亚	998.0	澳大利亚	1128.5	中国	1249.1	新加坡	1515.7	新加坡	1554.1
中国	807.4	中国	926.8	澳大利亚	1090.0	澳大利亚	1302.3	澳大利亚	1257.0
日本	491.6	日本	525.4	日本	528.6	日本	545，4	日本	573.3
韩国	343.6	韩国	370.1	韩国	375.6	印度	422.0	印度	537.0
菲律宾	246.5	菲律宾	253.2	印度	307.0	韩国	386.8	韩国	423.2
中国台湾	245.3	美国	251.4	英国	286.8	英国	352.0	英国	378.1
美国	234.1	英国	249.2	美国	269.1	美国	316.8	美国	344.8
英国	228.7	中国台湾	244.0	菲律宾	267.7	菲律宾	298.9	菲律宾	309.0
其他	2141.8	其他	2261.4	其他	2831.1	其他	3281.4	其他	4448.2
总计	8802.1	总计	9435.4	总计	10230.8	总计	11519.3	总计	14039.8

---

① 国家统计局国际统计信息中心、广西壮族自治区统计局、国家统计局广西调查总队：《中国—东盟统计年鉴（2018）》，中国统计出版社 2018 年版，第 186 页。

第五节　菲律宾人民币流通与需求

菲律宾位于亚洲东南部，由 7107 个大小岛屿组成，山地占国土面积的 73%，总面积约 29.97 万平方公里，截至 2017 年中其人口规模已达 1.04921 亿人，成为世界第 12 大人口大国，是世界上人口最稠密的国家之一。杜特尔特上台以来，重视改善中菲关系，不断推进与中国在各领域的合作，这有利于中菲开展货币合作，畅通资金融通渠道，促进双边贸易发展，扩大人民币的使用空间范围，促进人民币业务发展，为人民币的使用创造有利条件。

一、菲律宾人民币流通考察

菲律宾经历了历次金融危机后更热衷于使用人民币。近年来，随着中菲关系的改善，两国经贸往来迅速发展。两国央行间的合作不断取得新进展。早在 2003 年中国人民银行与菲律宾中央银行签订了货币互换协议。在 2006 年 11 月，菲律宾中央银行宣布，自 2006 年 12 月 1 日起，人民币纳入中央银行可自由兑换货币名单。2009 年中国银行马尼拉分行和菲律宾中央银行签订了人民币现钞买卖和转运协议。根据协议精神，中国银行在菲律宾可以开办人民币现钞买卖、存取款以及现钞调运业务，可以为当地商业银行以及非银行金融机构办理人民币账户开立、人民币存取款和人民币买卖等金融业务。菲律宾首都银行是第一家在国内开展人民币业务的银行，它为菲律宾客户提供人民币活期和定期存款业务服务，客户可以在该行开展人民币对美元和菲律宾比索的买卖业务。随着双方合作的深化，以及"一带一路"倡议的实施，人民币在菲律宾的使用将会进一步得到发展。

2018 年 10 月，菲律宾人民币交易商协会成立，人民币与菲律宾比索可实现直接兑换。菲律宾人民币交易商协会作为中国在境外成立的第一家人民币对当地货币交易的自律性金融组织，是由中国银行马尼拉分行发起并由菲律宾当地 13 家主流银行组成的自律性金融组织。菲律宾人民币交易商协会在菲律宾中央银行的指导和监督下，建设人民币与菲律宾比索的直接交易市场，实现人民币与比索的直接兑换，从而结束菲律宾外汇交易必须经美元中转的历史。人民币与比索的直接兑换，使中菲两国间的贸易与投资可以直接使用人民币进行计价交易，从而减少须经美元的交易兑换成本和外汇保值的成本，使流程更简便、成本更低廉。菲律宾人民币交易商协会通过菲律宾中央银行向中国人民银行申请设立菲律宾人民币清算行后，菲律宾本土银行通过这家清算行可以进入中国境内人民币市场，这大大有利于增加菲律宾境内的人民币流动性，广大的菲律宾工商企业和个人客户在中菲经贸投资往来中能够享受到更快捷的清算与结算服务。

2018 年 11 月，中菲两国中央银行签署了关于建立人民币清算安排的合作备忘录，并指定中国银行马尼拉分行为菲律宾人民币清算行，中国银行马尼拉分行致力于拓展人民币在菲律宾的使用，发行了菲律宾首张人民币比索双币借记卡，建立了菲律宾人民币清算系统，协助菲律宾政府在中国银行间市场发行熊猫债总价值为 39.6 亿美元。

二、菲律宾人民币需求分析

近年来，中菲关系表现出稳中向好的发展态势。特别在贸易领域的发展，菲律宾从中国的进口规模大于其向中国的出口规模，中国已经成为其最大贸易国。但是，在投资领域，中国在菲律宾的投资还相对较少。中国赴菲律宾的旅游人数还不如韩国和美国，但是呈逐年增长之势，有利于促进人民币的跨境使用。

（一）进出口贸易促进人民币跨境使用

近年来，菲律宾对外贸易发展势头很好，努力推动自由贸易发展，积极推动商签自由贸易协议。目前，菲律宾与日本签署了经济伙伴协议，这是双边协议性质。菲律宾还通过东盟签署了系列自由贸易协议，如东盟自贸区、中国与东盟、东盟与澳大利亚、新西兰、韩国与东盟、日本与东盟、东盟与印度等自贸协议。菲律宾还积极与欧洲自由贸易协会（EFTA）以及加拿大、智利等国或组织开展自由贸易谈判，并加入跨太平洋伙伴关系协议（TPP）、区域全面经济伙伴关系协定（RCEP）等。积极参与全球贸易发展，重视与中国改善关系，促进菲律宾与中国的贸易合作，积极推动菲律宾与中国各领域的合作，总体呈现良性发展。

据《中国—东盟统计年鉴（2018）》的有关数据分析，在2013—2017年期间，中国内地与菲律宾的进出口贸易虽然出现波动，但总体上保持不断增长趋势。具体来看，2013年为150.9755亿美元，2014年为183.372亿美元，2015年为176.4551亿美元，2016年为200.4389亿美元，2017年为215.6491亿美元。（见表2-13、表2-14）。从这些数据来看，中国内地与菲律宾的贸易额呈逐年增长之势。2017年中国内地应成为菲律宾最大的贸易伙伴。中菲贸易的稳步发展，有利于促进人民币的跨境使用，扩大人民币在贸易结算中的使用规模，刺激对人民币的需求。

表2-13　菲律宾2013—2017年出口排名前十位的国家和地区①

单位：百万美元

2013		2014		2015		2016		2017	
国家 （地区）	出口	国家 （地区）	出口	国家 （地区）	出口	国家 （地区）	出口	国家 （地区）	出口
日本	12048.50	日本	13901.35	日本	12300.52	日本	10699.89	日本	9541.76
美国	8324.00	美国	8660.78	美国	9022.51	美国	8142.25	美国	8484.21
中国	7025.22	中国	8467.44	中国香港	6390.93	中国香港	5996.37	中国香港	7845.57
中国香港	4541.47	中国香港	5511.73	中国	6174.78	中国	5765.46	中国	6385.32

---

① 国家统计局国际统计信息中心、广西壮族自治区统计局、国家统计局广西调查总队：《中国—东盟统计年鉴（2018）》，中国统计出版社2018年版，第231页。

续表

2013		2014		2015		2016		2017	
国家 （地区）	出口	国家 （地区）	出口	国家 （地区）	出口	国家 （地区）	出口	国家 （地区）	出口
新加坡	4142.00	新加坡	4451.15	新加坡	3800.88	新加坡	3538.05	新加坡	3522.33
韩国	3399.77	德国	2657.35	德国	2632.41	泰国	2012.46	泰国	2436.66
德国	2338.88	韩国	2560.59	韩国	2426.37	德国	2154.63	德国	2385.43
中国台湾	1983.30	中国台湾	2445.84	泰国	2329.89	荷兰	1596.29	荷兰	2255.07
泰国	1909.02	泰国	2353.10	中国台湾	2011.63	中国台湾	1929.45	中国台湾	2090.95
马来西亚	1375.00	马来西亚	1160.74	马来西亚	1204.12	韩国	1983.50	韩国	2357.65
其他	9611.00	其他	9931.56	其他	10533.20	其他	8622.73	其他	10794.12
总计	56698.16	总计	62101.62	总计	58827.54	总计	52441.07	总计	58099.08

表2-14　菲律宾2013—2017年进口排名前十位的国家和地区①

单位：百万美元

2013		2014		2015		2016		2017	
国家 （地区）	进口	国家 （地区）	进口	国家 （地区）	进口	国家 （地区）	进口	国家 （地区）	进口
中国	8072.33	中国	9869.76	中国	11470.73	中国	14278.43	中国	15179.59
美国	7019.91	美国	5738.34	美国	7468.02	日本	8935.75	日本	9728.99
日本	5224.45	日本	5252.18	日本	6368.50	韩国	4992.70	韩国	7137.32
中国台湾	4883.41	韩国	5083.13	中国台湾	5838.67	泰国	6033.31	泰国	6006.75
韩国	4821.73	新加坡	4591.93	新加坡	5005.45	美国	6821.66	美国	6389.96
新加坡	4235.57	中国台湾	4448.95	泰国	4944.18	新加坡	5059.23	新加坡	5004.23
泰国	3385.52	泰国	3481.41	韩国	4657.43	印度尼西亚	4077.16	印度尼西亚	5651.76
德国	2349.65	马来西亚	3131.19	马来西亚	3440.54	中国台湾	4831.27	中国台湾	4412.06
马来西亚	2295.99	德国	2717.51	德国	2600.52	马来西亚	3109.63	马来西亚	3283.80

① 国家统计局国际统计信息中心、广西壮族自治区统计局、国家统计局广西调查总队：《中国—东盟统计年鉴（2018）》，中国统计出版社2018年版，第232页。

续表

2013		2014		2015		2016		2017	
国家（地区）	进口	国家（地区）	进口	国家（地区）	进口	国家（地区）	进口	国家（地区）	进口
中国香港	1298.00	中国香港	1660.33	中国香港	1840.15	中国香港	2284.27	中国香港	2414.75
其他	18823.00	其他	19963.25	其他	17433.04	其他	16269.97	其他	18595.06
总计	62409.56	总计	65937.98	总计	71067.23	总计	76675.37	总计	83804.26

（二）直接投资促进人民币跨境使用

根据《中国—东盟统计年鉴（2018）》的数据分析，2013—2017 年期间，菲律宾批准的外商投资前十位国家和地区中，2014 年和 2017 年，中国内地分别名列第 6 位和第 9 位。其他年份没有进入前十位。其中，2014 年的投资额为 114.7639 亿比索，2017 年为 233.391 亿比索。（见表 2-15）。虽然只有 2014 年和 2017 年进入菲律宾投资前十位国家和地区行列。但是，随着中菲关系的改善，中国对菲律宾的投资将会不断增加，也将有利于促进人民币的境外投资，扩大人民币的境外投资规模，促进人民币的跨境使用。

表 2-15　2013—2017 年菲律宾批准外商投资排名前十位的国家和地区[①]

单位：百万比索

2013		2014		2015		2016		2017	
国家（地区）	批准外商投资	国家（地区）	批准外商投资	国家（地区）	批准外商投资	国家（地区）	批准外商投资	国家（地区）	批准外商投资
英属维尔京群岛	92780.88	日本	35659.88	荷兰	82726.60	荷兰	49445.88	日本	31989.79
美国	55343.62	荷兰	32784.05	日本	54711.14	澳大利亚	32439.84	中国台湾	10833.51
日本	44784.41	美国	17422.98	韩国	23165.60	美国	31427.76	新加坡	10155.76

① 国家统计局国际统计信息中心、广西壮族自治区统计局、国家统计局广西调查总队：《中国—东盟统计年鉴（2018）》，中国统计出版社 2018 年版，第 233 页。

2013		2014		2015		2016		2017	
国家（地区）	批准外商投资	国家（地区）	批准外商投资	国家（地区）	批准外商投资	国家（地区）	批准外商投资	国家（地区）	批准外商投资
荷兰	24807.72	开曼群岛	15444.82	美国	21740.55	日本	27058.72	荷兰	9636.86
新加坡	9242.07	新加坡	13944.81	新加坡	16817.17	新加坡	24056.03	美国	8741.05
韩国	8527.32	中国	11476.39	英属维尔京群岛	5625.65	韩国	16134.46	英国	4983.65
开曼群岛	7298.49	英属维尔京群岛	7328.26	中国台湾	5457.74	德国	4904.65	澳大利亚	3956.47
澳大利亚	4482.40	英国	7067.32	开曼群岛	4428.57	英国	4733.92	韩国	3370.83
中国台湾	3140.25	德国	6845.07	英国	4129.19	英属维尔京群岛	4520.59	中国	2333.91
德国	3046.28	韩国	4155.07	德国	3064.65	开曼群岛	3656.37	英属维尔京群岛	2074.80
其他	20560.13	其他	34814.42	其他	23348.82	其他	20660.38	其他	17668.85
总计	274013.56	总计	186943.11	总计	245215.70	总计	219038.60	总计	105745.45

（三）旅游消费促进人民币跨境使用

2016年10月，菲律宾总统杜特尔特对中国进行了上台以来的第一次国事访问。中菲在随后发表的联合声明中指出，双方将进一步丰富建立于相互尊重、真诚、平等和互惠互利原则基础上的双边关系，同意恢复两国外交磋商、领事磋商、经贸联委会、防务安全磋商、农业联委会、科技联委会对话机制以及其他双边对话机制。双方认为两国建交以来的关系发展顺利，在诸多合作领域取得显著进展，造福了两国和两国人民。双方重申了两国伙伴关系，以及争取有益于两国人民的可持续发展、包容性增长的共同愿望。双方将共同努力为两国关系注入新动力，为两国人民带来实实在在的好处。双方将携手努力共同推动致力于和平与发展的战略性合作关系健康稳定发展。双方表达了在教育、金融、海关、体育等其他领域签署合作协定的意愿。双方愿鼓励两国开展高级别政府团组、政党、立法机构、地方政府和民间组织的互访活动，增进沟通交流。杜特尔特的这次访问成果丰硕，两国签署了 13 项双边合作文件，涉及经贸、基础设施建设、海上合作、毒品打击以及民间交流等领域，两国友好关系得到全面恢复。

杜特尔特的这次访问具有重要意义，标志着两国关系发展将掀开新的一页。随着中菲关系的改善，近年来，中国内地赴菲律宾旅游的人数不断增多，不仅促进了双边的人文交流，而且也有利于促进人民币的跨境使用。据《中国—东盟统计年鉴（2018）》的有关数据分析，2013 年至 2017 年期间，中国内地赴菲律宾的旅游总人数达 295.625 万人次。其中，2013 年为 42.635 万人次，2014 年为 39.495 万人次，2015 年为 49.084 万人次，2016 年为 67.566 万人次，2017 年为 96.845 万人次。（见表 2-16）。中国是菲律宾的前四大出境旅游国。但是，2017 年中国超过了美国、日本，成为菲律宾第二大出境旅游国。充分说明随着中菲关系改善，中国赴菲律宾旅游人数将会日益增多，游客携带的人民币出境数额也日益增多，尤其是购物消费的数额在增多，这有力地带动人民币走出去，刺激人民币的境外消费需求。

表 2-16　菲律宾 2013—2017 年按来源国和地区分的入境游客前十位①

单位：千人

2013		2014		2015		2016		2017	
国家（地区）	入境游客	国家（地区）	入境游客	国家（地区）	入境游客	国家（地区）	入境游客	国家（地区）	入境游客
韩国	1165.79	韩国	1175.47	韩国	1339.68	韩国	1475.08	韩国	1607.82
美国	674.56	美国	722.75	美国	779.22	美国	869.46	中国	968.45
日本	433.71	日本	463.74	日本	495.66	中国	675.66	美国	957.81
中国	426.35	中国	394.95	中国	490.84	日本	535.24	日本	584.18
澳大利亚	213.02	澳大利亚	224.78	澳大利亚	241.19	澳大利亚	251.10	澳大利亚	259.43

---

①　国家统计局国际统计信息中心、广西壮族自治区统计局、国家统计局广西调查总队：《中国—东盟统计年鉴（2018）》，中国统计出版社 2018 年版，第 234 页。

2013		2014		2015		2016		2017	
国家 （地区）	入境 游客	国家 （地区）	入境 游客	国家 （地区）	入境 游客	国家 （地区）	入境 游客	国家 （地区）	入境 游客
新加坡	175.03	新加坡	179.10	新加坡	181.18	新加坡	176.06	新加坡	168.64
中国台湾	139.10	加拿大	143.90	中国台湾	177.67	中国台湾	229.30	中国台湾	236.78
加拿大	131.38	中国台湾	142.97	加拿大	156.36	加拿大	175.63	加拿大	200.64
中国香港	126.01	马来西亚	139.25	马来西亚	155.81	马来西亚	139.13	马来西亚	143.57
英国	122.76	英国	133.67	英国	154.59	英国	173.30	英国	182.71
其他	1073.60	其他	1162.79	其他	1188.48	其他	1267.05	其他	1310.89
总计	4681.31	总计	4883.37	总计	5360.68	总计	5967.01	总计	6620.91

第六节　越南人民币流通与需求

中越两国向来是友好邻邦，边境贸易更是历史悠久。1991 年中越关系正常化，两国经贸合作迅速发展。目前，银行边贸结算已经在广西与越南接壤的边境地区广泛存在。目前，中越边境上已经有 5 个国家一类口岸，7 个国家二类口岸，13 个边境贸易互市贸易区。在银行边贸结算中，中方银行的边贸结算 90% 以上用人民币进行结算，充分说明人民币在越南边境地区的受欢迎程度，双方在货币金融领域的合作具有广阔前景，应以沿边金融综合改革试验区和面向东盟的金融开放门户建设为抓手，夯实金融基础设施，营造人民币走出去的更加有利条件，不断扩大人民币的使用规模。

一、越南人民币流通考察

在越南的对外贸易结算中，人民币已经成为主要的结算货币之一。人民币在越南的使用，早期仅限于中越贸易边境口岸和边民互市点。随着边境贸易的发展，人民币在越南的使用规模和范围已经在不断扩大。

在越南，人民币的跨境流通使用大体上经历了三个发展阶段。1991 年至 1996 年为第一个阶段。两国的贸易以散落集市贸易为主。中越关系的正常化，促进了两国贸易的发展。为了促进两国边境贸易的繁荣发展，中国在广西边境一带逐步开放了 9 个贸易点，允许两国居民开展集市贸易。随着两国集市贸易的不断发展，两国居民的贸易也在向规模的小额贸易方向发展。1996 年至 2002 年为第二个阶段。1998 年中越两国签订了边贸协定，有效促进了边贸发展。边境贸易点发展到了几十个。贸易种类不断增多，贸易规模不断扩大。贸易结构也发生了较大的变化，从一开始的初级工业产品发展，到后来发展到了工业制成品和生产资料等，小额贸易稳步增长。2003 年至今为第三个阶段。从中国—东盟自由贸易区启动，到 2007 年越南加入世界贸易组织，这个时期的两国贸易以空前的速度发展。不仅贸易规模进一步扩大，而且以人民币作为结算货币，成为这一阶段的重要特点。95% 以上的双边贸易使用人民币结算。人民币在越南北部可自由兑换。越南国家银行已经开展人民币储蓄业务。2011 年中国与越南的贸易总额达到 402.0784 亿美元，其中人民币结算量大约有 2417.1727 亿元，大约占境外人民币结算总量的 14.9%。① 在中国—东盟自由贸易区框架下，中国与越南正式确立了人民币银行结算体系。

越南对人民币的跨境使用有较多限制。越南商业银行对人民币业务办理限制较多，银行体系吸收的人民币较少，越南银行间外汇市场尚未挂牌交易人民币，限制了人民币头寸在银行间的配置，越南商业银行提供人民币与越南盾兑换服务的能力有限，而民间性的人民币兑换越南盾的外汇市场交易非常活跃。此外，越南明令禁止使用支付宝和微信支付业务，这不利于人民币的便捷使用。目前，人民币在越南的使用主要集中在中越边境贸易结算中使用，以及人民币旅游消费。

---

① 庞羽君：《CAFTA 框架下人民币跨境流通研究》，天津财经大学，硕士学位论文，2013 年，第 21 页。

鉴于中越贸易规模的不断增大，以及人民币成为全球储备货币之一，越南中央银行于 2018 年 8 月 28 日宣布，从 2018 年 10 月 12 日开始，越南边境的谅山、河江、广宁、高平、莱州、老街和奠边 7 个省可以使用人民币进行贸易支付和结算，这标志着越南将人民币纳入了国际储备篮子。近年来中越边境贸易发展势头很好，人民币在越南北方 7 省与中国的边境贸易结算中被广泛使用。将人民币纳入越南贸易结算货币，这意味着越南北方 7 省对人民币有需求意愿，这有利于促进人民币的跨境使用，为人民币走出去创造了有利条件，有利于拓展人民币的跨境使用空间。

二、越南人民币需求分析

近年来，中国已经成为越南的第一大贸易国和第一大旅游客源国，也是越南的重要投资国。随着人民币国际地位的提升，以及人民币的币值稳定，人民币作为交易媒介、价值尺度、价值储藏功能的提升，人民币在贸易结算、对外投资和旅游消费中的跨境使用需求呈现出增长趋势。

（一）进出口贸易促进人民币跨境使用

2015 年，习近平总书记访问越南，双方发表的联合声明指出，要加强两国发展战略对接，推动"一带一路"倡议与"两廊一圈"构想对接，加强在建材、装备制造、辅助工业、可再生能源、电力等领域的产能合作，这为两国的经贸合作奠定了更加坚实的基础。

伴随着中国对越南的贸易发展，必将有力地促进人民币的跨境使用，刺激越南对人民币的需求。尤其是边境贸易发展极大地促进了人民币的跨境使用。广西和云南作为越南的接壤地区，边境贸易人民币业务规模往来一直在迅速扩大。由于人民币币值稳定，且在越南境内多个地区流通，包括首都河内都可以流通，携带出入境方便，加上越南美元储蓄较少，因此，一直以来在广西、云南对越南的贸易中，特别是边境贸易中人民币被广泛用作结算和计价货币。据中国人民银行南宁中心支行的调查数据分析，边境小额贸易中人民币计价结算达99%以上，边民互市贸易一直以人民币计价结算并通过现钞进行交易。2001年以来，广西以边境小额贸易方式开展与越南的边境小额贸易一直在持续增长。2012年这一类贸易数额已达83.48亿美元，年均增长率43.83%。到目前为止，使用人民币进行结算的边境贸易规模一直排在边境省区前列。

中国已经成为越南的第一大贸易伙伴。当前，中越两国经贸合作正在稳步发展。2017年，中国内地与越南双边进出口额936亿美元，同比增长130%。中国已经连续多年成为其第一大贸易伙伴，也是其第一大进口来源国（逆差最多）和第二大出口市场。据《中国—东盟统计年鉴（2018）》的数据分析，从2013—2017年进出口排名前十的国家来看，中国内地的排位总体靠前。从具体的出口贸易额来看，2013年131.777亿美元，2014年149.283亿美元，2015年165.677亿美元，2016年219.504亿美元，2017年354.627亿美元。从具体的进口贸易额来看，2013年368.865亿美元，2014年436.476亿美元，2015年494.58亿美元，2016年500.188亿美元，2017年582.286亿美元。规模庞大的贸易额有利于促进人民币的跨境使用，对推动人民币走出去较为有利。（见表2-17、表2-18）。

据对埃生国际投资有限公司的调查了解到，埃生国际投资有限公司在越南主要从事矿产资源开发贸易，对人民币在越南的使用感受很深。2002年的时候，在越南用人民币支付是不收的，只收美元；后来再去越南，发现越南有了人民币兑换点，可以直接兑换人民币；现在直接收人民币了。越南商人拿到人民币之后，或保有，或兑换。

2019年2月，中银香港胡志明市分行完成了一笔越南非边境地区跨境贸易的人民币结算业务。这笔人民币结算业务是在越南中央银行公布边贸外汇管理指引后，突破原有人民币结算限制后的首笔业务，意味着人民币在越南贸易结算的新突破。这笔款项的运作流程是这样的：中国银行广西壮族自治区分行与中银香港胡志明市分行联动，以人民币汇至中国银行广西壮族自治区分行东兴支行。据中国银行广西壮族自治区分行反映，2019年初，中银香港胡志明市分行得知越南当地非边境地区的一个进口企业有付货款至中国境内出口商的需求后，就与中国银行广西壮族自治区分行迅速联系。2019年1月，中银香港、中银香港胡志明市分行和中国银行广西壮族自治区分行组成了联合调研组进行实地调研，走访了中国人民银行南宁中心支行、中国东兴—越南芒街边境口岸区、越南农业及农村发展银行芒街分行和胡志明市分行客户，对业务落地的政策可行性进行实地调研。2019年2月，中国银行广西壮族自治区分行与中银香港、中银香港胡志明市分行密切配合促成了这笔业务。越南进口商通过中银香港胡志明市分行，将货款先付至越南农业及农村发展银行芒街分行，并兑换成人民币，再将人民币付至中国银行东兴支行，中国银行东兴支行再将该笔款项付至出口商收款行。在美元汇率波动频繁的背景下，通过越南盾与人民币的直接交易，为客户降低了汇率风险。该项业务的开展意味着人民币结算业务在越南得到了进一步推进，从而在广西搭建了中越本币出得去、留得住、回得来的闭环流通渠道。

　　近年来，随着越南的革新开放发展，越南已经迅速发展成为东南亚地区的新兴经济体之一。2018年，越南的名义GDP折合2238亿美元，在中国东南周边国家中已经排名第六位。进出口总额达4281亿美元，在中国东南周边国家中已经排名第三位。越南是一个实行外汇管制的国家，越南当局不允许企业与中国正常贸易使用人民币结算，只允许在与中国相邻的越南边境地区和口岸经济区的贸易结算中使用人民币，人民币在越南全境的使用还受到许多限制。但在河内以北的越南北方地区对人民币持欢迎态度。中国与越南北方4个省份接壤，沿边已经有3个国家重点开发开放试验区和4个跨境经济合作区（含申报），有多个口岸与越南相通，边境城市可以直接与越南北方城市合作，跨境合作具有广阔前景。为了进一步深化中越跨境合作，可以按照循序渐进的方式，不断深化跨境合作。第一步，中越边境各自建立自己的经济合作园区；第二步，中越双方在各自的经济合作区中间，划出一定区域构建跨境经济合作区，开展跨境合作；第三步，设立边境特区。目前越南芒街和中国东兴均属于边境经济特区，通过边境特区形式进一步深化合作；最后，在边境特区的基础上，促进中越边境城市之间的合作，如东兴和芒街的双城合作。采用这种合作模式，有利于提升双边的边境贸易合作向双边的城市合作迈进，更好地体现自由贸易区的全面经贸合作，包括货物贸易、服务贸易和投资合作。通过这种模式的合作，共同形成一个跨境合作平台，让自由贸易区机制得以充分发挥，更好地巧用原产地规则。该平台有利于两国企业相互投资和贸易发展。跨境合作对中方企业来说，可以按照前厂后供应链—运输链—前厂后家的运作模式。在越南边境设厂，产品可通过中方的港口运出，解决供应链的问题。中国方面可派更多的技术人员到越南的工厂开展服务。一个产业转移成功，巨大的物流将极大地提高北部湾港口的吞吐能力，对远洋班轮的挂港也非常有利。将双边边境合作层次提高到双边口岸重点城市的合作。这种优势是中国企业在其他国外投资无法比拟的。这样通过边境贸易的提升，可以促进人民币更大范围地使用，刺激人民币的境外需求，推动人民币走出去。

表 2-17　越南 2013—2017 年货物出口排名前十位的国家（地区）①

单位：百万美元

2013		2014		2015		2016		2017	
国家（地区）	出口	国家（地区）	出口	国家（地区）	出口	国家（地区）	出口	国家（地区）	出口
美国	23852.5	美国	28634.7	美国	33451.0	美国	38449.7	美国	41607.5
日本	13544.2	中国	14928.3	中国	16567.7	中国	21950.4	中国	35462.7
中国	13177.7	日本	14674.9	日本	14100.3	日本	14671.5	日本	16841.5
韩国	6682.9	韩国	7167.5	韩国	8915.4	韩国	11406.1	韩国	14822.9
马来西亚	4984.5	中国香港	5264.7	中国香港	6959.3	中国香港	6088.1	中国香港	7582.7
德国	4737.0	德国	5174.9	德国	5707.4	荷兰	6011.6	荷兰	7106.1

① 国家统计局国际统计信息中心、广西壮族自治区统计局、国家统计局广西调查总队：《中国—东盟统计年鉴（2018）》，中国统计出版社 2018 年版，第 268 页。

续表

2013		2014		2015		2016		2017	
国家（地区）	出口	国家（地区）	出口	国家（地区）	出口	国家（地区）	出口	国家（地区）	出口
阿拉伯联合酋长国	4138.4	阿拉伯联合酋长国	4627.0	阿拉伯联合酋长国	5690.9	德国	5960.5	德国	6364.3
中国香港	4113.5	澳大利亚	3988.2	荷兰	4759.6	阿拉伯联合酋长国	4999.6	阿拉伯联合酋长国	5030.2
英国	3696.3	马来西亚	3926.4	马来西亚	3577.1	马来西亚	3342.0	马来西亚	4209.0
澳大利亚	3488.1	荷兰	3762.2	澳大利亚	2905.6	澳大利亚	2864.9	澳大利亚	3298.4
总计	132033	总计	150217	总计	162017	总计	176581	总计	214019

表 2-18　越南 2013—2017 年货物进口排名前十位的国家（地区）①

单位：百万美元

2013		2014		2015		2016		2017	
国家（地区）	出口	国家（地区）	出口	国家（地区）	出口	国家（地区）	出口	国家（地区）	出口
中国	36886.5	中国	43647.6	中国	49458.0	中国	50018.8	中国	58228.6
韩国	20677.9	韩国	21728.5	韩国	27578.5	韩国	32193.1	韩国	46734.4
日本	11558.3	日本	12857.0	日本	14225.1	日本	15098.3	日本	16592.3
中国台湾	9402.0	中国台湾	11063.6	中国台湾	10951.3	中国台湾	11241.8	中国台湾	12707.0
泰国	6283.4	泰国	7053.3	泰国	8275.5	泰国	8855.1	泰国	10495.2
新加坡	5685.2	新加坡	6834.7	美国	7785.0	新加坡	4768.5	新加坡	5301.5
美国	5223.8	美国	6287.0	新加坡	6038.3	美国	8701.6	美国	9203.4
马来西亚	4095.9	马来西亚	4203.6	马来西亚	4188.0	马来西亚	5174.3	马来西亚	5860.2
德国	2954.0	印度	3111.0	德国	3219.2	印度	2745.5	印度	3877.6
印度	2879.3	德国	2606.6	印度	2655.2	德国	2861.4	德国	3170.2
总计	132033	总计	147849	总计	165776	总计	174978	总计	211104

---

①　国家统计局国际统计信息中心、广西壮族自治区统计局、国家统计局广西调查总队：《中国—东盟统计年鉴（2018）》，中国统计出版社 2018 年版，第 269 页。

(二) 直接投资促进人民币跨境使用

据越南统计,截至 2016 年 3 月底,中国在越南 FDI 项目为 1354 个,协议投资 104 亿多美元,排外资来源地第 9 位。其中独资项目 1068 个,投资总额近 57 亿美元,分别占 78.9% 和 54.5%,加工制造业的项目数量最多,有 922 个,金额 54 亿多美元。中资企业在越南已经建有 4 个工业园区:龙江工业园、铃中出口加工区、仁会工业区 B 区、深圳—海防经贸合作区,都取得了重要进展。铃中出口加工区已经成为越南工业区的发展典范。龙江工业园和深圳—海防经贸合作区成为中国国家级境外经贸合作区,有利于推动中国企业集群式走出去扩大对越南投资合作规模。近年来,中国企业加大了对越南的投资。如中国光伏巨头阿特斯在越南建厂,主要是看中了越南与其他东盟贸易区成员国的贸易条件以及 6 亿人口的东盟市场。再如,中国天虹集团已在越南广宁省投资了 2 个工厂,年产能为 50 万纱锭,还投资 3 亿美元在广宁省建设 1 个新厂。天虹海河工业区位于越南广宁省芒街口岸经济区内,是越南广宁省外资企业在建面积最大的工业园区,园区面积为 660 公顷,该项目可以吸纳 3 万人就业,是越南芒街口岸经济区发展的新动力。

越南是打造中国至中南半岛经济走廊的起点。越南是亚洲建立自贸区覆盖最广的国家(含 TPP),是中国至中南半岛经济走廊起点国和最大贸易国,战略合作重点是"一带一路"与"两廊一圈"的对接,边境跨境合作是亮点,除巧用自贸区原产地规则和边境重点口岸城市合作外,还有扶持亲华派,即促进中越边境省县领导晋升设计等。

越南发布的《2035 年越南报告》提出人均收入到 2035 年达到 7000 美元的目标,使其迈入发达国家或中等偏上收入国家行列。这些年,越南经济发展基本上保持在 6% 以上,如果能按照这样的速度发展,越南人均 GDP 到 2035 年时可以与 2014 年巴西的水平相当,如再快些可以达到 2013 年马来西亚的水平。截至 2015 年底,在越南—欧盟自由贸易区协定签订后,越南已签署了 12 个自由贸易区协定。另外 11 个是东盟自贸区协定、东盟—中国自由贸易区协定、东盟—韩国自由贸易区协定、东盟—日本自由贸易区协定、东盟—印度自由贸易区协定、东盟—澳大利亚和新西兰自由贸易区协定、越南—日本自由贸易区协定、越南—智利自由贸易区协定、越南—韩国自由贸易区协定、越南—欧亚联盟自由贸易区协定、跨太平洋伙伴关系协定。截至 2015 年底，越南已经与 55 个国家和伙伴建立了自由贸易关系。自此，越南在亚洲成为自由贸易区协定覆盖最广的国家。在 TPP 协议签订后，到越南的外资明显增加，2017 年越南吸引外资 141 亿美元，较上年增长 11.9%。从 2010—2016 年越南吸引外资的来源国来看，前十位的国家分别是澳大利亚、加拿大、中国、欧盟、印度、日本、韩国、新西兰、俄罗斯、美国。（见表 2-19）。其中中国内地对越南直接投资虽然出现波动，但总体上是波动中上升的，表明中越合作前景是向好的。据《中国—东盟统计年鉴（2018）》的数据分析，2010 年为 1.151 亿美元，2011 年为 3.826 亿美元，2012 年为 1.9 亿美元，2013 年为 9.482 亿美元，2014 年为 2.096 亿美元，2015 年为 3.81 亿美元，2016 年为 9.694 亿美元。由于存在政治互信问题，到越南投资存在一定的风险。中国方面需要加强顶层设计，经过全面考量后才能去越南投资。在中越两党和政府的努力下，中越经贸合作总体处于向好方面发展，要充分发挥与越南跨境合作的优势，将沿边经济带变成与越南经贸合作的黄金经济合作带，通过对越南直接投资带动人民币跨境使用，努力使人民币成为对越南的重要投资货币。

表 2-19　越南 2010—2016 年吸引外资前十位的国家（地区）①　　单位：百万美元

来源国家和地区	2010	2011	2012	2013	2014	2015	2016ᴾ
澳大利亚	16.6	91.2	5.8	52.2	62.1	104.3	231.4
加拿大	17.6	19.7	11.1	10.5	125.2	3.1	35.0
中国	115.1	382.6	190.0	948.2	209.6	381.0	969.4
欧盟	1692.4	899.6	543.1	350.4	552.1	993.2	548.8
印度	4.1	10.2	10.1	1.1	18.9	72.1	53.1
日本	1051.9	1247.6	2862.9	2365.2	969.2	955.0	1338.9
韩国	1335.7	750.4	657.9	1766.8	3248.2	3488.0	3637.6
新西兰	0.2	0.0	0.0	0.6	1.8	5.7	9.6
俄罗斯	31.0	19.8	73.3	420.5	4.8	6.2	29.3
美国	927.1	130.0	82.1	51.6	130.5	118.1	207.0
总计	8000.0	7519.0	8368.0	8900.0	9200.1	11800.0	12600.0

（三）旅游消费促进人民币跨境使用

近年来，越南高度重视发展旅游业，赴越南旅游的游客以中国游客居多。根据《中国—东盟统计年鉴（2018）》的数据分析，从 2010—2015 年中国内地赴越南旅游的游客数据来看，2010 年为 90.5 万人，2011 年为 141.7 万人，2012 年为 142.9 万人，2013 年为 190.8 万人，2014 年为 194.7 万人，2015 年为 178.1 万人。（见表 2-20）。大量的中国内地游客赴越南旅游，对推动人民币走出去具有重要的促进作用，有利于促进人民币的跨境使用。

在越南旅游，银行提供的设施越来越便利。特别是在越南首都河内以北

---

① 国家统计局国际统计信息中心、广西壮族自治区统计局、国家统计局广西调查总队：《中国—东盟统计年鉴（2018）》，中国统计出版社 2018 年版，第 270 页。说明：2016p：预计数。

的这些地区，越南盾、美元和人民币都可以自由兑换，当地的饭店、酒吧、超市和娱乐场所都接受用人民币结账。在胡志明市等大城市的高级消费场所，2002 年以前只接受美元支付，现在许多酒店都可以将消费额直接折算人民币结账。一些消费场所还直接标注人民币价格，为消费者提供方便服务。中国内地游客在越南持有银联卡标志的银行卡消费也十分方便。越南外贸银行开通的银联卡受理商户和 ATM 机数量已分别突破了 1000 家和 1100 台，主要分布在河内、胡志明等城市，覆盖了中国内地游客经常到访的机场、风景名胜区、百货商店、酒店、餐厅等场所。毫无疑问，人民币在越南越来越受欢迎。

表 2-20　越南 2010—2015 年入境游客前十位的国家（地区）①

单位：千人

来源国家（地区）	2010	2011	2012	2013	2014	2015
韩国	496	536	701	749	848	1113
中国台湾	334	361	409	399	389	330
中国	905	1417	1429	1908	1947	1781
日本	442	482	576	604	648	671
法国	199	211	220	210	214	212
德国	0	0	107	98	142	149
英国	0	0	170	185	202	213
加拿大	0	0	114	105	104	106
美国	431	440	444	432	444	368
澳大利亚	278	290	290	320	321	304
总计	5050	6014	6848	7572	7874	7944

①　国家统计局国际统计信息中心、广西壮族自治区统计局、国家统计局广西调查总队：《中国—东盟统计年鉴（2018）》，中国统计出版社 2018 年版，第 271 页。

第七节　泰国人民币流通与需求

泰国是中国企业在东南亚直接投资最多的国家之一。随着中泰贸易的不断扩大,以人民币结算的中泰贸易增长十分可观,人民币在泰国的流通也不断扩大。此外,大量的中国内地游客赴泰国旅游,携带人民币出境消费,从而使旅游消费带动的人民币走出去也日益增多。2005 年开通的中国银行银联卡受理业务,极大地方便了持卡人在泰国的各种消费,提取本国货币也十分便捷。

一、泰国人民币流通考察

自 2009 年人民币国际化进程加速以来,泰国与中国人民银行签署了双边货币互换协议。2011 年就签署了 700 亿元人民币/3200 亿泰铢的货币互换协议。目前,泰国已把人民币作为官方储备货币。将人民币纳入官方储备,意味着人民币在泰国的受欢迎程度。根据中国银行业监督管理委员会关于泰国泰京银行大众有限公司昆明分行经营人民币业务的批复(〔2013〕726号),可以经营对除中国境内公民以外客户的人民币业务,包括吸收公众存款,发放短期、中期和长期贷款,办理票据承兑与贴现,买卖政府债券、金融债券、买卖股票以外的其他外币有价证券,提供信用证服务及担保,办理国内外结算,买卖、代理买卖外汇,代理保险,从事同业拆借,提供保管箱服务,提供资信调查和咨询服务,经中国银行业监督管理委员会批准的其他业务,也可以吸收中国境内公民每笔不少于 100 万元人民币的定期存款。近年来,中国银行已经实现泰铢现钞的跨境调运,为泰铢的跨境使用创造了有利条件,促进双边货币的跨境使用,也为人民币的跨境使用创造了有利条件。

二、泰国人民币需求分析

近年来，中国已经成为泰国的第一大贸易国、第一大投资国和第一大旅游客源国。通过扩大双边贸易、投资和旅游消费，必将有利于创造人民币的境外需求，促进人民币的跨境使用。

（一）进出口贸易促进人民币跨境使用

泰国是"一带一路"重要节点。广西凭祥成为进口东盟水果最大口岸与泰国密切相关。泰国位于中南半岛枢纽地带，上连柬埔寨、老挝、缅甸，下连马来西亚。2017 年人口总量为 6618.85 万人。2017 年泰国的经济增长率3.9%，较上年提高 0.6%。农产品是外汇收入的主要来源之一。制造业已经成为泰国最大的产业，也是主要的出口产业。2014 年泰国进出口总额为4537 亿美元，2015 年为 4170 亿美元，2016 年为 4096 亿美元，2017 年为4595 亿美元。自 2010 年之后首次出现贸易顺差。2017 年，中国内地对泰国的进出口额为 803 亿美元，其中进口 416 亿美元，出口 387 亿美元。2018 年前 6 个月，中国内地对泰国的进出口额为 430 亿美元，较上年同期增长14%。据《中国—东盟统计年鉴（2018）》的数据分析，中国内地与泰国的贸易额一直排在前列。（见表 2-22，表 2-23）。中国已经成为泰国的第一大贸易国。进出口贸易规模不断增大，以及两国贸易的密切程度，将使泰国对人民币的需求日益增加，促进人民币的跨境使用，更好地推动人民币走出去，满足泰国对人民币的需求。

表2-22 泰国2012—2016年出口排名前十位的国家（地区）①   单位：百万美元

2012		2013		2014		2015		2016	
国家(地区)	出口	国家(地区)	出口	国家(地区)	出口	国家(地区)	出口	国家(地区)	出口
中国	26697.73	中国	26839.56	中国	24828.90	美国	23690.53	美国	24314.77
日本	23325.99	美国	22597.35	美国	23641.04	中国	23395.29	中国	23624.44
美国	22646.34	日本	21864.37	日本	21519.58	日本	19729.86	日本	20433.33
中国香港	13029.26	中国香港	13002.30	马来西亚	12632.07	中国香港	11673.93	中国香港	11393.72
马来西亚	12343.51	马来西亚	12808.97	中国香港	12477.49	马来西亚	10010.72	澳大利亚	10236.09
印度尼西亚	11140.04	新加坡	11058.47	新加坡	10330.12	澳大利亚	9629.44	马来西亚	9567.41
新加坡	10765.95	印度西尼亚	10656.45	印度尼西亚	9409.26	越南	8795.20	越南	9352.78
澳大利亚	9709.97	澳大利亚	10175.25	澳大利亚	9202.47	新加坡	8597.27	新加坡	8170.70
越南	6443.20	越南	7080.20	越南	7797.48	印度尼西亚	7700.95	印度尼西亚	8024.79
印度	5438.01	印度	5098.36	菲律宾	5803.89	菲律宾	5921.96	菲律宾	6349.21
总计	141540.00	总计	141181.28	总计	137642.31	总计	129145.16	总计	131467.23

表2-23 泰国2012—2016年进口排名前十位的国家（地区）②   单位：百万美元

2012		2013		2014		2015		2016	
国家(地区)	进口	国家(地区)	进口	国家(地区)	进口	国家(地区)	进口	国家(地区)	进口
日本	49878.74	日本	40878.90	中国	38532.51	中国	40971.41	中国	42228.86
中国	37333.76	中国	37599.95	日本	35545.57	日本	31073.03	日本	30846.10
阿拉伯联合酋长国	15755.73	阿拉伯联合酋长国	17326.70	美国	14596.84	美国	13782.70	美国	12124.47
马来西亚	13178.33	美国	14563.42	马来西亚	12760.68	马来西亚	11855.78	马来西亚	10947.48

---

① 国家统计局国际统计信息中心、广西壮族自治区统计局、国家统计局广西调查总队：《中国—东盟统计年鉴（2018）》，中国统计出版社2018年版，第256页。

② 国家统计局国际统计信息中心、广西壮族自治区统计局、国家统计局广西调查总队：《中国—东盟统计年鉴（2018）》，中国统计出版社2018年版，第257页。

续表

2012		2013		2014		2015		2016	
国家 （地区）	进口	国家 （地区）	进口	国家 （地区）	进口	国家 （地区）	进口	国家 （地区）	进口
美国	12591.98	马来西亚	13232.32	阿拉伯联合 酋长国	12725.49	阿拉伯联合 酋长国	8081.80	韩国	7307.46
韩国	9057.24	瑞士	9212.02	韩国	8558.21	中国台湾	7489.16	中国台湾	7165.35
瑞士	8769.56	韩国	9014.50	新加坡	7888.33	新加坡	7093.28	新加坡	6544.33
沙特阿拉伯	8287.61	沙特阿拉伯	8467.18	沙特阿拉伯	7828.41	韩国	6995.19	印度尼西亚	6406.60
中国台湾	8260.44	新加坡	8160.27	中国台湾	7543.30	印度尼西亚	6528.59	阿拉伯联 合酋长国	6192.01
印度尼西亚	8136.15	印度尼西亚	8042.49	印度尼西亚	7290.05	德国	5522.65	德国	5896.49
总计	171249.54	总计	166497.74	总计	153269.38	总计	139393.60	总计	135659.14

（二）直接投资促进人民币跨境使用

对泰国的直接投资，带动了人民币的境外投资需求。2015 年，中泰贸易、投资和经济合作联合委员会举行第四次联委会议。双方主要就未来 5 年两国经贸合作发展规划进行磋商，并达成了共识。争取 5 年内实现贸易额翻一番，实现双向往来 1000 万人次的发展目标。双方还加强两国发展战略对接，扩大投资、贸易、基础设施、产能、金融、旅游、信息通信、质检和航天技术等领域合作。中国向泰国提供 500 亿元人民币合格境外投资者（RQFII）投资额度。泰国欢迎中国企业到泰国投资，加强在基础设施、科技、旅游、金融等领域合作。

在吸收外商直接投资方面，据《中国—东盟统计年鉴（2018）》的数据分析，2014 年，泰国吸收中国内地的直接投资为 11.7756 亿美元，2015年为 8.2049 亿美元，2016 年为 15.233 亿美元。（见表 2-24）。此外，主要来源国包括日本、美国以及新加坡和马来西亚等国家。对外投资主要对美国、中国东南周边国家、中国内地及台湾等。2008 年金融危机发生后，对外投资急剧减少。

　　泰国根据行政区距离首都曼谷的远近和收入水平的高低，将全国76个府划分为3个投资区域。在各个区域内的大多数工业园区都享有泰国政府的优惠投资政策。泰国的工业园区主要分为三种类型，即一般工业园区、出口加工区和自由贸易区。大部分工业园区属于一般工业园区和出口加工区。有的工业区既是GIZ，又是EPZ。自由贸易区的数量相对较少。从2002年起泰国对投资项目取消了指定区域的规定。属于鼓励性投资项目的可以在全国各个区域投资设厂。至于免税优惠政策，根据工厂所处在区域的具体规定获得。对环境有影响的项目有特别规定。中国企业在泰国投资建设的罗勇工业园是国家级境外经济贸易合作区，由中国华立集团和泰国安美德集团共同合作开发，总规划面积为3.5平方公里，一期项目占地1平方公里，规划有一般工业园、仓储区、保税区和商业生活区等。

　　在商务部等发布的《对外投资国别产业导向目录》里，对泰国属于该目录的有：一是农、林、牧、渔业，有薯类种植，森林开发；二是采矿业，有钾盐矿、钨矿、锑矿；三是制造业，有纺织业，电动机、空调器、冰箱等电气机械及器材制造，农业机械制造，橡胶制品制造，造纸及纸制品业，化学原料及化学制品；四是服务业，有贸易、分销、建筑、旅游。

　　在泰国投资前景看好的重点行业有机床、农产品加工业、木薯、蔬菜水果合作、汽车业、承包工程等。服务业中的金融、旅游、中医药等。在中国与泰国的合作中，为了打造中国至中南半岛经济走廊，要积极推进中国与泰国在物流运输方面的合作。在泰国投资，要加强市场调研，做好可行性研究。同时要做好项目投资管理，确保投资成功。

　　加强对泰国投资，要发挥好示范作用。通过示范带动更多中国企业走出去投资，有利于带动人民币走出去，成为主要的投资货币，也有利于深化中国与泰国的投资合作和金融合作，拓展人民币的使用渠道，促进泰国对人民币的需求。

表 2-24　泰国 2012—2016 年按来源国家和地区外商直接投资①

单位：百万美元

2012		2013		2014		2015		2016	
来源国家和地区（前十名）	外商直接投资	来源国家和地区（前十名）	外商直接投资	来源国家和地区（前十名）	外商直接投资	来源国家和地区（前十名）	外商直接投资	来源国家和地区（前十名）	外商直接投资
日本	11209.63	日本	9454.24	日本	5601.39	日本	4349.61	日本	2255.16
新加坡	624.71	中国香港	1256.59	美国	1544.28	新加坡	1192.43	中国	1523.30
荷兰	578.16	荷兰	1078.79	中国	1177.56	印度尼西亚	953.12	荷兰	817.00
美国	575.55	马来西亚	696.71	中国香港	581.25	美国	941.14	美国	716.53
中国香港	413.86	新加坡	652.18	新加坡	503.24	马来西亚	915.68	新加坡	640.92
澳大利亚	400.60	美国	305.93	韩国	457.52	中国	820.49	澳大利亚	562.55
中国台湾	376.76	中国台湾	243.57	法国	330.14	中国香港	807.44	中国香港	243.71
中国	254.19	瑞士	168.75	意大利	281.53	荷兰	480.00	马来西亚	233.65
马来西亚	248.98	中国	162.44	澳大利亚	243.44	中国台湾	455.04	中国台湾	227.56
瑞士	197.92	加拿大	118.89	英国	170.44	德国	214.47	韩国	176.85
总计	13975.67	总计	14138.09	总计	10890.80	总计	11129.42	总计	7397.21

（三）旅游消费促进人民币跨境使用

旅游业已成为泰国外汇收入的主要来源之一。由于泰国是中国游客的重要的旅游目的地，中国游客到泰国旅游的人数在日益增多，旅游业的发展不仅增加了泰国的外汇收入，也带动了人民币的跨境流通使用。据《中国—东盟统计年鉴（2018）》的数据分析，从 2012—2015 年按国家和地区分的入境客源来看，中国都是入境人数最多的国家。具体来看，2012 年 276.1 万人，2013 年 461 万人，2014 年 463.2 万人，2015 年 798.1 万人。（见表 2-25）。特别是 2020 年，中国发生新冠肺炎疫情之后，泰国表现的关注和支

---

① 国家统计局国际统计信息中心、广西壮族自治区统计局、国家统计局广西调查总队：《中国—东盟统计年鉴（2018）》，中国统计出版社 2018 年版，第 258 页。

持，增加了中国人对泰国的友好感情，必将进一步刺激中国游客赴泰国旅游消费。大量的中国游客赴泰国旅游，并购物消费，必将有力地促进人民币的跨境使用，增加泰国对人民币的需求。

表 2-25　泰国 2012—2015 年按来源国家和地区分的入境游客前十位①

单位：千人

2012		2013		2014		2015	
国家（地区）	入境游客	国家（地区）	入境游客	国家（地区）	入境游客	国家（地区）	入境游客
中国	2761	中国	4610	中国	4632	中国	7981
马来西亚	2546	俄罗斯	1746	马来西亚	2604	马来西亚	3408
日本	1341	马来西亚	3031	俄罗斯	1597	韩国	1359
俄罗斯	1311	韩国	1292	日本	1255	日本	1349
韩国	1153	日本	1516	韩国	1109	老挝	1231
新加坡	995	新加坡	1067	老挝	1064	新加坡	1075
印度	986	印度	1028	新加坡	960	印度	1039
老挝	981	老挝	985	印度	906	英国	897
澳大利亚	930	澳大利亚	906	英国	871	俄罗斯	877
英国	800	英国	848	澳大利亚	837	美国	827
总计	13805	总计	17029	总计	15836	总计	20043

第八节　柬埔寨人民币流通与需求

柬埔寨王国，位于中南半岛南部，与越南、老挝、泰国毗邻。人口约2000 万人，是中南半岛经济走廊的节点，美国已邀请其加入 TPP。合作重点

---

① 国家统计局国际统计信息中心、广西壮族自治区统计局、国家统计局广西调查总队：《中国—东盟统计年鉴（2018）》，中国统计出版社 2018 年版，第 259 页。

可与其《2015—2025 工业发展计划》对接，在中柬农业合作成就上扩展深度和广度。虽然，柬埔寨的美元化程度很高。但是，人民币在柬埔寨很受欢迎。未来人民币在柬埔寨的使用空间和范围将进一步扩大，可以把柬埔寨作为推进人民币走出去的重点国家之一，探索人民币与瑞尔的自由兑换，推动人民币成为柬埔寨的结算货币和储备货币。

一、柬埔寨人民币流通考察

人民币在柬埔寨很流通，柬埔寨对人民币持欢迎态度，柬埔寨首相洪森公开号召柬埔寨人民使用人民币，把人民币作为柬埔寨主要的储备货币。人民币已经成为柬埔寨硬通货。但是，中柬双方的金融合作还处在较低的水平上，主要金融业务是贷款、汇兑等业务。

柬埔寨是传统的美元接受程度较高的国家。但是，近年来随中国与柬埔寨贸易往来的密切，旅游往来人数的增加，柬埔寨对人民币的认可度开始呈现提升趋势。从课题组对柬埔寨的考察调查了解到，有相当一部分被调查者愿意接受用人民币作为计价结算货币，还有相当一部分人愿意持有人民币现钞。人民币在柬埔寨的流通以现钞为主，主要用于贸易支付、旅游消费等。2011 年，中国工商银行在金边成立了支行，使人民币的兑换和流通更为便捷。人民币在柬埔寨的流通使用，也有利于促进中国与柬埔寨的双边贸易发展。由于柬埔寨是一个高度美元化的国家，美元在柬埔寨国内市场的流通量相当大。从现实情况来看，美元已经成为柬埔寨社会的主要交换媒介。柬埔寨国内商业银行 90%以上交易都是以美元作为货币单位，国内商品、服务交易中的计价结算以美元为货币单位进行的居多。部分企业甚至直接以美元发放员工工资。从课题组对柬埔寨的考察来看，大部分被调查者希望在本国贸易中使用美元结算，美元在柬埔寨仍占据主导地位。《清迈协议》实施以来，为了保障国际支付的公信力，主要也是以美元定价。在柬埔寨不仅习惯了用美元作为国际经济交往手段，而且已经习惯在国内经济中使用美元，推进人民币在柬埔寨的使用仍然面临习惯性约束。但是，人民币的受欢迎程度越来越高。中国人民大学重阳金融研究院与《当代世界》杂志社联合发布的《柬埔寨："一带一路"建设的新样板》报告指出，柬埔寨是当今世界货币美元化程度最高的国家。随着经济的快速发展，铸币税的损失和不独立的货币政策，使得柬埔寨央行迫切想要去美元化，以实现金融体系的革新。随着"一带一路"建设的全面展开，以及2016年人民币正式加入IMF的SDR货币篮子，相当一部分投资将会以人民币形式进行。中国鼓励相关企业在贸易结算时使用人民币。柬埔寨本币在贸易结算中所占比例不高，在中柬贸易和投资领域推动人民币结算的条件相对比较成熟。柬埔寨政府鼓励旅游业接受人民币支付以吸引中国游客。截至2017年，已有17家柬埔寨银行开展人民币清算业务，其中有4家提供存款服务。2017年，人民币对瑞尔银行间市场区域交易启动。人民币走进柬埔寨，将为柬埔寨金融体系提供多元流动性。

柬埔寨首相洪森公开号召国民更多地使用人民币，以吸引更多中国游客前来旅游，促进柬埔寨的经济发展。洪森首相在一个经济论坛上发表讲话称，希望来到柬埔寨旅游的中国游客能够使用人民币，这样将吸引更多的中国人。洪森首相说人民币被公认为亚洲地区最稳定的货币。柬埔寨国家银行副行长妮占塔娜在人民币与瑞尔（柬埔寨货币）跨境贸易与投资论坛上也表示，柬埔寨政府鼓励使用人民币以促进柬中两国之间的贸易和投资。允许使用人民币给柬埔寨带来很多优势，可以吸引更多中国投资者和游客。促进人民币与瑞尔交易是柬埔寨政府支持"一带一路"建设的一部分，这会增强两国之间的经济金融联系，降低汇率风险。中国工商银行总行国际业务部副总经理陶能虹说，中柬两国贸易投资保持强劲增长，两国货币直兑有利于规避汇率风险、降低交易成本。中国银行金边分行行长陈长江说，柬埔寨中央银行的外汇储备组合就包括人民币，柬央行不仅持有人民币存款，还购买了人民币债券，人民币现钞也在柬埔寨主要城市金边、暹粒及西哈努克港流通，越来越多的商家接受人民币。中国银行金边分行行长陈长江在柬埔寨国家第二届旅游业ChinaReady论坛上表示，中国银行与柬埔寨旅游部达成共识，通过推动人民币在柬埔寨旅游业千商万户使用，有利于柬埔寨旅游业发展。人民币服务在柬埔寨货币流通的旅游互动，可有效促进"一带一路"倡议下的民心相通，便利中国游客直接使用本国货币消费，吸引更多中国游客到柬埔寨旅游，人民币在柬埔寨旅游业中的使用越来越普遍，酒店、购物店、免税店、中餐厅越来越多的中国游客习惯用当天的汇率用人民币结账，用中国境内银联卡付款，不少商家甚至在商品标签加上了人民币的价格，在柬埔寨的人民币产品及新服务能促进中柬投资贸易往来，金边分行致力于柬埔寨经济发展中的桥梁投资贸易往来作用，勇做"一带一路"倡议金融大动脉建设者，先行敢试在柬埔寨人民币业务，服务柬埔寨绿色产业永续发展。中国银行柬埔寨暹粒支行行长刘德华曾表示经柬埔寨国家央行许可、海关报关、专业公司押运、香港清点与入账等多重手续，金边分行首次将 1070 万元人民币现钞从暹粒存入中银香港账户，实现了在柬埔寨人民币业务全面流通的里程碑式突破。总体来说，由于柬埔寨政府的积极推动，人民币在柬埔寨的流通使用范围将越来越大。

二、柬埔寨人民币需求分析

近年来，中国已经成为柬埔寨的第一大贸易国、第一大投资国和第一大旅游客源国。通过扩大双方贸易、投资和旅游消费，有利于增加对人民币的需求，使柬埔寨成为人民币走出去的首选地。

（一）进出口贸易促进人民币跨境使用

柬埔寨对外贸易保持较好的增长势头。柬埔寨的贸易伙伴主要是美国、中国、欧盟、日本、泰国、韩国、马来西亚和越南等国。中国是柬埔寨重要的投资来源地和贸易伙伴，在推动柬埔寨对外贸易增长中作出了重要贡献。据《中国—东盟统计年鉴（2018）》的数据分析，2013—2017 年柬埔寨出口排名前十的国家中，有美国、英国、德国、加拿大、中国、日本、泰国、西班牙、比利时、荷兰。其对中国的出口贸易额 2013 年是 6.5357 亿美元，居第三位；2014 年是 5.4566 亿美元，居第四位；2015 年是 6.2243 亿美元，居第四位；2016 年是 8.6549 亿美元，居第四位；2017 年是 7.5348 亿美元，居第五位。（见表 2-26）。据《中国—东盟统计年鉴（2018）》的数据分析，2013—2017 年柬埔寨进口前十的国家（地区）分别是：中国、泰国、越南、韩国、新加坡、印度尼西亚、美国、日本、马来西亚、印度。其中，从其对中国的具体进口贸易额来看，2013 年是 41.8688 亿美元，2014 年是 51.9671 亿美元，2015 年是 52.7377 亿美元，2016 年是 57.6921 亿美元，2017 年是 65.1194 亿美元，高居柬埔寨进口国首位。（见表 2-27）。中国与柬埔寨的贸易总额总体上呈上升趋势，标志着中柬合作关系密切，采用人民币结算不仅有利于规避汇率风险，而且有利于实现贸易结构优势互补，促进柬埔寨经济健康发展。

表 2-26　柬埔寨 2013—2017 年出口排名前十位的国家（地区）①

单位：百万美元

2013		2014		2015		2016		2017	
国家（地区）	出口	国家（地区）	出口	国家（地区）	出口	国家（地区）	出口	国家（地区）	出口
美国	2005.05	美国	2000.17	美国	2136.60	美国	2147.02	美国	2408.47
英国	686.42	英国	751.61	英国	869.04	英国	953.23	英国	1014.10
中国1	653.57	加拿大	508.97	日本	571.55	日本	827.22	中国	753.48
德国	576.03	德国	578.80	德国	748.37	德国	903.86	德国	1005.29
加拿大	459.53	中国1	545.66	中国1	622.43	中国1	865.49	日本	850.18

① 国家统计局国际统计信息中心、广西壮族自治区统计局、国家统计局广西调查总队：《中国—东盟统计年鉴（2018）》，中国统计出版社 2018 年版，第 172 页。说明：中国 1：包含澳门、香港和台湾。

续表

2013		2014		2015		2016		2017	
国家（地区）	出口	国家（地区）	出口	国家（地区）	出口	国家（地区）	出口	国家（地区）	出口
日本	314.06	日本	344.88	加拿大	551.04	加拿大	654.75	加拿大	688.88
泰国	221.22	西班牙	219.05	泰国	346.20	泰国	419.85	西班牙	454.08
西班牙	190.05	法国	206.66	法国	297.57	西班牙	405.05	泰国	429.94
比利时	169.42	比利时	190.18	比利时	282.47	比利时	396.82	法国	419.25
荷兰	161.92	荷兰	173.76	西班牙	273.61	法国	360.98	比利时	393.37
总计	6665.90	总计	6846.02	总计	8542.43	总计	10073.17	总计	11287.84

表 2-27 柬埔寨 2013—2017 年进口排名前十位的国家（地区）①

单位：百万美元

2013		2014		2015		2016		2017	
国家（地区）	进口	国家（地区）	进口	国家（地区）	进口	国家（地区）	进口	国家（地区）	进口
中国 1	4186.88	中国 1	5196.71	中国¹	5273.77	中国 1	5769.21	中国 1	6511.94
泰国	1086.08	泰国	1047.40	泰国	1561.49	泰国	1910.04	泰国	2358.19
越南	982.29	越南	870.14	越南	926.97	越南	1415.99	越南	1682.28
韩国	369.96	新加坡	485.46	新加坡	503.29	新加坡	564.70	新加坡	611.03
新加坡	347.53	韩国	390.35	韩国	459.55	日本	528.27	日本	587.45
印度尼西亚	246.10	印度尼西亚	281.11	日本	422.95	韩国	438.69	印度尼西亚	544.99
美国	180.52	日本	263.96	印度尼西亚	335.54	印度尼西亚	426.27	韩国	490.81
日本	174.53	美国	260.25	美国	228.94	马来西亚	247.13	马来西亚	285.52
马来西亚	140.10	马来西亚	213.94	马来西亚	187.48	美国	173.13	丹麦	2015.10
印度	93.02	印度	149.44	印度	114.07	德国	163.14	美国	196.94
总计	8231.55	总计	9702.41	总计	10668.92	总计	12371.01	总计	14305.41

---

① 国家统计局国际统计信息中心、广西壮族自治区统计局、国家统计局广西调查总队：《中国—东盟统计年鉴（2018）》，中国统计出版社 2018 年版，第 173 页。说明：中国 1：包含澳门、香港和台湾。

（二）直接投资促进人民币跨境使用

在 2003 年柬埔寨大选产生的第三届政府提出以"发展、就业、公正、效率"为核心的"四角战略"，发布《四角战略第三阶段政策》，确定了五年的优先发展领域。（1）发展人力资源；（2）继续投资基础设施和建设商业协调机制，加大对交通基础设施的投入，推动互联互通；（3）继续发展农业和提高农业附加值；（4）加强国家机构的良政实施力度，提高公共服务效率，改善投资环境，继续推进司法体系改革，鼓励经济特区的实施和运作等。2014 年，柬埔寨宣布了《2014—2018 年国家发展战略计划》，制定此战略计划旨在进一步推动各领域发展，实现经济可持续发展目标，在这 5 年内需要公共领域的投资额达 110 亿美元，以确保经济高速发展，实现减贫目标，以及减少各种灾害，努力退出欠发达国家行列和争取到 2030 年进入中高收入国家之列。据世界经济论坛发布的《2014—2015 年全球竞争力报告》显示，柬埔寨在全球最具竞争力的国家和地区中排在第 95 位。2017 年，柬埔寨的国内生产总值（GDP）达 221.61 亿美元，增长率为 7.0%，人均GDP1427 美元。

2010 年以来，柬埔寨保持着较高的经济增长率，基本上保持在 6% 以上。2013 年以后，经济增长速度甚至超过了 7%。柬埔寨政府在其制订的《2015—2025 产业发展规划》中提出 2018 年前努力确保每年 7% 以上的经济增速。柬埔寨财经部预测，2016 年经济增速约为 7.1%，其中工业领域保持两位数增长；通货膨胀率控制在 1.9% 的较低水平。国际货币基金组织和亚洲开发银行预测，在制衣制鞋、建筑和服务业带动下，2016 年柬埔寨经济将继续强劲增长，GDP 将保持 7% 至 7.2% 的高速增长，通货膨胀率控制在 2.5%—2.8%的较低区间。尽管有种种不利因素影响，只要柬埔寨政局稳定，保持现有经济政策，充分利用有利因素，柬埔寨未来发展趋势总体向好。2016 年其经济保持 7% 左右的高速增长，通货膨胀率控制在 2%—3% 左右的较低水平。

自 2010 年以来，中国一直是柬埔寨的重要投资国，高居柬埔寨吸引外资榜首，有力地促进了柬埔寨的经济发展。2017 年吸引外国直接投资 27.8 亿美元，比上年增长 12.4%。其中中国以直接投资 3.226 亿美元高居柬埔寨外资来源国首位。2010 年以来，中国一直是柬埔寨的最大投资国。据《中国—东盟统计年鉴（2018）》的数据分析，2010 年 5.409 亿美元，2011 年 5.605 亿美元，2012 年 4.746 亿美元，2013 年 6.199 亿美元，2014 年 5.539 亿美元，2015 年 5.377 亿美元，2016 年 4.998 亿美元，2017 年 3.226 亿美元。（见表 2-28）。

西哈努克港经济特区是国家级境外经贸合作区，由中国与柬埔寨合作建设的标志性工程，发展较好。截至 2015 年底，已累计引进纺织服装、五金、家具、电子机械等领域的企业 93 家，在柬埔寨各大经济特区中名列前茅，已经有 70 家企业投入生产运营，有 23 家企业签署入园协议，主要来自中国、日本、欧美等国家和地区。随着中国对柬埔寨投资的增加，必然会刺激人民币的投资需求，从而带动人民币走出去，成为重要的投资货币。

表 2-28　柬埔寨 2010—2017 年按来源国和地区分的外商直接投资①

单位：百万美元

来源国家和地区	2010	2011	2012	2013	2014	2015	2016	2017
澳大利亚	15.1	17.4	18.1	31.3	33.3	31.9	34.9	0.0
加拿大	12.1	0.1	4.7	1.1	4.5	15.0	26.4	5.7
中国	540.9	560.5	474.6	619.9	553.9	537.7	499.8	322.6
欧盟 28 国	19.1	35.8	45.6	87.7	140.5	179.5	193.9	38.0
印度	-0.2	1.2	6.1	1.3	3.3	0.5	2.3	1.0

---

① 国家统计局国际统计信息中心、广西壮族自治区统计局、国家统计局广西调查总队：《中国—东盟统计年鉴（2018）》，中国统计出版社 2018 年版，第 174 页。

来源国家和地区	2010	2011	2012	2013	2014	2015	2016	2017
日本	14.4	41.2	44.2	157.4	84.9	52.5	198.7	1.0
韩国	108.9	151.1	120.5	146.1	106.3	72.0	139.5	11.7
新西兰	0.0	0.0	0.0	0.0	0.0	0.0	0.1	4.0
俄罗斯	25.4	25.4	6.7	7.9	2.3	0.0	0.0	0.0
美国	17.8	15.1	25.8	50.9	50.3	40.6	52.7	11.4

（三）旅游消费促进人民币跨境使用

柬埔寨旅游资源丰富，能够吸引大量游客前往柬埔寨观光旅游。据《中国—东盟统计年鉴（2018）》的数据分析，从 2013—2017 年的入境游客来源来看，2013 年前十位的国家是中国、越南、韩国、泰国、老挝、澳大利亚、日本、法国、俄罗斯和马来西亚。而 2017 年的前十位国家是中国、越南、老挝、泰国、韩国、美国、日本、马来西亚、英国和法国。其中，中国进入柬埔寨的游客数量 2013 年为 46.3 万人，2014 年为 56 万人，2015 年为 69.5 万人，2016 年为 83 万人，均居入境游客数量的第二位；2017 年达到 121.1 万人（未包括香港、澳门和台湾），居入境游客数量的第 1 位。（见表 2-29）。大量的中国游客进入柬埔寨，促进了人民币的跨境使用，增强了柬埔寨人民持有人民币的意愿。

表 2-29　柬埔寨 2013—2017 年按来源国家和地区分的入境游客（前十位）①

单位：千人

2013		2014		2015		2016		2017	
国家（地区）	入境游客	国家（地区）	入境游客	国家（地区）	入境游客	国家（地区）	入境游客	国家（地区）	入境游客
越南	854	越南	906	越南	988	越南	960	中国 2	1211
中国 1	463	中国 1	560	中国 1	695	中国 1	830	越南	835
韩国	435	老挝	460	老挝	405	泰国	398	老挝	502
老挝	415	韩国	424	韩国	395	老挝	369	泰国	395
泰国	221	泰国	279	泰国	350	韩国	357	韩国	345
日本	207	日本	216	美国	218	美国	239	美国	257
澳大利亚	132	美国	191	日本	193	日本	192	日本	203
俄罗斯	132	马来西亚	144	英国	154	英国	159	马来西亚	179
法国	131	法国	141	马来西亚	149	马来西亚	153	英国	171
马来西亚	131	澳大利亚	134	法国	146	法国	150	法国	166
其他	1089	其他	1046	其他	1082	其他	1205	其他	1337
总计	4210	总计	4503	总计	4775	总计	5012	总计	5602

第九节　老挝人民币流通与需求

中国与老挝唯一接壤的省份是云南，长期以来中国与老挝北部地区保持着密切的经贸往来。在老挝东北三省，人民币的流通十分广泛，完全可以替代本币在境内流通，并且已经深入到老挝的首都万象一带。老挝重视与中国的货币金融合作，深知与中国合作的重要性。未来人民币在老挝的使用空间将进一步扩大，应加速人民币走出去步伐。

① 国家统计局国际统计信息中心、广西壮族自治区统计局、国家统计局广西调查总队：《中国—东盟统计年鉴（2018）》，中国统计出版社 2018 年版，第 175 页。说明：中国 1，包含香港、澳门和台湾。中国 2，除了香港、澳门和台湾。

一、老挝人民币流通考察

人民币已经成为老挝的第三大外币。随着两国之间商贸的快速发展，人民币已经成为仅次于泰铢和美元之后的一种重要外币。

2016 年，课题组对老挝首都万象以及琅勃拉邦等省进行实地考察，从考察情况来看，老挝对人民币的接受程度相当高，商店、旅游景点、机场等区域随处可见人民币标识的示意牌，购买商品等可直接用人民币支付和结算，人民币被当作硬通货使用，流通范围较广。在老挝东北三省人民币完全替代本币在境内流通，最远深入到首都万象一带。从接触的老挝调查者来看，大部分被调查者表示愿意接受人民币作为支付货币和计价结算货币，并有相当一部分被调查者愿意持有人民币作为现钞。但是，老挝国内商品交易市场上可以用美元进行直接支付。据对被调查对象的了解来看，老挝仍有大约 60%以上的被调查者希望在本国贸易中使用美元进行计价结算。大约有 60%以上被调查者希望把手中持有的人民币兑换成美元。据此来看，老挝国家对使用美元仍然有惯性，习惯于使用美元。但是，华人开的商店和旅游公司基本是使用人民币。因此，推动人民币在老挝的使用仍然面临美元惯性问题。但是，老挝对持有人民币的意愿越来越强。

2017 年，课题组对中老边境地区的磨憨、腾冲、猴桥等口岸进行实地考察，从考察中发现老挝北部边境地区人民币成了重要的交易货币之一，边贸交易结算货币基本使用人民币。在老挝的边境口岸，由于中国经商人士和旅游者日益增多，当地华人开的商店里，可以使用人民币消费支付。人民币存款也成为老挝银行的主要存款来源。有钱人都大量储蓄人民币。据磨憨边境贸易区管委会负责人介绍，每年由磨憨口岸出入境的人员总数已经超过 40多万人次。来自世界各地的旅游者越来越多。在磨憨口岸有许多"地摊银行"开展人民币兑换交易。出境游客只要在"地摊银行"就可以兑换老挝币、泰铢或美元。一些从境外回来有剩余外币的游客，可以在"地摊银行"

兑换成人民币。据磨憨边境贸易区商务外事旅游部门介绍，过去老挝北部居民进行普通消费时，喜欢使用老挝币和泰铢。随着边境贸易的日益活跃，购买大件物品时，改用美元和人民币结算。为方便边贸往来和旅游消费，中国银行西双版纳磨憨支行与老挝银行已经开通了两国货币互通结算业务。

总的来说，人民币在老挝的跨境使用呈上升之势。随着中老铁路的开通，以及两国联系的加深，人民币将成为老挝重要的流通货币。

二、老挝人民币需求分析

近年来，中国与老挝的进出口贸易、投资和旅游合作实现了较快发展，中国已经成为老挝的第二大贸易国和第三大旅游客源国，对老挝的投资也排在前3位。通过扩大对老挝的贸易、投资和旅游，有利于促进老挝对人民币的需求。

（一）进出口贸易促进人民币跨境使用

老挝作为中南半岛北部唯一的内陆国家，与中国、柬埔寨、越南、缅甸、泰国等国相邻。湄公河流径1900公里，国土面积23.68万平方公里。1997年7月老挝正式加入东盟，成为东盟新四国之一。老挝于2013年2月2日正式加入世界贸易组织。目前是中国—东盟自贸区成员（10+1）及大湄公河次区域（GMS）合作成员。随着老挝成为世界贸易组织的正式成员，未来将有更多的贸易限制被打破。2017年人口总数690.10万人。在泰—老—越—中物流走廊中，老挝的作用重要，是中南半岛经济走廊节点。合作重点可考虑在北部湾建老挝港口飞地，帮助其从陆锁国向陆联国转变。2014年，在全球经济放缓，国际矿产品原材料价格大幅下降的不利影响下，老挝矿产品出口遭受较大损失。同时国内连续遭遇水灾、泥石流及登革热疫情等自然灾害的背景下，老挝政府积极应对，把年度经济发展目标从8.3%调低至7.5%。努力维护宏观政策的持续性和稳定性，以确保经济保持快速发展势头。美国传统基金会和《华尔街日报》发布的《2015经济自由度指数》显示老挝在全球178个经济体的经济自由度排名中排在第144位。据统计，2017年国内生产总值（GDP）达到170670亿基普，人均2467美元，经济增速为6.8%。2020年人均国内生产总值将达到3200美元。老挝已经明确表示，要从"陆锁国"向"陆联国"发展。根据世界银行公布的报告，老挝2016年经济增长率达到7%左右，与2015年持平。

我们以2013—2017年老挝的国内生产总值数据为例分析，2013年为120020亿基普，2014年为132680亿基普，2015年为144520亿基普，2016年为159010亿基普，2017年为170610亿基普。据《中国—东盟统计年鉴（2018）》的数据分析，从2013—2017年的出口贸易来看，老挝对中国的出口贸易额2013年3.634亿美元，2014年1.4266亿美元，2015年为10.2161亿美元，2016年为11.0488亿美元，2017年为10.8198亿美元。（见表2-30）。除了2014年出现较大下降幅度外，其余年份均呈增长趋势。老挝出口商品主要是矿产品、农产品、电力、手工业产品。据《中国—东盟统计年鉴（2018）》的数据分析，老挝对中国的进口贸易额2013年为5.1121亿美元，2014年为1.0598亿美元，2015年为7.1328亿美元，2016年为7.4917亿美元，2017年为10.1021亿美元。（见表2-31）。除了2014年出现较大的降幅之外，其余年份均呈现增长趋势。进口商品主要是工业品、建材、加工制成品、家用电器、日用品及食品等商品。老挝前三大贸易伙伴为泰国、中国、越南。其中，中国是老挝第二大贸易国。中老贸易的增长趋势，有利于促进人民币的跨境使用。

表 2-30　老挝 2013—2017 年出口排名前十位的国家（地区）①

单位：百万美元

2013		2014		2015		2016		2017	
国家（地区）	出口	国家（地区）	出口	国家（地区）	出口	国家（地区）	出口	国家（地区）	出口
泰国	890.36	泰国	256.56	中国	1021.61	中国	1104.88	中国	1081.98
澳大利亚	721.20	中国	142.66	泰国	964.65	泰国	864.23	泰国	1028.02
中国	363.40	越南	138.51	越南	297.71	越南	245.59	越南	633.59
越南	322.83	澳大利亚	102.44	欧盟 27 国	153.55	欧盟 27 国	128.55	欧盟 27 国	162.89
欧盟 27 国	202.89	欧盟 27 国	46.16	日本	49.63	印度	87.45	印度	146.50
日本	24.42	日本	18.72	印度	33.04	日本	57.60	日本	63.71
印度尼西亚	13.27	印度尼西亚	5.98	美国	23.73	美国	19.17	美国	20.84
美国	6.48	美国	4.42	加拿大	14.38	新加坡	15.63	新加坡	17.30
缅甸	3.08	菲律宾	4.36	柬埔寨	12.11	加拿大	10.42	柬埔寨	9.84
新加坡	2.99	加拿大	2.47	韩国	6.37	柬埔寨	4.31	加拿大	8.28
总计	2592.81	总计	747.03	总计	2664.23	总计	2662.39	总计	3262.89

表 2-31　老挝 2013—2017 年进口排名前十位的国家（地区）②

单位：百万美元

2013		2014		2015		2016		2017	
国家（地区）	进口	国家（地区）	进口	国家（地区）	进口	国家（地区）	进口	国家（地区）	进口
泰国	2182.90	泰国	682.19	泰国	2222.62	泰国	2541.47	泰国	2368.68
中国	511.21	中国	105.98	中国	713.28	中国	749.17	中国	1010.21
越南	288.85	越南	85.77	越南	526.53	越南	412.99	越南	418.75
日本	94.83	日本	25.63	日本	72.13	日本	88.87	欧盟 27 国	154.91

---

①　国家统计局国际统计信息中心、广西壮族自治区统计局、国家统计局广西调查总队：
《中国—东盟统计年鉴（2018）》，中国统计出版社 2018 年版，第 195 页。
②　国家统计局国际统计信息中心、广西壮族自治区统计局、国家统计局广西调查总队：
《中国—东盟统计年鉴（2018）》，中国统计出版社 2018 年版，第 196 页。

续表

2013		2014		2015		2016		2017	
国家（地区）	进口	国家（地区）	进口	国家（地区）	进口	国家（地区）	进口	国家（地区）	进口
韩国	91.19	韩国	24.57	欧盟27国	49.40	韩国	80.35	日本	119.34
欧盟27国	37.46	欧盟27国	14.52	韩国	48.45	印度尼西亚	55.54	印度尼西亚	70.99
澳大利亚	15.51	马来西亚	4.89	美国	19.66	欧盟27国	32.07	韩国	60.24
印度	14.46	美国	4.34	印度	14.19	新加坡	25.03	新加坡	59.46
美国	9.87	印度	4.02	澳大利亚	13.93	美国	19.76	美国	24.76
马来西亚	8.73	印度尼西亚	3.97	马来西亚	11.98	马来西亚	15.89	马来西亚	13.75
总计	3292.04	总计	955.87	总计	3778.39	总计	4107.07	总计	4397.27

（二）直接投资促进人民币跨境使用

老挝的经济发展与外商直接投资有密切的关系。从近年来老挝的吸引外资情况来看，虽然受到全球经济变缓的影响，但总体上呈逐年增长趋势。据《中国—东盟统计年鉴（2018）》的数据分析，从2013—2017年的中国内地对老挝的投资数据分析来看，虽然波动较大，但总体上来说，仍然居老挝直接投资来源国的前十位。其中，2013年为11.3139亿美元，居第1位，2014年为1.2948亿美元，居第3位，2015年为0.8892亿美元，居第4位，2016年为10.7515亿美元，居第1位，2017年为1.7834亿美元，居第4位。总体上排在前3位。（见表2-32）。

老挝建设的磨丁特区，执行的是保税区政策，将磨丁特区打造成深圳式老挝特区，赋予了许多特殊优惠政策。磨丁经济特区是云南海诚实业集团开发建设的经济开发专区，经营期限为90年，云南海诚集团和老挝方面共同委派人员组成管委会共同管理，董事长出任管委会主席，负责具体的管理事务。

中国在老挝投资的主要园区有：重庆（老挝）综合农业园区、塔銮湖专业经济区、赛色塔开发区等。2015 年两国批准建立中老磨憨—磨丁经济合作区，老挝与中国的经贸合作将会有更大的发展。中国至中南半岛经济走廊是"一带一路"六大经济走廊之一，老挝就处于该走廊的始端。2013 年 12 月，连接泰国和老挝的清孔—会晒大桥通车后，昆明至曼谷的公路全线贯通。2015 年连接中国的老挝铁路开工，将帮助老挝向"陆联国"转变，为中国至中南半岛经济走廊打下坚实的基础。从中国昆明和西双版纳等地有多班前往老挝的直达巴士，加上 2015 年两国批准建立中老磨憨—磨丁经济合作区，使老挝经济与云南省经济连为一体。"一带一路"的国际产能合作，将有利于中老经贸合作进一步的发展。

　　但是，老挝投资环境无论在硬件和软件上都有不尽如人意的地方。老挝的商品经济发展较为落后，市场容量也有限。在老挝投资办企业，必须考虑市场和效益问题，还要考虑投入资金的回收问题。由于老挝的经济基础较为薄弱，人口又少，国内市场空间也小，建议选择产品能返销国内或第三国的项目。老挝属内陆国家，基础设施条件较差，通讯成本高，缺电严重。在老挝投资应首先考虑选择有原料、有能源的项目。最好是在湄公河沿岸交通相对便利的城市进行投资。2016 年 9 月，李克强总理正式访问老挝，此访把中老全面战略合作水平提升到新的高度，为两国人民带来更大福祉。双方的直接投资将进一步加强，有利于增加人民币的投资需求，促进人民币的跨境使用。

表2-32　老挝2013—2017年按来源国和地区分的外商直接投资（前十位）①

单位：百万美元

2013		2014		2015		2016		2017	
国家（地区）	外商投资	国家（地区）	外商投资	国家（地区）	外商投资	国家（地区）	外商投资	国家（地区）	外商投资
中国	1131.39	泰国	324.62	越南	466.06	中国	1075.15	荷兰	390.60
越南	627.28	老挝	175.72	马来西亚	430.32	老挝	449.17	泰国	386.16
英国	112.84	中国	129.48	老挝	303.12	澳大利亚	7.50	老挝	337.70
马来西亚	97.50	英国	35.00	中国	88.92	马来西亚	7.00	中国	178.34
加拿大	14.75	越南	18.41	中国香港	18.55	中国香港	5.00	越南	152.86
泰国	14.30	马来西亚	17.10	英国	0.40	越南	2.50	瑞典	70.00
韩国	5.37	新加坡	15.00	泰国	2.64	泰国	2.00	日本	59.50
中国香港	4.50	印度	2.50	印度尼西亚	0.55			马来西亚	3.00
老挝	1.71	中国香港	2.00	日本	0.28				
俄罗斯	1.10	俄罗斯	1.90						

（三）旅游消费促进人民币跨境使用

近年来，中国赴老挝的旅游人数不断增多。据《中国—东盟统计年鉴（2018）》的数据分析，从2013—2017年的数据来看，2013年为24.503万人，2014年为42.244万人，2015年为51.144万人，2016年为54.549万人，2017年为63.919万人。（见表2-33）。中国是老挝的第三大旅游客源国。不断增多的中国游客携带人民币赴老挝消费，将带动人民币的跨境使用。

---

① 国家统计局国际统计信息中心、广西壮族自治区统计局、国家统计局广西调查总队：《中国—东盟统计年鉴（2018）》，中国统计出版社2018年版，第197页。

表 2-33　老挝 2013—2017 年按来源国和地区分的入境游客（前十位）①

单位：千人

2013		2014		2015		2016		2017	
国家 （地区）	入境 游客	国家 （地区）	入境 游客	国家 （地区）	入境 游客	国家 （地区）	入境 游客	国家 （地区）	入境 游客
泰国	2059.43	泰国	2043.76	泰国	2321.35	泰国	2009.61	泰国	1797.80
越南	910.16	越南	1108.33	越南	1187.95	越南	998.40	越南	891.64
中国	245.03	中国	422.44	中国	511.44	中国	545.49	中国	639.19
韩国	81.80	韩国	96.09	韩国	165.33	韩国	173.26	韩国	170.57
美国	61.61	美国	61.46	美国	63.06	美国	58.09	美国	38.77
法国	52.41	法国	52.15	法国	55.15	法国	54.95	法国	36.76
日本	48.64	澳大利亚	44.96	日本	43.83	日本	49.19	日本	32.06
英国	41.74	日本	44.88	英国	41.51	英国	39.17	澳大利亚	28.74
澳大利亚	35.45	英国	39.06	澳大利亚	34.67	德国	34.02	英国	27.72
德国	29.25	德国	29.80	德国	31.90	澳大利亚	33.08	德国	23.78

第十节　缅甸人民币流通与需求

缅甸位于中南半岛西部，地处西藏高原和马来半岛之间，与中国、印度、孟加拉国、老挝和泰国紧邻，濒临孟加拉湾和安达曼海。面积 67.6581 万平方公里（相当于英国和法国的总和）。2017 年人口为 5338 万人。

人民币在缅甸有"小美元"之称。被当作硬通货使用，流通范围也很广。在小勐拉，人民币已经成为主要流通货币。掸邦第四特区的缅甸发展银行主要经营人民币业务。但是，相当多的边境贸易，是通过不规范的"地摊银行"和地下钱庄进行的，甚至还采用风险较大的现金结算方式。推动人民

---

① 国家统计局国际统计信息中心、广西壮族自治区统计局、国家统计局广西调查总队：《中国—东盟统计年鉴（2018）》，中国统计出版社 2018 年版，第 198 页。

币走出去，具有很多有利条件，但需要完善相关制度和机制。

一、缅甸人民币流通考察

缅甸是一个美元化程度很高的国家，缅甸国内商品交易市场上是可以直接使用美元进行交易支付的。据对被调查者的了解来看，缅甸有 30% 左右的居民希望在本国贸易中使用美元计价结算，有 50% 左右的居民希望将手中持有的人民币兑换成为美元。在缅甸美元仍占据主导地位，说明缅甸对使用美元有惯性，习惯于使用美元交易和结算。缅甸是实施外汇管制的国家。缅甸政府规定人民币的流通限在边境线以内的 20 公里范围内。缅甸企业对中国贸易采取以出定进的方式采用美元结算。在当地开立人民币账户实行部一级审批制，[1] 意味着人民币在缅甸的使用还有一定的约束和限制。但是，缅甸将人民币纳入官方储备货币，意味着人民币的受欢迎程度，这有利于推动人民币走出去。

2019 年 1 月 30 日，缅甸中央银行颁布 2019 年第 4 号指令批准人民币纳入国际贸易结算和直接兑换的货币范围，意味着缅甸政府将人民币正式纳入官方结算货币。[2] 缅甸中央银行允许使用人民币进行国际支付和结算。缅甸央行表示，颁布该指令旨在促进缅甸的国际支付结算与边境贸易交易的发展，获得外汇经营许可证的银行获准使用人民币进行国际支付和结算。与此同时，银行之间可以开设人民币和日元账户以方便国际支付与结算业务的开展，但个人或机构不准开设人民币和日元账户。此前，缅甸政府认可的官方结算货币有美元、欧元、新加坡元等，而每年与缅甸贸易高达 60 亿美元的中国官方货币始终未被认可为结算货币。2018 年缅甸商务部透露消息称，为了缅甸与中国云南省进行贸易时人民币可以作为合法结算货币进行使用，缅

---

[1] 苏阳、冼海钧、邹智、杨喜孙：《人民币在滇桂两省周边国家区域化进程研究》，《区域金融研究》2012 年第 12 期，第 7 页。

[2] 李莎：《滇缅之间贸易投资外经合作更加便利》，《云南日报》2019 年 2 月 13 日。

甸商务部与中国工商银行（ICBC）进行了协商，对于中央银行开放人民币作为官方结算货币，很多商家表示十分欢迎，认为人民币成为官方结算货币，可使两国进出口贸易更加便捷，并且能够避免大量非法汇兑行为。有贸易商表示边贸商再也不用依赖边境地区非法汇兑了，而此前只能通过地下钱庄兑换人民币，而且需要兑换美元结算，一来二去就在兑换中产生了大量损失。通过银行渠道合法兑换人民币将能更好地推动贸易发展。

2019年12月，课题组再次对中缅边境地区的一些口岸进行了实地考察，先后考察了畹町、银井、瑞丽等口岸。口岸负责人给我们详细介绍了边境贸易的发展以及口岸通关情况。由于采取电子化报关和通关，极大地便利两国贸易。同时，从对口岸的交易市场考察来看，商品交易直接采用人民币计价和交易结算。人民币和缅币可以同时使用。免税店的购物消费也是直接以人民币报价和交易结算。总的来说，人民币在边境地区的使用比较方便，大量的中国游客使用人民币进行消费。

二、缅甸人民币需求分析

（一）进出口贸易促进人民币跨境使用

缅甸的贸易伙伴主要来自亚洲国家，外贸总额的90%来自邻国的贸易，根据缅甸中央统计局数据显示，中国为缅甸第一大贸易伙伴，位居前10位的贸易伙伴是中国、泰国、新加坡、日本、印度、韩国、越南、马来西亚、阿拉伯联合酋长国和中国香港。据《中国—东盟统计年鉴（2018）》的数据分析，从2013—2018年的缅甸对中国内地的进出口贸易额统计数据来看，2013—2014财年为70.1624亿美元，2014—2015财年为96.9641亿美元，2015—2016财年为109.9251亿美元，2016—2017财年为108.0456亿美元，2017—2018财年为117.8518亿美元，总体呈逐年增长趋势。从出口数据来看，2013—2014财年为29.1075亿美元，2014—2015财年为46.7387亿美元，2015—2016财年为45.9696亿美元，2016—2017财年为50.5547亿美元，2017—2018 财年为 56.9868 亿美元。（见表 2-34）。从进口数据来看，2013—2014 财年为 41.0549 亿美元，2014—2015 财年为 50.2254 亿美元，2015—2016 财年为 63.9555 亿美元，2016—2017 财年为 57.4909 亿美元，2017—2018 财年为 60.865 亿美元。中老贸易的良好发展势头，有利于推动人民币贸易结算，促进人民币跨境使用，带动人民币走出去。（见表 2-35）。

表 2-34 缅甸 2013—2018 年出口排名前十位的国家（地区）①

单位：百万美元

2013—2014·		2014—2015·		2015—2016·		2016—2017·		2017—2018·	
国家（地区）	出口	国家（地区）	出口	国家（地区）	出口	国家（地区）	出口	国家（地区）	出口
泰国	4306.28	中国	4673.87	中国	4596.96	中国	5055.47	中国	5698.68
中国	2910.75	泰国	4028.69	泰国	2893.18	泰国	2202.24	泰国	2846.41
印度	1143.59	新加坡	758.83	印度	904.16	印度	943.48	日本	956.03
新加坡	694.03	印度	745.80	新加坡	725.43	日本	784.26	新加坡	753.50
日本	513.25	日本	556.43	日本	393.75	新加坡	472.84	印度	607.72
中国香港	489.10	韩国	370.00	中国香港	282.81	韩国	342.43	德国	380.06
韩国	352.92	中国香港	288.60	韩国	259.94	德国	219.74	中国香港	363.04
越南	111.16	马来西亚	265.17	马来西亚	161.32	中国香港	204.16	英国	311.27
马来西亚	108.87	印度尼西亚	86.09	印度尼西亚	139.84	美国	192.05	韩国	303.26
阿拉伯联合酋长国	66.03	越南	80.21	德国	85.04	马来西亚	159.01	美国	286.71
其他	507.98	其他	670.02	其他	694.45	其他	1375.96	其他	2343.98
总计	11203.96	总计	12523.71	总计	11136.88	总计	11951.64	总计	14850.66

---

① 国家统计局国际统计信息中心、广西壮族自治区统计局、国家统计局广西调查总队：《中国—东盟统计年鉴（2018）》，中国统计出版社 2018 年版，第 218 页。说明：·表示为财政年度。

表 2-35　缅甸 2013—2018 年进口排名前十位的国家（地区）①

单位：百万美元

2013—2014·		2014—2015·		2015—2016·		2016—2017·		2017—2018·	
国家（地区）	进口	国家（地区）	进口	国家（地区）	进口	国家（地区）	进口	国家（地区）	进口
中国	4105.49	中国	5022.54	中国	6395.55	中国	5749.09	中国	6086.5
新加坡	2910.22	新加坡	4139.49	新加坡	2970.90	新加坡	2494.28	新加坡	3084.63
泰国	1376.99	日本	1738.94	泰国	1972.82	泰国	2086.14	泰国	2228.63
日本	1296.24	泰国	1679.35	日本	1452.22	日本	1247.53	日本	966.67
韩国	1217.98	马来西亚	748.37	印度	807.35	印度	999.68	印度尼西亚	901.37
马来西亚	839.69	印度	595.65	印度尼西亚	601.96	马来西亚	821.37	马来西亚	867.23
印度	493.51	印度尼西亚	550.66	马来西亚	588.72	印度尼西亚	702.16	印度	860.94
印度尼西亚	438.82	美国	494.05	韩国	396.60	韩国	523.64	越南	587.30
越南	169.86	韩国	493.61	越南	290.19	美国	498.58	韩国	495.17
意大利	107.92	越南	242.43	阿拉伯联合酋长国	128.99	越南	405.78	美国	431.67
其他	802.78	其他	927.54	其他	972.53	其他	1682.81	其他	2176.84
总计	13759.50	总计	16632.63	总计	16577.83	总计	17211.06	总计	18686.95

（二）直接投资促进人民币跨境使用

根据《中国—东盟统计年鉴》数据分析，从 2013—2018 年，投资缅甸前十位国家（地区）分别是新加坡、韩国、泰国、越南、中国香港、日本、中国、马来西亚、印度。其中，中国内地对缅甸的投资依次为，2013—2014财年为 0.5616 亿美元，2014—2015 财年为 5.1142 亿美元，2015—2016 财年为 33.2385 亿美元，2016—2017 财年为 4.8259 亿美元。2013—2016 年总体

① 国家统计局国际统计信息中心、广西壮族自治区统计局、国家统计局广西调查总队：《中国—东盟统计年鉴（2018）》，中国统计出版社 2018 年版，第 219 页。说明：·表示财政年度。

呈增长趋势。但是，2016—2017财年又有了下降。中国内地对缅甸的投资虽然出现波动，总的来看呈增长趋势。通过直接投资有利于带动人民币走出去，促进人民币的跨境使用。（见表2-36）。

表2-36 缅甸2013—2018年按来源国和地区分的外商直接投资前十位[①]

单位：百万美元

2013—2014·		2014—2015·		2015—2016·		2016—2017·		2017—2018·	
国家（地区）	外商直接投资	国家（地区）	外商直接投资	国家（地区）	外商直接投资	国家（地区）	外商直接投资	国家（地区）	外商直接投资
新加坡	2340.12	新加坡	4297.19	新加坡	4251.22	新加坡	3720.75	新加坡	2163.96
韩国	81.27	英国	850.76	中国	3323.85	越南	1386.20	越南	1395.22
泰国	489.07	中国香港	625.56	荷兰	438.03	中国	482.59	荷兰	533.92
英国	156.86	中国	511.42	马来西亚	257.22	泰国	423.06	日本	384.12
越南	142.00	荷兰	302.41	泰国	236.17	中国香港	213.70	韩国	253.9
中国香港	107.10	韩国	299.59	中国香港	225.17	韩国	66.42	中国香港	251.98
日本	55.71	印度	208.89	印度	224.22	日本	60.42	英国	211.98
中国	56.16	越南	175.40	日本	219.79	英国	54.32	美国	128.68
马来西亚	616.11	泰国	165.68	韩国	128.09	萨摩亚群岛	22.06	泰国	123.86
印度	26.04	加拿大	153.92	英国	75.31	马来西亚	21.39	阿拉伯联合酋长国	100.5
其他	36.67	其他	419.74	其他	107.05	其他	98.88	其他	170.76
总计	4107.06	总计	8010.53	总计	9486.12	总计	6649.81	总计	5718.09

缅甸目前正在推进"土瓦经济特区""迪洛瓦经济特区""皎漂经济特区"3个特区的建设。缅甸颁布有经济特区法，这有利于吸引投资，也有利于保障工人收入，也有助于促进地方经济辐射性发展，增加国家税收。缅甸

---

① 国家统计局国际统计信息中心、广西壮族自治区统计局、国家统计局广西调查总队：《中国—东盟统计年鉴（2018）》，中国统计出版社2018年版，第220页。说明：·表示财政年度。

"国家全面发展 20 年规划"中划定了两条经济走廊，其中一条经济走廊是"皎漂经济特区—木姐边境口岸经济走廊"。这条经济走廊的建设，对促进中国与缅甸经济合作的深化发展具有十分重要的意义。特别是 2016 年 8 月，缅甸国务资政昂山素季访华以后，开启了中缅关系新阶段。两国领导人都表示要珍视中缅"胞波"情谊，从战略高度和长远角度出发，优先发展好双边关系。两国领导人重视加强发展战略对接，规划好重点领域合作，共同推动农业、教育、水利、医疗等领域合作，让更多民众受益。加强边境管理合作，确保边境地区和平稳定，改善两国边境地区民生。[①] 随着两国关系开启新进程，特别是两国领导人都致力于推进"一带一路"建设，这有利于推动更多中国企业投资缅甸，改善缅甸基础设施，促进产业发展，无疑会刺激人民币的投资需求。

（三）旅游消费促进人民币跨境使用

据《中国—东盟统计年鉴（2018）》的数据分析，从 2013—2017 年的统计数据资料来看，中国内地每年赴缅甸的旅游人数，除 2015 年较 2014 年有所下降之外，其他年份呈不断增加趋势。2013 年出境旅游的人数为 3.59万人，2014 年为 4.47 万人，2015 年为 4.27 万人，2016 年为 6.73 万人，2017 年为 8.79 万人。（见表 2-37）。中国已经成为缅甸的最大旅游客源国。不断增加的旅游人数，在人民币日益受欢迎的情况下，将促进人民币的跨境使用，增加对人民币的需求。

---

① 李伟红：《习近平会见缅甸国务资政昂山素季》，《人民日报》2016 年 8 月 20 日。

表 2-37　缅甸 2013—2017 年按来源国和地区分的入境游客前十位① 单位：千人

2013		2014		2015		2016		2017	
国家 （地区）	入境 游客	国家 （地区）	入境 游客	国家 （地区）	入境 游客	国家 （地区）	入境 游客	国家 （地区）	入境 游客
泰国	91.2	泰国	136.1	泰国	71.6	中国	67.3	中国	87.9
中国	35.9	中国	44.7	中国	42.7	日本	43.3	法国	47.7
韩国	31.9	韩国	35.0	韩国	39.0	法国	41.4	日本	43.0
法国	29.0	法国	33.1	法国	37.6	美国	39.9	韩国	39.6
美国	28.9	美国	33.0	日本	35.7	韩国	37.5	美国	37.5
日本	28.5	日本	32.1	美国	35.2	英国	31.2	德国	30.8
中国台湾	23.3	德国	24.9	德国	27.4	德国	29.5	英国	30.7
英国	21.9	英国	22.9	英国	25.3	马来西亚	21.4	马来西亚	21.5
德国	20.1	马来西亚	21.8	马来西亚	19.2	澳大利亚	19.1	澳大利亚	19.0
马来西亚	19.4	中国台湾	16.8	澳大利亚	15.2	中国台湾	17.6	中国台湾	18.4

本 章 小 结

从目前跨境人民币流通情况来看，人民币的跨境流通地区主要是周边国家或地区。银行体系的人民币流通有一部分出现在香港、澳门地区，其他人民币流通主要是出入境人员的合法携带，也有一些是非法走私等非金融渠道流出的。流通的途径呈现出差异性的特点。通过具有实质的经济交易，还有其他类型的经济交易等形式，推动了人民币走出去。人民币走出去的渠道多种多样。有通过边境贸易人民币结算走出去的。随着中国综合国力的提升，国家贸易政策的推动，中国边境地区和周边国家的贸易越来越活跃，刺激了

---

① 国家统计局国际统计信息中心、广西壮族自治区统计局、国家统计局广西调查总队：《中国—东盟统计年鉴（2018）》，中国统计出版社 2018 年版，第 221 页。说明：仅指持旅游签证的游客。

人民币的境外需求。在中国东南周边国家和港澳地区人民币正式作为跨境贸易结算货币出现。在广西、云南接壤的越南、老挝、缅甸的口岸，商家基本上都用人民币进行边境贸易。有境内居民出国旅游考察、探亲访友等消费带动人民币走出去的。随着中国人民生活水平的提高，出境旅游成为一种时尚。由于出境旅游考察的团费多用人民币来进行支付，而中国人民生活水平的提高带来的消费能力也提高了，加速了人民币境外消费流出。在泰国、马来西亚、越南、新加坡等中国东南周边国家的中心城市，酒店、餐馆、商场并不排斥中国游客使用人民币进行结算，有些地方甚至醒目的标识出人民币的汇率。有境外项目承包和投资等带动人民币走出去的。货物贸易是中国同中国东南周边国家的主要贸易方式。许多私营企业为优化资本配置，获得境外资源能源，纷纷走出去，在境外直接投资建厂，使人民币投资成为境外投资的重要资金来源。据调查了解，一些中国民营企业多在周边矿产资源比较丰富的国家投资建厂，以提高生产效率。但为了规避收益风险和各种政府税费，这些民营企业往往会以当地合伙人的名义登记注册，这部分隐蔽的收入数额较大，但基于现实条件，无法估计。有东南亚国家的非正式组织，以经营货币兑换为主，并兼具借贷和异地汇兑业务，从而带动人民币走出去的。为促进边境贸易发展，将人民币作为一种特殊商品买卖，以回笼资金。"地摊银行"发挥了举足轻重的作用。越南在 2002 年已经将"地摊银行"合法化。由于"地摊银行"的存在，极大地方便了边境贸易结算，促进了边境贸易的发展。

人民币在中国东南周边国家的流通使用，主要集中在贸易、旅游和投资等领域。2017 年，人民币在中国东南周边国家流通使用逆势上涨，对人民币接受程度显著提升。中国东南周边一些国家中央银行已将人民币资产纳入其外汇储备。2017 年，中国与中国东南周边国家人民币跨境收付金额显著提升，同比增长 11.1%。其中，经常项目人民币跨境收付金额合计 9420 亿元，占同期经常项目人民币收付总额的 21.5%；证券投资人民币跨境收付金额合计 2914.5 亿元，同比增长近 40 倍；其他投资人民币跨境收付金额合计

5878.2亿元，同比增长18.6%。柬埔寨人民币跨境收付金额同比实现大幅增长，达19倍之多。文莱同比增长7倍。马来西亚、菲律宾等国家跨境人民币收付金额同比增长均超过50%。在中国东南周边国家中，允许货物贸易人民币收付，其中居前列的国家分别为新加坡、文莱、越南。中国与中国东南周边国家的货币合作稳步推进，已经与越南等东南亚国家签署了双边本币结算协定，在泰国等国家建立了人民币清算安排，有力地支持了人民币成为区域计价结算货币。人民币对新元、林吉特、泰铢已在外汇交易中心实现直接交易，人民币对瑞尔已在银行间市场区域交易。2017年，人民币对上述货币的区域市场交易量占比增长近一倍，市场深度有了进一步提升，表明人民币在中国东南周边国家的流通和需求将呈增长趋势。

从中国对中国东南周边国家的贸易分析来看，中国对中国东南周边国家的进出口贸易额总体上呈逐年增长趋势。虽然由于受到某一时点的一些不利因素的影响，出现一些波动。但总体上呈增长趋势。这意味着中国与中国东南周边国家的经贸合作越来越紧密，依存度越来越高。特别是在美元汇率不稳定的背景下，国际货币格局处于深度调整中，人民币价值稳中有升，强势货币特征显现，使中国东南周边国家对人民币的需求意愿增强，因此使用人民币进行贸易结算的意愿增强。从中国与中国东南周边国家的投资分析来看，总体上也呈增长趋势，双向投资趋势也显现。中国已经成为重要的资本输出国，虽然在中国东南周边国家的投资会遇到竞争，特别是美国、日本等国的竞争。但是，由于中国竞争实力在增强，以及中国的技术、中国的标准在中国东南周边国家中具有优势。因此，人民币投资的前景越来越好。从中国与中国东南周边国家的出境旅游人数的分析来看，中国东南周边国家已经成为中国游客的重要旅游目的地，中国出境旅游人数日益增多，中国游客的购买力也越来越强，旅游消费意愿强烈，特别是对人民币旅游消费的意愿更加强烈，因此通过旅游消费会增加人民币的跨境输出。除此之外，鉴于人民币的币值稳定，以及中国的综合实力的增强，中国的国际地位和国际影响力在日益提高，中国东南周边国家已经把人民币纳入储备货币篮子，把使用人民币作为一种时尚。特别是人民币纳入国际货币基金组织特别提款权篮子之后，人民币的国际地位在提升，将人民币作为国际储备货币将成大势，未来人民币必将成为中国东南周边国家的重要储备货币之一。

第三章 沿边金融综合改革试验区的试验示范效应

2013年11月，中国人民银行联合多部委发布了《云南省广西壮族自治区建设沿边金融综合改革试验区总体方案》，标志着沿边金融综合改革试验区的正式启动。沿边金融综合改革试验区范围包括云南省的昆明市、红河州、文山州、西双版纳州、保山市、普洱市、临沧市、德宏州、怒江州，广西壮族自治区的南宁市、北海市、钦州市、防城港市、崇左市、百色市。区域总面积31.77万平方公里，区域人口4419万人。该方案的颁布实施，也是在"一带一路"倡议提出之后，配合了"一带一路"建设的需要。通过沿边金融综合改革创新，大胆探索推进跨境金融合作，不仅有力促进了沿边地区经济金融发展，而且有力推动了人民币跨区域使用，为促进中国与中国东南周边国家加强货币金融合作，推动人民币走出去积累了有益经验。

第一节 沿边金融综合改革试验区的运作与成效

云南和广西两省（区）区位优势突出，在促进区域协调发展、深化与中国东南周边国家的开放合作、维护国家安全和边境稳定方面具有重要的战略地位。沿边金融综合改革试验区建设以来，云南和广西两省（区）政府高度重视、积极推动。金融管理部门认真落实、大胆实践。金融机构和市场主体积极响应、开拓创新。经过共同努力，沿边金融综合改革试验区围绕跨境金融、沿边金融、地方金融三条主线推进的改革创新取得了丰硕成果，积累了有益经验，形成了示范效应。

一、云南推进沿边金融综合改革试验区建设成效

2013 年 11 月，经国务院批复中国人民银行等 11 个部门联合印发建设滇桂沿边金融综合改革试验区总体方案。2013 年 11 月 26 日，云南省启动了沿边金融综合改革试验区建设。2013 年 12 月，云南省人民政府出台了关于建设沿边金融综合改革试验区的实施意见，拉开了沿边金融综合改革序幕。经过几年的探索和实践，取得了显著的成效。

（一）金融组织体系日益完善

构建了以银行、保险和证券机构为主体，担保、租赁公司和小额贷款公司等非银行金融机构和直接服务机构并存的金融组织服务体系。

首先，多元化的银行体系日趋完善。云南省已经有政策性银行、国有商业银行、股份制银行、外资银行和邮政储蓄银行等银行分支机构 24 家，地方性银行业法人金融机构有 146 家，外资金融机构 5 家。中国进出口银行云南分行、中国邮政储蓄银行云南分行、恒丰银行昆明分行成立，成功组建富滇银行。云南省农村信用社联合社综合实力实现快速提升，新型农村金融机构实现稳步发展，村镇银行开业或筹建达 36 家。

其次，非银行金融机构发展迅速。云南省证券经营机构（含 2 家地方法人证券公司）有 99 家，期货经营机构有 13 家，证券投资咨询机构有 1 家，境内外上市公司有 31 家；保险业经营机构有 33 家；财务公司、融资租赁公司实现重大突破，建立云冶集团财务公司、云天化财务公司和昆钢财务公司，华夏银行金融租赁公司落户昆明；小额贷款公司核评 513 家，覆盖全省

127 个县区市；股权投资类企业达 207 家，股权投资基金企业 31 家。非银行金融机构的快速发展，对云南省经济发展起到了重要的推动作用。

（二）金融改革创新取得新突破

金融改革创新的重要成果，就是地方金融发展实现重大突破。小额贷款公司基本实现县域全覆盖，村镇银行覆盖了 16 个州市，诚泰财产保险公司成立，首家全国性的华夏金融租赁公司落户昆明。农村金融实现快速发展，农村金融服务缺失乡镇实现金融服务全覆盖，中小微企业融资便利化行动和优质小微企业信用贷款试点取得新突破，极大地促进了中小微企业的发展。

（三）金融业规模不断扩大

通过探索实践，金融业规模日益壮大。虽然金融机构本外币存款增速有所放缓，但定期存款占比明显有了提高。2017 年，银行业金融机构的本外币存款余额达到 30160.7 亿元，同比增长了 8.0%，增速虽较上年末回落了 2.8 个百分点。但较年初增加了 2239.2 亿元，同比少增 477.8 亿元。[1] 各项贷款平稳增长，信贷支持重点突出。银行业金融机构的本外币贷款余额达到 25857.6 亿元，同比增长了 10.1%，较年初增加了 2366.2 亿元，同比多增了 117.40 亿元。[2] 信贷投放中，民生领域贷款增长较快。全年中长期贷款增量占比达到 90.7%，同比增长了 13.9%。[3] 涉农贷款和小微企业贷款增速，分别比各项贷款平均增速高出了 2.3 个百分点与 12.4 个百分点；[4] 民生领域贷

---

① 中国金融学会：《中国金融年鉴（2018）》，中国金融年鉴杂志社有限公司 2019 年版，第 170 页。

② 中国金融学会：《中国金融年鉴（2018）》，中国金融年鉴杂志社有限公司 2019 年版，第 170 页。

③ 中国金融学会：《中国金融年鉴（2018）》，中国金融年鉴杂志社有限公司 2019 年版，第 170 页。

④ 中国金融学会：《中国金融年鉴（2018）》，中国金融年鉴杂志社有限公司 2019 年版，第 170 页。

款同比增长了 51.2%。金融精准扶贫贷款同比增长了 51.2%。[1] 社会融资规模达到 3150.6 亿元，同比多增了 1327.0 亿元。[2] 全年累计发行地方政府债券 1929.9 亿元，其中置换银行贷款 755.7 亿元。[3]

金融新业态发展向好。2017 年，云南省有 1 家地方金融租赁公司，年末融资租赁余额 547.51 亿元，同比增加 99.95 亿元；财务公司法人 4 家，非法人财务公司 1 家，贷款余额 199.84 亿元，同比增加 35.47 亿元；[4] 信托公司 1 家，信托市场累计新发产品 724 只，发行量比上年同期增加 454 只；[5] 融资性担保机构 305 户，其中国有控股 74 户，民营及外资控股 231 户，融资担保业务在保户数 15910 户，在保业余额 351 亿元；[6] 小贷公司 386 家，同比减少 110 家，贷款余额 172.5 亿元。[7]

资本市场发展加快。各类证券期货机构数量稳步增加，2017 年新增 7 家证券分公司、8 家证券营业部、3 家期货营业部，证券期货经营机构 224 家，[8] 通过交易所发行地方政府债券 400 亿元。[9] 有法人保险公司 1 家，省级保险分公司 40 家，保险公司职工 2.73 万人，营销员 16.2 万人，较年初增

① 中国金融学会：《中国金融年鉴（2018）》，中国金融年鉴杂志社有限公司 2019 年版，第 170 页。
② 中国金融学会：《中国金融年鉴（2018）》，中国金融年鉴杂志社有限公司 2019 年版，第 170 页。
③ 中国金融学会：《中国金融年鉴（2018）》，中国金融年鉴杂志社有限公司 2019 年版，第 170 页。
④ 中国金融学会：《中国金融年鉴（2018）》，中国金融年鉴杂志社有限公司 2019 年版，第 171 页。
⑤ 中国金融学会：《中国金融年鉴（2018）》，中国金融年鉴杂志社有限公司 2019 年版，第 171 页。
⑥ 中国金融学会：《中国金融年鉴（2018）》，中国金融年鉴杂志社有限公司 2019 年版，第 171 页。
⑦ 中国金融学会：《中国金融年鉴（2018）》，中国金融年鉴杂志社有限公司 2019 年版，第 171 页。
⑧ 中国金融学会：《中国金融年鉴（2018）》，中国金融年鉴杂志社有限公司 2019 年版，第 171 页。
⑨ 中国金融学会：《中国金融年鉴（2018）》，中国金融年鉴杂志社有限公司 2019 年版，第 171 页。

加3.8万人，实现保费收入613.3亿元，同比增长15.9%。[1] 大力发展出口信用保险，促进对外贸易发展，全年助力企业获得融资41.0亿元。[2] 同业拆借市场交易规模放量增大，累计交易1911.04亿元，同比增长48.5%。[3] 地方法人金融机构在银行间债券市场累计交易80977.94亿元，同比增长7.2%。[4] 通过债券回购交易累计净融出资金3187.04亿元。2家上海黄金交易所会员企业累计交易黄金82.759吨，交易金额227.31亿元。[5] 银行间成员在全国银行间外汇市场累计成交折合33787万美元，同比增长34.3%。[6] 银行承兑汇票市场企稳，银行承兑汇票发生额937.51亿元。[7] 票据贴现业务平稳，地方法人金融机构市场份额提升，累计办理票据贴现5140.78亿元。[8]

（四）金融业对外开放水平快速提升

金融入滇工程成效显著，已有汇丰银行、恒生银行、泰京银行、东亚银行和惠理集团等金融机构在云南设立有分支机构。

外汇市场建设取得突破，富滇银行开发了人民币与老挝基普货币兑换业务。农业银行开发了人民币与越南盾的兑换业务。有多家银行开发了泰铢兑

---

① 中国金融学会：《中国金融年鉴（2018）》，中国金融年鉴杂志社有限公司2019年版，第171页。

② 中国金融学会：《中国金融年鉴（2018）》，中国金融年鉴杂志社有限公司2019年版，第171页。

③ 中国金融学会：《中国金融年鉴（2018）》，中国金融年鉴杂志社有限公司2019年版，第171页。

④ 中国金融学会：《中国金融年鉴（2018）》，中国金融年鉴杂志社有限公司2019年版，第171页。

⑤ 中国金融学会：《中国金融年鉴（2018）》，中国金融年鉴杂志社有限公司2019年版，第171页。

⑥ 中国金融学会：《中国金融年鉴（2018）》，中国金融年鉴杂志社有限公司2019年版，第171页。

⑦ 中国金融学会：《中国金融年鉴（2018）》，中国金融年鉴杂志社有限公司2019年版，第173页。

⑧ 中国金融学会：《中国金融年鉴（2018）》，中国金融年鉴杂志社有限公司2019年版，第173页。

换业务。云南省外管局批准设立货币兑换特许公司 6 家，允许开展包括缅币在内的 20 个国家的货币兑换业务。

跨境人民币结算业务迈上新台阶。已经有 6 家商业银行与越南、老挝、泰国、缅甸、新加坡等国家的商业银行签署了代理清算协议，助推人民币走出去成效初现。自沿边金融综合改革试验区开始建设以来，跨境金融基础设施建设稳步推进。自开展 NRA 账户存取现金业务以来，累计有 49 家沿边州市境外机构开展 NRA 账户的存取现金业务。截至 2018 年末，现金业务办理累计有 2349 笔，合计金额达 18.82 亿元，满足了企业和边民的现金需求。跨境结算清算渠道也更加多样化，共建立有 700 多家的境外金融机构跨境清算渠道。跨境人民币支付系统（CIPS）应用推广以来，已有 4 家法人机构作为间接参与行身份加入了 CIPS 系统。自跨境金融支付服务业务试点以来，已经有 28 家跨境金融支付服务商户，主要分布在沿边 6 个州市的边境地区，涉及缅甸、越南和老挝三个国家。截至 2018 年底，跨境金融支付服务点，发生交易笔数累计有 8.43 万笔，金额累计有 2.89 亿元。随着跨境人民币结算试点的顺利推进，人民币的周边化进程加快了。截至 2018 年底，累计跨境人民币结算金额达 4595.2 亿元。在本外币跨境收支中，人民币的占比已从 2010 年的不足 5%，到 2018 年已经增长到了 33.48%，高于全国同期的平均水平。人民币已经成为云南第二大涉外结算货币和第一大面向东盟的跨境结算货币，在东南亚、南亚国家的影响力显著提高。2014 年 5 月，经我国央行批准，云南省开始在沿边金融综合改革试验区试点个人经常项目人民币跨境结算业务。同期，国内其他地区的个人仅能开展贸易与服务项目下的人民币跨境业务。直至 2018 年初，该业务才在全国开始铺开。云南的试点工作为经常项目下个人跨境人民币业务在全国的铺开积累了有益经验。2018 年，个人经常项目的人民币结算金额已经达到 20.75 亿元，同比增长 99.62%，极大地促进了个人对外经济交往。走出去的企业也从先行先试中获益。2015 年，云南云天化联合商务有限公司通过中国银行云南分行获得中国银行新加坡分行的人民币贷款额度 2 亿元，意味着云南省首笔人民币跨境贷款业务的落地。中国人民银行昆明中心支行根据中国银行云南省分行的申请，为该公司办理了双向跨境人民币资金池和经常项目下的人民币跨境资金集中运营管理业务备案手续。中国银行云南省分行还为该公司开立人民币跨境双向资金池的专用存款账户，标志着人民币跨境资金池业务的顺利启动。自 2014 年开始试点以来，云南省已经有 19 家企业从境外借入人民币 54.69 亿元，平均融资成本为 5%左右。企业获得境外融资的渠道进一步得到了拓展，缓解了企业融资难融资贵的问题。

此外，融资租赁业实现新发展，华夏银行在云南省成立了首家全国性的华夏金融租赁公司。

金融机构走出去实现新突破。富滇银行设立老挝代表处转为营业机构获得中国银监会批复，成为全国首家在境外设点的城市商业银行。

证券业发展取得新进展。太平洋证券与老挝农业促进银行、信息产业公司组建合资证券公司得到中国证监会批准，进展顺利。

国际投贷基金业务发展取得实质性突破。经中国人民银行批准，云南省成立了 50 亿元人民币国际投贷基金，使云南省成为继上海市之后第 2 个获准开展人民币国际投贷基金业务的省份，它的设立为重大基础设施、重大工程建设提供资金支持，为推动人民币走出去提供重要载体。

（五）金融生态环境日益改善

经过几年的综合改革实践，云南省的金融生态环境日益改善。首先是政策环境日益改善。2011 年，云南省政府出台关于推进农村金融产品与服务方式创新、林权抵押贷款、农村信用体系建设、保险业改革发展、股权投资基金发展等文件。2013 年，云南省委省政府出台《关于做好小微企业金融服务促进小微企业健康发展的实施意见》、《关于大力推进企业改制上市与债券发行工作的意见》、《关于金融支撑经济结构调整和转型升级的意见》，以及"三农"金融服务改革创新意见和"三农"金融服务便利化方案等政策措施，《云南省沿边金融综合改革试验区总体方案》得到国家批复。这些政策的出台与实施，为金融支撑云南经济发展提供了良好的政策环境。其次，金融市场秩序日益规范。绿大地、罗平锌电、景谷林业等一批企业通过上市实现了重大资产重组，在打击和防范非法集资等金融风险防控工作方面，也取得了实质性成效。

二、广西推进沿边金融综合改革试验区建设成效

围绕沿边金融、跨境金融和地方金融三条主线推进的金融综合改革创新，实现了重要突破，取得了显著成效。

（一）沿边金融改革推进情况及成效

通过更顺畅的人民币结算、更高效的资金清算、更便捷的货币兑换和更少的外汇管制等改革措施，沿边投资贸易便利化水平不断提高，沿边投资贸易的交易成本显著下降。

1. 跨境人民币结算总量增长迅猛

通过建立跨境人民币结算审批绿色通道，简化审批手续，将个人跨境贸易人民币结算试点工作从东兴国家重点开发开放试验区拓展到了整个沿边金融综合改革试验区。截至 2018 年 6 月底，跨境人民币结算累计 8868.24 亿元，本外币跨境收支的比重最高时期达到 55%，跨境结算量连续 8 年保持西部 12 省（区、市）和 8 个边境省（区）的第一位。人民币已经成为广西跨境收支结算第一币种。

2. 人民币与越南盾特许兑换进展顺利

国家外汇管理局批复同意东兴国家重点开发开放试验区开展人民币与越南盾特许兑换业务试点，在客户范围、业务种类、兑换额度、备付金账户开立等方面突破了原有限制，不断满足互市、口岸、边贸的兑换需求，已有 3 家货币兑换公司办理人民币与越南盾特许兑换业务，月均兑换规模超过 1000

万元人民币。

3. 跨境人民币业务平台日益增多

沿边金融综合改革试验区建设以来，中国工商银行、中国农业发展银行、中国农业银行、中国建设银行和中国银行等国有商业银行纷纷在广西组建面向东盟的货币清算结算和相关业务中心。跨境人民币业务平台日益丰富。中国银行设立了中国—东盟人民币业务中心和中国—东盟跨境人民币产品研发中心，中国农业银行设立了中国—东盟跨境人民币业务中心，面向中国东南周边国家金融机构提供跨境人民币清算、交易和融资等服务。中国工商银行将中国—东盟人民币跨境清算（结算）中心更名为中国工商银行跨境人民币业务中心。中国建设银行设立了中国—东盟跨境人民币业务中心。这些平台的建立，为中国与中国东南周边国家的人民币跨境结算提供了便捷的金融服务。

4. 跨境人民币资金汇划高速路建成运营

全面整合广西金融电子结算中心和工商银行 CHANCES 跨境人民币业务平台资源，搭建连接区内和境外各银行机构的区域性跨境人民币业务平台，打造以广西为枢纽，辐射港澳、东盟和南亚国家的资金汇划高速路，5 家中间代理行共拥有 918 家境外代理行资源，业务覆盖港澳台、越南、柬埔寨和新加坡等国家或地区。

5. 区域银行间货币交易运作正常

为探索建立人民币对越南盾的直接汇率形成机制，2014 年 4 月，在东兴国家重点开发开放试验区上线运行东盟货币交易信息平台，由中国工商银行、中国农业银行、中国银行和中国建设银行等 4 家商业银行参照 SHIBOR 报价团机制，每周轮值报价，形成独立的权威的人民币与越南盾汇率，供各参与行共同执行，大大提高了中方银行的议价能力和汇率定价话语权。2014 年 10 月，中国人民银行批复同意广西开展人民币与越南盾银行间交易业务，标志着广西的货币区域交易平台建设正式开始运营。截至 2019 年 6 月末，人民币对越南盾和柬埔寨瑞尔的银行间交易量分别达到 3089 万元和 258 万元人民币。

（二）跨境金融改革推进情况及成效

通过打通人民币双向贷款、直接投资和股权私募等通道，充分利用两个市场和两种资源服务地方经济发展，取得了显著的成效。

1. 跨境人民币贷款业务日益增多

2014 年，中国人民银行总行同意广西开展跨境人民币贷款试点，允许在沿边金融综合改革试验区注册成立，并有实质投资经营业务的企业，从中国东南周边国家的银行业金融机构借入人民币资金，投资于符合国家宏观调控政策和产业政策导向的实体经济发展。从 2014—2016 年末，广西沿边金融综合改革试验区的 14 家企业从泰国、新加坡等国家银行融入资金，贷款签约项目 22 个，提款金额 57 亿元人民币，在全国 13 个试点地区中排列第三。为进一步扩大试点范围，2015 年 6 月，广西壮族自治区人民政府向国务院申请每年给予广西一定额度的专项贷款，将试点范围从沿边金融综合改革试验区的 6 个城市扩大至广西的 14 个城市，将境外贷款银行由东盟和南亚国家扩大到包括中国香港、澳门、台湾地区和韩国在内的周边区域，人民币跨境贷款业务广受欢迎。

2. 人民币产品创新业务日益增多

积极探索开展了人民币出口信用证、人民币海外代付、人民币资金池、人民币协议付款、预收延付和保函等人民币融资产品，跨境人民币流动规模不断扩大。试点启动一年后的 2014 年，广西境内外联动人民币产品融资金额就达到 140.5 亿元。

3. 设立人民币国际投贷基金

人民币国际投贷基金是人民币资本项目跨境使用的一种形式，其采用母子基金运作模式。[①] 人民币国际投贷基金将境内募集的人民币资金直接调拨

---

① 任晓：《广西酝酿推出人民币国际投贷基金》，《中国证券报》2014 年 11 月 5 日。

给境外子基金，开展境外人民币直接投资与海外贷款业务。在境外获取的收益可以通过人民币形式汇回境内。在研究方案设计过程中，中国人民银行南宁中心支行与广西金融办、中国建设银行广西分行，联合建银国际（中国）有限公司完成人民币国际投贷基金的方案设计，设立总规模为200亿元，首期20亿元的广西北部湾人民币国际投贷基金。广西北部湾人民币国际投贷基金是专门为企业海外投资并购提供商业化市场化服务的操作平台，为人民币海外投资提供专业化的综合服务。

4. 外汇资金集中运营业务运行良好

2018年6月末，广西获准开展外汇资金集中运营的试点企业达6家，获准跨境双向借款额度134.9亿元，利用国际国内主账户通道借入外债1.2亿美元，节约的贷款成本约1500万元人民币。获准开展人民币跨境调运业务以来，中国银行总行在广西设立东盟货币兑换中心，累计调入317亿越南盾和2.55亿泰铢等中国东南周边国家货币现钞，金额折合人民币6039万元。获准开展本外币跨境融资业务试点以来，有24家企业参与跨境融资业务，累计从境外融入跨境人民币资金67亿元。

5. 意愿结汇业务试点运营良好

2014年7月，国家外汇管理局在中马（钦州）产业园区试点外商投资企业资本金意愿结汇，允许在中马（钦州）产业园区内注册成立的外商投资企业，在完成资本金验资手续后，根据自身意愿随时可以向银行申请结汇，提高了企业的资金管理效率，有效规避了汇率风险。2015年6月，国家外管局将外商投资企业外汇资本金意愿结汇业务扩大到全国范围。

6. 外资股权投资业务开启绿色通道

2015年6月，经广西壮族自治区人民政府同意，广西金融办、广西外管局、广西商务厅和广西工商局正式出台了《中国—马来西亚钦州产业园区设立外商投资股权投资类企业工作指引》，为境外资本进入广西开辟了一条绿色准入通道。

（三）地方金融改革推进情况及成效

开展地方金融改革试点以来，广西各级金融部门积极探索，大胆实践，为金融服务实体经济发展做出了不懈的努力，取得了显著的成效。

1. 地方金融组织体系日益完善

广西金控资产管理公司作为地方资产管理公司获准设立，填补了广西地方法人金融资产管理公司空白。金融服务同城化已从北部湾城市扩大到了沿边城市，广西农村信用社产权改革由一级法人模式调整为两级法人模式。

2. 资本市场体系日益完善

2015 年以来，广西新增上市公司 3 家，A 股上市公司达到 35 家；新增全国股份转让系统挂牌公司 8 家，全国股份转让系统挂牌公司达到 14 家。广西北部湾股权交易所自开业运营以来，挂牌中小企业达到 212 家，融资规模达到 4.23 亿元。建立广西农商现货交易有限公司、中国—东盟粮油交易所、金雅石化交易中心等市场交易平台，地方要素市场日益完善。

3. 保险融资功能日益增强

举办"保险资金广西行"等系列活动，推动保险资金投资广西，投资规模已超过 270 亿元。在广西南宁、柳州、桂林、贺州和来宾等市积极推进小微企业保证保险试点。2015 年，帮助小微企业融资 1770 万元，比 2014 年末增长了 40%。积极探索开展巨灾保险试点，也取得了显著成效。

4. 农村金融改革日益深化

在北海和防城港等市开展了水产养殖保险试点，在梧州、田东等市县积极开展农村产权抵押融资试点。保险试点开展以来，进展顺利，成效明显。2015 年前 6 个月，银行业累计发放"三权"抵押贷款 26.54 亿元，同比多增 11 亿元。农村信用四级联创工作开展以来，农户信用信息采集与评价系统建设全面推进。截至 2015 年 6 月末，建立信用档案的农户达 373 万户，有 356 万户农户被评定为信用农户，有 310 万信用农户累计获得信用贷款 1198 亿元，结存余额 637 亿元。通过开展农村信用四级联创试点工作，创建了 3 个信用县、84 个信用乡镇和 863 个信用村。

5. 金融新业态日益发展

广西首个《民间资本投融资服务机构管理办法（试行）》在防城港市实施以后，积极探索建立民间资本投融资服务管理机构，为小微企业提供便捷的金融服务，有力地扶植小微企业发展。《促进互联网金融产业健康发展若干意见》在南宁市实施，积极发展互联网金融，催生金融新业态，努力打造南宁互联网金融产业基地，极大地促进了金融业集聚发展。

6. 金融生态环境日益改善

广西壮族自治区人民政府颁布实施《关于明确地方金融监管职责和风险处置责任的意见》和《关于进一步做好防范化解涉企金融风险工作的意见》和《广西沿边金融综合改革试验区金融生态环境评估指标体系》等政策文件之后，广西地方金融风险防范化解工作有力推进，金融生态环境显著改善。

第二节　沿边金融综合改革试验区
建设存在问题与原因

沿边金融综合改革试验区建设以来，已经取得了显著的成效，极大地推动了跨境金融、沿边金融和地方金融的发展，有力地促进了实体经济的发展，为推动人民币走出去积累了新经验。但是，沿边金融综合改革试验区建设过程中，还存在一些问题，亟须破解。

一、云南推进沿边金融综合改革试验区建设存在问题与原因

（一）经济发展水平不高，支撑金融发展不足

近年来，云南的经济发展呈现出向上发展态势。但是，总体水平仍然偏低。与经济发展相适应的金融发展水平也不高。就昆明市来说，作为云南省

省会中心城市的昆明，其经济发展水平，可以说是云南省的龙头老大，无论是经济指标还是金融发展指标都远远超过其他城市。在沿边金融综合改革试验区建设启动之时的 2013 年，其地区生产总值为 3450 亿元，占全省地区生产总值的 29.4%。从金融发展来看，沿边金融综合改革试验区批复建设之前的 2012 年，其金融机构的人民币存款余额为 8839.46 亿元，占全省存款余额的 49.2%；各项贷款余额为 8165.49 亿元，占全省贷款余额的 58.96%。金融机构、营业网点、从业人员以及实现利润等指标均遥遥领先于其他一些城市。但与全国其他一些城市相比，其经济金融发展水平都较为落后。2013 年，在全国 50 个中心城市 GDP 排名中仅排在第 43 位，[1] 2018 年在全国 50 个中心城市的 GDP 的排名中排在第 25 位[2]。（见表 3-1、表 3-2）。

表 3-1　2013 年全国主要中心城市经济发展排名[3]

	上海	北京	广州	重庆	成都	西安	昆明
GDP/亿元	21398.20	19430.46	15093	12079.3	9180	4840	3450
排位	1	2	3	7	8	29	43

表 3-2　2018 年全国主要中心城市经济发展排名[4]

	上海	北京	广州	重庆	成都	西安	昆明
GDP/亿元	32679.9	30320.0	22859.3	20363.2	15342.8	8349.9	5206.9
排位	1	2	4	5	6	15	25

从表 3-1 来看，昆明市的经济实力远远落后于沿海发达地区城市，与西

---

[1]　杜琼：《云南沿边金融综合改革试验区建设：条件、问题、策略》，《中共云南省委党校学报》2014 年第 9 期，第 111 页。

[2]　国家统计局：《中国统计年鉴（2019）》，中国统计出版社 2019 年版，第 802 页。

[3]　张家寿：《打好东盟牌：建设广西新的战略支点对策研究》，广西人民出版社 2015 年版，第 140 页。

[4]　数据来源：根据《中国统计年鉴（2019）》的统计数据整理。

部其他一些省区相比也有较大差距，其 GDP 总量仅为重庆的 28.6% 和成都的 37.6%。在进入 GDP 前 50 强的西部六个城市中，其排在第六位。云南省沿边地区的经济发展水平也较为落后，2013 年，沿边 8 个州市的 GDP 总量为 3449.09 亿元，仅与昆明市的 GDP 总量相当，只占全省 GDP 总量的 29.4%。① 经济发展水平的落后，显然不利于沿边金融综合改革试验区建设和发展。从表 3-2 来看，昆明市的经济总量与沿海发达地区相比，其差距也是较为明显的。

随着沿边金融综合改革试验区的建设和发展，通过不断深化金融改革创新，虽然金融综合发展水平有了显著的提高，经济发展也实现快速发展。但是，由于周边国家的经济金融发展水平都比较落后，而且云南脱贫攻坚的任务也异常艰巨繁重，自然条件不是很优越，基础设施也不畅通，一定程度上制约了云南的经济发展，与之相适应，金融发展也受到影响。因此，需要不断深化改革创新，加大改革力度，以促进经济金融协调发展。

（二）区域金融发展水平不高，支撑经济发展不足

在国家实施西部大开发战略以及一系列沿边开发开放政策的激励下，西部各省区市都在加快金融发展，不断提升各自的金融发展水平，纷纷提出各自的金融发展方向和目标。广西着力打造区域性国际金融中心，着力打造面向东盟的金融开放门户，乌鲁木齐打造中亚区域金融中心，重庆打造长江中上游金融中心，成都打造西部金融中心，西安打造区域性金融中心②。由此可见，西部地区各省区市都高度重视金融发展，积极创造条件，促进金融业发展。但受到客观条件的约束，金融发展发展水平总体不高。区域金融发展支撑地方经济发展能力明显不足。云南省地处西南地区和沿边地区，受各种

---

① 杜琼：《云南沿边金融综合改革试验区建设：条件、问题、策略》，《中共云南省委党校学报》2014 年第 9 期，第 111 页。

② 杜琼：《云南沿边金融综合改革试验建设：条件、问题、策略》，《中共云南省委党校学报》2014 年第 9 期，第 111 页。

不利因素的影响较多。因此，其金融发展水平总体不高，存在不少问题，面临不少困难。金融机构发展缓慢，金融产品创新不足，金融服务能力不强等问题较为突出。还有技术与企业文化等方面的发展也面临一些困难。再加上周边省区的激烈竞争，面临的挑战增多。特别是与发达地区的发展差距较大。根据综合开发研究院（中国·深圳）课题组 2013 年发布的报告显示，昆明市与进入金融中心指数排名的西部省区市的省会城市相比，还是有一定差距的。（见表 3-3）。

表 3-3 昆明与西部部分中心城市金融发展比较（2013 年）[①]

	昆明	重庆	成都	西安	乌鲁木齐	南宁
综合竞争力	22	8	9	13	26	30
金融产业绩效	25	6	8	10	23	14
金融机构实力	24	7	5	15	31	28
金融市场规模	16	15	9	27	19	24
金融生态环境	21	13	11	15	25	30

从表 3-3 可以看出，昆明构建区域金融中心的优势并不突出，除了市场规模这一指标进入前 20 位外，其余指标都在 20 位以后。

（三）金融人才支撑不足，金融发展质量不高

金融业是现代服务业中的高端行业，也是高端人才聚集的行业。推进沿边金融综合改革试验区建设，需要大批高端金融人才的支撑。尤其是具有国际眼光、战略思维和娴熟的驾驭全球性金融管理工具的高端金融人才。从全球具有重要影响的国际金融中心的发展来看，凡是国际金融中心，都聚集着

---

① 张家寿：《打好东盟牌：建设广西新的战略支点对策研究》，广西人民出版社 2015 年版，第 140 页。

大批一流的国际金融人才。根据英国智库经济和商务研究中心（Cebr）数据显示，2012 年，纽约金融从业人员有 25.41 万人，伦敦有 24.95 万人，香港有 22.6 万人，新加坡有 12 万人。[①] 其中，纽约和伦敦的金融从业人员约占就业人员的 12%；新加坡的金融业从业人数约占总就业人数的 7.5%。[②] 香港的金融业从业人员基本维持在就业人口总数的 5.5%。[③] 上海 2011 年金融业从业人数近 24 万人，约占就业总人数的 3% 左右。[④] 而云南省的金融从业人员，2012 年仅为 16 万人，占全部就业人员的比重为 0.56%。[⑤] 这些数据表明，云南推进沿边金融综合改革面临的金融人才不足问题较为突出，因此会制约金融业的发展水平，影响金融业的发展质量。

（四）外部不确定性因素影响带来的挑战

近年来，一些国家利用国际上错综复杂的矛盾，制造一些不和谐不稳定因素，对地区安全稳定造成了不利影响，也影响到了区域经济合作的深化。因此，对于批复建设的沿边金融综合改革试验区来说，无疑会影响到金融合作的顺利推进。

（五）中国东南周边国家经济金融发展不足的挑战

由于中国东南周边国家经济基础薄弱，产业发展不协调，贸易发展长期失衡，经济发展困难，经济发展水平低，与这些国家间的经济相互依存度不

---

① 杜琼：《云南沿边金融综合改革试验区建设：条件、问题、策略》，《中共云南省委党校学报》2014 年第 9 期，第 111 页。

② 杜琼：《云南沿边金融综合改革试验区建设：条件、问题、策略》，《中共云南省委党校学报》2014 年第 9 期，第 111 页。

③ 杜琼：《云南沿边金融综合改革试验区建设：条件、问题、策略》，《中共云南省委党校学报》2014 年第 9 期，第 111 页。

④ 杜琼：《云南沿边金融综合改革试验区建设：条件、问题、策略》，《中共云南省委党校学报》2014 年第 9 期，第 111 页。

⑤ 杜琼：《云南沿边金融综合改革试验区建设：条件、问题、策略》，《中共云南省委党校学报》2014 年第 9 期，第 111 页。

高，中短期内双边合作的基础不牢固，过低的经济相互依存度，区域内各国和地区经济发展水平、资金、技术和产品竞争力等方面都存在比较大的差距。中国东南周边国家主要金融机构的海外分支机构或代理行的数量少，地区分布也不均衡，银行双边结算网络的基础架构和服务功能都比较脆弱，我国与部分国家尚未签订结算合作协议，银行无法直接与这些国家建立代理行关系，银行结算往来只能通过第三国银行办理，从而制约了跨境金融的发展，使得区域内的货币金融合作，缺乏雄厚的经济基础支撑。根据世界银行WDI 数据库的数据统计分析，2017 年，越南人均 GDP2343.1 美元，老挝人均 GDP2457.4 美元，缅甸人均 GDP1298.9 美元，柬埔寨人均 GDP1384.4美元。[①]

二、广西推进沿边金融综合改革试验区建设存在问题与原因

广西推进沿边金融综合改革试验区建设以来，取得了显著的成效，对推进人民币走出去具有重要的促进作用。但是，也存在一些问题，需进一步研究解决。

（一）实体金融机构布局不平衡

2016 年，广西银行业新增股份制商业银行 1 家、村镇银行 1 家，有 1 家农村信用社通过改制变为农村商业银行。截至 2016 年末，广西有 21 家非法人金融机构。其中，2 家政策性银行、8 家股份制商业银行、5 家国有大型商业银行、1 家邮政储蓄银行、4 家外资银行和 1 家财务公司。银行业法人金融机构有 136 家。其中，26 家农村商业银行、3 家城市商业银行、49 家农村信用社、16 家农村合作银行、37 家村镇银行、1 家财务公司、1 家金融租赁

---

① 国家统计局国际统计信息中心、广西壮族自治区统计局、国家统计局广西调查总队：《中国—东盟统计年鉴（2018）》，中国统计出版社 2018 年版，第 31 页。

公司和 3 家农村资金互助社。① 从这些金融组织的发展布局来看，广西沿边金融综合改革试验区范围内的 6 个城市，尤其是边境 5 个城市实体金融机构较少，且结构不完善，致使沿边金融综合改革的载体较为缺乏。由于边境地区的经济总量小，新增的边贸业务也有限，难以满足银行金融机构业务网点开设的要求，因此边民互市点的金融基础设施的便利化配套也不够健全，难以将贸易额纳入银行结算，导致大量资金在实体外流动，不利于对跨境资金进行监测和分析，存在一定的金融风险隐患。由于中国银监会批准设立的网点指标有限，所以各银行金融机构更倾向于将网点布局在条件较好的南宁、柳州和桂林等城市。此外，由于地区性开发银行少，从某种程度上也制约了沿边金融综合改革试验区的基础设施建设。

（二）特色金融机构发展不平衡

广西特色金融机构虽然有所发展。但是，总体上来讲仍然偏少。2016年，广西仅新增 1 家上市公司、29 家新三板挂牌公司、4 家证券公司、31 家证券营业部和 2 家期货分公司。截至 2016 年末，广西共有 36 家境内上市公司、2337 家区域股权市场挂牌企业、60 家新三板挂牌公司、1 家证券公司、19 家证券分公司、1 家基金管理公司、2 家期货分公司、184 家证券营业部、32 家期货营业部和 42 家已登记私募基金管理人。②

截至 2016 年末，广西共有保险经营主体 39 家，同比增加 2 家。其中，1 家法人保险机构和 38 家省级分公司。广西保险公司有 2082 家分支机构，同比增加 55 家；有 304 家专业保险中介机构，同比增加 151 家。③ 基本形成了地方法人公司与分支机构、商业性与政策性、中资与外资、综合性与专业性相结合的多种形式共同发展的广西保险市场体系。

---

① 崔瑜：《广西沿边金融综合改革实践与探索》，广西人民出版社 2018 年版，第 36 页。
② 崔瑜：《广西沿边金融综合改革实践与探索》，广西人民出版社 2018 年版，第 36 页。
③ 崔瑜：《广西沿边金融综合改革实践与探索》，广西人民出版社 2018 年版，第 36 页。

从总体上来看，广西的金融机构以银行保险类为主，证券期货类机构特别是新型金融机构、地方金融机构、机构总部、证券、期货、基金和租赁等特色金融机构比较少，具有法人资格的金融机构更少。会计、法律、投资咨询和信用评级等金融服务机构特别是高端服务机构少，综合性多功能金融服务的渠道和平台比较缺乏。

（三）要素交易市场发展不平衡

自沿边金融综合改革试验区建设以来，正式挂牌成立的要素交易市场仅有广西文投文化产权交易中心1家。从广西沿边金融综合改革试验区各市的发展情况来看，这样的要素交易市场更是太少。广西北部湾经济区现已经形成了石化基地，但是至今没有一所石化交易场所，这很不利于广西北部湾经济区的石化产业的发展。钦州保税港区作为广西沿海地区的重要开放平台，已经有油库、车库、酒库以及原料库等，但缺乏相应的要素交易功能。

（四）地方金融组织培育发展缓慢

在推动民间资本市场发起设立民营银行方面，广西真正有实力有意愿的民营企业不多。在组建合资证券公司方面，尽管广西政府已明确由广西金融投资集团作为中资牵头人，但由于政策方面的原因，云南与广西两地都在竞争这一家合资证券公司开设资格，导致存在很大的不确定性。

（五）地方金融风险防范亟待加强

2016年以来，受外部市场需求萎缩，广西经济下行压力增大等国内外宏观经济因素的不利影响，广西地方金融风险开始显现。2016年末，广西银行业金融机构的不良贷款余额同比增长2.37%。不良贷款率也较年初增长了0.22个百分点。这些不良贷款主要出现在采矿业、租赁和商务服务业、软件和信息技术服务业和信息传播等行业，不良贷款的增幅比较大。

（六）保险市场发展不平衡

在保险服务支持沿边金融综合改革试验区建设方面，虽然取得了一定的成绩。但与沿边金融综合改革试验区建设的目标要求还有较大差距。

保险基层服务体系覆盖面还较窄。截至 2016 年 9 月，广西共有县级以下保险支公司、营业部和营销服务部 1700 家，乡镇级"三农"保险服务站超过 1000 个，村级"三农"保险服务点 2600 余个，但广大农村地区保险服务队伍建设仍然滞后，无法满足广大人民对保险服务的需求。保险服务水平仍有待提升。跨境保险、农业保险以及小额保险等与广西经济和民生紧密相关的险种覆盖率仍然较低，尤其是跨境保险点少面窄，服务沿边经济的广度和深度都有待进一步提升。巨灾保险风险机制还不够完善。小额贷款保证保险发展进度偏慢，规模偏小。

（七）跨境金融合作交流有待深化

中国与中国东南周边国家的金融合作虽然有所发展，但合作程度还不够高。近年来，中国与印度尼西亚、马来西亚、泰国和新加坡等国虽然签订了货币互换协议，但还没有签订本币结算协议。与柬埔寨、越南等国也没有签订货币互换协议，双边银行跨境结算的渠道不畅通，两国银行对本币结算的利息和操作流程及相应法规的互相了解也很不够，要与对方开展跨境结算、清算存在很大的难度。双方边境地区非边民人员出入境办证手续仍较繁琐，经济金融部门以及经贸投资企业人员出入境仍受限制，影响到双边银行开展合作和建立定期会晤协商，迫切需要进一步深化合作。

第三节　沿边金融综合改革试验区建设的深化发展

沿边金融综合改革试验区建设以来，云南和广西两省区大胆探索，勇于实践，积极推进沿边金融综合改革创新，成效显著，试验示范效应显现。地方金融、沿边金融、跨境金融发展都有了突破性进展，不仅促进了地方经济发展，也有力促进了跨境贸易和跨境人民币业务发展，为推动人民币走出去积累了有益经验。但是，沿边金融综合改革试验区建设，也存在一些问题，面临一些困难，需要不断探索实践，进一步创造有利条件，更好地促进沿边金融综合改革试验区不断深化发展。为此，要以中国（云南）自由贸易试验区、中国（广西）自由贸易试验区、广西建设面向东盟的金融开放门户为抓手，以创新思维深化改革创新，推进沿边金融综合改革试验区深化发展。

一、进一步促进境内外金融机构集聚发展

进一步加大力度完善金融机构引进激励机制，制定引进和发展金融机构的奖励政策，鼓励金融企业以集团化的方式设立分支机构，促进境内外金融机构集聚发展。

（一）大力吸引银行业机构集聚发展

继续创造有利条件吸引境内外银行集聚发展，打造面向中国东南周边国家的银行业机构集聚区。特别是要加大力度吸引国有大型银行、全国性股份制银行以及政策性银行机构的总部或省级分行的集聚发展。加大力度引进金融资产管理公司、企业集团财务公司等机构的省级分公司和货币经纪公司入驻。支持各大银行机构设立分支机构和创新型业务中心。鼓励商业银行设立理财、直销银行和私人银行等专业子公司。鼓励和引导民间资本进入银行业领域，支持民间资本参与设立民营银行和村镇银行等持牌金融机构。支持符合条件的外资银行业金融机构开设分行、支行或代表处。

（二）促进境内外保险机构集聚做强

进一步加大力度吸引境内外保险公司法人金融机构总部、省级分公司及

核保、理赔和后援中心等中后台机构集聚做强，打造面向中国东南周边国家的保险机构集聚区。支持保险机构设立专业聚焦跨境保险的区域性总部或专设机构，鼓励以集团化方式集聚财产险、人寿险、再保险和保险专业中介等多元业态。支持设立自营保险公司、相互保险组织和互联网保险公司等新型保险机构。鼓励符合条件的外资金融机构设立合资保险公司，吸引境内外有实力的机构设立责任保险、健康保险和养老保险等专业保险机构和不动产、基础设施和养老等专业保险资产管理机构，推动设立保险经纪、保险公估、保险代理等中介服务机构。

（三）促进境内外证券机构集聚做大

加大力度吸引境内外证券机构集聚做大，打造面向中国东南周边国家的证券业集聚区。吸引境内外证券公司、期货公司和基金管理公司等法人机构总部入驻试验区，鼓励证券公司省级分公司、财富管理、资产管理中心及中后台机构等入驻试验区。支持符合条件的外资金融机构在试验区设立合资证券公司、期货公司。鼓励证券公司在试验区设立资产管理、承销保荐和另类投资等专业子公司。鼓励基金管理公司在试验区设立特定客户资产管理、独立销售等专业子公司。支持设立中外合资券商资管公司，发展公募证券投资基金和私募证券投资基金。鼓励证券期货机构与互联网企业、信息技术系统开发商等机构开展合作，依法自主进行互联网业务创新。

（四）鼓励金融新业态集聚发展

1. 鼓励发展地方性金融，完善地方金融组织体系

依法依规引进或设立小额贷款公司、融资担保公司、融资租赁公司、商业保理公司、地方资产管理公司、典当行和地方各类交易场所等地方类金融机构，完善地方金融组织体系。支持符合条件的企业依法依规发起设立汽车金融公司、金融租赁公司和消费金融公司等非银行金融机构。推动产融合

作，支持商业保理和融资租赁等上下游金融机构集聚发展，拓展专业性金融服务功能。加强与国内外财富管理中心交流合作，吸引合规的财富机构入驻试验区，重点吸引新加坡和中国香港地区实力较强的财富管理机构入驻试验区。大力发展以私人银行为特色的定制型财富管理机构，引进以家族信托为代表的国际财富管理先进理念，构建所有制多元、服务对象多层和产品模式多样的财富金融体系。依托中国—东盟信息港南宁核心基地，鼓励金融服务与现代信息技术融合创新，鼓励发展数字化和网络化的新金融产品，打造面向中国东南周边国家为重点的数字经济高地。支持符合条件的专业机构申请第三方支付牌照，开展跨境支付清算业务。在依法合规的基础上，鼓励非银行支付机构开立跨境人民币备付金账户，为企业和个人跨境货物贸易和服务贸易提供人民币结算服务。打造面向中国东南周边国家的金融服务平台，通过引入综合性金融服务平台，利用新兴技术整合政府、企业、金融机构和互联网数据资源，促进双边企业、金融机构之间的信息畅通、信用互通和资金融通。推动政银企合作，以金融科技力量推动"互联网+政务服务+金融服务"平台建设，推动银行业统一标准的移动支付产品在公交出行、医疗健康、缴纳罚款、缴纳税款、校企园区和公共事业缴费等重点便民支付领域应用，强化数字民生服务。引进大数据、云计算和人工智能等金融科技公司、金融服务外包公司和科技金融专营机构，推动影响金融科技功能应用的底层技术发展，完善大数据、人工智能、互联网技术（如物联网、移动互联）、分布式技术（如区块链、云计算）和安全技术（如生物识别、密码技术）等各类技术市场设施，推动科技金融发展。

2. 培育产融结合新业态，推动产融一体化发展

加大力度促进产融合作，培育产融结合新业态，推动产融一体化发展。积极发展供应链金融、电商金融和物流金融等金融新业态。借助大数据和区块链技术，打造供应链物流金融平台，为跨境电商提供跨境消费融资以及为上游供货商提供贸易融资等跨境电商产业链金融服务。引入"行·好运"等智慧物流平台的运行模式，植入金融综合服务，打通陆路与铁路、海运和航空等跨境物流业态数据接口，打造供应链金融服务新高地。

二、进一步推动跨境保险创新发展

面向中国东南周边国家，推动跨境保险创新发展，打造区域性国际保险交易市场。借鉴国内保险创新试点的政策，争取保险业监管机构在创新项目试点、法人机构批设、保险资金运用、高管人员任职和保险创新指导监管等方面给予"一揽子"支持政策。在充分考虑金融保险产业需求，在公共服务、配套设施和载体安排上做好布局，立足服务保险创新，在管理决策、标准制定、产品研发、信息交流和国际合作等方面发挥优势。支持银保联动提供综合金融服务，鼓励保险、银行在渠道、产品和差异化经营等方面探索合作新模式，拓展合作新空间，支持建设银保联动平台和双方项目库，打造银保联动示范区，建设保险创新综合体。加强与中国东南周边国家开展跨境保险合作，鼓励保险机构在跨境车辆保险、跨境劳务保险和跨境旅游人身保险等业务基础上，进一步创新拓展保险品类和服务方式，加强与中国东南周边国家保险市场在产品、服务、资金、人才等领域探索互联互通的新方式新途径，促进保险产品和服务创新发展。在符合相关法律法规的前提下拓展中国东南周边国家的保险业务，实现跨境保险需求的快速响应。建立健全服务中国与中国东南周边国家贸易、投资、互联互通、服务、文化、科技、产业和环保等多领域保险需求的保险创新服务体系。推动跨境保险平台建设，设立保险产品与技术创新孵化基地和保险共性技术实验室等行业基础性平台，探索设立面向中国东南周边国家的保险企业对保险企业平台，提供承保分保活动及保单质押等衍生金融服务，形成区域性国际保险交易市场。依托中国—东盟保险合作与发展论坛和亚洲保险监督官论坛等平台，加强与中国东南周边国家的跨境保险交流合作，推动中国与中国东南周边国家的保险培训交流，通过对中国东南周边国家的监管部门、保险协会和保险机构的人才培训，促进保险监管规则及风险管理等专业领域的交流合作。

三、进一步推动绿色金融改革创新发展

推动绿色金融改革创新发展，在绿色产业发展和生态文明协调发展等领域探索特色鲜明的绿色金融发展模式。鼓励相关机构设立绿色金融事业部、绿色支行或绿色基金，推进绿色专营机构集聚发展，打造绿色金融创新综合体，完善绿色金融创新综合体功能，加快形成金融、人才、资金、科技、项目和服务一体化的协同发展新格局。鼓励金融机构在绿色信贷、绿色基金、绿色债券、绿色保险和绿色投贷联动方面先行先试。鼓励银行、证券公司、保险公司、基金管理公司、金融租赁公司和信托公司开展绿色金融业务。鼓励金融机构制定绿色金融业务规划，建立完善绿色金融专业化经营管理体系，促进绿色金融业务创新发展。积极支持绿色投行与创新型业务发展，鼓励金融机构全方位参与境内外绿色债券市场，鼓励金融机构开展绿色资产证券化业务，支持金融机构与政府合作建立绿色产业基金和绿色担保基金，鼓励企业按照环境、社会和公司治理行为准则走出去与中国东南周边国家开展投资合作设立合资绿色发展基金，鼓励国际金融组织和跨国公司开展绿色投资，支持开展绿色租赁业务，探索开展绿色理财业务。加大对企业在授信担保产业基金对接、专项资金扶持等方面的差异化支持力度，引导金融机构支持新一代信息技术、大数据、云计算及高端装备制造、新材料和新能源等战略性新兴产业和现代服务业发展。推动金融机构与国际金融公司、国内外同业加强沟通，在绿色债券、绿色基金和绿色银团等业务领域加强合作，在绿色金融信息和绿色产品创新等方面加强沟通协调，共同促进可持续发展。

四、进一步推进跨境金融业务创新发展

依托区域性跨境人民币业务平台以及各银行设立的中国—东盟业务中心，推动建设区域性人民币离岸金融中心。支持开展更多中国东南周边国家货币银行间市场区域交易，推动建设区域性货币交易清算中心。针对中国东

南周边国家的跨境投融资需求，大力开展跨境金融产品创新，推动建设跨境投融资服务中心。

（一）推动建设区域性人民币离岸金融中心

国家监管部门要积极支持广西、云南等沿边省区设立离岸人民币金融中心。建立针对中国东南周边国家的金融机构审批、备案快捷通道，简化办事程序，在离岸金融市场准入、准备金、离岸业务管理、离岸业务奖励等方面提供支持，鼓励境内外金融机构设立离岸金融中心或离岸业务部，鼓励具有离岸经营资格的中外资银行授权其分支机构开展离岸业务，加强特色离岸业务引导，支持发展离岸银行业务和期货保税交割，逐步拓展离岸保险、离岸证券、离岸基金、离岸信托、离岸货币以及离岸同业拆借等离岸金融业务，促进离岸金融业务多元化发展。按照风险可控和条件成熟的原则，探索构建本外币合一的银行账户体系的政策，推进本外币合一的银行账户体系建设。探索面向中国东南周边国家的离岸人民币资产交易，满足投资者流动性和风险管理需要。支持金融机构开展离岸人民币业务试点和离岸人民币债券市场试点，促进跨境人民币业务创新发展。开展适应加工贸易、转口贸易等多种贸易业态的结算便利化试点，鼓励银行业金融机构开办跨境人民币业务，支持企业办理人民币跨境贸易和投资结算，优化跨境人民币结算业务流程。建立完善离岸金融注册中心、客服中心、年检中心、人力中心以及政务咨询中心等在内的服务支持系统，集中办理所有离岸业务相关手续。

（二）推进区域性货币交易清算中心建设

支持金融机构设立跨境结算和现钞调运功能性总部，推动跨国企业设立跨境结算中心，支持银行业金融机构与中国东南周边国家商业银行建立人民币代理行关系，努力完善跨境结算功能。积极推动面向中国东南周边国家的贸易人民币结算平台建设，面向中国东南周边国家扩大交通、贸易、投资、产业、金融和人文等合作范围，拓展业务种类，推动人民币在中国东南周边国家的推广使用，打造区域性人民币清算中心。搭建人民币与中国东南周边国家货币的直接汇率形成、金融资源配置和汇率风险管理的基础交易平台，逐步实现人民币对中国东南周边国家货币的直接报价兑换。支持扩大市场交易主体，推动更多中国东南周边国家货币开展银行间市场区域交易，鼓励中国东南周边国家金融机构参与交易。鼓励具备人民币与外汇衍生产品业务普通类资格的银行业金融机构，为境外机构办理即期结售汇业务提供远期、掉期和场外期权等人民币与外汇衍生产品服务。支持利用大数据、云计算和区块链等新兴技术，通过跨境资源整合和服务创新融合，为跨境贸易提供数字金融解决方案。

（三）推动跨境投融资服务中心建设

设立面向中国东南周边国家的跨境投融资服务中心，建立跨境重大项目信息平台，为国内外企业提供标准化和专业化的跨境投融资等金融服务。围绕市场需求潜力大、产业成长性强的产业，支持跨境资本和创新资本利用新技术为投融资双方提供精准对接和快速匹配方案，加快集聚境内外大量企业和投资机构，培育形成跨境投融资产业生态体系。鼓励境内金融机构加强与境外机构的跨境投融资合作，开展人民币跨境双向贷款和境外发行人民币债券等跨境融资业务。推动设立跨境担保机构，为走出去企业融资提供支持。在健全风险防控机制的前提下，鼓励符合条件的企业和金融机构按照有关规定通过贷款和发债等形式从境外自主融入本外币资金。支持企业根据自身经营和管理需要，开展集团内跨境双向人民币资金池业务。鼓励金融机构开展海上保险、船舶融资、资金结算和航运衍生产品等业务。推动合格境内投资者境外投资试点，简化境内基金进行境外投资审批，开辟境外投资和资金出入境审批的绿色通道。

五、进一步谋划建设跨境金融服务基地

面向中国东南周边国家，谋划在广西、云南等边疆省区建设金融后台服务基地、财富管理服务基地、金融信息服务基地和金融交流培训基地，为中国与中国东南周边国家企业提供跨境金融服务。

（一）金融后台服务基地

金融后台是指与金融机构直接经营活动业务相分离并为其提供服务和支撑的功能模块和业务部门。如数据中心、清算中心、研发中心、银行卡中心、呼叫中心、灾备中心和培训中心等。金融后台与金融前台服务体系共同构成完整的现代金融产业价值链。随着云计算、大数据以及通信网络体系和信息服务体系逐渐成为热点，服务金融的数字技术、信息技术以及金融工程技术等的广泛应用，金融后台业态成为重要的金融新业态。

根据金融后台业态发展的演进逻辑，金融后台业态的发展大体上有金融后台业态1.0、金融后台业态2.0和金融后台业态3.0三种形态。

金融后台业态1.0，即人力资源密集型业态。金融后台业态1.0以人员、场地等集中需求为主要特征，重点发展客服中心、呼叫中心（小语种呼叫中心）、银行卡中心、制单中心、档案管理和微处理、灾备中心以及人才培训等业态。

金融后台业态2.0，即技术密集型业态。金融后台业态2.0以信息技术、基础技术平台等为主要特征，重点发展数据中心、清算中心、票据处理中心、会计稽核中心、系统服务和研发中心等业态。

金融后台业态3.0，即知识创新型业态。金融后台业态3.0以金融创新、国际金融合作和知识创新等为主要特征，重点发展研发中心、知识服务、决策分析、创意设计和服务外包等业态。

根据金融后台业态的发展特征，建设金融后台服务基地，要重点引进具

有影响力的金融机构数据处理中心、保险后援中心、呼叫中心、信用卡中心及培训中心等项目集聚发展，大力支持金融机构组建面向中国东南周边国家的跨境产品研发、跨境结算、离岸业务、票据保理、灾备、数据和小语种呼叫中心等，发挥国内外涉中国东南周边国家业务聚集地的优势，通过丰富业务流、资金流和信息流，吸引更多国内企业深入中国东南周边国家开展跨国市场经营，形成金融与实体经济共进、金融开放与产业开放共促的双赢格局。引进软件开发外包、研发设计外包、金融后台服务外包、创意设计、呼叫平台和数据处理等领域服务外包机构，逐步集聚规模、技术和成果等优势，辐射带动周边区域甚至更大范围的金融外包产业发展。

（二）财富管理服务基地

充分挖掘银行、保险、基金、证券、信托和融资租赁等传统金融机构的财富管理资源，培育业务新颖和管理规范的新兴独立财富管理机构，打造专业财富管理机构的集聚高地。坚持金融服务实体经济原则，建立有区别的财富管理服务机制，以市场运作的方式引导居民财富配置到实体经济领域，引导财富管理机构提供符合需求的综合性金融产品，鼓励财富管理机构开展家族信托业务，提供个性化的财富管理服务方案。鼓励金融机构面向中国东南周边国家的客户开展现金、信用、保险和投资组合等金融服务，满足客户不同阶段的财务需求。支持财富管理机构开展现金储蓄及管理、债务管理、个人风险管理、保险计划、投资组合管理、退休计划和遗产安排等财富管理业务。通过举办中国—东盟财富论坛和财富沙龙活动等提升财富管理服务基地的形象和知名度，不断提高财富管理服务基地影响力。

（三）金融信息服务基地

大力推动云计算、大数据、智慧城市、科技创新、智能制造、北斗导航和卫星技术应用等重点项目建设，为金融信息服务提供支撑。积极引进各类金融信息服务终端、金融资讯、数据管理和金融指数等信息服务机构，特别是具有影响力的金融信息服务机构，打造数字经济高地。依托中国—东盟信息港南宁核心基地，构建集金融信息共享、信息联通、数据分析运用和交易撮合等功能于一体的金融信息综合服务平台，整合发布中国东南周边国家金融信息和金融政策动态，为国内企业走出去提供金融信息服务。在中国—东盟（南宁）货币指数基础上，结合面向中国东南周边国家的广西综合金融服务平台建设成果，推出沿边金融发展指数、沿边金融生态指数、中国与中国东南周边国家货币指数和金融舆情指数并推广运用。

（四）金融交流培训基地

推动金融机构与高等院校加强合作，谋划金融高端人才培养工程项目、金融专业人才培训项目和国际金融人才培训项目，为中国与中国东南周边国家的金融合作发展提供人才支撑。借鉴深圳中国资本市场学院、新疆中亚区域经济合作学院的运作模式，推动中国—东盟区域金融合作学院加快规划建设。推动设立由高端金融智库、研究机构和政府共同发起的中国—东盟金融智库联盟，搭建信息、资源和成果共享的合作交流平台，完善智库专家团队，优化智库工作机制，打造金融产业发展决策咨询机构和智囊团。推动金融机构与高等院校、研究机构的合作和人才交流，建立长期培养金融研究、技术创新、市场营销和跨境贸易的金融人才跨境交流机制。办好中国—东盟金融合作与发展领袖论坛，不断提升会议论坛的国际影响力。

六、进一步推进跨境金融市场体系建设

（一）大宗商品现货交易市场

联合中国东南周边国家的知名商品交易所，在有序整合现有交易场所的基础上，推动设立面向中国东南周边国家的大宗商品现货交易中心，推动食糖、蚕丝绸、水果、海鲜、木材、矿石和特色工业品等交易。推动建设现货

交割仓库，面向国内外提供高效安全的实物交割服务。

（二）黄金产业交易市场

吸引国内外黄金投资机构共同建设面向中国东南周边国家的黄金产业园区，以服务实体经济，完善行业服务生态为导向，发展集研发设计、生产制造、金融服务、展示交易、人才培育和文化休闲旅游于一体的黄金实体产业链与黄金生态产业链相结合的黄金全产业链经济。围绕黄金全产业链经济的发展，统筹开展黄金进出口"非一批一证"试点，积极承接和吸引全球特别是中国东南周边国家和国内黄金产业链产业转移与合作，促进重点黄金企业协同发展，形成黄金全产业链经济体系。加强与上海黄金交易所合作，推动建立国际黄金交割库，为经营者提供交割服务。

（三）区域性股权投资市场

引进国内外天使投资、风险投资、创业投资、私募股权投资和产业投资等股权投资企业以及股权投资管理企业，推进股权投资机构集聚化专业化高端化发展。鼓励银行、证券公司、保险公司、信托公司和财务公司等金融机构投资或设立股权投资企业，开展直接投资业务。建设项目信息发布平台，发布股权投资企业信息和项目融资需求信息，开展线上线下结合的投资对接交流活动，开展股权投资专业培训。联合民间资本设立支持创新创业企业的投资基金，鼓励各类基金加大对重点产业的投资力度。支持外资股权投资基金发展，建立外资股权投资基金与基金管理机构的注册登记、外汇管理、产业投资和退出机制。

（四）区域性产权交易市场

建设集物权、债权、知识产权和文化产权等多领域专业要素资源交易、金融配套服务和产业配套咨询于一体的综合性服务平台，形成区域性综合型全流程电子化产权要素交易平台。推动建立非上市非挂牌企业产权流转交易中心，提高非上市非挂牌企业产权流转的效率和公平性。

（五）区域性资本培育服务市场

打造集联络沟通、信息调研、远程交流、融资对接、企业上市培育、人才培养和辐射周边等功能于一体的资本市场孵化器，集聚境内外证券公司、律师事务所和会计师事务所等高端中介机构。引进深交所、上交所、港交所、新加坡交易所和全国中小企业股份转让系统等设立联络处，搭建企业与资本市场双向路演对接平台，为企业改制和新三板挂牌上市提供综合服务。

七、进一步加快完善跨境金融服务体系

（一）完善中介服务体系

引进律师事务所、会计师事务所、资产评估、投资咨询、知识产权和代理经纪等中介服务机构，开展货币兑换、信用评级、征信服务、资产评估、法律咨询、投融资咨询、会计审计和信息统计等与涉外金融核心业务密切相关的中介服务。加强对中介服务机构引导，推动建设政府部门、金融机构和金融中介服务机构的业务对接平台，促进金融机构与金融中介服务机构的有效对接。

（二）完善征信服务体系

引进执业能力强、专业化和具备公信力的征信机构与评级机构等信用服务机构，开展跨境投融资和贸易往来的信用评级、信用调查和信用咨询服务。充分利用大数据开展企业征信评级服务，为银企对接提供具有公信力的基础信用评估服务。设立联合征信服务公司，将企业工商、信用和对外贸易等数据纳入平台，向金融机构开放平台接口，为银行探索账户开立、结售汇和边贸结算业务办理无纸化精简化创造条件。支持信用评级机构和征信机构

加强与中国东南周边国家同行的交流合作，在符合双边法律法规框架下，在信用经济、信用管理、信用标准和联合奖惩等方面加强合作，为各类市场主体投融资和经贸活动提供征信服务。

（三）完善生活服务体系

加快完善电力、网络和通信基础设施，为金融服务提供高效安全的电力、网络和通信系统。加大力度促进金融商业配套设施建设，加快形成具备会议、超市、健身、休闲、娱乐、餐饮、科技、文化、卫生和信息服务的服务配套体系，形成合理的金融商业配套格局。

（四）完善人才服务体系

推进国际人才管理改革试点，创新柔性人才引进机制，着力引进高端金融人才，促进海内外高层次创造性优秀金融人才集聚，形成完善的人力资源服务外包与人力资源管理咨询等人力资源产业链。建立金融人才信息库，完善金融人才发展环境评价，形成良性循环的人才服务体系。优化人才发展环境，设立跨境金融服务中心，为金融从业人员提供交流对接、社交互动和信息共享的平台空间。

（五）完善营商环境配套体系

完善金融服务绿色通道，有效对接金融机构与经济主体，开展金融咨询服务，提高金融服务效率。建立金融信息监测分析机制，提高金融风险重大事件应急反应处置能力。打造高效快捷实时的网上政务服务平台，推进综合业务实现全覆盖。创新金融监管模式，利用大数据、人工智能和区块链等金融科技和监管科技手段，提高监管政策包容度，在监管政策上引领金融机构开展跨境金融创新，为金融创新营造良好氛围。

本 章 小 结

  沿边金融综合改革试验区建设是促进中国与中国东南周边国家加强金融合作的制度性创新实践平台，旨在推进沿边金融、地方金融和跨境金融改革创新。通过改革创新实践，沿边金融、地方金融和跨境金融改革创新都取得了显著成效，沿边金融、地方金融和跨境金融都得到了很好的发展，取得了重要突破。特别是在跨境金融领域的创新实践，探索形成了人民币与越南盾、人民币与瑞尔、人民币与泰铢、人民币与缅币的汇率形成机制，开辟了人民币与越南盾、人民币与瑞尔、人民币与泰铢的银行间交易，越南盾、泰铢的跨境调运实现了突破，建立了人民币回流机制。但是，沿边金融综合改革也存在一些问题，面临一些困难，需要进一步探索实践，不断实现新突破，使沿边金融综合改革试验区建设不断深化发展。根据未来中国与中国东南周边国家的金融合作趋势，应以中国（云南）自由贸易试验区、中国（广西）自由贸易试验区、广西建设面向东盟的金融开放门户为抓手，以人民币跨境使用为重点不断深化改革创新，加快形成人民币跨境使用的体制机制，把沿边金融综合改革试验区打造成为中国与中国东南周边国家的金融开放门户。

第四章　人民币走出去战略的理论支撑

在对中国东南周边国家金融发展、人民币流通与需求以及沿边金融综合改革试验区试验示范效应分析的基础上，本章通过对货币替代理论、区域汇率协作理论、最优货币区理论、一体化货币金融理论及其他货币金融理论的分析，为人民币走出去战略的实施提供理论启示。

第一节　货币替代理论

在开放的经济和货币可自由兑换条件下，货币替代已经成为一种特有的货币现象。自20世纪70年代以来，货币替代现象在世界各国愈演愈烈，特别是在拉美国家的表现最为突出。货币替代出现对各国政府的经济政策形成了较大冲击，甚至影响到金融体系的稳定。这种现象的出现引起了西方学术界的广泛关注，货币替代理论也应运而生。货币替代理论发端于西方国家，并形成了广泛研究，形成了不同的派别。从中国东南周边国家的货币金融发展来看，由于中国东南周边国家的货币大多为弱势货币，研究货币替代理论对于推动人民币走出去战略具有重要的启示意义，为人民币走出去战略提供理论支撑。

一、货币替代的生产函数理论

货币替代的生产函数理论强调的是货币的服务功能，认为要实现最大化的货币服务，人们会不同程度地调节本外币的持有比例，因而产生货币替代现象以及多元化持有国际货币的需求。

美国 Rutgers 大学的马可·迈尔斯（Marc A. miles）首次提出货币服务的生产函数理论①。该理论的核心是资产约束条件。马可·迈尔斯认为在给定的资产约束条件下，人们会根据本外币的相对收益和机会成本来调整本外币的持有比例，以获得货币服务的最大化收益。此后，Joines（1985），Bergstrand 和 Bundt（1990），Zou（1993）都运用货币替代的生产函数理论来检验货币替代现象。有些学者在货币替代的生产函数理论的基础上进一步细化，提出了货币替代的交易成本理论，最具典型的代表是 Saurman。Saurman 认为并非所有的货币持有者都是货币替代者，并于 1996 年推导出了货币需求函数，通过实证研究指出本币的贬值会导致实际利率的上升，价格水平的变化会引发货币替代现象。随着经济的发展以及理论界研究的需要，更多的学者将货币替代的交易成本函数具体化。De Vires（1988）将汇率变化的因素进一步扩充到利率的变化，证实了加拿大相对较小的货币替代程度。Sturzenegger（1994）的研究表明流动性成本等于持币的机会成本和交易成本之和。货币替代的生产函数理论随着实践和理论的需要不断地深化。

二、货币替代的边际效用理论

货币替代的生产函数理论从货币服务的功能性出发，强调货币的服务功能，为追求货币服务的最大化，将不可避免的产生货币替代。但是，该理论

---

① 张雅静：《人民币国际化发展研究》，首都经济贸易大学，硕士学位论文，2014 年，第 7 页。

有其局限性。货币替代的边际效用理论也因此应运而生。货币替代的边际效用理论引入国民收入水平、国内利率水平和货币汇率预期贬值等重要经济变量，弥补了货币替代的生产函数理论缺陷。货币替代的边际效用理论的主要代表人物是麦克·波尔多（Michael D. Bordo）和伊萨·乔瑞（Ehsan U. Choudhri），在《货币替代和货币需求——加拿大的例证》一文中，提出了货币替代的边际效用理论①。该理论比货币替代的生产函数理论有了较大的进步。作为货币替代的边际效用理论的延伸，货币需求的现金先行理论强调货币的交易媒介功能，所不同的是货币替代的边际效用理论直接把货币引入效用函数，而货币替代的现金先行理论把货币看作是交易者在购买时所面对的约束。Cuidotti 和 Vegh（1993）研究指出商品的相对价格的变动，可以通过改变使用不同货币的相对成本来实现，而降低使用外币的相对成本可以通过减少金融约束来实现，使本币名义汇率上升而实际汇率下降。Woodford（1991）的货币模型得出提高货币的替代程度可降低欧洲各国货币之间汇率的不稳定性。Boyer 和 Kingston（1987）通过构建现金先行模型分析证明了两个国家之间在存在金融约束的条件下，货币替代现象会使汇率波动的不确定性增加，在不存在货币替代或者货币替代水平较低时，本币供应量的变化将影响价格的变化。当出现货币替代时，改变汇率和相对价格水平变化的途径变成了改变两国相对货币供应量，改变相对货币供应量将对两国的宏观经济政策产生巨大影响。

三、货币需求的资产组合理论

在开放的经济条件下，具有不同风险和收益的金融产品的不断发展，使得各经济主体更为理性的考虑进行资产组合的同时持有本外币余额。美国次贷危机导致美元地位下降，由于金融资产的紧密联系，危机也给其他国家都

---

① 张雅静：《人民币国际化发展研究》，首都经济贸易大学，硕士学位论文，2014 年，第 7 页。

带来了不同程度的打击，东欧各国因此引起了严重的债务危机，欧元地位在此次危机中未能得以提升，而人民币却依然坚挺。在风险与收益的权衡中，世界各国更多关注中国，更多关注人民币的变化，人民币走出去面临难得机遇。

早在 1978 年，Dvid T. King、Bluford H. Putnam 和 D. Sykes Wilford 在马可·迈尔斯理论的基础上加入了资产组合因素，把货币余额看成是个人所持资产的一种形式，也同样具有风险和收益，这就是最初的货币需求组合理论。1982 年，Choudhri 将 Miles 所提出的货币性服务具体化为便利效用。Macedo 将货币需求的资产组合理论和边际需求理论相结合，通过研究认为消费者需求效用函数最大化决定持有本外币的最佳比例，而风险偏好程度和货币财富总量是决定消费者效用函数最大化的关键因素。1985 年，Lee R. Thomas 通过定量分析在债券等资产组合因素影响下的货币需求变动情况，得出最优本币资产和外币资产的最佳持有比例。货币需求的资产组合理论体系因此建立。货币需求的资产组合理论有其优点，也存在着一些不足。因为如果货币和资产是完全替代的，就没有理由持有货币了。1992 年，Giovannini 和 Turtelboom 通过资产组合理论的研究得出的需求函数存在多重共线性。此后，许多的专家和学者都试图引入其他的滞后变量来解决需求函数的多重共线性问题。但基本上都没有得到理想的收获。直到 1997 年，Moron 通过检验回报率的作用详细分析了这个问题。

四、货币的预防需求理论

货币的预防需求理论的主要代表人物是 Stephen S. P. Poloz。1986 年，Stephen S. P. Poloz 在其发表的《货币替代与预防性货币需求》中对货币的预防需求理论进行了研究。认为货币资产所需支付的流动性交易成本和消费者的不确定性存在，人们需持有一定数量的本币和外币余额，以应付未来发生的支付。需要不断调整资产组合形式，使资产的名义收益与资产转换的预期流动性成本之差达到最大化。

该理论认为当本币债券的需求上升时，经济主体会减少对外币的需求，而增加对本币的债券需求。当本币出现预期贬值时，经济主体出于对所持货币的谨慎需求动机考虑，将放弃本币资产和本币余额，从而增加对外币的持有比例。当一国受到某种冲击而导致债券需求下降，该国的货币也预期贬值时，理性的经济主体将调整资产组合形式，转而选择预期升值的其他货币，以达到名义收益与持币的流动性成本之差最大化。美国受次贷危机的影响，导致美元贬值，各经济主体对美元失去信心，各经济主体为实现名义收益与货币流动性成本之差最大化，必然会减持美元和美国债券，转而寻找具有升值空间的其他货币，以规避风险。

五、货币替代理论的启示

根据货币服务的生产函数理论，为实现货币服务收益的最大化，人们会不同程度地调节本外币的持有比例。随着中国综合实力的日益增强，中国同中国东南周边国家的贸易往来会更加紧密。随着贸易额的增多，为实现交易的便捷和提高双边交易效率，以实现货币服务收益的最大化，中国东南周边国家会越来越愿意使用人民币作为双边贸易的支付手段和记账单位，人民币在中国东南周边国家的持有比例将不断上升，甚至将人民币作为其国际储备资产。特别是随着中国与越南、老挝、缅甸等国家贸易和金融联系的加深，为追求货币服务收益的最大化，各国将不断调整本外币的持有比例而增持人民币。可以预见，在与中国东南周边国家的对外贸易中，人民币将逐渐成为中国东南周边国家使用的关键货币。

根据货币替代的边际效用理论，随着中国对外开放水平的不断提高，对外贸易往来的日益密切，中国的出口产品将逐年增多，中国贸易品在国际市场上的竞争力将日益增强，国外居民对中国贸易品的偏好在逐年增强。尤其是随着中国—东盟自由贸易区的升级打造，越南等国对中国贸易品的依赖程度已经超过其国内产品。根据需求的边际效用理论，在本外币都能提供便利交易的前提下，国外居民将调整本外币持有比例，从而增持人民币以达到消费者效用最大化，从而推动人民币走出去。当前，人民币已经实现了经常项目下的完全自由兑换，随着金融一体化程度的加深，资本项目对外开放也将逐步放开。若资本项目全面对外开放，根据货币替代的边际效用理论中的重要经济变量——国内外利率水平的差异，必将引起货币替代。人民币将替代其他国家的货币，从而助推人民币走出去。

根据货币需求的资产组合理论，随着以市场供求为基础参考一篮子货币进行调节的有管理的浮动汇率制度的实施，人民币缓步升值，各国理性的经济主体必然会选择预期升值的货币来替代预期贬值的美元。由于人民币价值稳定，汇率稳中有升，以及中国在东南亚金融危机期间坚持人民币不贬值、实施稳健货币政策，以及人民币升值空间的预期，为人民币赢得了良好的国际地位和声誉，这必将有利于推动人民币走出去。

根据货币的预防需求理论，人民币由于保持了坚挺的货币形象，对人民币有升值预期。因此，持有人民币将成为各国的理想选择，也就更加有利于推动人民币走出去。

第二节　区域汇率协作理论

"三元悖论"指出，一国在实现资本完全自由流动和货币政策独立性的同时，必须实行浮动汇率制度。那么，要推动人民币走出去，一方面，要求资本完全自由流动。虽然目前尚未能做到，但是资本项目的完全开放是人民币走出去的必然要求。另一方面，中国作为世界第二大经济体，国内的经济稳定持续健康发展，必然要求选择货币政策的独立性。因此，人民币走出去要求实行浮动汇率制度。但是，就目前情况来说，实行完全的浮动汇率制度是不可行的。因此，为将来实现人民币完全浮动汇率制度，应在中国与中国东南周边国家之间建立汇率目标区，同时在汇率目标区的基础上，加强人民币同各国货币的汇率协作，从而加速推动人民币走出去，最终实现人民币的周边化、区域化、国际化。

一、"三元悖论"

"三元悖论"强调一国无法同时实现货币政策的独立性、资本自由流动和汇率稳定性三个目标，只能择二弃一①。一国为保持货币政策独立性和资本完全自由流动而选择放弃汇率稳定性目标，实行浮动汇率。或者，为了保持货币政策的独立性和汇率稳定性而牺牲资本的自由流动性，实行资本管制。或者，为了实现资本的完全流动性和汇率稳定性而放弃货币政策的独立性。三个目标无法同时实现，只能择二弃一。

"三元悖论"理论的形成有其特殊的历史背景，经历了一个不断演进的过程。历史上，尤其是第二次世界大战后，金融危机频繁发生，使各国对固定汇率制度提出了质疑。1950年，Mihon Friedman首次提出放弃固定汇率制度，认为国际收支的调节迫切需要实行浮动汇率制度。1951年，英国经济学家James Meade在《国际收支》一书中指出固定汇率制度和资本自由流动是矛盾的，认为在固定汇率制度下一国无法同时实现内部均衡和外部均衡目标。这就是著名的"二元冲突论"，或叫"米德冲突论"，也曾被称为是"三元悖论"的前身。此后，荷兰经济学家丁伯根提出了著名的"丁伯根法则"。丁伯根论证了政策目标和政策手段的关系，提出政策目标的数量应小于或等于独立有效的政策工具的数量。"二元冲突论"只是丁伯根法则原理的一个特例。在固定汇率制度下，要想实现内部均衡和外部均衡的目标，只依靠货币政策一个工具是不可能实现的，在货币政策有效性的前提下，固定汇率制度和资本自由流动之间存在着不可磨合的矛盾。20世纪60年代，

---

① 张雅静：《人民币国际化发展研究》，首都经济贸易大学，硕士学位论文，2014年，第12页。

Mundell 和 Fleming 在综合凯恩斯的收入—支出模型和米德的政策搭配思想之后，创立了著名的 Mundell－Fleming 模型（即 M－F 模型），Mundell 和 Fleming 比较系统地分析了固定汇率制度或浮动汇率制度下，货币政策和资本自由流动对产出等宏观经济变量的影响。认为在固定汇率制度下，如果资本是完全自由流动的，货币政策对产出等宏观经济变量不会产生影响，只有当资本受管制有限自由流动甚至不流动时，货币政策的效果才明显。在浮动汇率制度下，即使资本是完全自由流动的，货币政策的效果也相当明显。M－F 模型对资本自由流动、固定汇率制度和货币政策三者无法兼得的论证，被认为是"三元悖论"的理论基石。1998 年，美国经济学家 Paul Krugman 是在《亚洲发生了什么》一文中提出"三元悖论"理论的，在其后来的著作《萧条经济学的回归》中进行了具体阐述。Paul Krugman 用一个三角形来形象地描述了"三元悖论"的作用机理。Paul Krugman 认为一国只能实现三角形的某一单边，只能达到其中的两个目标。在三角形的左边，固定汇率制度+货币政策的独立性+资本管制，此时一国需完全封闭资本市场，排除国外市场对国内市场的冲击干扰，才能在汇率稳定基础上有效的实施货币政策以调节宏观经济运行。在三角形的右边，固定汇率制度+货币自由流动+货币政策无效，此时的货币政策代价牺牲了用货币政策调节国内需求以实现宏观经济稳定。在三角形的底边，货币政策的独立性+资本自由流动+浮动汇率制度，此时的货币政策的效果能够较好地实现了国内均衡，但汇率的波动可能带来较高的成本。

"三元悖论"理论有其优点，"三元悖论"很好地解释了现实中三个宏观经济目标的搭配使用前景，反映了开放经济条件下经济体内部所蕴含的矛盾，同时也高度概括了一国对宏观经济政策的选择，是一个比较好的理论分析框架。在全球经济一体化浪潮的席卷下，大多数国家都不同程度地融入开放经济中，同时也面临着对内实现经济增长、充分就业和低通货膨胀目标，对外实现国际收支平衡的巨大挑战。"三元悖论"为各国制定政策提供了很好的理论参照，使各国在开放过程中根据自身的特点合理的选择政策，使政策的效用达到最大化，不应盲目一刀切而造成重大损失。"三元悖论"对历史有强大的解释力，"三元悖论"理论提出之后，很多国家都根据他的理论核心制定相应的汇率政策，避免了不必要的经济波动。

"三元悖论"也有其不足之处。首先，在实际操作中，实行浮动汇率制度和资本自由流动的国家，其货币政策往往受到其他因素的制约而无法实现完全的独立性。Bordo 和 Choudhri 的研究表明，严重的货币替代会削弱货币政策的有效性。其次，实行资本项目管制且汇率固定的国家也未必能获得政策的独立。M-F 模型就很好的证明了固定汇率制度和货币政策的独立两者无法兼得。第三，资本自由流动也并不一定会使固定汇率下的货币政策无效。同时也要看到，资本自由流动的程度以及相关的一些干扰因素。"三元悖论"为了研究的需要，其概念的设定都是绝对化的。但是，在实际运用中，没有绝对的汇率固定，只有相对的稳定，汇率浮动在必要时还是会受到央行的干预的。也没有绝对的资本流动，即使像美国这样的发达国家，在实行资本流动的同时也会受到当局一定程度的管理和制约。货币政策的独立性也是相对而言的，在很多情况下，货币政策的有效性会大打折扣。

基于对"三元悖论"的理论核心及其缺陷的分析，为更好地推动人民币走出去，我国宏观经济政策的实施应根据自身的特点审慎选择。首先，我国作为最大的社会主义发展中国家，需要保持国内经济的稳定可持续健康发展。一旦大力推动人民币走出去，如何保持货币政策的独立性就显得更加重要。因此，应以独立货币政策来确保低通胀率和人民充分就业，实现国内经济稳定可持续健康发展的国内均衡目标。其次，我国经常项目已实现人民币自由可兑换，而推动人民币走出去就要求资本完全自由流动。随着我国加入WTO，推进"一带一路"建设，实行更加开放的政策，资本的流动将更加活跃，为适应我国经济健康发展的需要，货币当局就应进一步加强监管协调，稳步推动资本市场开放，有条不紊地推动人民币走出去。第三，虽然现阶段我国经济发展还无法承受浮动汇率制度，但是固定汇率制度已经与我国的经济发展和对外开放要求不相匹配。因此，为最终实现完全浮动汇率制度，加快人民币走出去的步伐，现阶段只能实行有管理的浮动汇率制度。

二、汇率目标区理论

汇率目标区理论既能够克服固定汇率僵硬的缺陷，也可以避免浮动汇率下过度灵活的弊端，兼具了固定汇率制度和浮动汇率制度的长处，是一种较为灵活又稳定的汇率制度[1]。

汇率目标区理论的提出，最早可追溯到 20 世纪 70 年代初。牙买加体系的建立导致布雷顿森林体系的崩溃，此后许多国家都开始实行浮动汇率制度为主的混合体制。在混合体制期间，由于没有固定盯住某一货币，导致各主要货币之间的汇率阶段性频繁而激烈地波动和扭曲，从而对全球的投资、贸易和经济金融政策的协调带来空前的困难。这个问题引起了广大经济学者和官员的广泛关注。探求一种更合理的汇率制度而要求进行汇率制度改革的呼声越来越高，汇率目标区理论因此应运而生。在固定汇率和浮动汇率之间确定一个特定的基准汇率水平，在基准线上下保留一定幅度的浮动汇率空间，其整个区域称为汇率目标区。与浮动汇率不同的是，汇率目标区理论要求通过货币政策的调节，使汇率波动控制在目标区间范围内。同时，它与严格的固定汇率也有所不同，实行汇率目标区的国家，不需要对外汇市场进行干预，以使汇率达到期望的水平。随着经济形势的变动，必要时目标区也可以调整。它兼具了固定汇率制度和浮动汇率制度的长处，驱除了短处，是一种灵活又稳定的汇率制度。

1985 年，在杜森贝里的欧洲共同体六国货币汇价变动的目标区计划的基础上，美国学者 John Williamson 和 Bergsten 抛出了汇率目标区方案。该方案对基础均衡汇率、目标区幅度和维护目标区的政策等问题进行了研讨。并且规定目标区的浮动汇率波幅应以宽为主，根据需要可适当调整；在调整目

---

① 张雅静：《人民币国际化发展研究》，首都经济贸易大学，硕士学位论文，2014 年，第 13 页。

区汇率时推荐使用货币政策，必要时也可以施加汇率政策辅之；认为一国应使用实际汇率为佳，借此可以抵消通货膨胀率的差异，但应在维持国内均衡的基础上再加以讨论；任何适合加入目标区的国家都可以尝试加入，美国、德国、日本等发达国家至少都应加入其中。Williamson 方案为后来目标区的研究打下了基础。但是，他没有给出一个切合实际的理论模型来证明此方案。因此，该方案没有彻底解决汇率不稳定的问题。

1991 年，克鲁格曼在《目标区和汇率动态》一文中提出汇率目标区模型，将 Williamson 方案发展成为一种汇率目标区理论。Williamson 是该理论的集大成者。克鲁格曼模型揭示的是在目标区管理体制下汇率与基本经济变量的动态关系。克鲁格曼指出汇率与其他资产价格相同，它受一些基本经济变量以及经济主体对汇率值预期的影响。根据克鲁格曼模型得出两个重要结论。一是"蜜月效应"。在目标区内，外界对汇率的干扰影响会明显比在浮动汇率制度下的影响小，相对也较稳定。从数学上来看，"S"型曲线的斜率的绝对值都小于 1，进一步表明在目标区内汇率是稳定的。二是平滑过渡条件。曲线的斜率随着边界距离的靠近而减小，当达边界时，斜率趋向于零。说明随着汇率靠近边界区，基本经济变量对其的影响逐渐减弱，当达边界时，汇率对基本经济变量表现出完全不敏感。

虽然克鲁格曼模型对汇率目标区的运行机制做了形象的描述，但不少学者如斯梵森、米勒等人通过实证检验发现诸多国家的汇率体系和克鲁格曼模型有明显的差距。一是实践模拟出来的函数并不都呈"S"型，且各国实际的汇率分布多集中于目标区内，而非像克鲁格曼模型中所解释的那样多分布上下边界附近。二是对于完全可信的假设也存在不切实际性。因此，许多专家学者又对克鲁格曼模型进行了完善。最典型的要属于对两个假设的修正和拓展。不完全可信的汇率目标区和汇率在目标区内部时也存在政府干预。前者指经济主体对官方公布的汇率目标区不再完全可信，导致中心汇率及整个区域的调整，即不完全可信的汇率目标区会发生汇率重组，即预期重组率。罗斯和斯梵森验证了不完全可信的汇率目标区仍然具有内在的稳定性，指出在目标区内政府为了维持较稳定的汇率水平将频繁地实施干预，从而解释了实践中汇率多集中于目标区的内部原因。最为典型的是陈岩（2001）的量化汇率目标区模型，陈岩在《国际一体化经济学》一文中应用伊藤引理将克鲁格曼模型求解得到一个用输血模式刻画的汇率变动方程。陈岩的模型使克鲁格曼模型进一步量化了，但并没有改变克鲁格曼模型原有的经济学意义，可以说是进一步验证了克鲁格曼的准确性。同时，在此基础上，探讨了投机冲击、外汇储备对汇率目标区的影响，并最终得出两个重要结论。一是汇率目标区内汇率在少量外汇储备的前提下遭遇投机冲击，汇率将有可能冲破目标边界；二是在大量外汇储备下遭遇投机冲击，由于政府有充足的外汇储备加以干预，汇率将在抵达边界后向下返回目标区内。对于这两个结论，陈岩强调指出，一个国家的外汇储备再多也是有限的。因此，在重复多次的投机冲击下，外汇储备经重复多次的干预会逐渐减少，而对投机者来说，投机资本也是有成本的，因此在循环多次的过程中，外汇储备会逐渐减少，投机成本累积增加，因此必然要达到一个均衡点，即货币当局停止干预，投机资本也不再干预的稳态。

从"三元悖论"的研究分析得到一些启示。要推动人民币走出去，必须实行浮动汇率制度。但从目前情况来看，尚不能实行完全的浮动汇率制度。中国目前只能实行有管理的浮动汇率制度。由于央行长期执行的稳定汇率干预政策，使得中国的汇率政策近乎盯住美元的固定汇率，波动的幅度较小。从而使得浮动汇率制度所具有的市场自动调节功能无法充分发挥，同时也丧失了货币政策的独立性。因此，有一些经济学家提出在中国建立汇率目标区的构想，目标区可根据经济情况的变动每年固定调整一次，实行弹性的汇率目标区管理制度，为实现人民币汇率完全浮动，推动人民币走出去架起一座桥梁。

随着中国开放度的提高，中国实行人民币汇率目标区管理制度，将大大增强中国汇率政策的灵活性和有效性。当汇率趋向目标区边界时，中央银行才需要通过公开市场操作进行干预，使得汇率恢复既定目标。当汇率处于正常波动范围时，中央银行不必进行干预，任其自由波动，从而使得中央银行的政策具有更大自主性。同时将有效减轻货币政策的波动性。由于在汇率目标区管理制度下，现实汇率的调整不仅取决于中心汇率的调整，还将经受区内预期汇率的变动。因此，货币政策引起的汇率变动幅度不会像初始干预时的变动那么大，货币总量也不会发生太大的波动，这有利于实现中国货币政策的独立性，从国内经济稳定层面为人民币走出去创造有利的内部环境。同时，在中国建立汇率目标区，可以使中国通过有效率的实施有管理的浮动汇率制度，完善中国的汇率制度，最终实现完全的浮动汇率制度，为人民币走出去创造必要条件。因此，人民币汇率目标区制度对推进人民币走出去有重要的现实意义。

三、区域汇率协作的博弈理论

该理论运用博弈理论的方法研究了如何通过加强国家间的汇率协作，以使各国实现产出的增加与经济的和谐发展，从而达到帕累托最优状态的问题。

该理论的主要代表人物是日本经济学家 Koichi Hamada，Koichi Hamada用博弈论直观地说明了两国条件下的政策协调过程。Koichi Hamada 指出，国家之间存在重要的政策溢出的外部效应，即当一个国家采取政策时，政策的效应同时影响其他国家。因此，如果不同国家之间做出的政策不协调，甚至矛盾、互相抵触时，有可能会导致严重的低效产出，不利于各国经济的稳定发展。Koichi Hamada 用实证证明了缺乏协调的经济政策必然是无效的结论。基于这一点，各国政府完全可以采取可接受的协调政策，加强政府间的合作，从而使所有国家产出得到改善，实现帕累托最优。

汇率协作的博弈理论突破了 Mundell—Fleming 模型的局限性。Koichi Hamada 强调政策溢出效应需要通过国际经济政策来协调才能实现福利最大化，政府的目标可以非常不同，但是政策的协调是十分必要的。同时，也形象地展现了汇率协作的深层次原因。随着信息化和各种计量技术的发展，将有可能实现从量的角度具体地分析出各国汇率协作的成本和收益。因此，汇率协作的博弈理论有可能成为分析汇率协作最为有力的工具。

区域汇率协作的博弈理论指出，各国之间通过不同的经济政策具有重要的政策溢出的外部效应，并进一步强调指出缺乏协调的经济政策是无效的。因此，只有加强各国之间汇率协作，才能实现最优化效应。欧元区的建立，欧盟各国间汇率协作的成功示范，为人民币走出去树立了榜样。因此，加强中国与中国东南周边国家区域间的汇率协作，是推进人民币走出去，最终实现人民币区域性国际化的必然选择。

四、区域汇率协作的博弈理论启示

随着中国加强与中国东南周边国家的合作，经济联系日益密切。中国东南周边国家会越来越意识到，推进对包括汇率协作在内的金融合作越来越必要。此外，中国实施以"一带一路"建设为重点的对外开放合作，并以周边国家为重点推进"五通"建设，将使中国东南周边国家与中国的经济合作日益加强。因此，加强中国与东南周边国家的汇率协作，加强汇率协调，建立汇率协调机制，确立中国与中国东南周边国家货币的汇率形成机制，有利于规避汇率风险，稳定汇率预期，也有利于促进人民币的跨境使用，更好地推动人民币走出去，推进人民币周边化，进而实现人民币的区域化、国际化。

第三节　最优货币区理论

最优货币区理论是在20世纪60年代讨论美国与加拿大的贸易关系时提出来的。最优货币区理论最早是由具有"欧元之父"之称的蒙代尔（Mundel）最早提出来的。蒙代尔在20世纪60年代提出要建立最优货币区。最优货币区是指在一个区域内实行一种货币或几种货币，区域内实行固定汇率，区域外实行浮动汇率。在无须货币政策和汇率政策的固定汇率制度下，货币区内的成员国能够实现对内失业和通货膨胀平衡，对外实现国际收支平衡。之后许多经济学家把研究重点转向对加入最优货币区的成本收益分析。Hamada（1985）对加入最优货币区国家的福利研究；20 世纪 90 年代中期，克鲁格曼和澳博斯菲尔德提出"GG-LL"模型，定量分析加入货币区的最佳时机①。最优货币区理论仍然在不断发展，是国际货币领域研究的核心问题，为区域货币一体化奠定了理论基础。

一、传统最优货币区理论

传统的最优货币区理论产生于固定汇率和浮动汇率孰优孰劣争论的 20 世纪六七十年代。西方学术界的研究主要讨论建立最优货币区需要符合什么标准？什么样的区域适合建立最优货币区？西方学术界通过研究提出了建立最优货币区的一系列标准，包括部分复合标准以及非量化的成本收益分析理论等，这些研究为最优货币区理论的发展奠定了基础。

（一）最优货币区理论的单一标准

最优货币区理论的单一标准范围比较宽泛，包括 Mundell 的要素流动标准、Mckinnon 的经济开放度标准、Kenen 的产品多样化标准、Ingram 的金融一体化程度标准、Haberler 和 Fleming 的通货膨胀相似度标准以及 Tower 和 Willett 的政策一体化程度标准等。

1. 要素的流动性标准

Mundell（1961）认为资本和劳动力等生产要素可以自由流动的区域适合建立货币区。Mundell 认为外部不均衡主要是由需求转移引起的，汇率的调整仅限于解决不同货币区之间的收支不平衡问题，货币区内的需求波动主

---

① 张雅静：《人民币国际化发展研究》，首都经济贸易大学，硕士学位论文，2014 年，第 10 页。

要通过生产要素的自由流动进行调节，使资本和劳动力从盈余国流向赤字国，因而实现内部经济均衡。因为货币区内汇率固定，所以地区之间生产要素的自由流动就成为建立最优货币区的标准。

2. 经济开放度标准

Mckinnon（1963）认为经济开放度高的国家之间适合组建货币区。Mckinnon 以贸易品占社会商品的比重作为衡量尺度。Mckinnon 认为贸易品占社会商品的比重越大，该国的经济开放度就越高；贸易品占社会商品的比重越低，该国的经济开放度就越低。Mckinnon 认为经济开放度高的国家，通过汇率调节国际收支失衡的效用不高。认为在经济开放度高的国家，用汇率来调节国际收支失衡，不仅会引起进口商品的价格上升，而且有可能导致通货膨胀。如果采取限制价格上升的办法来抑制通货膨胀，又会引起经济紧缩和出现失业率上升。Mckinnon 认为经济开放度高的国家，由于对进口商品的需求弹性较小，对汇率调整的幅度较大，所以对经济体产生的负影响也越大。Mckinnon 认为在货币区内各国应实行固定汇率以达到价格稳定，对经济开放度低的国家宜实行浮动汇率。因此，Mckinnon 将经济开放度作为建立最优货币区的标准。

3. 产品多样化程度标准

Kenen（1969）认为产品多样化程度高的国家之间适合组建货币区。因为产品多样化的国家抵御外部冲击的能力越强。由于产品种类的多样化，当一国某产品在国外需求下降时，对其他产品的需求就有可能增加，从而抵消因对某产品需求下降而产生的不利影响。对于产品多样化的国家，没有必要实行汇率政策调节。实行固定汇率利于形成区域内经济贸易网，提高货币政策的效率，从而更好地促进区域内各国经济健康发展。因此，产品多样化程度高的国家比较适合建立最优货币区。

4. 金融一体化程度标准

Ingram（1969）认为金融一体化程度高的国家之间适合组建货币区。Ingram 认为高度金融一体化可为一国的国际收支平衡融通资金，通过利率的调整可以影响跨国资本流动，有利于改善贸易条件，可以避免因汇率变动而产生的风险。因此，Ingram 认为国际金融一体化才是建立最优货币区的最佳标准。

5. 通货膨胀相似度标准

Haberler（1970）和 Fleming（1971）认为通货膨胀率相似度高的国家适合组建货币区。Haberler 和 Fleming 认为通货膨胀率相似度是组建最优货币区的前提条件，通货膨胀率相似度越高就越有可能组建货币区。Haberler 和 Fleming 认为通货膨胀率不同会导致各国政府因利益不同而采取不同的货币政策，采取扩张性货币政策的低利率国家难与实施紧缩性货币政策的高利率国家达成一致的目标协议，就不可能成为货币区成员国。因此，Haberler 和 Fleming 认为通货膨胀率相似度高的国家更适合组建货币区。

6. 政策一体化程度标准

Tower（1970）和 Willett（1970）认为政策一体化程度高的国家更易组建货币区。Tower 和 Willett 认为偏好低失业率的国家和偏好低通货膨胀率的国家很难采取相同的政策，货币政策的不一致可能影响汇率政策、财政政策等其他政策的实施，成员国之间应该让渡部分主权以协调各国的货币政策等政策，为建立最优货币区创造必要条件。因此，Tower 和 Willett 认为政策一体化程度是建立最优货币区的重要条件。

除了上述标准外，还包括 Miltom Friedman（1953）和 Kawai（1987）的工资价格标准、Tower 和 Willett（1976）的冲击对称性标准、Mintz（1970）的政治因素标准等。

总体来讲，上述标准都是基于某个侧面来考虑组建最优货币区条件的，缺乏统一的综合分析框架。

（二）传统最优货币区理论新发展

1. 复合标准的最优货币区理论

复合标准的最优货币区理论将各单一标准理论综合起来进行分析。相对于单一标准的最优货币区理论，复合标准的最优货币区理论考虑更广更全面。Tavlas George（1993）提出了国别标准，将成员国的工资和物价水平的弹性度，以及 Kenen 的产品多样化程度标准合在一起，作为组建最优货币区的综合标准。Visser（1991）则将 Mundell 的要素流动标准和 Tower、Willett 的政策一体化程度标准相结合，并加入工资价格弹性等标准，作为组建最优货币区的综合标准，认为要素流动性强、政策一体化程度高和工资价格机制灵活的国家更适合组建最优货币区。Rehman（1997）将单一标准理论进行总结并归纳出影响最优货币区的主要因素。Hansen、Nielson（1997）在此基础上加入了相似的外部冲击频率和特征标准。Bayoumi、Eichengreen（1997）在对单一标准进行复合的基础上加入了一些新因素，并提出了联盟标准。

2. 成本收益理论

20 世纪 70 年代后，Grubel（1970）、Corden（1972）、Ishiyama（1975）、Tower 和 Willet（1976）等人将最优货币区理论的研究重点转到了评估加入货币区的成本和收益上。其中，成本是成员国丧失货币政策独立性所可能带来的损失，而收益主要是货币有用性得到了提高。以 Ishiyama 的研究为代表，将加入货币区的成本和收益进一步具体化。从成本来看，一是货币政策的自主权丧失；二是财政合作使各国国内财政政策变得不一定有效；三是共同货币意味着失业与通胀关系的恶化；四是货币一体化造成经济阵痛和一些地区经济发展停滞。从收益来看，主要体现在：一是货币功能在单一货币区的充分发挥；二是货币当局的麻烦减少；三是外汇储备的节约；四是使资源更有效地配置；五是加速财政一体化。

此外，K. Hamada（1985）提出分析最优货币区成本和收益的一般框架。B. Cohen（1997）指出传统的最优货币区理论可以准确计算出一国参与货币区所产生的成本和收益。Klimenko（1998）考虑了加入货币区的成本收益，但是他认为这一成本收益不可量化。

二、现代最优货币区理论

现代最优货币区理论是对传统最优货币区理论的批判中形成的。20 世纪 90 年代，随着计量经济学的发展以及欧洲货币一体化进程的加快，该理论运用了计量经济学的方法对 EMU 进行了标准检验。由此对传统理论进行了不同程度的批判，同时在此基础上进行了理论创新，提出了 GG-LL 模型等综合成本收益分析方法。该分析方法是在前人定性分析成本收益的基础上，主要借助计量分析工具，多角度全方位的定量分析组建最优货币区的标准。

鉴于上述传统最优货币区理论及其发展，西方学术界开始对其提出的最优标准程度进行了广泛的实证检验。从单一标准的符合程度检验得到符合标准检验，形成了一系列理论成果。

基于欧洲货币一体化的发展，多数学者都以 EMU 为研究对象，对各类标准的符合程度开展了广泛检验。其中，对上述提及的单一标准检验的相关文献较多。但由于所选取的国家和计算方法不同，因此研究得出的结论也不相一致。如对要素流动性标准检验时，Blanchard 和 Katz（1992）的检验结果是劳动力的转移对失业率的影响比较大。然而，Greenwood（1985）认为两者根本没有影响。Barry Eichengreen（1993）认为劳动力转移对工资和失业有一定的影响。Mckinnon 通过对经济开放度标准的检验，证实欧盟具有开放度高的优势，适合建立最优货币区。Krugman 和 Obstfeld（1998）认为经济开放度的标准太过宽泛，缺乏说服力。在对产品多样化标准的检验时，Bini-Smaghi、Vori（1993），Apel、Emerson（1993）的计算结果表明欧盟各国的产品比美国各地产品的相似度较高，适合组建货币区。Bruno 和 Sachs（1985）、Bini-Smaghi 和 Vori（1992）都对工资物价弹性标准进行了检验。Peter Bofinger（1994）、Gros（1995）、Bayoumi 和 Prasad（1995）、Erkel-Rouse 和 Melitz 对非对称性冲击用不同的方法进行分析和检验，同时也得出了不同的结论。Artis 和 Zhang（1997）创新性研究表明欧洲汇率机制建立后美国和德国的经济周期将趋向相同。同时，指出 ERM 的建立将会使欧洲经济趋同，具有最优货币区的优势。

在对单一标准的检验基础上，西方学术界开始探索研究对复合标准的实证检验，试图通过建立一般均衡模型来加以分析研究。Bayoumi（1994）建立模型验证了要素流动性、经济开放度和多样化标准；Bayoumi、Eichengreen（1996）通过建立综合性判断标准模型，将所有涉及单一标准因素融合在一起得出一个综合判断指标，有效地验证了 21 个工业化国家之间的 6 个双边最优货币区指数的参数。Bicci（1997）验证了实际冲击的相关性、劳动力流动程度、贸易联系、财政转移以及通货膨胀的差异性对加入货币区的影响。Beine 和 Docauier（1998）把工资缓慢调整、劳动力流动以及不对称冲击综合在一起，通过验证表明，不对称冲击和成本成正方向变动关系，而劳动力流动和成本则呈反方向变动关系。

随着经济金融一体化的深入，货币最优化理论也有了创新性进展。其中，最具代表性的货币一体化标准理论主要有 GG-LL 模型理论、"一个市场、一种货币"理论、最优货币区标准的内生性理论等。

在 20 世纪 90 年代，在成本收益定性分析的基础上，学者们更多地运用计量经济学等先进分析方法，定量分析了加入最优货币区的成本和收益，为一国是否加入货币区提供了更为有效的标准。最具代表性的是 Krugman 和 Obstfed（1998）提出的 GG-LL 模型。GG-LL 模型中的 GG 曲线代表一国加入货币区的货币收益；LL 曲线代表一国加入货币区的成本损失，包括放弃货币政策与汇率政策等可能带来的经济风险，因此造成的经济损失和保持经济一体化所让渡的经济利益等。一般来讲，各成员国之间的经济联系越密切，一体化程度越高，经济收益就越大，成本损失也就越小。GG-LL 曲线的交点代表一国加入货币区的收益和损失的均衡点。在均衡点的右侧表示加入货币区的收益大于成本，适合一国加入该货币区。在均衡点的左侧表示加入货币区的收益小于成本，此时可选择不加入。因此，均衡点是一国选择是否加入货币区临界点。如果一国的跨国贸易和要素流动相当广泛，经济紧密程度达到临界点，甚至超过临界点，该国应选择加入该货币区，以获得最大化效益。反之，则不宜加入该货币区。一国的经济条件变化在 GG-LL 曲线模型上能够反映出来。当一国面临需求负冲击时，政府为稳定就业，会选择与固定汇率区相差较大的通货膨胀率，因此导致加入该固定汇率区的成本上升。

"一个市场、一种货币"理论的主要代表人物是 Emerson 和 Cros，他们从加入货币区的成本和收益分析入手，系统地阐述了"一个市场、一种货币"的理论。"一个市场、一种货币"的理论有别于"一个国家、一种货币"的传统理论，他们认为货币从根本上是服务于市场的，选择何种货币取决于市场的需求，无论市场有多大，囊括多少国家，只要是同属于一个市场就应该选择同一种货币。它不再像传统的"一个国家、一种货币"理论强调主权观，国家在货币方面享有高度统治权，而是宣扬一种在同一市场内不同国家应为市场经济的高度发展而通力合作的自觉理念，为货币一体化扫清了思想上的障碍。

随着经济一体化的发展，最优货币区理论也有了新的发展。同时，其发展也不同程度地受到了某些因素的制约。因此，一些经济学家开始质疑，并对以前的理论检验提出了批判。同时，也为内生性理论的发展提供了新的思路。内生性理论是 Frankel 和 Rose（1996）提出的。内生性理论认为贸易开放度与国家间收入水平，以及经济周期相关性是内生的，加入货币区的成员国，随着贸易的开放程度提高，其收入水平和周期也会相应提高，其内生性将大大地降低。一国加入货币区的理论成本是其加入货币区之后更加满足于之前的标准。

此外，货币主义和理性预期的观点、正外溢性或网络外部性收益理论也为现代最优货币区理论的发展注入了活力，适应经济全球化、金融一体化的发展，最优货币区理论也将有其更为创新的发展。

三、最优货币区理论启示

最优货币区理论对推动人民币走出去具有重要启示意义。建立最优货币区有利于促进国际货币合作，成为推动国际货币合作的重要杠杆。加强中国与中国东南周边国家的货币合作，使人民币逐步成为中国东南周边国家的主要结算货币，有利于提升人民币在中国东南周边国家中的地位和影响。也有利于提升人民币作为中国东南周边国家的储备货币地位，从而更好地推动人民币走出去，加快成为区域性国际化货币。按照最优货币区理论提出的各种标准，以及许多研究结果均表明，中国已经具备了参与区域货币合作条件，并且更好地发挥作为大国的应有作用。

近年来，中国与中国东南周边国家的经贸联系日益密切，各国之间的频繁内部交易和要素自由流动，有利于促进中国与中国东南周边国家之间货币合作区的形成。随着中国—东盟自由贸易区不断升级发展，中国与中国东南周边国家之间的金融合作将日益加强。尤其是滇桂沿边金融综合改革试验区建设，成效已经显现。2019 年，中国人民银行等 13 个部门又联合颁布了《关于广西壮族自治区建设面向东盟的金融开放门户的实施方案》，对于推动人民币走出去创造更加有利条件。根据最优货币区理论，推动人民币走出去，需要加强各国之间的政策协调，增强各国之间的政治互信，建立各国之间汇率协作机制。

第四节　一体化货币金融理论

一体化货币金融理论主要包括不完全货币联盟的汇率理论和完全货币联盟的金融货币理论。不完全货币联盟的汇率理论的核心是汇率目标区理论。完全货币联盟的货币金融理论是在汇率目标区理论和区域汇率协作的博弈理论的基础上发展而来的。该理论侧重于考察货币区建立的成本和收益分析，以及宏观经济政策对于完全货币联盟内各国的影响。

一、完全货币联盟成本的分析

对于构建货币联盟成本的分析，不同的经济学家基于不同的视角和不同的方法提出了不同的观点，而最具代表性的是高登（1972）的菲利普斯曲线分析。

高登的基础分析是假设成员国的资本、劳动力不流动的基础上的。为便于分析，他将两个国家的经济状况合在一张图上来分析。假定市场是完全竞争性的，两国具有不同的生产增长率，两国在失业和通货膨胀方面偏好选择也不同。如果两国建立货币联盟，其中一国在货币联盟中处于支配地位，那么这个国家的通货膨胀率就有可能强加于整个货币联盟的通胀率，而使另一国趋于这种强加性而调整。非贸易品的存在也将不同程度的影响货币联盟的原始最优化的组合点。因此，加入货币区的成本便是各个成员国为适应货币区联盟统一的固定汇率，而调整各自的通胀率和失业率组合所付出的成本，即内部失衡的成本。此外，高登通过资本流动对于不完全货币联盟和完全货币联盟内部失衡问题的解决情况的研究，得出一个结论，即资本流动只能在短期内导致完全货币联盟内部失衡问题。

二、完全货币联盟的收益分析

在对成本问题分析后，对收益问题进行了分析。完全货币联盟理论认为建立完全货币联盟的收益主要包括三个方面：一是建立完全货币联盟可以分担风险；二是可以有效地节约外汇储备；三是交易成本也将有明显的降低。

从货币区成员国共担风险的分析来看，陈岩做了很好的分析，他通过构建几何模型，讨论货币区两国之间的风险共担情况。通过分析后得出一个结论，如果两国形成货币联盟，使用共同货币，则可以实现风险分担，并能实现共同受益。

从货币区联盟储备节约模型的分析来看，该模型指出一旦建立完全货币联盟，将大大降低货币区成员国的外汇储备，并且推导出随着货币区成员国的加入，外汇储备将逐渐递减，其减少的程度将随着货币区大小的增加而增加。

从货币区联盟交易成本的分析来看，由于不同国家间信息的不对称性，汇率波动的不确定性，以及国家之间的多个报价，会计单位的不相同必然引起一部分交易成本，即货币互换成本。如果不同国家之间的货币互换为一种共同货币，将会大大地降低这种因不同货币互换而产生的交易成本。此外，在一些国家间存在着因不同货币计价成本差异的计价歧视，从而导致消费者对某一被歧视国产品需求的减弱，共同货币的形成将减少交易成本，从而有效地降低这种不良现象的发生率，促进成员国之间的贸易互动。

三、宏观经济政策对完全货币联盟的影响

陈岩（2001）通过建立两国在宏观经济下完全货币联盟模型进一步分析了宏观经济政策对模型的影响。通过量化下的模型分析得出结论如下：一是从货币政策来看。对于货币政策，两国通货膨胀率、产出与扩张性的财政政策成正方向变动关系，扩张性的财政政策增加，两国的通货膨胀率和产出都相应增加。反之，则减少。更进一步指出相比债权国，债务国的正向效应更明显，通货膨胀率和产出的增加更多。二是从财政政策来看。对于财政政策，通货膨胀率和产出效应将随着财政手段和各系数变量的不同而不同。如果是以债券作为扩张性财政政策手段，则各国通货膨胀率和产出效应将随着系数的正负变动而有所改变。

四、一体化货币金融理论启示

一体化货币金融理论对人民币走出去战略的实施具有重要的启示意义。完全货币联盟的金融货币理论揭示了组建完全货币联盟的成本和收益，以及

宏观经济政策对货币区成员国的影响，其分析得出的结论是值得肯定的。随着中国对外贸易联系的加深，尤其是中国与中国东南周边国家经贸关系的深化发展，根据货币金融理论建立中国与中国东南周边国家间货币联盟，不仅可以分担像美国次贷危机这样的风险，而且可以降低各国外汇储备，以及各国间使用共同货币而大大降低交易成本，进一步促进各国间的对外贸易和各国经济的发展。人民币币值的稳定，以及中国综合国力的日益增强，以及负责任大国的形象将使得人民币成为货币联盟共同货币的最佳选择，从而有利于推动人民币走出去。伴随着区域经济一体化，区域货币金融一体化趋势也将得到进一步增强，有利于推动人民币走出去，并实现人民币的周边化、区域化和国际化。

第五节　其他货币金融理论

除了上述介绍的各种货币金融理论之外，还有其他一些货币金融理论，对于研究人民币走出去战略具有重要的启示意义。

一、大国货币与小国货币理论

大国货币与小国货币理论是亚当·斯密提出来的。亚当·斯密通过对大国货币与小国货币理论的系统研究，如对法国或英格兰这样的传统大国货币研究后认为法国或英格兰这样的大国货币，是由自己的硬币组成的。如果这种货币遭到磨损、削边或其他原因导致达不到标准价值时，大国会通过重新铸币以有效地重建自己的货币。但是，小国货币一般不能完全由自己的硬币组成，只能由与本国居民有着不同交往的邻国的硬币来组成。如热那亚或汉堡这些小国货币。亚当·斯密认为大国有责任维护其铸币的信用，通过建立具有公有性质的存款银行以维护国家法定货币的信用。但是，站在小国的立场上，为了防止多种铸币造成的币制混乱对本国经济的冲击，同时也为了抵抗大国以铸币费差额的形式对小国的盘剥，小国会联合起来结成金融联盟以实现统一货币。亚当·斯密认为这是非常必要的。美国的 P. 金德尔伯格在1985 年提出的货币二重性理论，是大国货币与小国货币理论的现代版。P. 金德尔伯格认为货币是私有商品也是公共商品，交换中的货币是私有商品，尽管在支付过程中货币的有效使用以及对家庭和公司的可供性，使货币具有公共商品的性质。但是，作为公共商品，货币可以作为有助于交往的语言，就像中世纪晚期和文艺复兴时期的意大利语是地中海地区的商业语言、17 世纪至 18 世纪的荷兰语是波罗的海地区的贸易语言和英语或美语是当今世界的商业语言一样①。同样道理，威尼斯的杜卡特和佛罗伦萨的佛罗林是中世纪后期的主要货币，荷兰货币是 17 世纪的主要货币。P. 金德尔伯格的这一理论是具有现代意义的大国货币与小国货币理论。亚当·斯密的大国货币与小国货币理论，虽然距今几百年了，但对于研究当今国际货币格局变化具有重要的现实意义和启示意义。

二、管理货币理论

管理货币理论是约翰·劳最早提出来的。约翰·劳在 1705 年出版的《论货币和贸易》一书中提出了管理货币理论。约翰·劳认为由于只有法国和西班牙出产白银，其他国家似乎只能采用一种新的货币。认为如果人们理解了货币的性质，就会用自己的更有价值的在各方面更符合货币要求的货币，一种以土地价值作为担保的管理纸币。如果一块地租为 100 镑的土地价值等于 2000 镑流通货币，接受这种纸币的人所得到的价值等于相同数额的银币所具有的价值。约翰·劳的受管理的主权货币理论，是管理货币理论的重要思想基础。19 世纪初，围绕拿破仑战争结束后的货币制度重建问题，李嘉图提出的铸锭计划，是管理货币理论的重要发展。根据李嘉图的铸锭计

---

① 王选庆：《中国—东盟自由贸易区基础金融理论问题探讨》，《东南亚纵横》2003 年第12 期，第 17 页。

划，英国国内实行管理货币制度，黄金只以生金块的形式在国际金融领域中发挥作用①。20世纪30年代，由于英国经济的衰落，英国实施的金本位制成为英国不堪忍受的紧箍咒，凯恩斯建议英国政府放弃金本位制，改为实行完全的管理货币。凯恩斯的管理货币理论因此成为二战后国际金融安排的重要思想基础。约翰·劳的管理货币理论之所以得到不断发展，就是因为该理论适应了各国经济发展需要。研究管理货币理论对于研究人民币走出去战略仍具有借鉴意义。

三、坚挺货币理论

坚挺货币理论是阿伯利在1970年提出来的。阿伯利在解释国与国之间的直接投资时提出的理论。阿伯利认为在国外投资的公司必须具备一种比东道国优越的条件，这种优越条件在于货币坚挺，这使投资公司在资本成本方面得到好处②。否则，在国外与当地竞争会处于不利的地位。后来，P. 金德尔伯格把坚挺货币理论运用到证券投资领域，认为货币坚挺的国家会发现世界各地的投资者更加渴望拥有以这种货币计价的证券。坚挺货币理论后来也成为金融联盟的信誉博弈模型和金融联盟内部成员之间的信誉传递模型的理论基础。坚挺货币理论对于研究人民币走出去战略具有非常重要的启示意义。

四、金融霸权理论

金融霸权理论是拉尔夫·霍特里在1919年提出来的，拉尔夫·霍特里在1919年出版的《通货与信用》一书中提出了金融霸权理论。拉尔夫·霍特里在研究金本位制的运行机制时提出了这种理论。后来许多人也对该理论

---

① 王选庆：《中国—东盟自由贸易区基础金融理论问题探讨》，《东南亚纵横》2003年第12期，第17页。

② 王选庆：《中国—东盟自由贸易区基础金融理论问题探讨》，《东南亚纵横》2003年第12期，第18页。

进行了研究。拉尔夫·霍特里认为金本位制就是英镑本位制,英格兰银行通过贴现率影响价格来吸引或抵制世界其他地方的短期流动资本,进而影响黄金的流向①。由于英国与其他国家的关系是不对称的,英国可以用英镑汇票促进本国的进出口,而其他国家用英镑汇票与第三国开展贸易,其他国家需要保持英镑余额,而英国不需向其他任何国家开出汇票,也不需对其他货币持有余额,它的任务就是控制自己的黄金储备②。这是一个被操纵的体系,操纵中心就是英格兰银行。1967 年,P. G. M. 迪克森在其出版的《英格兰金融革命:1688—1756 年政府金融发展研究》一书中揭示了英国金融霸权和军事霸权的内在联系。该书不是把金融变革与工业革命联系,而是与英国在 18世纪历次战争中战胜人口三倍于己的法国的能力相联系。1894 年,布鲁代尔在其出版的《17—18 世纪文明与资本主义》(第三卷)对从荷兰霸权到英国霸权转移的问题进行了研究。布鲁代尔认为荷兰霸权是一种纯粹的金融霸权,英国霸权是金融霸权与领土霸权的结合物,这就是英国霸权战胜荷兰霸权的原因所在③。1999 年,乔万尼·阿瑞吉等人在其出版的《现代世界体系的混沌与治理》一书中研究了荷兰霸权和美国霸权。该书认为从荷兰霸权到英国霸权再到美国霸权,西方霸权规模和范围的增长与所支配的亚洲领土规模和范围增长密切相关,但西方霸权扩张已经走到了尽头。1951 年,麦克阿瑟将军曾预言西方边界的扩张想囊括亚洲的贸易潜力,结果就是世界贸易中心将逐渐转向远东。

五、其他货币金融理论启示

通过对大国货币与小国货币理论、管理货币理论、坚挺货币理论、金融

---

① 王选庆:《中国—东盟自由贸易区基础金融理论问题探讨》,《东南亚纵横》2003 年第12 期,第 18 页。

② 王选庆:《中国—东盟自由贸易区基础金融理论问题探讨》,《东南亚纵横》2003 年第12 期,第 18 页。

③ 王选庆:《中国—东盟自由贸易区基础金融理论问题探讨》,《东南亚纵横》2003 年第12 期,第 18 页。

霸权理论的分析，其对人民币走出去战略的实施具有一定的启示意义。人民币作为大国货币，人民币的价值比较稳定且坚挺，在当前全球经济下行压力增大的背景下，中国能保持稳中向好的宏观经济发展态势，改革的力度加大，开放的广度和深度不断拓展，加快实施自由贸易区战略，"一带一路"建设走深走实，金融开放程度不断扩大，金融合作不断加深。近年来，中国东南周边国家与中国的金融合作不断深化，人民币在中国东南周边国家中的受欢迎程度越来越高，人民币在中国东南周边国家中的使用程度日益提高，为人民币走出去创造了更加有利条件，人民币走出去的首选区域应是中国东南周边国家，也是推动周边金融外交的首选区域。因此，根据这些金融理论的启示，面向中国东南周边国家推动人民币走出去具有启示意义。

当然，这些理论都有其局限性或片面性，特别是金融霸权理论不适合中国国情。人民币走出去，不是为了谋求金融霸权，而是为了提高人民币在国际货币体系中的话语权，弥补国际资金的流动性不足，促进国际贸易和国际投资合作的共同发展。

本 章 小 结

通过对货币替代理论、区域汇率协作理论、最优货币区理论、一体化货币金融理论以及其他货币金融理论的分析，结合中国东南周边国家金融发展实际和我国金融发展状况，对人民币走出去战略的实施具有重要的借鉴和启示意义。通过对这些理论的综合分析，能够为推进人民币走出去战略的实施提供理论支撑。从对这些理论的分析来看，中国作为一个负责任的大国，在全球经济金融发展中具有举足轻重的地位。特别是在中国东南周边国家中的作用更加突出。推进人民币走出去战略的实施，毫无疑问应首选中国东南周边国家。通过加强金融合作，推动人民币走出去，成为该区域的关键货币，从而推动区域金融一体化发展。

第五章 人民币走出去战略的国际经验借鉴

在对人民币走出去战略的理论分析基础上，通过选取美元、欧元、日元三大货币的国际化经验进行比较分析，为推进人民币走出去战略的实施提供实践借鉴。

第一节 美元国际化经验借鉴

在国际货币发展史上，美元替代英镑成为国际霸权货币，在国际货币体系中发挥了决定性的作用。但是，美元作为一种国际货币，由于受"特里芬难题"的困扰，也难以摆脱被替代的厄运。中美两国都是经济大国，是世界上具有重要影响的两个国家，由于国情不同，选择的发展道路也不同，制度性差异较大。研究美元国际化经验教训，对于研究人民币走出去战略具有一定的启示和借鉴意义。

一、美元国际化历程回顾

美元国际化历程大体上可以划分为三个时期：前布雷顿森林体系时期、布雷顿森林体系建立时期和后布雷顿森林体系时期。

（一）前布雷顿森林体系时期

在布雷顿森林体系建立之前的相当长时期，美国在国际经济体系中的地位就足以支撑美元成为国际性货币。根据《美国经济史》的记载，在 1810 年至 1860 年期间，美国的工业产值落后于英国、法国等老牌资本主义国家。但是，1894 年美国的工业产值已经超越了英国、法国等老牌资本主义国家，名列世界第一位，这得益于美国国内大规模的修建铁路等基础设施，从而使美国经济起飞进入持续增长阶段。第一次世界大战爆发之前，美国的工业产值超过了英国、法国、德国的工业产值的总和。第一次世界大战的爆发使美国相对于其他国家的地位发生了永久性改变，这从根本上改变了美国的中立角色，海外对美国商品、原料、制成品以及远洋运输的需求日益增多。美国战时工业委员会实施的命令经济使 1917 年和 1918 年的产出增长了 18%。[1]为了能够从美国采购，英国、法国和其他协约国变卖了在美国的大部分投资，英国也变卖了 70% 左右的股票和债券。[2] 在 1919 年和 1920 年，美国的产品和服务贸易盈余也只有 49 亿美元和 35 亿美元。[3] 连续的贸易盈余使美国从 1914 年的欠债 37 亿美元的债务国，1920 年变成外贷 126 亿美元的债权国。[4] 美国在战前的经常项目盈余与资本项目赤字相平衡，而战后的经常项目和资本项目却出现双盈余。1919 年底美国已经持有净政府间债权 96 亿美

---

① 国务院发展研究中心课题组：《人民币区域化条件与路径》，中国发展出版社 2011 年版，第 118 页。
② 国务院发展研究中心课题组：《人民币区域化条件与路径》，中国发展出版社 2011 年版，第 118 页。
③ 国务院发展研究中心课题组：《人民币区域化条件与路径》，中国发展出版社 2011 年版，第 118 页。
④ 国务院发展研究中心课题组：《人民币区域化条件与路径》，中国发展出版社 2011 年版，第 118 页。

元。[①] 此后的 10 年间美国官方黄金储备增长了 11.49 亿美元。[②] 但是，美国不愿意承认国际地位的变化，也不愿意承担相应的责任。

在货币制度方面，美国很晚才接受金本位制度。1791 年，美国实施跛行本位制。1834 年，修改铸币比率之后，市场上的银价高于铸币厂的银价。因此，美国实际上停止了铸造银币，银元退出流通。1874 年，越来越多的欧洲国家采用金本位制，卖出多余的白银。后来由于美国西部发现了大银矿，导致市场银价大跌，美国开始铸造足值的银元法币。1900 年，美国国会通过《金本位法案》，正式取消银元法币。但没有出现一种更为简单的通货。

在南北战争时期，美国有 1600 家州立银行，在大萧条发生之前达到了 25000 家，大萧条中倒闭了 40%。[③] 由于每家银行都可以发行自己的银行券，美国的银行券品种多达上万个，伪造的也有好几千。这种混乱的货币和银行体系增加了交易成本。1913 年，美国建立联邦储备系统，从国民手里收回发行银行券的权利。刚成立的联邦储备系统由于经验不足，联邦储备系统未能有效发挥作用。在货币与金融方面，美国国内的制度很不健全，在国际货币和金融中很少有话语权。

美国在 20 世纪初的经济规模已经达到了世界第一，也是最大的债权国。但是，从其货币制度和银行体制来看，还没有成为资本主义世界的主流，也不是世界领先，美元也不是最重要的国际货币。

（二）布雷顿森林体系时期

第二次世界大战是有史以来对资本主义世界的最大破坏。战争结束时，

---

① 国务院发展研究中心课题组：《人民币区域化条件与路径》，中国发展出版社 2011 年版，第 119 页。

② 国务院发展研究中心课题组：《人民币区域化条件与路径》，中国发展出版社 2011 年版，第 119 页。

③ 国务院发展研究中心课题组：《人民币区域化条件与路径》，中国发展出版社 2011 年版，第 120 页。

许多参战国都出现通货膨胀、贸易逆差、财政赤字、外债和黄金、美元枯竭等问题。1948 年，日本批发价格就上涨 10100%，奥地利批发价格也上涨 200%，法国批发价格上涨 1820%。① 因此，这些国家的货币都是靠不住的，更不能持有。英国也从世界最大的债权国变成了世界最大的债务国，英镑的国际货币地位岌岌可危。1947 年，美国的黄金储备达到 200 亿美元，已经坐拥全世界黄金储备的 70%。② 其他国家的黄金储备占有量较少，法国黄金储备有近 7 亿美元，瑞士的黄金储备也 14 亿美元之多，阿根廷和印度的黄金储备各有 4 亿美元，比利时的黄金储备也有 6.4 亿美元，英国的黄金储备仅有 100 万美元。③ 在金本位制度下，美元的含金量有足够的外汇储备作支撑。在布雷顿森林体系建立之前，整个世界处于战后的经济危机状态。国际贸易结算货币最受欢迎的是黄金，其次是美元，其他国家的货币难以成为结算货币。当时参加布雷顿森林会议的国家有 44 个，也有的说是 45 个。④ 在布雷森林会议上，英国的著名经济学家约翰·梅纳德·凯恩斯提出了一个方案，称为"凯恩斯方案"。美国财政部首席国际经济学家哈里·德克斯特·怀特提出了一个方案，称为"怀特方案"。"凯恩斯方案"提出建立全球性中央银行，发行"班科"作为国际信用货币。"怀特方案"提出恢复金本位制。"凯恩斯方案"强调全球复苏，"怀特方案"强调币值稳定。布雷顿森林会议最后通过的是折中方案，融入两人的建议，但以"怀特方案"为主。从两个方案来看，"凯恩斯方案"应该比"怀特方案"好一些。凯恩斯提出的"班科"与国际货币基金组织发行的"特别提款权"（简称"SDR"）有异

① 国务院发展研究中心课题组：《人民币区域化条件与路径》，中国发展出版社 2011 年版，第 121 页。
② 国务院发展研究中心课题组：《人民币区域化条件与路径》，中国发展出版社 2011 年版，第 121 页。
③ 国务院发展研究中心课题组：《人民币区域化条件与路径》，中国发展出版社 2011 年版，第 121 页。
④ 国务院发展研究中心课题组：《人民币区域化条件与路径》，中国发展出版社 2011 年版，第 121 页。

曲同工之处。如果建立一个全新的央行创造"班科",黄金将迅速地非货币化,黄金的价值将大打折扣。因此,拥有美元越多的国家,损失也就越大,这是美国不能接受的。可是参加会议的国家并不天然就是听从美国的举手机器。如果得不到其他国家的支持,美国财政部的主张也很难被采纳。之所以采纳"怀特方案",原因是多方面的。因为无论是从军事实力、经济实力,还是从政治影响来看,美国都是世界上最强大的霸权国家,因此多数国家不得不接受美国提出的"怀特方案"。虽然讨论是在"凯恩斯方案"和"怀特方案"之间选择,但所有参加投票的国家都很明白,美国是不会接受"凯恩斯方案"的,参加会议的各个国家只能在"怀特方案"和会议无果而终之间做出选择。对所有国家来说,与其会议无果而终,还不如接受美国提出的"怀特方案",选择接受美元。持有美元不可避免地要承担美元贬值的风险,对各国来说,"怀特方案"只是一个改善。美国承诺让美元与黄金挂钩,各国政府、企业和个人可以把美元作为黄金的替代品。美元成为最主要的国际货币,美国拿着本身并不值钱的"绿背纸钞"去拯救满目疮痍的世界。

(三) 后布雷顿森林体系时期

20 世纪 60 年代,美国经济学家罗伯特·特里芬指出,提供国际储备货币的国家必须维持巨大的贸易赤字才能满足世界各国对储备货币的需求。用一国货币充当国际货币意味着国内货币政策目标与全球货币政策目标会出现不一致。这就是所谓的"特里芬难题"。特里芬难题提出不久,伦敦市场上的金价就出现了大幅波动,金价也涨到了 40 美元,美元币值出现了高估。为了维护美元与黄金的汇率稳定,美国试图努力不偏离强势美元政策,但也付出了巨大代价。由于金融危机时有发生,美联储为了应对金融危机,总是迅速提高利率以控制通货膨胀,维护美元与黄金的固定汇率。但是,20 世纪80 年代中后期,美联储不得不放弃了恢复金本位的希望。1971 年,尼克松总统宣布关闭了黄金窗口,G10 会议达成的史密森协议允许美元贬值到 1 盎司黄金可兑换 38 美元。但是，市场汇率达到了 1 盎司黄金兑换 44.2 美元。1972 年的市场汇率甚至达到了 1 盎司黄金兑换 70.3 美元。[①] 1973 年，美国被迫关闭黄金窗口。当重新打开黄金窗口时，黄金与美元汇率已经实行了浮动汇率。1975 年，世界所有主要货币之间的汇率都采取了浮动汇率，这标志着布雷森林体系的解体。布雷顿森林体系解体之后，美国采取独立于世界的本国货币政策。

世界各国之所以接受美元，是因为黄金短缺和美国财政部开放黄金窗口，美国政府承诺任何国家都可以用美元兑换黄金，兑换率为 1 盎司黄金可兑换 35 美元。因此，布雷顿森林体系实际上就是黄金美元本位制。布雷顿森林体系解体之后，虽然美元不再与黄金挂钩，但美元却变成了真正意义上的国际货币。各国制定汇率政策时，都把美元当作货币锚，各国的外汇储备也都以美元作为主要储备资产。

二、美元国际化的启示

美国推进美元国际化使美国不仅获取了巨大的经济利益，而且使美国利用美元的国际地位获取了巨大的政治利益。中国作为一个发展中大国，随着中国经济强势崛起和国际地位的大幅提升，人民币也应该获取相匹配的国际地位。从美元国际化的经验来看，美元国际化的经验对我们研究人民币走出去战略有重要的启示意义。

（一）强大的综合国力是重要基础

美元国际化的经验表明，一国货币能够成为国际主导货币是由其强大的综合实力决定的。美元国际化是由美国日益强大的工业和贸易规模将其推上国际货币的历史舞台。后布雷顿森林体系时期，美国由净债权国变成了净债

---

① 国务院发展研究中心课题组：《人民币区域化条件与路径》，中国发展出版社 2011 年版，第 124 页。

务国，其国际收支也出现经常性逆差。从 1970 年至 2009 年的 30 多年时间里，只有 1998 年至 2001 年期间是盈余的。面对处于不利境地的国际收支地位，美国政府采取一系列措施来维持美元国际货币的地位，如开拓亚洲新市场，增强美元定价权，建立自由贸易区等。面对日本和亚洲"四小龙"的崛起，美国通过建立自由贸易区，开展对外直接投资等方式来开拓市场。由于亚洲各国实行盯住美元的汇率制度，也使美元在亚洲的影响力得以扩大。美国在中东地区推行的石油—美元战略也使石油输出国组织用美元替代英镑作为石油贸易的计价货币，美元作为国际战略资源的计价货币地位被确立。美元国际化的经验表明，一国货币成为国际货币，其核心竞争力就是货币发行国的综合实力。只有国家综合实力强大才会有货币的强大。依此看人民币的国际地位，其已经具备了一定的经济基础，中国已经成为世界第二大经济体、第一大贸易国和最大的外汇储备国，已经建立了包括中国—东盟自由贸易区在内的自由贸易网络，为人民币在境外流通使用营造了有利的国际市场环境。通过推进人民币的区域性国际化进程，推动人民币面向中国东南周边国家为重点的跨境使用，扩大人民币的国际覆盖面，从而不断增强人民币在国际货币体系中的匹配地位。

（二）完善的金融市场是重要支撑

美元成为国际化货币不仅在于美国的超一流大国地位和布雷顿森林体系的制度安排，更重要的是美国拥有全球最发达最完善的国际金融市场。因为美国拥有最发达最完善的国际金融市场，所以能够为全世界的美元拥有者提供投资交易平台。外国官方投资者可以在美国金融市场上购买美国国债等政府债券，私人投资者也能够便利地投资美国的证券。美国不仅可以通过卖出国债来增强金融控制力，而且利用金融市场来增强对外国投资者的吸引力和投资价值。美国的国际收支逆差不仅没有削弱美元的国际影响力，反而增强了贸易顺差国对美国经济的依赖性。因为各国持有大量的以美元和美国国债为主的外汇资产，所以各国会更加关注美元币值的变化。如果金融市场不完善，就难以规避投资风险。借鉴美元国际化的成功经验，推动人民币顺利走出去，行稳致远，就需要加快建立发达完善的金融市场体系，以发达完善的金融市场作为支撑。

（三）抓住重要历史机遇

由于两次世界大战极大地削弱了西欧和日本的综合实力，使美国成为最强大的工业化国家。美国政府不失时机地抓住历史机遇推出布雷顿森林体系，以全新的国际货币制度安排将英镑从新的国际货币体系中排挤出去，使美元的主导货币地位予以制度化，从而成为真正的国际货币。后布雷顿森林体系时期，美国处于不断增长的国际贸易逆差地位，为维护美元的国际货币地位，美国政府采取措施加强了美元的国际货币职能。美国政府对历次机遇的有效把握，最终确立了美元为主导的国际货币体系。

（四）货币使用有历史惯性

一国货币一旦实现了国际化，并为国际社会广泛使用，就具有一定的历史惯性。美国在 20 世纪初期已经超越了英国成为世界上最大的工业化国家，而英镑的国际地位也达到了顶峰。尽管英国的经济实力在二战期间被大大削弱，但是英镑和美元的地位直到 1945 年才开始发生逆转。1945 年之前，英镑一直是最重要的国际货币，全世界国际贸易以英镑进行结算的比重仍然占到 40%左右，这说明国际货币的外部性一旦形成就会有历史惯性，英镑仍然是各国的主要储备货币。国际货币的这种自我强化机制，对新的国际货币形成构成了进入壁垒。正是由于国际货币的这种历史惯性，使得美国的综合实力难以支撑美元的国际货币职能，但是美元作为国际货币的主导地位还是难以撼动。由于国际货币使用的这种惯性存在，要推动人民币顺利走出去，需要久久为功，切忌操之过急。

（五）国际货币付出的代价

作为国际货币是要付出代价的。在世界经济一体化实现之前，任何一种货币成为国际货币之后都会面临"特里芬难题"。布雷顿森林体系时期，美国为维持官方汇率平价不得不以牺牲本国的经济发展为代价来维持汇率稳定。而牺牲本国经济发展会使本国经济实力受到削弱，致使美元出现贬值趋向，更不利于维持固定汇率。美元的主导货币地位虽然为美国获取巨大利益，但同时也制约了国内经济的发展。2008 年的美国次贷危机充分暴露了以美元为核心的国际货币体系的缺陷。美国政府为实现国内经济增长的目标，采取量化宽松的货币政策。主要通过降息、购买国债等政策工具向市场注入流动性。这种量化宽松的货币政策出现刺激了美国国内经济的增长，但也诱发了全球性的通货膨胀，导致美元出现大幅贬值。2020 年，由于新冠肺炎疫情引发的美国金融市场动荡，并有可能引发金融危机，导致美元可能出现大幅贬值，进而冲击全球金融市场，引发全球金融危机，导致全球经济危机。1998 年的东南亚金融危机、2008 年的次贷危机以及 2020 年的金融市场动荡，虽然中国的经济发展受到了影响，人民币的地位却提升了。但也应该看到中国国内经济政策必然会受制于人民币的国际货币职能与国外经济目标。从美元国际化经验来看，美元成为国际化货币是世界经济发展的需要。美元成为国际货币与美国的强大军力和经济实力有关，也与使用美元的惯性有关。随着中国的国际地位的提升，尤其是国际贸易地位的提升，国际社会对持有人民币的呼声越来越高。目前，一些国家已经开始持有人民币，并把人民币纳入国际储备篮子。随着"一带一路"建设的扎实推进，亚洲基础设施投资银行、丝路基金也已经成立并开始运作，以"一带一路"建设为重点的开放格局正在形成，中国的国际影响力也与日俱增。因此，不失时机地推动人民币走出去是大势所趋。

第二节 欧元国际化经验借鉴

早在 1929 年，古斯塔夫·斯特拉斯曼就提出了欧洲经济和货币联盟的设想。但是，真正的欧洲经济和货币合作却到 20 世纪 50 年代末期才开始起步。由于布雷顿森林体系已经暴露出了种种问题，开始有学者指出这种体制不可持续。布雷顿森林体制早期遇到的最主要的问题是"美元荒"。20 世纪50 年代初，世界各国因为恢复性的建设需要大量进口美国产品，对美国贸易逆差严重，但是缺乏足够的货币清偿债务。20 世纪 60 年代，特里芬指出，世界经济需要足够多的美元才能正常运转，美元也必须维持币值稳定，但是这两个目标都不能实现。这一著名的"特里芬难题"，暗示了布雷顿森林体制不可持续。此外，由于欧洲小国林立，各国之间不可避免地出现各种利益冲突，是两次世界大战的发源地。在二战后，冷战形势一度十分严峻，随时都有擦枪走火，再次爆发战争的可能性，导致欧洲国家普遍缺乏安全感。因此，增进合作，避免冲突，避免再次爆发世界大战情形的发生，是欧洲各国非常强烈的愿望。实现这一目标有多种方案选择。欧洲一体化就是其中最具雄心的一种方案。这种方案包括政治、军事、外交等广泛的内容，目标就是构建欧洲新秩序。随着欧洲一体化的推进，欧洲货币一体化也应运而生，并产生单一货币——欧元。

一、欧洲货币一体化进程回顾

欧洲货币一体化进程可以追溯到欧洲共同体的起始。1957 年 3 月，在罗马签订欧洲经济共同体条约，为了创造共同市场，实现成员国之间经济政策的趋同，需要废除商品、人员、服务和资本在各国之间自由流动的限制。当时欧洲各国普遍存在资本流动限制和外汇管制。因此，一些学者认为，最初的欧洲经济共同体条约中，已经隐含了资本自由流动和汇率政策协调的内容。

在欧洲经济共同体的框架内包含着国家主权的让渡。尽管制定经济和货币政策的责任，仍然保留在各个国家的手中。但是，对经济形势适当的应对措施，也可以在欧洲议会的层面上，经过各个国家代表的无记名投票而决定。这是欧洲经济一体化进程中的重要一步。欧洲经济共同体推进一体化进程的主要途径，是加强各国政府之间的政策协调和合作。在经济和金融领域，为了实现高就业、价格稳定、外部平衡和货币信心。各成员国同意协调各自的经济和货币政策，强化相互之间的合作，特别是在相关的部长和中央银行之间的协调合作。在欧洲经济共同体的框架内，成立了货币委员会，由各国的相关部长、央行行长构成。各国政府之间达成的共识还包括国家之间的支付自由化、资本以及劳动收入跨境流动。欧洲经济共同体具备一致对外的作用。各国政府同意在关系到欧洲共同市场的特殊利益的所有问题上，各国要用一种声音说话。对于共同的商业政策，欧洲议会站在共同体的利益上协商，为此设立了专门的委员会。1969 年，欧洲经济和货币联盟（EMU）成立。目标是实现《巴黎报告》和各国政府首脑海牙峰会上的决定，推进经济政策和货币合作的更深入协调。从 1970 年开始，分三个步骤建立经济和货币联盟。1971 年的美元危机和随后爆发的石油危机，严重冲击了欧洲经济和货币联盟的构建，各国采取了不同的应对策略。但是，在稳定汇率方面达成了巴塞尔协议，确定了欧洲货币之间的"蛇洞制"，并建立欧洲货币合作基金。但是，"蛇洞制"不怎么成功，越来越多的货币采取自由浮动。1973 年意大利里拉开始自由浮动；1974 年法国法郎开始自由浮动，1975 年再次参加一体浮动，1976 年再次退出；1977 年瑞典克朗退出；1978 年挪威克朗退出。从 1979 年开始，欧洲货币合作的目标是建立欧洲货币体系（EMS），建立一个货币稳定区域，以便实现成员国之间更紧密的经济趋同。由于欧洲共同体各国货币之间的浮动汇率不利于区内成员国之间以及区内国家与区外国家之间的贸易，也不利于区内国家相互之间的投资。石油危机和政治家的意图都强调建立一个统一的货币联盟的重要性。1986 年通过统一欧洲法案，规定了在统一的内部市场上实现公平和公正的竞争和长期稳定的主要经济前提条件。在欧洲经济共同体条约中特别提到欧洲货币体系和欧洲货币单位。在 1988 年的汉诺威峰会上，决定成立一个由 12 个国家的中央银行总裁组成的特别委员会，负责提出一个建立欧洲经济和货币联盟的时间表。1989 年，特别委员会提交了关于欧盟经济与货币合作报告。提出分三步走实现经济和货币统一。1990 年 7 月，开始启动创造统一货币，货币委员会提出了统一货币政策和统一货币的建议。除英国外，其他 11 个成员国支持这一建议。1991 年 12 月，诞生了一个名为欧洲联盟的政治联盟，目标是建立一个经济与货币联盟。1993 年 1 月，准备引入欧元作为欧盟中各国共同使用的货币。1999 年 1 月，欧洲联盟在经济和货币一体化进程中有了一个有效的开始。2002 年 1 月 1 日，欧元的纸币和硬币开始在 12 个成员国流通。现在，欧元的流通已经不仅仅是拥有 3.7 亿人口的 16 个欧洲主权国家组成的货币区，它还包括世界许多其他地区。

二、欧元的建立对国际货币体系的冲击

在欧元建立之前，西德马克已经是世界上最坚挺的国际货币之一。因此，成为国际金融市场上主要交易币种之一。此外，法国法郎、意大利里拉等货币在国际金融市场上也占有一定份额。欧元的建立一开始就继承了这些货币的市场份额。1999 年，欧元在全球官方外汇储备中占 19% 的份额，到 2003 年上升到 25% 左右①，之后继续走低，也出现了波动。欧美的学者们基本上认为欧洲及与欧洲联系紧密的中欧、北非、中非国家已经成为事实上的欧元区，东欧是欧元区扩张的潜在方向。在世界经济和金融形势稳定的条件下，欧元区的扩张将会持续下去。

美国对欧元的建立持消极态度，甚至一度公开反对创建欧元这种货币，

---

① 国务院发展研究中心课题组：《人民币区域化条件与路径》，中国发展出版社 2011 年版，第 131 页。

只是由于欧洲各国建立欧元的决心已定，进程也顺利，美国政府才不再公开反对。但是，直到今天，美国也不乏唱空欧元的政治学家、经济学家。事实上，欧元的建立对美元的国际地位构成了挑战，欧元与美元之间事实上存在着争夺国际货币地位的竞争。迄今为止，美元仍然是最重要的国际货币，在全球官方外汇储备中仍占有60%左右的份额。但是，欧元的扩张势头也值得重视。到目前为止，欧元在西欧已经成功地成为区域货币，这意味着美元在这一区域的地位被欧元取代。

三、国际金融危机对欧元带来的挑战

肇始于美国华尔街的国际金融危机，以及2020年美国金融市场的动荡，使欧元区受到了严重打击，导致资产缩水，使欧洲货币体系面临严峻挑战。

（一）金融机构由于持有衍生产品而发生的资产损失

欧洲金融机构大量持有在华尔街交易的金融衍生产品。因此，在这一轮危机中，遭到严重损失。截至2009年初，这一轮危机造成的金融资产市值缩水35万亿美元，给金融机构造成的损失到2009年3月就达到1.25万亿美元[1]。此后，暴露出来的损失逐渐增加。

欧美以外的金融机构很少持有金融衍生产品。有人估计在这上万亿美元的金融机构损失当中，接近一半由欧洲的金融机构承担，欧美金融机构受到金融危机的冲击最为严重。欧洲也有一些金融机构清偿力出现了问题。英国银行历来以稳健著称，但在这一轮危机中，也出现了挤兑。早在这一轮金融危机出现端倪的2007年，北岩银行就遭到了挤兑，成为英国140年来第一家遭挤兑的银行。

---

[1] 国务院发展研究中心课题组：《人民币区域化条件与路径》，中国发展出版社2011年版，第133页。

（二）金融危机发生以后的市场流动性不足

美元至今仍然是最主要的国际货币，长期维持比较低的利率，而且欧美之间的资本可以相对自由流动，因此有相当多的金融机构和个人选择借美元兑换欧元，持有收益率较高的以欧元计价的资产，这类跨国资金流动被称为利差交易。当全球金融突然恶化的时候，国际金融市场流动性顿时变得不足。这个时候，利差交易者为了规避风险，从包括欧洲在内的世界各地快速抽回资金，重新兑换回美元，跨国资金回流导致欧洲金融市场上的流动性不足比美国还要严重。

（三）汇率变化导致的债务问题

由于利差交易的规模大，在跨境资金从美国回流欧洲的时候，事实上推高了欧元当期汇率，但由于利差交易分散在较长的时间段。因此，一般来说，不会导致太大的问题。但是，当金融危机爆发的时候，利差交易者为了避免损失而快速平仓，集中回购美元的行为导致美元快速升值。在 2008 年 8 月雷曼兄弟公司倒闭之后，美元兑欧元汇率快速从 0.7 上升到 0.8，上升了大约 14%。① 一些具有美元债务敞口的国家，如希腊的还款压力陡然增大，甚至偿债能力出现问题。

全球金融危机期间，世界需要美联储短期内继续充当跨国金融机构的最后贷款人。但是，从长期来看，国际货币体系需要新的制度安排，包括新的国际货币。

2010 年 12 月 1 日，美联储公布的数据显示，美联储用于拯救危机的紧急救援资金不仅发放给了美国的银行，也发放给了美国以外的银行，对欧洲的金融机构施以了援手。UBS 和巴克莱银行位列美联储资金最大使用者之

---

① 国务院发展研究中心课题组：《人民币区域化条件与路径》，中国发展出版社 2011 年版，第 134 页。

列。UBS 是美联储商业票据融资工具的最大使用者，占了 745 亿美元的额度，比美国的银行当中用款最多的花旗集团多出一倍。[1] 总部位于伦敦的巴克莱银行是美国另一个提供隔夜贷款的援助项目资金的最大使用者，2008 年 9 月 18 日一天使用了 479 亿美元。[2] 美联储因此被称为"世界银行"。

四、欧元国际化经验启示

从欧元国际化经验来看，加强区域货币金融合作是有效应对美元霸权，维护自身利益的发展之道，也是有效应对货币金融危机的必然选择。欧元的国际化经验对于深化中国与中国东南周边国家的货币金融合作和推动人民币走出去具有重要的启示意义。

（一）加强区域货币金融合作

在美国主导的美元本位制的国际货币体系下，欧盟凭借地缘优势以及经济发展水平相近等因素构建区域货币金融合作机制，积极争夺区域内经济和货币金融主导权，试图削弱美元霸权影响以拓展自身的发展空间，这是在美元霸权下欧盟为了生存发展做出的必然选择。实践证明是行之有效的。欧元国际化的经验对推进中国与中国东南周边国家的货币金融合作甚至亚洲货币金融合作都有很好的借鉴意义，尤其是对人民币走出去战略的实施具有重要的启示意义。鉴于美国政府过度滥用美元特权以及对国际货币基金组织等国际货币机构的操纵，欧盟建立了区域性的货币金融合作机制，实际上这是欧盟不得已而又比较现实的选择。自 1998 年东南亚金融危机后，中国东南周边国家加强了货币金融合作，中国在中国东南周边国家的影响力也日益扩大。2000 年 5 月，中国东南周边 10 个国家和中日韩（简称"10+3"）财长

---

① 国务院发展研究中心课题组：《人民币区域化条件与路径》，中国发展出版社 2011 年版，第 134 页。

② 国务院发展研究中心课题组：《人民币区域化条件与路径》，中国发展出版社 2011 年版，第 134 页。

在泰国清迈共同签署《清迈协议》。《清迈协议》是"10+3"框架下的一种双边货币互换安排。但是，这种双边货币互换安排也有其缺陷性。2009年12月，"10+3"财长会议最终建立了自我管理的外汇储备库，用以解决《清迈协议》下的双边缺陷。"10+3"国家如果能够在自主管理的外汇储备基金基础上向亚洲货币基金组织迈进，那么现行的国际货币体系也必将发生深刻变革。但是，"10+3"合作仍然面临一些难题。因此，率先推进中国东南周边10个国家与中国（简称"10+1"）的货币金融合作更具现实意义。

（二）发达金融市场的支撑

在欧元的诞生和发展进程中，由于德国和法国两个国家的共同发力和积极推动，最终在欧洲建立了单一货币欧元并实现国际化。在欧元的国际化进程中，德国法兰克福和法国巴黎作为重要的国际金融市场发挥了重要的支撑作用。此外，在推动欧洲货币一体化进程中，欧洲中央银行的成立和欧洲银行业的重组使欧洲金融体系一体化进程不断得到深化，最终建立了统一的欧洲货币市场。正是由于统一的欧洲货币市场的建立，最终实现了欧洲货币统一并实现欧元国际化。因此，欧元国际化经验不仅对推动中国与中国东南周边国家的货币金融合作具有特殊重要的启示意义，而且对推动人民币面向中国东南周边国家跨境使用具有更深远的意义。中国东南周边国家的金融市场除了新加坡较为发达外，其他国家的金融市场都不是很发达，甚至有的国家的金融市场还比较落后。中国的金融市场也在不断深化发展中。推动人民币面向中国东南周边国家跨境使用，应重视借鉴欧元国际化经验，加强与中国东南周边国家的货币合作，积极推动货币市场建设，借助区域合作助力人民币走出去。

（三）加强区域政策协调

从欧盟主权债务危机爆发的原因来看，主要是由于政策的不协调导致的。由于货币政策和财政政策是主权国家应对经济周期波动的重要政策工具，因此各主权国家加入欧元区后，其货币政策的制定权就要统一于欧洲中央银行，各主权国家不再拥有独立的货币政策制定权，这是各主权国家加入货币区的主要成本。在没有独立货币政策制定权的条件下，各主权国家只能寄望于具有更高政策空间的逆周期性政策工具来熨平经济波动的不利影响。但是，各主权国家加入欧元区后的财政能力已被大大削弱，难以防范和应对危机的冲击，特别是难以应对类似于主权债务危机的冲击。《马斯特里赫特条约》虽然对各主权国家的财政赤字比率有硬性指标规定，但并没有考虑到经济周期变动对各主权国家的财政赤字影响，因此各主权国家的财政政策作用的空间受到了一定程度的约束。欧元区对赤字率和债务率指标有严格的财政纪律规定，但对经济周期性因素的影响未予考虑。财政政策是一种对国内经济具有自动稳定器调节功能的重要政策工具，当出现经济周期性波动的时候，主权国家政府一般会采用相机抉择的财政政策来熨平经济周期。加入欧元区以后，除了德国、法国各自的财政政策逆周期性有所加强外，其余国家的财政政策逆周期调节能力有限，所以导致了欧洲主权国家债务危机。欧元国际化的这些经验教训是有启示意义的。从中国东南周边国家的情况来看，中国东南周边多数国家的财力都很有限，应对危机的能力也有限。1998年的东南亚金融危机就有力地证明了这点。东南亚金融危机后，通过建立货币互换机制为面临流动性危机的国家提供短期的资金帮助。东南亚金融危机后，包括中国东南周边国家在内的东亚国家曾试图继续推出的亚洲货币单位（ACU），这与欧元的前身——欧洲货币单位颇为相似。但是，欧元区爆发的主权债务危机，暴露了欧元区统一的货币政策与分散的财政政策之间的内在不协调问题，这种制度缺陷使得德国和法国重新考量建立欧元区的成本与收益。英国也因此提出了退出欧盟的要求，并启动了退出欧盟的程序。欧元作为单一货币区的货币启动以来，对于抗衡美元，维护国际货币格局多元化发挥了重要的制衡作用。但是，欧元区暴露出来的矛盾和问题也不可小觑。因此，要推动人民币走出去，需要借鉴和吸取欧元区的经验和教训，加强国家间的政策沟通和协调，避免由于政策不协调带来的风险和不必要的损失。

第三节　日元国际化经验借鉴

日元国际化的经验教训，对人民币走出去有一定的借鉴和启示意义。日本的经济规模与国际贸易、金融市场水平、外部经济环境等方面，与我国有着许多相似之处。日本推动日元国际化的经验教训，对于我国选择正确的人民币走出去战略有一定的借鉴和启示意义。

一、日元国际化历程回顾

日元国际化不是一蹴而就的，大体上经历了三个阶段。即 20 世纪 60 年代至 70 年代末、20 世纪 80 年代至 90 年代中期和 20 世纪 90 年代中期至今。

（一）20 世纪 60 年代至 70 年代末

日元国际化起步于 20 世纪 60 年代至 70 年代末。日本在第二次世界大战后的经济发展非常迅速，其对外贸易顺差规模也不断扩大，日元面临较大的升值压力。为此，日本政府开始考虑日元的国际化问题。1964 年，日本政府开放了经常项目，日元实现了经常项目下可自由兑换。1973 年，日元采取了浮动汇率制度。为了规避日元兑美元的汇率风险，日本企业在国际贸易中越来越多地使用日元作为结算货币。日本政府担忧日元国际化导致本国资本外流，削弱国内金融政策的有效性，对日元国际化持消极态度。因为放松资本管制政策的目的是为了缓解外贸顺差所带来的压力。总体上来说，在这个阶段，日元国际化水平有限。

(二) 20世纪80年代初至90年代中期

20世纪80年代初至90年代中期，是日元国际化的长足发展阶段。

20世纪80年代初，日本政府积极采取措施推动日元国际化。由于美国对日本的贸易逆差不断扩大，美国政府对日元汇率问题不断向日本施加压力。随着日本经济实力的迅速强大，日本政府视日元国际化为提高国际地位的重要环节。因此，积极地推动日元国际化。其采取的措施包括：一是颁布实施《外汇法》。1980年，日本政府颁布实施新《外汇法》，实现了日元资本项目下的可兑换。二是颁布一系列官方文件或协议。日本政府颁布一系列重要的官方文件或协议，为日元国际化创造条件，掀起了日元国际化的高潮。在这个阶段，日本政府采取了两项政策来推动日元国际化。一是签订"广场协议"。1985年，日本签订了"广场协议"，使日元与美元汇率大幅升值。二是离岸市场的发展。离岸市场的发展对日元国际化起到了重要推动作用。20世纪70年代，日元离岸市场在欧洲兴起，日元离岸市场的规模迅速扩大。1985年9月，日元离岸市场的规模达到295亿美元[1]。1986年，东京离岸市场正式设立。东京离岸市场的交易量在设立时仅为1.38万亿美元，1995年就飙升到了7.89万亿美元[2]。

(三) 20世纪90年代后期至今

这一阶段的日元国际化处于停滞阶段。在1998年的亚洲金融危机和1999年的欧元诞生背景下，日本政府调整其日元国际化策略。一方面，采取措施推动日元国际化。1998年，日本实行新《外汇法》，推动日元的完全自

---

[1] 董潮恩：《日元国际化进程与我国人民币"走出去"策略》，《福建金融》2014年第12期，第28页。

[2] 董潮恩：《日元国际化进程与我国人民币"走出去"策略》，《福建金融》2014年第12期，第28页。

由兑换。之后发表《日元国际化推进策略》《面向 21 世纪的日元国际化》等报告，提出加快推动日元国际化的政策和目标。另一方面，采取措施推动日元区域化。1999 年，日本提出建立亚洲货币联盟和单一货币"亚元"的构想。2000 年，日本与中国、韩国和东盟国家签订"清迈协议"，积极推动东亚区域货币合作，试图强力推动日元国际化，建立以日元为核心的区域货币体系。但由于日本国内经济陷入衰退，日元国际化进程因此受阻。

二、日元国际化的教训

从日元国际化的发展历程来看，日元国际化促进了国内的金融改革和金融开放。但是，日元的国际化水平并不高，与其在全球经济中的地位很不相称。

（一）日本外贸依存度过高

在日元国际化进程中，日元在国际贸易中之所以未能成为主要贸易结算货币的原因就是外贸依存度过高。日本在不遗余力地推动日元国际化 5 年之后，其日元在本国的出口贸易结算中的占比仅为 37%，在其进口贸易结算中的占比也仅为 15%[1]，日元在国际贸易中一直未能成为主要的支付结算货币。其原因就是日本经济是出口导向型经济，经济增长主要靠出口，而日本的贸易对象主要是欧美等发达国家。因此，日元难以在国际贸易中发挥主导作用。此外，日本企业和产品缺乏核心竞争力，未能建立以其为主导的全球产业链。以美日贸易为例，日本企业在美日贸易中只负责代工生产，对销售、品牌等方面没有控制权。在这种分工格局下，日本企业逐步丧失了在国际贸易中的定价权和结算货币选择权。

---

[1]　董潮恩：《日元国际化进程与我国人民币"走出去"策略》，《福建金融》2014 年第 12 期，第 29 页。

（二）贸然放开资本项目

20 世纪 80 年代初，日本就开始推动日元国际化进程，开始放松资本管制，并开放了欧洲日元贷款和日元汇兑等资本项目。而日本全面推行国内金融监管和金融体制改革是在 20 世纪 90 年代在日本推动日元国际化进程中，本国金融市场还没有达到货币国际化要求，贸然开放资本管制，导致大量日元资金开始跨境频繁流动。日元资金先是从境内流向境外，然后以各种途径再回流到境内市场。在 1984—1990 年间，资金净流入出现飙升，从 250 亿美元飙升至 1800 亿美元①。这些回流的资金大量进入股票市场和房地产市场，导致日本经济陷入长期萧条，日元国际化也因此停滞不前。

（三）日元汇率剧烈波动

随着日本经济实力的增强，日元的升值压力不断增加。欧美国家不断逼迫日本采取行动使日元升值。日本政府最终无法顶住外部压力，被迫签订了"广场协议"，日元对美元汇率开始单边升值，日本经济发展和日元国际化进程遭遇挫折。日元汇率的剧烈震荡，尤其是在 20 世纪 80 年代后半期，日元有效汇率就升值了近 50%②。之后，在 20 世纪 80 年代末和 90 年代初，急剧贬值了 30%左右③。如此剧烈波动的日元汇率变化，致使各国不敢把日元作为主要的贸易结算货币和外汇交易计价货币，更不敢将其作为储备货币。日元币值的波动极大地限制了日元的国际化发展。

---

① 董潮恩：《日元国际化进程与我国人民币"走出去"策略》，《福建金融》2014 年第 12 期，第 30 页。
② 董潮恩：《日元国际化进程与我国人民币"走出去"策略》，《福建金融》2014 年第 12 期，第 30 页。
③ 董潮恩：《日元国际化进程与我国人民币"走出去"策略》，《福建金融》2014 年第 12 期，第 30 页。

三、日元国际化的启示

（一）不失时机地推动人民币走出去

当前，人民币走出去的条件已经达到甚至优于当年日元国际化的水平。中国已经成为世界第二大经济体、第一大贸易国和第二大直接投资国，对外直接投资稳步发展。2005 年汇率形成机制改革以来，人民币升值超过 30%，汇率趋于合理均衡水平，双向波动幅度逐步加大，使用本币结算管理汇率风险的观念渐入人心①。中国政治稳定，外汇储备充足，通货膨胀相对较低。中国经济维持中高速增长，人民币资产回报较高，令国际市场长期超配人民币资产。2008 年的国际金融危机暴露了美元为本位的国际货币体系的缺陷，几轮量化宽松货币政策后，导致了主要储备货币币值的大幅波动，产生了对多元化国际储备货币体系的需求。中国东南周边国家经过历次危机冲击之后，加强区域货币金融合作的愿望越来越强烈。因此，中国要持续推动经济高质量发展，不断提升自身综合实力，为人民币走出去创造良好的内外部环境。要加快经济结构转型升级，在保持外贸继续增长的同时，将更多精力放在刺激国内消费和投资需求上，努力促进内外需求平衡发展，有效克服外部因素对人民币走出去的不利影响，转变中国外贸过分依赖欧美等发达国家的局面。2020 年东盟已经成为中国的最大的贸易伙伴，就是最好的例证。加快推进"一带一路"建设，以此不断拓展中国东南周边国家市场，进一步提升人民币在境外直接投资和对外贸易中的支付结算地位。

（二）推动人民币走出去切忌操之过急

日元国际化经历了半个多世纪，推动人民币走出去，也不能急于求成，

---

　　①　管涛、陈之平：《日元国际化对人民币"走出去"的启示》，《国际金融》2014 年第 8 期，第 41 页。

操之过急。经验表明，经济基础仅仅是货币国际化的必要条件而非充分条件，美元替代英镑远远晚于美国经济规模超越英国。一国货币国际化难以单纯依靠主观努力实现。政策推动可以起到推波助澜的作用，但交易信心和习惯难以转变，只有在特定历史事件的冲击下才可能发生质变。当前中国进入改革深水区和经济转型期，结构性矛盾凸显，人民币走出去在倒逼国内改革的同时，也会增加问题的复杂性。现阶段，人民币资产被视为新兴市场资产而配置于高风险高收益资产篮子，市场风险偏好的变化会显著影响海外持有人民币的热情。人民币资金过度流入，会刺激境内资产价格泡沫，增大宏观调控难度；而一旦海外或中国居民抛售境内人民币形成资产外流，也将影响境内金融稳定。因此，不改变人民币的风险货币属性，人民币走出去的根基就不牢，难走长远。这就需要审慎设定人民币走出去的目标和实现路径。当代国际货币体系形成了以美元为中心货币，欧元、日元、英镑等发达国家货币为次中心，其他货币居外围的多层次体系①。人民币应逐步实现从外围货币向次中心货币晋级。从现实考量来看，这一目标应预留一定的时间弹性。

（三）推动人民币走出去要做好风险防控工作

在推动人民币走出去的过程中，中国面临着与当年日本一样的美国要求人民币升值的压力。日元国际化的实践已经表明，在本国金融配套体系尚未完善的情况下，贸然允许本币单边大幅升值，对本国经济会产生很大的负面效应。因此，在推动人民币走出去的过程中，切忌重蹈日元国际化失败的覆辙。坚决顶住美国的压力，坚持主动性、可控性和渐进性原则，防止人民币汇率剧烈波动，保持人民币币值稳定，维护好人民币的国际信誉，为人民币走出去营造良好的内外部环境。

日元国际地位的名声诱惑令日本政府在结果和目的之间迷失了方向。以

---

① 管涛、陈之平：《日元国际化对人民币"走出去"的启示》，《国际金融》2014 年第 8期，第 41 页。

史为鉴，在推动人民币走出去过程中，我们也应牢牢抓住求真务实的主线。首先，要以服务国内实体经济发展为中心。人民币走出去侧重于培养国内产业向国外延伸，并防止国内产业空心化的弊端。应借鉴日本"黑字环流"计划，以人民币对外贷款或投资支持境外购买中国商品；同时，应加快建设人民币跨境交易的支付、清算等基础设施，便利企业开展国际贸易和投资活动；同时，鼓励境内银行在境外开设分支机构，为境内企业提供境外金融支持。要以夯实跨境使用人民币信心为总任务，保持本国经济持续健康发展，保持长期稳定的物价水平，维护货币政策的良好信誉，建设具有深度和广度的境内金融市场，逐步消除人民币回流投资渠道的瓶颈。要以扎实的区域货币金融合作创造外围条件。以合作共赢为目标、政治互信为手段，善用中国东南周边国家在区域合作上已有的认识基础和组织基础；继续推进人民币跨境计价结算，支持民间贸易投资区域便利化；加强区域货币合作，合理确立地区性货币锚，优先扩大人民币进入中国东南周边国家外汇储备篮子，尝试建立地区性汇率稳定机制。

（四）务实推进人民币走出去

以开放促改革，是过去四十多年中国市场经济发展成功的一条重要经验，必须继续坚持。日元国际化失败的一个重要原因就是国内金融体系还没达到日元国际化发展的要求。为此，加快国内金融体系建设，进一步拓展国内金融市场的深度和广度。积极稳妥地推进汇率形成机制和利率市场化改革，进一步放松资本项目管制，进一步形成多功能多层次的金融市场体系和有吸引力的金融产品；加快上海国际金融中心建设，发挥上海作为国际金融中心对全球资本和人才的集聚效应，进一步提高中国在全球金融市场中的定价话语权，从而推动人民币跨境流动健康可持续发展。跨境人民币业务的发展，进一步加快了中国对外金融开放的步伐，也为进一步深化改革提供了新的机遇。但从日本的经验教训看，一方面，在对外开放的同时对内改革不及时主动跟进,会加剧资源错配;另一方面,伴随人民币走出去滋生的自满情绪,往往会导致拖延内部改革和调整,也会埋下未来的经济和金融风险隐患。为此,要妥善处理好人民币走出去与促进国际收支平衡的关系,把握好跨境人民币业务的开放次序和发展节奏,为实现经济可持续发展和推进相关改革创造条件;要加快国内金融市场发展,提高金融服务实体经济的效率,以发展的办法防范和化解人民币走出去过程中在岸市场被边缘化、空心化的风险;要统一本外币跨境监管政策,妥善处理好人民币走出去与资本项目可兑换的关系,减少监管套利。

本 章 小 结

通过对美元、欧元、日元国际化的经验或教训的分析,能够很好地借鉴发达国家推进货币国际化的经验,为推进人民币走出去战略的实施提供实践借鉴。发展中国家与发达国家的金融发展水平的差距不言自明。推进人民币走出去战略的实施,发达国家的货币国际化经验有一定的借鉴意义,但不能照搬,应根据发展中国家的发展水平选择符合本国实际的国际化路径。中国东南周边国家的金融发展水平参差不齐,有的国家的金融发展水平较高,如新加坡。有的国家的金融发展水平较落后,如老挝、缅甸等国。因此,推进人民币走出去战略的实施,要稳妥有序,切忌操之过急。要抓住"一带一路"建设、中国—东盟自由贸易区升级版打造等重大机遇,充分发挥好丝路基金和亚投行等金融平台的作用,在国际货币基金组织中不断提高人民币的份额和话语权,并在区域次区域合作机制中发挥好主导作用,特别是要发挥好广西建设面向东盟的金融开放门户的平台作用,从而顺势推动人民币走出去。

第六章　人民币走出去战略的条件

根据《中共中央国务院关于构建开放型经济新体制的若干意见》的精神，要提升金融业对外开放水平，稳步推进人民币国际化进程，扩大人民币的跨境使用范围、使用方式和使用规模，加快实现人民币资本项目可兑换。按照《中共中央国务院关于构建开放型经济新体制的若干意见》的战略部署，推进人民币走出去，增强参与国际竞争形成新优势，具有十分重要的战略意义。随着中国东南周边国家的金融开放发展，中国东南周边国家与中国的金融合作进一步加强，尤其是滇桂沿边金融综合改革试验区的试验示范效应，以及广西加快建设面向东盟的金融开放门户，将有力推动人民币周边化区域化步伐，为人民币走出去战略的实施，创造更加有利的基础和条件，不断拓展人民币走出去的战略空间。

第一节　货币竞争条件

随着货币的出现，货币竞争就难以避免。从历史货币的发展来看，美元成为主导货币，欧元的诞生与发展以及日元的兴起与衰落，都是货币竞争产生的结果。因此，人民币走出去参与国际市场货币竞争，必然会对美、欧、日等国际货币的地位形成挑战，尤其是对美、日、欧货币在周边国家的地位形成挑战。面临激烈的货币竞争形势，人民币要走出去，必须提高人民币的国际竞争力。在决定货币竞争力的诸多因素中，经济实力是根本，政治因素及其历史惯性也将对货币的国际使用产生重要影响。

一、货币竞争的演化

人民币走出去的过程，实际上就是人民币参与国际货币竞争，不断扩大影响力，拓展势力范围的过程。货币出现之后，货币竞争是不可避免的，货币形态不同表现出的时代特征也不同。金属货币时代主要表现为币材的竞争，竞争的结果是市场最终选择了金银作为货币代表。信用货币时代主要表现为发行权的竞争或主导货币的竞争，初期的货币竞争主要表现为一国政府部门与私人部门对货币发行权的竞争，当各国政府接管并垄断了本国货币的发行权之后，货币竞争问题在一国境内就基本消失了。随着全球化趋势的不断加强，生产、贸易与金融活动的跨国发展，客观上需要一种或几种货币来承担国际计价结算的功能，少数经济运行表现突出的国家的货币，如英镑、美元和德国马克的脱颖而出，走向了货币国际化。全球化时代的货币竞争主要表现为已经实现国际化的货币在全球范围内的竞争，在激烈的货币竞争下国际货币体系演变为少数强势货币的竞争。

（一）货币职能的拓展与竞争力转化

充当交易媒介、价值尺度和价值储藏是货币的三种基本职能，对国际货币的研究主要是研究这三种货币职能。各国货币的国际化程度不同，各国货币行使的职能也有所不同。根据科恩的货币理论，科恩按照货币使用范围的大小将各国货币分为顶级货币、高贵货币、杰出货币、普通货币、被渗透货币、准货币和伪货币七个等级。[①] 前三个等级可以称为国际货币，后四个等

---

① 宁莉：《人民币国际化进程中的货币竞争问题研究》，广西大学，硕士学位论文，2011年，第14页。

级的只是国家货币。第一个等级货币在国际上全面执行各项职能并拥有主导地位，美元和英镑就属于这个等级。第二个等级的货币在各方面都具有一定的重要性，但使用的范围和程度都低于第一个等级，日元和欧元属于这个等级。第三个等级货币只在某一区域或某一职能上具有优势，如瑞士法郎就属于这个等级的货币。但这种货币等级结构的划分并不是固定的，当第一等级的货币的主导地位受到挑战并走向衰落时会逐渐还原为仅执行部分职能，甚至有可能失去国际货币角色。对于那些被迫参与货币竞争的弱势货币有可能失去货币独立性，货币主权被迫从国家主权中分离出来，拉美地区的货币美元化就属于这种情形。在货币国际化的过程中，货币所执行的职能的相互转化符合货币竞争力的转化规律。

（二）货币竞争的优胜劣汰

货币竞争的优胜者能得到可量化和不可量化的收益，而在货币竞争中被边缘化的货币会对该国产生不利的影响。

货币国际化的收益包括可量化收益和不可量化收益。可量化收益主要包括国际货币铸币税收益和为货币发行国金融业带来的额外的佣金收入；不可量化收益主要包括为本国居民和企业创造更多便利条件，在国际金融体系中拥有话语权，可以推行利己主义的货币政策，以影响甚至控制他国的金融经济，增强抵御金融危机的能力。

一种国际货币给货币发行国带来的利益还不仅仅局限于经济方面，政治上的优势也是显而易见的，美国政府依仗美元霸权在境外推行外交或军事计划，地缘政治影响力也随之扩大。

货币竞争中处于弱势的货币对该国产生的不利影响。首先表现为经济损失。直接经济损失就是要缴纳铸币税，间接损失主要表现为发展中国家要将自己的一部分收入以美元等国际货币形式持有并在货币转换过程中所付出的手续费、咨询费等相关费用。其次是汇率制度选择的困境。发达国家根据经济发展的需要可以随时调整汇率政策，而发展中国家往往只能被动跟随，极易成为投机者的靶子，引发本国金融动荡甚至酿成危机。第三是丧失货币政策自主权。发展中国家在国际货币体系中往往处于从属地位，其货币政策往往受美国等国际货币发行国货币政策的影响。由于发达国家与发展中国家的经济发展周期不同步，使得发展中国家实施的货币政策脱离了本国经济发展实际，降低了宏观调节的效率，对经济发展形成了负面作用。

（三）货币竞争的决定因素

一国货币在国际市场上的使用程度主要取决于市场主体的选择。而一国货币成为国际货币，履行计价手段、支付手段和价值储藏职能，主要取决于货币背后的经济实力、政治环境以及历史惯性等因素。

1. 经济实力

经济实力包括强大的经济规模、较快的经济增长速度、高度的对外开放水平和较低的对外贸易依存度、成熟和开放的金融市场以及稳定的币值。一个国家的经济规模大小及其在世界经济中的地位与其货币的国际地位有较大的相关性，一个国家在国际生产、贸易和金融上占的份额越大，其货币就越有优势。只有规模足够大的经济体才能够为本国货币提供坚实的经济基础，以及规模容量大和流动性充足的资本市场，为本国居民利用本国货币进行贸易投资提供充足的空间。只有强大的经济体才能保证本币的购买力，使它国对持有本国货币的信心得以确立和加强，从而在主观上愿意接受和使用它。

经济实力决定一国货币的国际地位，参与国际化是一国经济实力向货币的国际影响力转化的重要途径。只有参与国际贸易、扩大本国贸易规模及其在世界贸易中的比重，不断提高本国产品在国际市场上的竞争力，该国货币才有可能成为国际贸易中的计价、结算货币；只有加大投资力度，实现对外投资的增长，其货币才可能更多地在投资合同、债券凭证等领域行使职能；只有开放国内金融市场，实现本币自由兑换，才能为非居民手中的本国货币资金提供投资增值和价值储藏的场所,确保该货币在国际经济交往中发挥国际储备的职能。

2. 政治实力

强有力的政治力量创造了强有力的货币,只有本国政治稳定,经济才得以持续发展。推进本币国际化也需要该国具有较强的国际政治地位。英镑与美元的国际化首先就是由其经济基础决定,然后凭借雄厚的政治优势,逐步演变为国际货币。

3. 历史惯性

在国际货币竞争中,历史惯性是存在的。当某种货币的国际使用者越多,在国际市场上该种货币的交易成本就越低,流动性也就越强,使用者也就越多,从而形成良性循环。某种货币一旦占据主要国际货币地位,其就拥有交易网络规模、公众使用习惯等优势,任何货币若想取代之不容易。如美元取代英镑的过程就花费了很长的时间。因此,任何货币想取代美元的地位同样会遭遇历史惯性的障碍。

(四)货币竞争的经验

国际货币之间的竞争力此消彼长,推动了国际货币体系的变革。历史上,国际货币体系的历史变迁,经历了金本位制、布雷顿森林体系和牙买加体系三个阶段,各个阶段的国际货币竞争特点也不同。这里仅就货币集团的货币竞争、美元与英镑的竞争和美元与欧元的竞争进行分析。

1. 货币集团间的货币竞争

货币集团的出现缘起于金本位制度的解体。在金本位制度下,黄金作为国际储备,可以自由铸造、自由兑换及自由输出入,各国政府以法律的形式规定货币的含金量,各国之间不同的金铸币按各自含金量形成固定比价,从而建立起稳定的国际货币联系。伦敦是当时的世界金融中心,英镑与黄金一起充当世界货币的角色。第一次世界大战爆发后,英国经济地位大幅下滑,金本位制的维持摇摇欲坠。在经济大萧条中，金本位制彻底崩溃。为维护本国货币的国际地位，英国、美国、法国等经济体先后以本国为核心组成货币集团，后逐渐转为货币区。各货币集团为争夺国际市场和投资场所，对内加强对殖民地和附属国的控制，对外相互竞争、各行其是，国际货币金融秩序十分混乱。

2. 美元与英镑的竞争

20世纪的两次世界大战，彻底改变了世界政治经济的格局，使主要国家之间的力量对比发生了根本变化。国际货币体系最为显著的变化是第二次世界大战后，美国借助布雷顿森林体系实现美元霸权，成功取代传统英镑的世界货币地位。美国超强的经济实力已非任何一个国家或集团所能抗衡。英国由于遭受战争重创，其经济实力和政治地位都已明显走向衰落，英镑的主导地位也随之动摇。英国和美国为了维护其本国利益，试图探讨建立新的国际货币秩序，两国分别提出了各自的计划，美国提出了"怀特计划"，英国提出了"凯恩斯计划"。美国主张恢复金本位制度，确立其在国际货币金融中的统治地位。英国则反对恢复金本位制度，主张建立国际清算制度，以维护其在国际货币金融领域中的统治地位。对这两个方案在当时存在很大的争议，最终由于美国拥有绝对的经济优势，在巨大的政治和经济压力下，英国被迫做出妥协，接受美国提出的方案。1944年7月，在布雷顿森林会议上最终通过了美国提出的"怀特计划"，确立了美元在国际货币体系中的地位，美元霸权从此初步确立。实际上美国的经济实力，早在一战后二战前就已经超越了英国。但是，英镑的地位并未被美元取代。即使美元获得了国际货币体系的主导权，但是在很长的时间内，美国仍然视英镑为竞争货币。

3. 美元与欧元的竞争

布雷顿森林体系崩溃后，德国马克、日元日益崛起，美元迎来了国际储备货币多元化趋势的挑战。欧元于1999年启动后，这一形势似乎有所变化，欧元的诞生引发了欧洲金融市场的重大变革，欧元迅速成为世界第二大货币，欧元已经替代了16种国家货币，在未加入欧元区的欧盟成员国和大量申请入盟的欧洲国家也得到广泛的使用。美国把欧元视为对美元的强有力挑战。欧元对美元的竞争可以从国际货币的三大基本职能来进行具体分析。首先，作为盯住货币。在大约 40 个国家的管理汇率体制中，欧元是发挥着货币锚作用的。这些国家主要是欧盟成员国、待加入的候选国，以及非洲金融体系法郎区国家。俄罗斯在其盯住的货币篮子中也保持了较大权重的欧元比例。其次，作为交易媒介。多数参与欧元建立联系汇率制度的国家，为维护本国货币的汇率稳定，将欧元作为主要的甚至是唯一的干预货币。在国际货物贸易中，欧元作为记账单位在交换媒介中的作用是显著增强的，欧元区成员国与区外国家的贸易往来绝大多数使用欧元结算。在亚洲地区，欧元也有一定的影响力。欧元在外汇市场上，是交易较为活跃的一种货币。第三，作为价值储藏手段。欧元在各国官方外汇储备中的占比逐步上升。在国际债券市场上，欧元债券也表现出较强的投资吸引力。无论欧元的发展前景如何，它都已经展示了挑战美元霸权的一种新途径——区域货币联盟。在欧元区的示范效应下，东亚国家包括中国在内积极探讨东亚货币合作的可行性，并取得了积极进展。

二、人民币的竞争条件

（一）国际社会对人民币的现实需求

2015 年 3 月，中共中央总书记、国家主席习近平同志在博鳌亚洲论坛发表演讲时指出，未来五年中国进口商品和服务将超过 10 万亿美元，对外投资将超过 5000 亿美元，出境旅游人数将超过 5 亿人次。2013 年 10 月，习近平同志在印度尼西亚国会发表演讲时指出，2020 年中国东盟贸易额要达到 1 万亿美元。这必将进一步有力推动人民币走出去战略的实施。人民币是中国的主权货币，人民币走出去是主权货币走出去，是人民币成为国际货币的过程。作为国际货币有 3 种基本职能：国际贸易的计价和结算工具；因计价和结算产生头寸，为安排头寸成为投融资工具；成为一般支付手段，具有价值承担功能，从而成为储备货币。目前，人民币已呈现出全职能的轮廓。按照国际经验，国际货币一般具备三个条件：一是主权货币的全面可兑换。二是国际收支逆差。三是有深度的金融市场。目前，人民币还不是全面可兑换的货币。为满足国际社会对人民币的需求，人民币走出去采取了有别于传统的路线。首先，通过货币错配走出去。人民币走出去缘起于 20 世纪末东南亚金融危机。那时，以出口导向为特征的东南亚地区经济发展非常迅速，但东南亚地区贸易定价货币都是用美元。美元出问题，带来了东南亚金融危机和 2008 年全球金融危机。其次，通过期限错配走出去。中国东南周边国家是经济发展最快的地区，发展中所需资本大部分是短期资本，短期资本流动性大，东南亚金融危机就是由于资金流出的本币对外币大幅贬值引起的，把短期资本变成长期资本非常重要。这就是亚洲基础设施投资银行和亚洲债券市场形成的背景，把它变成长期资本流动。第三，通过结构错配走出去。中国东南周边国家是储蓄率比较高的地区，但是中国东南周边国家的基础设施和金融机构能力、金融市场能力相对比较薄弱。金融危机爆发以后，采取了本地货币互换的形式来解决货币错配的问题。

（二）"一带一路"建设需要人民币走出去提供资金支持

"一带一路"是资本的输出起点，"一带一路"建设的背后隐藏的是人民币的活跃，不是外汇储备的活跃。"一带一路"的项目工程在运作时更多是人民币的参与。从 2014 年全球对外投资来看，新兴市场国家的对外投资第一次超过了发达国家，中国占到新兴市场国家对外投资的 1/3。中国的对外投资第一次超过了外商的对华投资，中国实现了由资本输入向资本输出转化，由资本输入国变成资本输入与资本输出并重的国家，为人民币走出去提供了强劲动力。

作为"一带一路"重要节点的中国东南周边国家，要兴建大量的基础设施。因此，大量投资流向中国东南周边国家，为人民币走出去带来新契机。

在全球化和区域经济一体化背景下，中国东南周边国家对加强区域货币合作的愿望越来越强烈，以此来降低结算风险，促进本地区经济稳定和增长，推动区域经济金融一体化。况且，中国已成为世界第二大经济体，第一大出口国和第二大进口国，其经济规模和贸易地位的提升使其本币具有了国际使用基础。截至2015年，人民币跃居全球第四大国际支付货币。作为贸易融资货币，人民币已经在2013年跃居第二位，市场份额为8.66%。

（三）中国东盟金融合作为人民币走出去夯实了基础

中国东南周边国家几乎都是东盟成员国。近年来，人民币在该地区的跨境结算量明显增长，人民币跨境结算范围在扩大。据中国人民银行统计数据显示，截至2014年8月底，在涉及174个国家中的人民币跨境结算占全部本外币跨境收支的比重从2010年的1.7%增加到了2014年上半年的24.6%。进出口货物贸易的人民币结算比重也从2010年的2.2%增加到2014年前8月的15.8%。中国工商银行新加坡人民币清算行的人民币清算量已经超过10万亿元。单日清算峰值从最初的20亿元增加到近3000亿元，有力推动了新加坡人民币离岸中心的建设。中国工商银行新加坡清算行与新加坡金融监管局全面合作，积极推进人民币中央实时清算系统RTGS的建设，充分发挥中国工商银行人民币集团优势，加快完善金融服务基础设施，增强人民币在新加坡市场的竞争力，大力促进人民币的跨境使用。当地及外资银行已经有73家在新加坡清算行开立了人民币清算账户，服务范围已经覆盖了33个国家和地区。广西已经开展9个东盟国家的货币柜台挂牌交易，新加坡星展银行等外资银行在南宁设立分行。中国东南周边10个国家与广西开展了跨境人民币结算业务。跨境人民币结算总量名列全国8个边境省（自治区）和西部12个省（自治区、直辖市）之首。中国金融机构纷纷在南宁组建面向中国东南周边国家的货币清算、结算及相关业务中心。中国—东盟投资合作基金、中国—东盟海上合作基金、丝路基金等已经成功开始运作，并取得显著实效。亚洲基础设施投资银行的建立，将进一步扩大了人民币的跨境使用范围。

（四）沿边金融综合改革试验区为人民币走出去试验示范

沿边金融综合改革试验区正常运作以来，在跨境人民币双向贷款、人民币特许兑换业务、人民币现钞出入境管理、货币挂牌交易、人民币海外投资基金、推动人民币与中国东南周边国家货币的跨境结算和清算体系建设等方面先行先试，取得了显著成效，使跨境人民币业务规范化、秩序化、合理化、便利化，有力地促进了跨境贸易、边境贸易的发展。东兴国家重点开发开放试验区试行人民币结算以来，搭建了东盟货币服务平台，使人民币边贸结算量飞速提升，创造了可复制的人民币与越南盾抱团定价、轮值定价的"东兴模式"，开创了东盟货币服务平台形成的汇率作为上海外汇交易中心的官方汇率的定价机制，为更大程度、更宽领域、更深层次推进人民币走出去探索了可复制可推广的新模式新经验。

（五）"南宁渠道"为人民币走出去搭建政策沟通平台

以中国—东盟博览会为主体形成的系列论坛机制，尤其是中国—东盟金融合作与发展领袖论坛、中国—东盟跨境电子商务论坛等机制平台，为中国与中国东南周边国家乃至"一带一路"沿线国家搭建了人民币走出去的对话交流和先行先试平台，增进彼此的共识，使中国与中国东南周边国家在金融领域的合作不断加强。尤其是 2014 年以来，围绕 21 世纪海上丝绸之路和丝绸之路经济带主题开展的系列活动，进一步使中国与中国东南周边国家乃至"一带一路"沿线国家的金融合作得到加强，人民币走出去的空间进一步拓展，不仅有利于促进双方资本、货物、人员的流动，推动中国—东盟自由贸易区升级版建设，更有利于本地区经济持续快速发展，推动了人民币结算从边境贸易扩展到一般贸易、服务贸易、收益及经常转移、跨境投融资等，逐步从企业扩展到个人，范围也从中国东南周边国家扩展到所有国家和地区。

推动人民币市场化、国际化、开放化，是市场经济发展的一个必然趋势。目前，我国还没有达到完全开放的条件，人民币话语权不高，对人民币走出去战略的实施需持谨慎态度。总的来说，还是摸着石头过河，一步一步往前走，第一步走稳了才走第二步。一般来说，人民币能否走出去，需要满足两个基本的前提条件。第一是人民币币值的稳定性。如果没有币值的稳定性，就没有国家会选择人民币，人民币就走不出去；第二是便利性。无论是在计价、结算，还是储备方面，都能够方便使用。这两个前提条件是人民币走出去的基础。除了稳定性和便利性外，人民币走出去还需要很多其他条件的支持。如果一个国家出口的商品都是小商品，在高端装备产品中没有话语权的话，那么这个国家的货币在计价、结算时也没有话语权。表面上是货币的话语权，其实背后隐藏的是产业的竞争力、金融机构的竞争力、金融市场的健全程度、金融基础设施的完善程度，这也关系到人民币能否便利地走出去的重要约束条件。近年来，我国在跨境贸易和边境贸易中试点人民币结算，有力地推动了人民币走出去，还在中国东南周边国家设立银行分支机构，为办理人民币业务提供方便，使人民币在中国东南周边国家的使用量大增。但人民币走出去仍面临着基础设施不完善和业务创新不够等问题，人民币走出去仍然任重道远。

（六）面向东盟的金融开放门户建设为人民币走出去搭建战略平台

2018 年 12 月，中国人民银行等机构联合颁发了《广西建设面向东盟的金融开放门户总体方案》，批准广西建设面向东盟的金融开放门户，这是继中国人民银行等机构批准建设滇桂沿边金融综合改革试验区之后，赋予广西的又一新使命。建设面向东盟的金融开放门户，是深化中国与东盟金融合作的重要战略举措，也是打造"一带一路"有机衔接重要门户的战略抓手，是推动人民币走出去的重要战略平台。自批准建设面向东盟的金融开放门户以来，中国人民银行南宁中心支行围绕"一个重点、一个行动、一个渠道、一个目标、一个底线"的工作思路，推动广西建设面向东盟的金融开放门户。"一个重点"是指推动人民币在中国东南周边国家的使用；"一个行动"是指融合推进区域金融改革；"一个渠道"是指深化金融交流合作；"一个目标"是指服务实体经济；"一个底线"是指构建风险防控机制。面向东盟的金融开放门户建设以来，已经取得显著的成效，进一步增强了人民币在中国东南周边国家的竞争力。

从"一个重点"的运作情况来看。截至2019年10月末，广西银行机构累计为境外项目发放跨境人民币业务贷款50.62亿元。2019年1月至11月，广西跨境人民币在西部省区和全国边境省区中排名继续位居前列，结算量达1459亿元，同比增长23.5%，广西与中国东南周边国家的人民币跨境收付占全部本外币跨境收付的比例达到61%。以市场需求为导向完善了本外币现钞跨境调运体系。2019年1至11月，越南盾现钞跨境调运达752亿盾，泰铢跨境调运达1.75亿铢。中越两国人民币现钞跨境调入量累计比2018年增长了近24倍。人民币业务品种日益丰富，广西银行机构为境外金融机构办理即期结售汇业务提供了远期、掉期和场外期权等人民币衍生品服务。推行货物贸易名录下管理业务的电子化处理，上线运行了数字外管平台与政务服务网上办理系统，创新开展了境外投资银行间债券市场人民币结算业务。2019年1月至11月，广西商业银行代理境外金融机构开展结算业务共467亿元人民币，占同期广西跨境人民币结算总量的34%。非银行支付机构开展了跨境人民币支付业务，截至2019年11月末，广西已经有3家备案机构办理了结算金额8.5亿元人民币。2019年12月，柬埔寨加华银行参与了人民币对瑞尔的银行间市场区域交易，推动开展了境外机构投资银行间债券市场人民币结算业务。

从"一个行动"的实施情况来看，构建了"物流+金融+商贸"的物流金融生态圈，联合印发了《金融支持西部陆海新通道建设的若干政策措施》。

2019 年 9 月末，西部陆海新通道建设项目共获得银行授信 1625 亿元。制定出台了《关于金融支持中国（广西）自由贸易试验区建设的若干政策措施》，随着政策措施的实施，与中国（广西）自由贸易试验区的贸易和投融资便利化自由化相适应的金融服务体系加快建设。2019 年 12 月，国家外汇管理局广西壮族自治区分局发布了《关于在中国（广西）自由贸易试验区开展外汇创新业务的通知》，经国家外汇管理局批准，国家外汇管理局广西分局在中国（广西）自由贸易试验区开展简政放权、贸易和投资便利化、外汇管理等 9 项外汇创新业务。允许广西诚信优质企业在中国（广西）自由贸易试验区直接办理跨境贸易投资人民币结算业务。2019 年，正式开展试点运行跨境金融区块链服务平台，试点平台重点开展两项业务，即出口应收账款融资业务和企业跨境信用信息授权查证业务。通过试点业务的开展，大幅提高了出口融资业务的审批时效，大大拓宽了银行获取企业信用信息的渠道和来源。试点平台开通后，广西已经有 15 家银行的 126 个网点开通平台业务权限。跨境区块链金融服务平台的开通，大大提升了银行融资的业务效率，大大节约了企业的融资成本。截至 2019 年 12 月 26 日，广西境内银行共通过该平台办理 59 笔出口贸易融资业务，发放贷款 1176.78 万美元，折合人民币 8296.3 万元，融资期限从 13 天至 210 天不等。

从"一个渠道"的运作情况来看，中越双方金融机构签订了首个《反洗钱合作备忘录》，边境银行与越方银行机构签订了 12 份反假货币合作协议（备忘录）。推动中越两国边境城市政府加强双边跨境征信合作与交流，举办了首届中国（东兴）—越南（芒街）征信跨境合作交流会。广西崇左市建立了涉外金融维权服务中心，广西那坡县和靖西市成立了涉外金融服务中心与中越金融纠纷调解室。举办了中国—东盟金融交流会和首届东南亚人民币论坛。在越南、柬埔寨、泰国、新加坡等国开展了人民币跨境使用和金融开放门户政策宣传。中国钱币学会成立了东南亚货币研究中心，打造了东盟经济金融研究特色品牌，广西金融学会荣获"2019 年度全国社科联先进学会组织"称号。

从"一个目标"的实现程度来看，中国人民银行总行新增了再贷款和再贴现限额 175 亿元，发挥中央银行资金的激励作用，增加金融机构和实体经济可用资金达 1023 亿元。2019 年前 11 月，广西存贷款余额双双突破 3 万亿元，分别为 3.2 万亿元与 3.02 万亿元，同比分别增长 6.03% 与 13.82%。牵头制定金融支持"双百双新"产业项目、糖业全产业链和林业等重点领域发展措施。出台"民微首贷"提升计划，支持民营和小微企业"百千万"工程。成立了西部陆海新通道建设金融服务部与金融服务广西糖业高质量发展指挥部。举办了金融服务广西实体经济高质量发展支持重点领域推进会。起草并推动印发了《广西壮族自治区金融改革创新实施方案》，启动了绿色金融改革示范区创建工作。2019 年前 11 月，指导广西法人机构发行绿色债券募集资金达 70 亿元。账户管理进一步优化，2019 年 6 月 10 日，银行账户许可全面取消，自主开发建设广西人民币银行结算账户辅助管理系统与广西银政信息管理系统。

从"一个底线"的运作情况来看，制定出台了打好防范化解重大金融风险攻坚战的实施方案，与广西银监系统建立了联动机制，加强了对跨境资金双向流动的风险监测，广西经济金融运行情况总体平稳，各类金融风险总体可控，防范化解金融风险攻坚战取得了预期成果。

总而言之，建设面向东盟的金融开放门户所取得的阶段性成果，进一步增强了广西服务中国与中国东南周边国家的金融合作信心，增强了中国东南周边国家对持有人民币的信心和意愿，使人民币在中国东南周边国家中的竞争力进一步得以增强，尤其是与越南的金融合作得以深化，为人民币走出去创造了更加有利的条件。

第二节　综合国力条件

中国东南周边国家是传统的美元、日元市场，尤其是美元在中国东南周边国家的使用较为普遍，而且中国东南周边国家对美元的使用有惯性，美元仍然占据绝对主导地位。要让中国东南周边国家增持人民币，需要进一步增强综合国力，提高中国在中国东南周边国家的影响力。

一、中国国际经济地位提升的影响

经过 40 多年的改革开放，中国经济实现了持续增长，成为世界第二大经济体。无论是在 1998 年的东南亚金融危机，还是 2007 年美国次贷危机引发的全球性金融危机对中国经济虽然产生了不利影响，无法独善其身。但是，中国始终表现出负责任大国的形象，赢得了国际社会的信赖和好评。在 1998 年的东南亚金融危机中，中国没有采取货币贬值政策，为中国东南周边国家度过金融危机，实现经济复苏，发挥了重要的促进作用，受到中国东南周边国家的赞赏，赢得了较好的国际声誉。2007 年的美国次贷危机引发的全球金融危机，中国经济也受到了较大的冲击，出现了产能过剩，经济发展进入了新常态，转入中高速增长。但是，推行供给侧结构性改革，推动经济向高质量发展转变，保持了强劲的发展活力，保持了 6.5% 左右的增长速度，成为世界经济的重要引擎，树立了良好的国际形象，人民币也格外备受青睐。中国东南周边国家也充分享受了中国的发展机遇，经济持续增长，也成为世界经济复苏的新动力，使中国与中国东南周边国家的经贸合作更加密切，共同为世界经济发展增添了新活力。

二、中国国际贸易地位提升的影响

中国已经成为第二大贸易进口国和第一大贸易出口国，在国际贸易中的地位迅速提升，进一步提升了人民币的国际地位。同时，中国建成或商谈的自由贸易区取得了新进展，区域贸易联系日趋紧密，区域经济一体化程度日益提高。中国作为东亚地区最大和增长最快的国家，一直在积极推动区域经济一体化，加快与周边国家和地区的经济合作。以建立自由贸易区为主的区域经济一体化已成为我国对外开放的新形式。2006 年，商务部提出将自由贸易区上升为国家战略。2007 年，党的十七大报告提出"实施自由贸易区战略"，标志着自由贸易区建设上升为国家战略。从此，开启了建立自由贸易区的积极探索。自由贸易区的建立，极大地推动了我国与相关国家的经贸合作。在 2010 年 1 月 1 日，中国—东盟自由贸易区建成后，双边贸易额大幅增长，增速不仅超过同期中国对外贸易增长速度，也明显超过双边贸易过去的平均增幅。中国内地与香港的 CEPA 政策在开放大陆居民赴港个人游以及服务业和个体工商户等领域向香港居民做出高层次开放之后，不仅有效刺激了香港经济增长，而且大大增强了两地的人员和资金往来。人民币走出去是经济发展到一定阶段的产物，是市场自然选择的结果。但是，在美元主导的国际货币体系下，人民币走出去不会一帆风顺，面临的困难和挑战会很多。中国要想成为区域人民币的净提供者，必须成为区域产品的最终市场。在区域经济一体化框架下，中国通过自由贸易区等方式降低贸易壁垒，可以扩大区域商品进口，向区域提供人民币。由于中国经济总量大且增长快，加快转变发展方式和供给侧结构性改革，推动高质量发展，扩大进口增加内需，具有成为区域内最终市场的潜能。通过降低贸易壁垒，扩大市场开放，不断提高贸易便利化水平，通过商签货币互换协议等手段，在很大程度上可以解决人民币的供给问题。随着区域经济一体化进程加快，以及金融服务业的扩大开放和自由化便利化水平的提高，为人民币走出去提供的技术支持和制度安排更加有保障。在自由贸易区框架下，可以要求其他国家双向开放金融市场提供金融服务。在区域经济一体化框架下可以实现跨境投资自由化和自然人流动的自由化，促进人民币跨境流通使用。投资自由化是区域经济一体化必不可少的一部分，跨境投资的发展既可以促进区域经济一体化进程，也可以成为人民币走出去在区域流动的正常渠道。而自然人流动的自由化往往都发生在经济一体化较高的阶段。通过消除自然人流动的限制，可以大大提高人民币境外流通水平，

　　增加人民币的境外流通供给和需求。从现在推进的区域经济一体化情况来看，中国东南周边国家是推进人民币走出去的首选，要通过深化已有区域经济一体化制度安排，通过开放市场强化彼此的经济联系，为人民币在中国东南周边国家的使用创造有利条件。

三、中国国际政治地位提升的影响

　　从主要货币主权国的货币国际化经验来看，一国的国际政治地位关系到一国的货币能否顺利走出去问题。英镑的国际化就是因为政治因素的影响而走向国际化的，政治因素的影响是极其显著的。美元成为国际货币，在一定程度上也是得益于美国的政治和文化影响力。而日元国际化的失败，原因是多方面的，其中一个重要原因就是日本作为美国的附庸的政治地位。由此可见，政治实力与货币国际化有密切的关系。

　　中国作为联合国常任理事国，在联合国和国际地区事务中的作用越来越重要。特别是随着"一带一路"倡议以及人类命运共同体理念的深入落实，亚洲基础设施投资银行的建立和人民币加入特别提款权货币篮子，使中国的国际政治地位极大提升，对中国东南周边国家的影响力大大提高，这对推动人民币走出去，成为中国东南周边国家的结算货币，甚至储备货币，都将产生重要影响，从而增强中国东南周边国家持有人民币的信心和决心。

　　但是，人民币走出去也会受到来自政治领域的阻碍。随着中国经济的蓬

勃发展，中国的国际影响力的提高，必然会深刻改变现有国际政治经济格局，与世界各国尤其是大国的贸易摩擦和经济摩擦有可能会加剧，世界范围内的经济竞争可能会更加激烈，经济贸易竞争因此成为大国政治竞争的重要组成部分。中国崛起必然会努力推动人民币走出去，不可避免地引发各国与中国的经济贸易摩擦，必然对人民币进行围堵打压，国际负面舆论也会对人民币走出去产生不利影响。美国奉行单边主义，大搞贸易保护主义，其全球战略取向就是"主导欧亚，称霸世界"。因此不愿意被其他国家削弱其国际影响力，更不愿意接受中国崛起的事实，再加上东西方的政治文化差异因素，人民币走出去必然会遭到美国方面的打压。日本作为亚洲有重要影响的国家，也不愿意看到人民币成为国际化货币，因此也会千方百计阻挠人民币走出去。美国、日本之外的其他国家出于战略的考虑也有可能会对人民币走出去进行干扰和阻碍。中国的国际政治地位提升的事实，是谁也改变不了的事实。我们应准确地把握国际大势，理智地面对国际政治斗争，坚定不移地推动人民币走出去。

四、中国对外投资地位提升的影响

一国对外投资地位的提升，会使该国货币的国际地位因此提升，会使该国货币在投资合同和债权凭证等方面直接充当国际货币的角色。随着对外投资、对外贸易的规模日益扩大，该国货币因此会成为全球范围内的贸易、投资结算和计价货币，并在世界范围内广泛使用，也因此会逐渐成为世界范围内广泛使用的国际货币。

从主要货币主权国家的发展历程来看，各主要货币主权国家都曾经历对外贸易顺差大国、对外资本输出大国和对外投资债权大国的发展历程。十九世纪，英国是当时世界上最大的对外投资国，英镑的国际地位强有力地支撑英国在对外贸易和对外投资领域保持绝对优势地位，英镑也因此成为称霸全球的国际货币。第一次世界大战后，美国基于自身的强大国力，积极推动欧洲战后复兴计划，掌握了全球范围内的大量对外贷款。第二次世界大战后，美国成为世界头号强国，美国作为资本输出国的地位进一步得到巩固，美元在国际货币体系中的主导地位因此确立，使美国成为世界上的最大债权国，美国也替代英国成为世界上的最大国际贸易国和资本输出国。对外投资、对外贸易和对外援助都直接使用美元，美元的国际货币地位顺势而升成为霸权货币。日本对外投资的增加和自由化发展，不仅推动了国家间的资本流动，促进了各国经济发展，而且加深了各国经济的相互依存度，使日元成为国际货币体系的重要支撑力量。

作为一个发展中大国，中国在国际产业链分工中仍然处于产业链的中低端地位，人民币在国际货币格局和世界贸易中的地位仍然十分薄弱。但是，由于中国一直保持着长期的对外贸易和国际收支的双顺差，连年的双顺差使中国的国际储备规模日益增大，使人民币长期处于硬通货的地位，中国因此掌握了东亚区域的金融话语权。全球金融危机发生后，世界经济的稳定性更多依靠中国的大量国际储备，中国东南周边国家通过加强与中国的金融合作使自身经济得到稳定发展，中国在全球经济中的平衡作用更加突出，充足的国际储备和国际清偿力使人民币的稳定性和成熟性得以增强，人民币的国际影响力因此提升。

经过40多年的改革开放，中国不仅成为全球最具投资吸引力的国家之一，也成为对外投资的重要国家。从主要国家对中国东南周边国家的直接投资来看（见表6-1），美国和日本仍然是中国东南周边国家的主要投资国。但是，中国在中国东南周边国家的对外直接投资也呈上升趋势。我们以2004—2015年主要国家对中国东南周边国家的投资数据分析来看，美国对中国东南周边国家投资的80%集中在新加坡、泰国和菲律宾，仅新加坡一国就吸收了631.27亿美元，占美国对中国东南周边国家投资的62.25%。中国对中国东南周边国家的投资基本集中在新加坡、泰国、越南和印度尼西亚四个国家。由此可见，美国与中国在中国东南周边国家的投资流向较为相似。两者的区别是，中国除了上述四个国家外，还对柬埔寨、老挝、缅甸进行了较多的投资。美国则对菲律宾和马来西亚进行了相对较多的投资。但需引起注意的是美国近年来开始向缅甸、柬埔寨和老挝进行了投资。日本在中国东南周边国家的投资分布相对较为均衡，主要集中在印度尼西亚、泰国、马来西亚、新加坡、越南和菲律宾等国。尤其是对印度尼西亚和泰国的投资相对较多，与这两个国家主要发展汽车产业，积极吸引日本汽车制造业的直接投资有关。与美国类似，日本对文莱、柬埔寨、老挝和缅甸的投资比重不大。但值得注意的是，日本企业已经开始向这些国家的制造业和基础设施等领域扩张。中国对这些国家的投资主要集中在新加坡、印度尼西亚、缅甸、泰国、越南和柬埔寨六个国家。其中投向新加坡的规模为 289.54 亿美元，占该时期中国对中国东南周边国家直接投资总额的 58.06%，并有不断强化趋势。2010—2015 年，中国向新加坡累计直接投资达 247.91 亿美元，占该时期中国对中国东南周边国家投资总额的 61.38%。但是，除了新加坡、马来西亚和文莱之外，对印度尼西亚、泰国、越南、缅甸和柬埔寨的直接投资相对较为均衡。从这些数据分析来看，虽然美国、日本在中国东南周边国家的投资地位没有发生太大变化。但是，总体上来看，中国在中国东南周边国家的投资地位不断呈上升趋势。

表6-1　中美日对中国东南周边国家的直接投资国别分布（2004—2015）①

单位：亿美元

		新加坡	文莱	印度尼西亚	马来西亚	菲律宾	泰国	越南	柬埔寨	老挝	缅甸
中国	金额	289.54	0.25	46.08	6.54	0.98	35.48	28.62	26.58	16.93	47.70
	比例	58.06	0.05	9.24	1.31	0.19	7.12	5.73	5.33	3.39	9.56
美国	金额	631.27	0.99	59.18	72.81	74.43	96.82	64.53	2.95	0.13	1.03
	比例	62.25	0.09	5.84	7.18	7.34	9.55	6.36	0.29	0.01	0.10
日本	金额	231.82	5.68	394.72	174.95	35.88	372.53	124.48	3.05	1.41	2.03
	比例	17.28	0.42	29.41	13.04	2.67	27.76	9.28	0.23	0.1	2.67

① 资料来源：根据 ASEAN Statistic Yearbook（2015）与 ASEAN Statistic Database 整理。

第三节 金融体制条件

在全球金融市场持续动荡的背景下，人民币走出去既是发展经济实现内外兼修的现实需要，也是建立与我国经济实力和国际地位相匹配的国际货币身份的必然要求，更是推进"一带一路"建设的战略选择。2008年11月，中国政府决定在珠江三角洲和长江三角洲以及广西和云南开展针对中国东南周边10国和港澳地区的跨境货物贸易人民币结算业务。2009年7月2日，颁布了《人民币跨境结算实施细则》，跨境货物贸易人民币结算业务正式展开，但仅在沿海5个城市的365家企业开展货物贸易人民币结算。2010年1月1日，中国—东盟自由贸易区建成，根据中国—东盟自由贸易区协议，中国与东盟6个老成员国（新加坡、印度尼西亚、马来西亚、菲律宾、泰国、文莱）90%的产品实行零关税。2015年，中国与东盟新4国（越南、老挝、缅甸、柬埔寨）的产品实现零关税，贸易额进一步扩大，达到5000亿美元。随着中国与世界经济贸易合作的日益密切，人民币走出去取得了初步成功，人民币走出去开始提速。2010年，扩展到20个省份。2011年之后，全国所有的省份和企业都可以开展贸易人民币结算业务，贸易结算业务从货物贸易扩展到服务贸易，结算范围从东南亚地区扩展到整个亚洲国家和其他国家。随着人民币跨境贸易结算规模的扩大，如果贸易在海外积累的人民币头寸没有良好的投资渠道，将削弱人民币使用的动力。人民币走出去如果不能得到深化，人民币用于国际贸易的范围就难以扩大。在贸易人民币结算的基础上，为满足经济发展的需要，区域内国家也加强了货币金融合作。2009年，中国与东盟签署了《清迈协议》，进一步强化了亚洲金融合作机制。上海合作组织和金砖国家组织也提出本币化进程，强调加强货币金融合作。自2012年开始，中国逐步放开资本项目本币管制，鼓励境内外企业使用人民币进行直接投资。2014年，进一步放开个人境内外人民币间接投资限制，人民币国际支付的范围进一步得到扩展。在161个与中国的交易支付中，人民币已在

50多个国家开展国际支付，超过了10%，人民币走出去呈现出渐进深化和加速发展的态势。

从世界金融发展的历史脉络来看，金融发展决定大国兴衰，大国崛起需要建立与之相匹配的货币金融体系。推动人民币走出去，需要继续深化金融体制改革，推进汇率利率市场化，发展多层次资本市场，稳妥有序推进资本项目可兑换，推进金融创新，加强金融监管，建立促进宏观经济稳定和支持实体经济发展的现代金融体系。

一、资本项目开放和可兑换

资本项目开放和可兑换是推进人民币走出去战略和实现人民币国际化的必要条件，对宏观经济发展也具有广泛而深远的影响。但是，资本项目开放不是实施人民币走出去战略的充要条件。从发达国家的货币国际化经验来看，在货币国际化过程中仍然对资本项目实施管制。美国是资本项目开放度最高的国家，但从国际货币基金组织的界定标准来看，美国对某些资本子项目仍存在着限制性条款。如限制外国共同基金出售和发行股票、限制非居民购买某些行业证券、限制居民对某些国家进行直接投资等。在监管措施失控或者国际收支恶化情况下，对原先开放的资本子项目也实行某种管制。

资本项目开放是一个动态的渐进的过程，需要根据金融市场条件和经济发展情况对具体的差别措施进行取舍。不同的取舍会带来不同的风险和收益，所以资本项目开放不是一蹴而就的政策安排。资本项目开放和资本项目可兑换与货币国际化有着紧密联系。资本项目开放要求国际货币资本项目可兑换。货币可兑换是实现货币国际化的必然条件。货币国际化有利于推进资本项目开放，一国货币国际化使得人们更愿意去持有该国货币参与贸易投资活动。在经常项目相对稳定的前提下，为维持国际收支平衡，必然需要更为顺畅的渠道去实现国家对资本项目下的调整来促进资本项目开放程度的加深。

从中国的资本项目开放来看，中国的资本项目开放具有单边流动非均衡特征。对资本流入方面开放的项目较多，开放的程度也相对较高；对资本流出方面开放的项目较少，开放的程度也相对较低；对资本交易限制放松，对汇兑限制依然较严格；对直接投资管制逐步放松甚至完全放开，对证券投资管制虽然逐步放松但监管严格；对外借贷也实施严格控制。

人民币资本项目开放是中国扩大对外开放的必然要求，资本项目开放意味着人民币全面可兑换。人民币全面可兑换会招致国际资本尤其是短期资本的冲击，国际短期资本的跨国频繁流动极易引起中国宏观经济的不稳定。人民币的跨境使用为分离资本项目开放和人民币全面可兑换创造了条件，可以先进行人民币资本项目开放，再进行人民币资本项目可兑换。将资本项目人民币开放与人民币可兑换分开处理，降低了操作的难度，从而可规划可安排，使人民币走向全面可兑换有了路线图。

二、金融监管制度创新

实施人民币走出去战略，需要发达且开放的金融市场支撑以及金融监管的密切合作。特别是对离岸金融市场发展的有效监管。金融监管的重要性和缺陷在历次金融危机中都得以充分体现，由美国次贷危机引发的国际金融危机更是如此。金融监管是金融开放、金融创新和维护金融安全的要求，也是人民币走出去过程中防范金融风险的关键。从一些发达国家的金融监管经验来看，美国是最早建立金融监管制度的国家之一。静观美国的金融监管体制改革和发展，似乎与金融危机有着必然联系。从美国的金融监管体制改革和发展来看，大致经历了统一监管—分业监管—混业监管的演变历程。为了维持美元的霸主地位，美国通过改变货币体系和金融监管体系，推进金融创新来维持美元的霸主地位。但是，在"特里芬难题"困境中，无论是布雷顿森林体系，还是牙买加体系，美国都无法维持美元绝对强势地位。监管制度再完善也无法阻挡各国货币对于国际地位的竞争，但不完善监管制度就无法顺利推进货币国际化。英国也是实施金融监管最早的国家之一。英国早期实行的是分业监管制度，对银行业、证券投资业、保险业进行分业监管。随着英国放松对银行业竞争及金融业创新发展的限制后，混业经营局面开始形成。由于分业监管缺陷的日益暴露，英国采取了混业监管，即实施统一监管，混业监管提高了监管效率。但是，随着美元、欧元成为国际货币体系的明星，英镑的国际货币地位急速下降。英国政府的重点不再是提升英镑的国际地位，而是建立一个完善的金融监管体系来维持本国经济的稳定增长，维持金融稳定和金融安全。日本通过日元的国际化来促进国内金融监管的发展，形成了高度集中的金融监管体制。德国在推进马克国际化的过程中，制定了比较严格的货币政策和金融监管体制。

从主要国际货币国家的监管制度演进来看，各国的金融监管制度的演进逻辑大体是统一监管—分业监管—混业监管。但是，金融监管模式与货币国际化因为不存在必然联系，在混业经营或分业经营状态下，都可以实现货币国际化。各国都注重构建稳定与效率并重的监管原则，都注重颁布和修订金融行业监管法律。而且发现每次金融危机都与金融监管存在着紧密的因果联系。随着金融全球化的发展和金融衍生产品的不断创新，要推动人民币在国际间流动，就需要更为切实有效的监管，需要建立风险预警机制，需要加强金融监管国际合作，这样才能保证顺利推进人民币走出去。

中国的现有监管体制还不够健全，面临着人民币走出去战略实施过程中对现有监管体制的不适应性，需要加快建立与人民币走出去相适应的金融监管体制，提高金融监管效率，维护金融安全和金融稳定。

三、金融机构国际化

金融机构国际化是指现代商业银行体系国际化、现代投资银行体系国际化和现代保险服务体系国际化，金融机构国际化是推进人民币走出去的重要条件。

（一）现代商业银行体系国际化

商业银行国际化能够直接带动人民币走出去。商业银行是金融机构中直接经营货币的重要机构和货币流通的重要中介。商业银行国际化最初的目的是为了国际贸易结算和支付便利化的需要和提供信用保障。通过商业银行国际化，在海外设立分支机构经营人民币存贷款业务和出售其他人民币资产，为境外人民币流通使用提供流转机制，有利于跨国经营企业避免汇率风险和提高整体金融体系的抗风险能力。

早在 2006 年，中国银监会就批准了渣打银行、汇丰银行、东亚银行、恒生银行、日本三菱东京日联银行、日本瑞穗实业银行、花旗银行、新加坡星展银行、荷兰银行将境内分行改制为法人银行。近年来，外资银行进入中国市场的数量不断增多。经中国银监会批准可以经营人民币零售业务，符合条件的外资法人银行还可以办理国债承销业务，也可以发行银行卡。2009年，中国工商银行在阿布扎比、越南河内设立了分行，在马来西亚设立了子行。交通银行在伦敦设立了子行。中国金融机构在亚洲、美洲、欧洲、大洋洲、非洲都进行了布局，业务范围覆盖了商业银行、投资银行、保险等领域，有的银行还开展了境外兼并收购业务。

鉴于我国巨大的国际贸易规模，金融机构国际化可以采取多种形式推进，不拘一格。商业银行国际化可视不同国家的金融市场环境，考虑设立分行、子行或代表处。在经济发达且与中国贸易往来密切的国家可以考虑设立分行，在贸易规模大、法规健全、金融机构跨境合作相对较少且文化相似度高的国家可以考虑设立子行。在跨国并购或新建投资的选择上，视东道国金融市场的竞争激烈程度，选择跨国并购或设立新的独立机构。若遇并购准入门槛降低的情况，可以考虑对金融衍生品业务进行投资，从而实现业务投资的国际化发展。

（二）现代投资银行体系国际化

现代投资银行体系国际化对推动人民币走出去具有重要的促进作用。有利于国外投资者参与到人民币证券投资市场，也便利于自身在国际金融市场的投资运营，为人民币走出去提供制度保障，能够为人民币回流提供间接渠道，便利国外投资者对国内优质企业的投资。但是，由于投资银行经营的金融衍生品业务规模较大，潜在风险也在增多。因此，需要加强监管，这是顺利推进人民币走出去的关键因素。

中国的投资银行体系包括全国性投资银行、地方性投资银行、兼营投资银行业务的其他金融机构三个层次。这里讲的投资银行体系主要是指证券机构、基金公司、信托公司和资产管理公司。进入 21 世纪以来，中国加大了投资银行的发展力度，允许外资银行依法通过 QFII 购买上市公司股权，一批外资投资银行在我国设立了分支机构或代表处。外资金融机构在中国银行间人民币外汇市场交易较为活跃，投资银行体系和资本市场已被国际投资机构渗透。中国投资银行已经进入了国际资本市场，但总的来说以香港资本市场为主，这符合中国的实际情况。进军香港资本市场，有利于更好地防控风险，积累经验，从而更好地开拓别国资本市场。

推进现代投资银行体系国际化需要采取相应措施。一是应扩大自身经营规模，实现业务的多元化发展。投资银行业务应鼓励发展自营业务，不断扩大业务发展规模，稳慎推进金融衍生产品创新。二是加强投资银行业务的风险管理，不断提高监管水平，尤其是要加强对风险的事前事中事后监管的监管配合。此外，在国际化的方式上，应优先选择中国东南周边国家。

（三）现代保险服务体系国际化

现代保险服务体系国际化对推进实施人民币走出去战略具有重要的促进作用。首先，现代保险服务体系国际化，能够更好地为国外人民币债券投资者、企业投资者提供银行保险业务，促进保险机构国外业务的发展，为国外投资者投资人民币增强信心，从而推动人民币走出去。其次，现代保险服务体系的跨国设立，使保险机构更加便利地将人民币投资于国外或者跨国的各类资产业务，扩大推动人民币投资的参与主体，有利于更好地推动人民币走出去。第三，保险与证券投资相结合，为外国投资者创造了更多投资组合产品，有利于推动人民币境外使用。第四，现代保险服务体系国际化，有利于促进保险业的成长和发展，不断完善保险服务体系的最后保险人制度，从而使保险服务体系更好地服务人民币走出去战略。

从发达国家的情况来看，发达国家都很重视保险，保险意识很强，保险服务体系较完善和发达。相对来说，中国的保险业发展还比较落后，还有许多不完善的地方，尚需进一步加以完善。近年来，中国高度重视发展保险业，不仅允许外国保险机构进入中国保险业，中国的保险机构也不断开拓国际市场，积极进军国际保险市场。从未来发展来看，对内要进一步拓展国内市场，提高保险业务的渗透力和覆盖率，特别是利用外资保险公司在健康保险、责任保险和养老保险等方面的经验和技术优势，促进中国保险机构的发展。对外要加强与中国东南周边国家在区域性保险服务业务的交流与合作，促进保险业的跨国发展。特别是鼓励和支持中国保险机构在中国东南周边国家设立分支机构，拓展中国东南周边国家保险业务。

第四节　金融市场条件

随着中国东南周边国家的金融开放发展，中国东南周边国家与中国的金融合作进一步加强，尤其是广西、云南沿边金融综合改革试验区的试验示范效应，以及广西加快建设面向东盟的金融开放门户，将有力推动加快人民币周边化、区域化步伐，为人民币走出去战略的实施，创造更加有利的基础和条件，从而进一步拓展人民币走出去战略空间。但是，推动人民币走出去，离不开健康的金融市场支撑。

一、健康完善的国际化货币市场

健康完善的国际化货币市场，包括有健康完善的人民币信贷市场、设施完善的银行间货币市场和方便快捷的国际汇兑市场。人民币信贷市场的健康完善程度直接决定了国内金融体系对国际冲击的承受能力。健康完善的国际信贷市场，可以保证人民币、人民币资产在境外的稳定持有，可以获得国际铸币税收益。设施完善的银行间货币市场，可以灵活调节人民币的供求，降低货币政策的成本，更好地吸引外国资金，保持国际收支平衡，增强各种人民币金融资产的吸引力。方便快捷的国际汇兑市场有助于中央银行更好地把握人民币跨境流通的规模，有效防范人民币大规模、突发性、不正常的流动给国内经济造成的冲击，从而安全快速地实现人民币跨境流动。

我国的货币市场还不够完善。一是货币市场还存在分割现象。具体表现在法规上的分割、管理体制上的分割和经营机制上的分割。二是货币市场发展速度缓慢。三是货币市场各子市场之间发展不平衡。总的来说，回购市场和同业拆借市场相对成熟且发展较快。但票据市场发展相对迟缓。

二、稳步发展的国际化资本市场

通过稳步推动国内资本市场发展，加速完善金融基础设施建设，不断完善中国金融体系，营造良好的金融生态环境，可以促进人民币在中国东南周边国家的跨境使用，进而更好地推动人民币走出去。人民币走出去，对资本市场的发展要求越来越高，不仅要求本国资本市场加快发展，不断提高资本市场的国际化程度；而且要求加强与中国东南周边国家的金融合作，促进与中国东南周边国家的对话交流，加快建立双边或多边的金融合作交流机制，在市场规则与会计、信用评级、税收与法律标准等方面加强协调对接。

但是，我国的资本市场发展，总体上来说，还不够健康。主要表现在：

资本市场各子市场发展不平衡，股票市场市盈率过高，融资能力较差，债券市场融资能力较低。

三、逐步完善的国际化衍生品市场

衍生品的国际化水平是衡量一国金融产业国际竞争力高低的重要体现，体现了一国金融国际化的广度和深度。这也是人民币走出去战略的客观要求。中国衍生品交易市场虽然发展起步较晚，但也发展起来了。衍生品市场的发展有利于推动人民币走出去。衍生品市场的发展不仅可以有效地服务基础产品市场，而且可以为境外人民币提供更多的投融资和风险管理渠道，也有利于吸引更多资产转化成为人民币资产，使更多交易选用人民币进行计价结算。但是，中国衍生品市场的交易品种仍然过少，只有外汇远期、掉期、利率互换、无期限利率协议以及资产证券化产品等。从人民币外汇衍生品市场发展来看，人民币外汇衍生品主要有人民币远期外汇交易、人民币远期结售汇交易、人民币与外币的掉期交易等品种，都是比较简单、初级的交易品种。利率类衍生品主要有债券远期和人民币利率互换交易等品种。债券远期交易主要面向银行间债券市场投资者。中国人民银行于 2005 年推出债券远期交易以来，中国银行间金融衍生品交易发展越来越快。人民币利率互换交易自 2006 年推出以来，发展也较为迅速。但是，中国市场上尚未形成公众认可和接受的利率基准曲线，造成利率衍生品定价较为困难。总体来看，中国衍生品的交易量仍然较少，且流动性也不高。因此，需要稳步推进国际化衍生品市场的发展。

第五节　汇率利率条件

推动人民币走出去，需要对汇率和利率问题进行研究，探讨人民币走出去与人民币的汇率利率条件之间的利害关系，思考人民币走出去需要什么样的汇率制度，需要从哪些方面推动利率汇率市场化，以更好地满足人民币走出去的条件要求。

一、汇率条件

从对国际货币体系和国际金融市场的考察来看，每当国际货币格局发生重大变革，都伴随着汇率安排的重大变化。推动人民币走出去需要探讨汇率问题，包括汇率制度的选择和汇率确定等问题。

（一）汇率形成机制的相对透明与主权货币的国际信任

从主要国际货币汇率制度的考察来看，布雷顿森林体系崩溃后，国际货币制度进入了信用货币时代，也开创了浮动汇率时代，主要国家的货币如美元、欧元、日元等均采用了浮动汇率，汇率呈现波动性变化，汇率的浮动也越来越自由。从国际化货币的职能来看，国际化货币的职能主要有计价手段、交易媒介、支付手段和国际储备等职能。计价手段是交易媒介的基础，一国货币行使国际储备职能，必须已经在国际经贸往来中大量行使计价手段、交易媒介和支付手段职能。国际储备国可以无限制地通过创造本币或债券来满足国际支付、清偿和汇兑的要求。储备货币的国家需要持有美元等国际储备货币来满足货币兑换的数量要求，以持有的国际储备货币或者可兑换货币来应对国际支付和债务清偿。国家的货币承担国际储备货币职能，由非储备货币国家储备，其自身在兑换数量上会受到限制。那么，如何能满足非储备货币国家储备需要？储备货币国家必须是采用浮动汇率制度的国家。"三元悖论"理论也要求实行浮动汇率制度。根据"三元悖论"理论，独立的货币政策、稳定的汇率以及资本的完全流动不可能同时实现，一国在选择其中两个目标的同时必须放弃第三者。一国在选择固定汇率制度的同时追求货币政策的独立性，此时采取严格的资本管制是必不可少的。一国在允许资本的自由流动时追求货币政策的独立性，就必须放弃固定汇率制度，转而选择浮动汇率制度。一国在实行固定汇率制度的同时允许资本自由流动，该国的货币政策就失效。因此，人民币要走出去，自然要允许资本的自由流动。同时实行独立性的货币政策。这是因为任何一个国家都不可能放弃货币政策的独立性。那么按照"三元悖论"的理论要求，人民币走出去自然要允许汇率自由浮动，实行浮动汇率制度，这就要求汇率形成机制的透明化。

采取措施促进人民币汇率形成机制的透明化，促进货币币值的稳定和可预测，以博得国际社会的信任。自 2005 年汇率制度改革以来，我国基本上是按照建立以市场供求为基础的浮动汇率制度。市场化的汇率形成机制要求有完善的外汇交易市场，资本管制逐步放开，外汇管理改革不断深化，汇率才有条件成为真实反映供求水平的市场价格。汇率形成机制透明化是我国汇率改革的中期目标。只有采取透明的汇率形成机制，才可能使国际社会对人民币产生足够的信任，这样才能更好地推动人民币走出去。

（二）中国—东盟自由贸易区汇率协调机制

中国东南周边国家基本都属于中国—东盟自由贸易区成员国。人民币走出去，实现周边化、区域化的最有利条件的区域当属中国东南周边国家。中国东南周边国家过去采取盯住美元汇率制度，根据美元汇率的变动情况调整汇率水平。但是，1998 年的东南亚金融危机，暴露了盯住美元的汇率制度的缺陷。金融危机后，各国都放弃了盯住美元汇率制度，采取了浮动汇率制度。中国和中国东南周边国家都认识到推进包括汇率协调在内的金融合作是非常必要的。早在 1990 年马来西亚就提出建立区域经济金融合作组织的愿望。1999 年，马来西亚又提议建立东亚货币基金的构想。2003 年，亚洲合作对话第二次外长会议发表了关于亚洲债券市场发展的《清迈宣言》。2004年，中国政府作出回应，表示愿同亚洲各国加强宏观经济、金融政策协调，探索建立区域性的投资实体、债券市场和金融合作体系。

地区间进行汇率协调，实现稳定汇率的目标，可供选择的方案：一是区域内国家共同盯住本地区某一货币，使不同货币间的汇率保持稳定，但受制于盯住国家与被盯住国家之间经济关联度，以及被盯住货币相对于主要货币的稳定程度。二是区域内国家共同盯住本地区以外的某一货币，既可以保持区域内不同货币间的汇率稳定，又可以增强本地区各国货币间的总体汇率稳定。三是区域内国家根据各自的目标选择自己盯住的货币篮子，实现本地区货币的总体汇率稳定。四是区域内国家共同盯住相同的货币篮子，实现区域内不同货币之间的相互盯住，货币篮子作为虚拟的货币锚成为各国货币对外联合波动的依据。五是共同使用单一货币。

通过对可供选择的汇率协调机制的分析，发现各国共同盯住同一货币篮子的汇率协调安排是最优的汇率协作方式。这样的协调机制有利于成员国之间的汇率安排，维持成员国货币汇率的总体稳定。共同盯住的协调机制安排，不仅有利于扩大中国与中国东南周边国家的贸易往来，更重要的是汇率稳定增强了中国东南周边国家对人民币的信赖程度。因此，中国东南周边国家更愿意在中国—东盟自由贸易区范围内使用人民币，储备人民币，从而改变人民币在中国东南周边国家的使用主要集中在居民使用和小额贸易交易的现状，使人民币在中国东南周边国家的国家需求和大额贸易需求增多。这样的协调机制安排就是要让人民币在中国东南周边国家率先实现国际储备职能，从而更好地推动人民币走出去。

（三）汇率形成机制

1. 建立健全人民币与中国东南周边国家货币的互换机制

货币互换是推动人民币走出去的最初选择，也是一种较为有效的方式。人民币作为大国货币，随着中国综合经济实力和国际影响力的日益提升，在国际货币格局发生深刻变化的大背景下，各国增持人民币的欲望会更加强烈。建立健全人民币与中国东南周边国家的货币互换机制，将有利于推动人民币走出去，满足中国东南周边国家对外经济发展和国际贸易增长的需求。

应根据中国东南周边国家的客户特点，完善货币互换机制，研发具有区域特色的跨境金融产品，以满足多功能多币种的跨境人民币金融服务需求。

2. 建立健全人民币与中国东南周边国家货币的汇率机制

目前，国内一些金融机构积极探索开发了人民币与中国东南周边国家的货币汇率指数，对于开展人民币与中国东南周边国家货币的交易起到了重要的引导和促进作用。中国农业银行是最早编制和发布人民币对东盟货币汇率指数和农银越南盾指数的金融机构。中国—东盟货币业务中心形成辖内机构边贸结算业务统一的越南盾汇率定价机制，并以该中心越南盾汇率报价为标杆，搭建全国农业银行系统越南盾交易平台，进一步提高农业银行越南盾交易清算效率。新华社与南宁市人民政府签署中国—东盟（南宁）货币指数合作协议，双方约定共同编制发布人民币对东盟国家一揽子货币币值变化水平的综合指数。这些机制的建立和运作，为中国与中国东南周边国家发展自由贸易提供高效直接的货币兑换依据和参考，对于推动建立健全人民币与中国东南周边国家货币汇率形成机制发挥了重要的促进作用。但仍需要进一步加大力度，推动更多的国内银行推出人民币与中国东南周边国家的货币兑换交易业务，为建立人民币与其他国家货币的汇率形成机制提供重要示范。

二、利率条件

利率是整个金融体系和金融市场中最为活跃的因素。利率市场化改革就是要建立一个以货币市场利率为基准，以市场供求为基础，以市场化的政策工具调控货币市场利率，并对利率水平和结构施以有效影响的体系。中国的利率市场化改革，已经取得了一定的成效。要推动人民币走出去，就需要形成一个市场化的基准利率，形成沿着基准利率波动的自动调整机制，商业银行的利率定价也要从盯住法定基准利率转向参考市场基准利率而定。SHIBOR 的推出表明中国人民银行极力培育我国基准利率的意志，积极为利率市场化和推动人民币走出去铺陈基石。

在开放的经济条件下，利率和汇率是相互影响相互制约的。市场化利率对汇率的影响主要通过直接和间接两条渠道来传导。直接渠道表现为利率变动并导致国际套利资本的流动，从而影响中国市场的平衡，并对汇率产生影响。间接渠道表现为利率变动改变国内总供给和总需求，并对汇率产生影响。汇率对市场化利率的影响主要通过物价和短期资本流动两条渠道。汇率对进出口商品价格的影响会使市场利率发生变化。汇率对利率影响的资本流动渠道主要受预期因素的影响，如长期和短期汇率水平以及两个国家间的经济实力的变化。人民币汇率变动预期影响的因素主要是外汇市场上的供求变化。根据利率平价理论，利率和汇率间的传导机制正常发挥作用的条件，主要是充分的国际流动性资本、利率的市场化和充分开放的外汇市场以及汇率的自由浮动。利率和汇率的相互作用，主要通过经常项目和资本项目来体现，与资本项目的开放存在着紧密的联系。利率通过资本项目对汇率的影响是以套利资本的自由流动为前提的。资本流动越迅速，利率通过资本项目对汇率的影响就越快。资本项目流动若受到限制，这种传导途径就会受到阻碍。实施人民币走出去战略，需要开放中国的资本账户，而资本账户开放对利率和汇率产生的影响非常迅速。但是，利率对汇率影响的程度并不确定。一般来说，利率对汇率的影响主要取决于资本账户开放的影响效果。

本 章 小 结

实施人民币走出去战略，需要满足一定的条件。总的来说，需要满足以下几个条件。首先是货币竞争力条件。在国际货币竞争格局中，作为一国货币要在现有国际货币格局中赢得信任，需要保持币值稳定，并在国际货币格局中的占比不断提高。随着人民币加入特别提款权，人民币的国际地位在提升，人民币的使用程度在提高，人民币的国际竞争力也在提高。其次是综合国力条件。中国已经成为世界第二大经济体和第一大国际贸易国，硬实力和软实力都显著增强，中国的国际贸易地位、国际经济地位、国际政治地位和对外投资地位已经显著提高。第三是金融市场条件。需要建立健全完善的国际化货币市场、国际化资本市场和国际化衍生品市场。目前，中国的国际化货币市场健康发展，国际化资本市场建设稳步推进，金融衍生品市场逐步完善。第四是金融体制条件。需要满足资本项目的开放和可兑换、金融监管制度的创新和金融机构的国际化。第五是汇率利率条件。从汇率条件来看，需要汇率机制的相对透明和增强主权货币的信任，需要建立健全人民币与中国东南周边国家货币互换机制，加快形成人民币与中国东南周边国家货币的汇率形成机制。目前，已经建立了人民币与越南盾、人民币与瑞尔、人民币与泰铢的汇率形成机制。从利率条件来看，利率与汇率是相互影响相互制约的，利率对资本流动的影响是短期的，是以套利资本的流动为前提的，利率对汇率的影响主要取决于资本账户开放的影响效果。

第七章　人民币走出去战略的目标与路径

　　进入 21 世纪以来，中国经济总体呈现健康持续发展态势，人民币走出去战略实施稳步推进。随着人民币跨境业务政策框架的不断优化，相关改革的持续推进，越来越多市场主体愿意接受人民币作为计价结算的货币，人民币支付货币的功能也不断增强。随着"一带一路"倡议的不断深入人心，"一带一路"建设扎实的持续推进，中国金融市场双向开放的广度和深度的不断增强，金融基础设施的进一步完善，境外市场的主体进入中国金融市场的更加便利，人民币的跨境金融交易有望持续增长，人民币投融资货币功能将不断深化，人民币在"一带一路"沿线国家的使用将稳步扩大。人民币正式加入 SDR 货币篮子，使人民币的国际地位持续提升，人民币国际接受的程度将不断提高，各国央行和货币当局对持有人民币作为储备货币的意愿将持续上升，人民币的储备货币功能将进一步显现。在已有基础上，中国人民银行将与其他国家的中央银行或货币当局进一步加强合作，不断完善双边本币互换机制，在便利双边贸易和投资、维护金融稳定方面继续发挥积极作用，区域货币金融合作将继续稳步发展。

　　展望未来，中国将从经济大国迈向经济强国，从开放大国迈向开放强国，中国经济对中国东南周边国家经济的影响将从贸易投资领域向货币金融领域传导，人民币在国际贸易结算、国际投资支付、资产计价交易和充当国际储备货币方面的地位和影响力将不断提升，中国经济对中国东南周边国家经济的影响力与人民币的外部影响力将更加匹配，应顺势而为发力推动人民币走出去，行稳致远。

第一节　人民币走出去战略的定位与目标

人民币走出去战略是 21 世纪中国的重大国家开放战略，它与"一带一路"构成 21 世纪中国具有鲜明时代特点的两大对外开放战略。实施人民币走出去战略，标志着中国的国家崛起，是中国硬实力和软实力刚柔相济的重要体现，是中国全面融入全球化和确保经济持续强盛的重磅国家工具。因此，根据本课题设计的研究框架和研究思路，推进人民币走出去战略，需要找准定位明确目标。只有找准定位明确目标，才能推进人民币走出去，行稳致远。

一、人民币走出去的战略定位与遵循原则

（一）人民币走出去的战略定位

推进人民币走出去战略，要以习近平新时代中国特色社会主义思想为指引，加强党对金融工作的领导，贯彻新发展理念，坚持稳中求进的工作总基调，遵循金融发展规律，充分发挥广西、云南、广东、海南、香港的地缘优势，立足中国东南周边国家，辐射 RCEP，拓展"一带一路"，以沿边金融综合改革试验区、面向东盟的金融开放门户、自由贸易试验区为重要抓手，以推动人民币面向中国东南周边国家跨区域使用为重点，深化金融合作和金融改革创新，努力推进人民币的区域性国际化，最终实现人民币国际化。

（二）人民币走出去战略的遵循原则

1. 坚持市场主导与政府引导原则

遵循市场规律，发挥市场在推动人民币面向中国东南周边国家跨区域使

用过程中的关键性作用，同时完善政府公共服务职能和宏观引导作用。

2. 坚持本币驱动与服务实体原则

强化人民币结算在防范化解汇率风险、人民币积淀、管理头寸风险中的作用，推动离岸人民币市场建设和离岸人民币资产交易，促进中国与中国东南周边国家的贸易投资便利化，促进实体经济发展。

3. 坚持稳妥有序与风险可控原则

坚持金融监管能力与金融开放度相匹配，依法依规有序推动人民币走出去，切实防范金融风险，坚守不发生系统性金融风险底线。

4. 坚持创新发展与人才引领原则

坚持创新是第一驱动力，以创新促进金融科技发展，促进金融产品和金融服务创新发展；坚持人才是第一资源，完善金融人才的培养、引进、使用机制，以金融人才支撑促进战略实施。

二、人民币走出去的战略目标

（一）人民币区域性国际化的定义

人民币区域性国际化是指人民币在一个有限的区域范围内行使自由兑换、交易、计价、流通、储备等职能的过程，在人民币还不具备完全国际化条件的情况下，在一个有限区域范围内由一国货币转变为跨越国界的区域货币的过程。

这里所特指的区域性国际化，是指人民币在中国东南周边国家成为自由兑换、交易结算、计价流通和充当储备货币的过程，是特指人民币的货币职能从境内向中国东南周边国家延伸的过程。人民币区域性国际化的起始阶段首先表现在其跨境功能的实现，是指中国东南周边国家将人民币作为支付工具，在国际贸易和投资中将人民币作为计价单位，当人民币的跨境使用量和使用范围足够大的时候，开始将人民币作为储备货币，作为财富储藏手段，最终使人民币成为区域性关键货币、主导货币并被广泛使用，最后实现区域性国际化。

（二）人民币区域性国际化的意义

1. 推动金融业高水平开放的根本要求

推进人民币区域性国际化过程，从某种意义上来讲，是将本国金融市场向中国东南周边国家延伸的过程，将本国金融市场规模向中国东南周边国家拓展扩大，通过市场规模的拓展来提高融资效率，增强市场竞争力。推进人民币区域性国际化过程，也是中国金融市场向中国东南周边国家开放的过程。金融市场的开放过程，也是放松金融管制的过程。因此，需要有发达的金融服务体系，高效的金融监管机制和适度灵活的宏观政策协调机制。推进人民币的区域性国际化过程，也是提高金融监管效率和完善相关法律法规，促进微观主体市场化改造的过程。因此，推进人民币的区域性国际化是推动金融业高水平开放的根本要球。

2. 推动经济高质量发展的本质要求

推进人民币区域性国际化过程，是人民币参与国际货币竞争的过程，实质上是维持货币价值稳定的竞争过程。货币价值稳定与否，很大程度上又取决于货币所服务的实体经济的运行效率以及维护货币运行的政府和金融机构的信誉。在中国东南周边国家人民币能否成为具有持续竞争力的货币，关键是实体经济的运行是否高效，综合国力是不是很强大。推进人民币区域性国际化过程，也是经济发展方式转变的过程，是经济从追求速度型发展向高质量发展转变的过程。中国经济发展已经进入新常态，要保持人民币币值的稳定，经济发展动能需要变革，经济结构需要从低端向中高端转化，经济发展需要更加注重质量和效率，需要保持健康可持续的宏观经济活力，成为世界经济增长的重要引擎，这样才能吸引外国私人部门和公共部门广泛接受并使用人民币。货币国际化的经验表明，一国货币的国际化过程往往与货币的升值是相伴生的，这种适度升值有利于保持人民币的强势地位。

3. 加快推进区域经济一体化进程的战略选择

推进人民币区域性国际化过程，也是推进区域经济一体化的重要过程。中国东南周边国家参与的区域经济一体化组织较多，也比较活跃。如亚太经合组织、RCEP、泛北部湾区域经济合作、大湄公河次区域合作、澜沧江—湄公河合作机制、中国至中南半岛经济走廊、中国—东盟自由贸易区以及中国东南周边国家与中国的国别合作机制等。在这些合作机制中，中国都是重要的参与者或主导者。随着这些合作机制的深度推进，金融因素在这些合作机制中的作用将更加突出。如果没有强有力的金融支持，这些合作机制将难以深化。因此，推进人民币的区域性国际化，发挥人民币在区域合作中的货币支撑作用，将有利于推进区域经济一体化进程。通过人民币走出去，扩大人民币在境外的使用范围和使用规模，通过人民币的境外投资、贸易结算、买方信贷、对外援助、旅游消费等手段，支持中国东南周边国家经济发展，有利于维系中国与中国东南周边国家经济合作关系。由于中国东南周边国家的货币主要是盯住美元，中国东南周边国家之间的经济交往主要是通过美元来充当交易媒介，大多数商品贸易都是以美元作为计价货币，美元汇率的波动给区域内国家的经济合作和经济发展带来不利影响。因此，加强中国与中国东南周边国家的金融合作，推进人民币的区域性国际化，有利于促进区域合作，推进区域经济一体化进程。推进区域经济一体化进程，反过来也有利于促进人民币的跨境使用。建立人民币与中国东南周边国家货币的汇率利率形成机制，使中国东南周边国家货币与人民币汇率利率波动保持一致性，提高人民币的区域影响力，从而有利于推动人民币的区域性国际化。

4. 防范和化解区域经济政治风险的重大举措

推进人民币的区域性国际化过程，也是有效防范和化解区域经济政治风险的过程。人民币的区域性国际化，也意味着大国的崛起。作为一个大国，其崛起需要与其经济开放程度和国际影响力相一致的货币国际化支持。没有本币的国际化，所谓大国崛起就是不完全的。在世界金融博弈中，非国际储备国往往处于劣势。即使一国货币实现了国际化，但接受程度不高，那么其参与区域金融一体化会面临很大的风险，对该国经济的稳定也会产生不利影响。面对美元主导的有欠缺的国际货币体系，作为一个新兴大国需要通过人民币的区域性国际化来有效防范和化解风险，以确保自身的经济稳定和维护国家安全。尤其是中国与中国东南周边一些国家还存在领海的主权争议，那么从维护国家安全的角度来讲，推进人民币的区域性国际化，强化经济联系，有利于防范和化解政治风险，有助于稳定我国周边安全形势。

（三）人民币区域性国际化的利益

1. 微观利益分析

从微观角度来说，人民币区域性国际化带来的好处是多方面的。具体来说，有如下几方面的好处。

（1）有利于外贸企业安全便利地开展国际贸易活动。人民币区域化后，使用本币结算给外贸企业可以带来诸多好处。可以规避汇率风险，防止外币贬值带来的损失；有利于企业选择合适的结算方式，简化结算手续，可以减少货币兑换环节，降低企业经营成本；便利企业锁定成本，提高企业抗风险能力；方便客户办理各种贸易融资，降低相关费用；可以提高企业管理集团资金调配和资金流转的效率。

（2）有利于对外投资企业规避汇兑风险，增加投资收益。对于从事海外投资活动的企业来说，人民币实现区域性国际化后，对外投资可以使用本币开展对外投资活动，这样就可以减少因货币汇兑产生的汇率风险，避免造成不必要的损失。也有利于对外投资企业在国内国外两个市场进行便利化融资，降低投资成本，增加投资收益。

（3）有利于国内金融机构开展跨国经营。人民币实现区域性国际化后，对中资银行和非银行金融机构来说，可以更好地走出去扩大跨国经营范围，不断拓展中国金融市场深度和广度，促进人民币远期、利率互换等衍生商品市场和商品期货期权市场的发展，增强竞争力，保障金融安全。

（4）有利于为中国公民在国外购物、旅游、求学等活动提供便利，增加民众福祉。近年来，出境到中国东南周边国家旅游的中国游客日益增多，人民币在中国东南周边国家的便利化使用，不仅方便游客携带人民币出境旅游消费，也有利于促进边境地区的经济发展，增加边境地区人民的收入，提高边民的生活水平。此外，对出境求学的学子来说，不必兑换美元等外汇，直接用人民币就可以支付学费及其他费用，可以减少因汇率变动而增加的开支，可以节省费用开支。

2. 宏观利益分析

从宏观角度来说，人民币区域性国际化带来的好处，也是显而易见的。具体来说，有以下几方面的好处。

（1）有利于提升中国在中国东南周边国家的影响力，促进区域经济一体化发展。人民币区域化不仅使中国的经济政策辐射到使用人民币的整个区域，推动区域经济一体化发展，密切中国与中国东南周边国家的经贸合作，提升区域经济一体化水平；而且在政治、军事、外交、文化等领域也会产生重要的影响。人民币区域化是中国经济影响力提升的重要体现，这对提高中国的政治、军事、外交、文化的影响力产生相辅相成的作用。

（2）有利于增强中国在中国东南周边国家国际贸易中对价格的定价影响力。如果大量的国际贸易用人民币定价，掌握定价权对具有较高对外依存度的中国经济极为有利。中国与中国东南周边国家的经贸依存度较高，近年来，中国东南周边国家向中国的出口规模日益增大，这为推动人民币结算创造了有利条件。随着中国从中国东南周边国家进口规模的增大，也意味着中国市场对中国东南周边国家具有较大的吸引力，这不仅有利于促进中国与中国东南周边国家的贸易深化，也有利于提高人民币在中国东南周边国家的话语权，提升人民币在中国东南周边国家的影响力，从而增强人民币在双边贸易中的定价能力。

（3）增加铸币税收入，减少因持有美元资产而导致的铸币税损失。中国东南周边国家是传统的美元化国家，美元在中国东南周边国家具有使用惯性。但是，人民币的影响力也与日俱增。中国东南周边国家的货币大多为弱势货币，抗击风险的能力较弱。无论是 1998 年的东南亚金融危机，还是 2008 年的全球金融危机都是很好的印证。为了抗击金融风险，特别是汇率变动风险，中国东南周边国家普遍有增持人民币的愿望。因此，顺势而为，推动人民币走出去，已是水到渠成的事情。从国际货币的发展经验来看，推动人民币走出去，成为其他国家的储备货币，也可以增加铸币税收入。

（4）有利于提高中国防范金融风险的能力。人民币区域性国际化，可以有效预防流动性风险。近年来，中国的外汇储备日益增多，防范金融风险的能力日益增强。但是，中国的外汇储备以美元为主。美元为主的外汇储备，极易受美元汇率波动的影响，容易受制于人，因而影响到国际储备的价值。当前，美国对中国发动的贸易战，无疑会对中国的外汇储备结构产生不利影响。因此，稳步推动人民币走出去实现区域性国际化，就能够较好地应对美国的冲击，有效防范流动性风险，确保金融安全。人民币区域性国际化也有利于预防货币错配下市场价值波动的风险。在浮动汇率制度下，不管何种货币充当资产，都不可避免地受到汇率波动的影响。在美元体制下，各国持有的美元资产都不同程度地受到美元汇率变动的影响，特别是在美元量化宽松政策的影响下，导致持有的美元资产大幅缩水。但是，以本币标价，货币当局可以采取适度的调控手段进行干预，这样导致的不利影响相对要小一些。推动人民币区域性国际化，可以在一定程度上防范货币错配带来的市场价值波动风险，可以减少不必要的损失。

（四）人民币区域性国际化的基础

经过多年的经济贸易往来，中国东南周边的老挝、越南、缅甸、泰国等国家已经把人民币作为支付结算货币，柬埔寨、菲律宾等国家已经将人民币纳入外汇储备篮子，新加坡政府积极推进人民币离岸中心建设。马来西亚、印度尼西亚、菲律宾等国家的一些银行已经开办了人民币存款和其他人民币业务，在中老、中越和中缅边境地区的边境贸易、投资和旅游等领域的货币结算，70%以上是使用人民币来结算的。根据调查，人民币在中国东南周边的一些国家已经起到了"货币锚"作用。2005 年 7 月 21 日，人民币汇率形成机制改革后，大湄公河次区域国家货币对人民币的汇率发生了强烈变化，有在短期内直接铆钉人民币的迹象。以越南盾为例，2005 年 6 月至 12 月，越南盾对美元保持相对平稳，但与人民币的汇价则大幅下滑，似乎脱离了美元中间折算的过程，直接以人民币为锚进行定价。这些迹象表明，人民币在中国东南周边国家的使用呈现好的兆头。

1. 跨境贸易人民币结算呈现稳步发展

人民币区域性国际化，首要目的是在贸易结算中提高人民币的使用程度，降低对美元的依存度，最终使人民币成为其他国家的储备货币。2017 年，中国与中国东南周边国家的贸易额达到 5148.17 亿美元。自 2009 年开始跨境贸易人民币结算试点以来，中国东南周边国家一直是跨境人民币结算的主要市场，双边银行结算网络越来越完善。2010 年 6 月，广西、云南获批开展跨境贸易人民币结算业务，多年来与中国东南周边国家的人民币结算基础得到强化，优势得到了发挥。人民币结算业务的范围扩大到服务贸易、一般贸易、金融投资以及收益及其他经常转移。跨境贸易融资、人民币购售、对外担保以及境外企业人民币银行结算账户服务等与跨境人民币结算相关业务也相继开展。经常项目下跨境结算业务大幅增长，资本项目下跨境人民币结算业务稳步推进。开展了包括直接投资、外商直接投资、境外项目贷款等资本项目下跨境人民币结算业务，跨境人民币结算市场主体数量持续增长。作为与广西、云南接壤的越南边境地区，人民币被作为计价和结算货币。据中国人民银行南宁中心支行的调查，边境小额贸易中人民币计价达 99%以上，边民互市贸易一直以人民币计价结算并通过现钞进行交易。从近年来广西、云南与中国东南周边国家的边境小额贸易发展情况来看，2015 年广西为 1059.18 亿元，云南为 154.43 亿元；2016 年，广西为 786.8 亿元，云南为 195.75 亿元；2017 年，广西为 836.3 亿元，云南为 231.6 亿元；2018 年 1—

6月，广西为506.51亿元，云南为110.29亿元。据有关资料统计分析，2015年至2018年6月，广西、云南跨境人民币结算情况呈现稳步发展，2015年，广西跨境人民币结算金额1722.8亿元，已经占全部本外币跨境收支比重的53.1%；云南跨境人民币结算金额为752.3亿元，占全部本外币跨境收支比重的39%。2016年，广西跨境人民币结算金额为1709.7亿元，占全部本外币跨境收支比重的55.3%；云南跨境人民币结算金额为657.36亿元，占全部本外币跨境收支比重的38.1%。2017年，广西跨境人民币结算金额为1249亿元，占全部本外币跨境收支比重的41.57%；云南跨境人民币结算金额为515.97亿元，占全部跨境本外币收支比重的31.3%。2018年的前6个月，广西的跨境人民币结算规模为455.64亿元，云南的跨境人民币结算规模为323.33亿元。

2. 跨境投资人民币结算呈现良好发展势头

自跨境直接投资人民币结算试点以来，跨境投资人民币结算呈现出良好的发展势头。2010年10月，新疆作为第一个开展跨境直接投资人民币结算试点的省区，开启了跨境贸易与投资的人民币结算试点工作。2011年1月，根据《境外直接投资人民币结算试点管理办法》的有关精神，境内企业可以使用人民币对外进行直接投资，银行可以向境内企业在境外投资的项目发放人民币贷款。2011年10月，根据《关于跨境人民币直接投资有关问题的通知》、《外商直接投资人民币结算业务管理办法》的有关精神，境外投资者可以使用人民币在中国开展直接投资。根据《关于境内银行业金融机构境外项目人民币贷款的指导意见》的精神，对商业银行开展境外项目人民币贷款提出了具体要求。近年来，中国与中国东南周边国家的相互投资不断扩大。2017年，新加坡对中国的直接投资就达58.27亿美元。

3. 货币互换规模日益增大

中国与中国东南周边国家间的货币互换除了互相提供流动性支持以外，在后危机时代更重要的作用是利用本币作为双边贸易结算货币，在此基础上促进以双边货币作为计价货币进行直接投资和金融资产投资。双边本币互换规模的增大有助于推动人民币区域性国际化。自 2009 年开启人民币国际化进程以来，中国人民银行与有关国家签署了一系列双边货币互换协定。目前，已经与马来西亚、印度尼西亚、新加坡、泰国等国签署了货币互换协定。（见表 7-1）。自签订货币互换协定以来，中国东南周边国家对人民币的需求在持续增长，且官方对人民币的接受程度也日益提高。

表 7-1　中国与中国东南周边国家货币互换协议①

国家	签订时间	货币互换数额	有效期
马来西亚	2009 年 2 月	800 亿元人民币/400 亿林吉特	3 年
印度尼西亚	2009 年 3 月	1000 亿元人民币/175 万亿印尼卢比	3 年
新加坡	2010 年 7 月	1500 亿元人民币/300 亿新加坡元	3 年
泰国	2011 年 12 月	700 亿元人民币/3200 亿泰铢	3 年
马来西亚	2012 年 2 月	100 亿元人民币/1400 亿卢比	3 年

4. 人民币离岸市场潜力显现

新加坡是世界上第四大外汇交易市场，同时又是一个非常重要的国际贸易中心，是一个推动人民币交易的非常重要的平台。早在 2010 年 7 月，新加坡金管局就与中国人民银行签署了货币互换协议。新加坡交易所允许开展离岸人民币债券交易，还为人民币远期合约场外交易提供清算服务。很多国际银行和本地银行在新加坡尝试开展人民币储蓄和存款产品业务，满足更多的人民币需求。现在新加坡已经成为继香港之后第二大人民币离岸市场。2012 年，在新加坡经营符合资格的 2 家中资银行获得了新加坡银行监管部门颁发的特许全面银行牌照，其中有 1 家银行被授权成为人民币清算行。新加坡交易所已经为人民币计价证券的挂牌、报价、交易、清算和交割做好相应

① 范祚军、徐啸：《中国—东盟区域经济一体化进程中的金融支撑》，《改革与战略》2014 年第 9 期，第 55 页。

准备，越来越多的投资者将新加坡视为一个离岸人民币中心。鉴于新加坡与其他中国东南周边国家的贸易联系比中国香港广泛，新加坡极有条件成为向其他中国东南周边国家提供人民币服务的地区性中心。

5. 中国东南周边国家金融机构人民币服务的不断完善

中资银行驻外机构及中国东南周边国家商业银行都在为人民币的清算结算和相关金融产品提供配套服务，助推人民币区域性国际化。

在中国东南周边国家中，马来西亚已经成为中国最大的贸易伙伴。印度尼西亚也已经成为中国东南周边国家中的发展中大国，其与中国的贸易颇具潜力，两国开展贸易人民币结算业务具有较好的基础。2011 年，马来西亚国家银行委任其独资子公司马来西亚电子清算机构私人有限公司（MyClear）和马来西亚中国银行共同开发人民币清算系统，此项清算服务由 MyClear 运作，马来西亚中国银行是马来西亚境内人民币清算行。2012 年 5 月，马来西亚已经有 11 家金融机构加入了 MyClear 的人民币清算系统，为中马两国的贸易商提供跨境贸易结算人民币货币服务。2011 年，中国工商银行马来西亚有限公司和马来西亚的丰隆银行、兴业银行签署人民币贸易结算账户协议，中国工商银行和马来西亚合作伙伴共同向马来西亚的企业和商界提供全方位的跨境贸易人民币结算服务，如开展付款/汇款交易、进出口单据托收、银行保函和信用证等金融服务。泰国泰华农民银行非常看好人民币在国际贸易中的重要作用，建议与中国有进出口业务往来的客户使用人民币作为主要结算货币，以降低汇率风险。2013 年，中国人民银行与中国工商银行新加坡分行签订《关于人民币业务的清算协议》。根据该协议，中国和新加坡两国的金融机构不仅可以通过代理或清算行为客户办理跨境人民币结算业务。中国人民银行与新加坡金融管理局还签订了《关于新加坡人民币业务的合作备忘录》。新加坡是中国东南周边国家中唯一的国际性金融中心，其地缘和文化优势十分明显，人民币业务范围可以覆盖整个中国东南周边国家。新加坡的人民币清算行服务的启动，对促进中国与中国东南周边国家贸易间人民币的广泛使用也具有十分重要的意义。

6. 中国东南周边国家对人民币的接受程度不断提高

随着中国—东盟自由贸易区的建立，中国与中国东南周边国家的经贸联系越来越紧密，跨境人民币结算将使人民币成为中国与中国东南周边国家的贸易与投资便利化的重要载体，而不断放大的贸易与投资将进一步提高人民币在中国东南周边国家的地位，加快成为区域性国际化关键货币的进程。泰国中央银行表示，为了避免货币汇率大幅波动造成的风险，泰国出口使用美元交易的数量已经有所减少。中泰贸易量较大，为节省泰国出口成本，泰国商业银行可自行开通人民币结算服务，无需向央行提出申请。据调查了解，在泰国的人民币存量已经相当大。人民币在越南、老挝、缅甸等国的边境城市都可以通用。除了边贸口岸，在老挝靠近中国的北部5省，由于中国商贸人士和旅游者日益增多，人民币已经被当成硬通货来使用，人民币流通使用的范围很大。在老挝的东北部地区，人民币可以在境内流通使用。在老挝首都万象，人民币也可以便捷使用。在缅甸和老挝的北部边境地区，人民币已经成为主要的交易货币，可以用于边贸交易。在缅甸掸邦重镇小勐拉，每年流出、流入的人民币相当可观。在越南边境，当地与外界的边贸也早已用人民币结算。从我们对老挝、柬埔寨、缅甸的问卷调查来看，普遍都认识人民币。认识人民币的人数占调查总人数的比例，老挝为91%，柬埔寨为100%，缅甸为66.3%。这些国家居民也在较大程度上认可人民币作为其本国的储蓄货币。其中认可人民币作为储蓄货币的人数占调查人数的比例，老挝为63%，柬埔寨为91%，缅甸为22%。老挝有81%的被调查对象愿意接受人民币作为贸易计价结算货币，柬埔寨为36.5%，缅甸为22%。老挝有86.5%的被调查对象愿意持有人民币现钞，柬埔寨为27.5%，缅甸为22.5%。

7. 中国推进人民币走出去的政策框架基本形成

（1）跨境贸易人民币结算量不断上升。跨境贸易人民币结算业务自2009年7月从贸易领域开始试点，经2010年6月和2011年8月两次扩大试点，跨境贸易人民币结算的境内地域范围已经覆盖全国，业务范围也覆盖了货物贸易、服务贸易和其他经常项目。跨境贸易人民币结算的境外地域范围也没有特别限制。

（2）建立跨境直接投资人民币结算业务管理制度。早在 2011 年，中国人民银行就颁布了《境外直接投资人民币结算试点管理办法》和《外商直接投资人民币结算业务管理办法》，允许境内外机构投资者以人民币进行对内对外直接投资。2012 年 6 月，中国人民银行又颁布了《关于明确外商直接投资人民币结算业务操作细则的通知》，对外商直接投资人民币结算业务管理措施做了进一步细化，规范相关业务。

（3）境外项目人民币贷款业务管理制度逐步完善。2011 年 10 月，中国人民银行颁布了《关于境内银行业金融机构境外项目人民币贷款的指导意见》，明确了商业银行开展境外项目人民币贷款的具体要求，这有助于规范业务操作，有效防范风险，对扩大人民币跨境使用，推动企业和人民币走出去，促进贸易和投资便利化等具有重大意义。

（4）境外人民币资金回流投资境内金融市场管理制度渐次推出。2010 年，中国人民银行颁布《关于境外人民币清算行等三类机构运用人民币投资银行间债券市场试点有关事宜的通知》，中国证监会、中国人民银行和国家外汇管理局联合颁布了《基金管理公司、证券公司人民币合格境外机构投资者境内证券投资试点办法》。这些政策措施的出台，满足了境外人民币持有者的投资需求，解决了人民币的回流问题。

（五）人民币区域性国际化的条件约束

1. 美元本位制的惯性约束

中国东南周边国家基本上实行的是美元主导的货币体系，美元化程度很高。一是实行盯住美元的汇率制度。主要的外汇储备仍然是美元，并且是世界上美元储备较多的地区。二是对外贸易以美元计价和结算，即使是区域内贸易仍然以美元计价和结算。三是部分国家美元化程度很高，美元在这些国家的流通量很大。以高度美元化的柬埔寨为例，柬埔寨允许美元在国内市场上流通使用，美元已成为柬埔寨社会的主要交易媒介。据统计，柬埔寨国内商业银行90%的交易都以美元为货币单位，国内商品、服务贸易中的计价结算以美元为货币单位的居多。更有甚者，部分企业甚至直接以美元发放员工工资。此外，老挝、缅甸等国家其国内商品交易市场上的交易也以美元进行支付。从被调查对象来看，柬埔寨有91%的居民希望在本国贸易中使用美元计价结算，老挝有60.5%的居民希望在本国贸易中使用美元计价结算，缅甸有33.5%的居民希望在本国贸易中使用美元计价结算。此外，柬埔寨有72.3%的居民希望把手中持有的人民币兑换成美元，老挝有61.5%的居民希望把手中持有的人民币兑换成美元，缅甸有55.5%的居民希望把手中持有的人民币兑换成美元。据此来判断，美元在中国东南周边国家的货币体系中仍然占据主导地位。为了保障国际支付的公信力，根据《清迈协议》下的双边货币互换协议，主要是以美元定价。由此可见，中国东南周边国家对美元的使用存在惯性。这种惯性对人民币的区域化是一个障碍。

2. 外汇管制的约束

中国东南周边一些国家的外汇管制政策约束了人民币的使用。据调查了解，越南当局不太认可企业与中国正常贸易使用人民币结算，仅允许在与我国相邻的边境地区或口岸经济区可以使用人民币进行贸易结算。缅甸政府规定银行开立人民币账户实行一级审批制，人民币流通仅限在边境线以内20公里范围，缅甸企业对中国贸易以美元结算。这些管制措施制约了人民币的使用。

3. 经济制度、发展水平与经济结构差距大

中国东南周边国家的经济发展水平参差不齐。新加坡、马来西亚等国的人均国民收入已经超过上万元，步入较高甚至极高的人类发展水平。中国、泰国、菲律宾等国尚处于中等发展水平。柬埔寨、缅甸等国的人均收入水平在2000元左右。此外，区域内各国的经济实力、技术水平等方面都存在显著差异。各国的经济开放度也不一样。（见表7-2）。新加坡达到216.4%，印度尼西亚仅为32.1%。经济开放度的差异阻碍了各国的经济与金融之间的

合作。此外，在产业结构上，具有较大的相似性，竞争性也大，这使各国的政策协调和金融合作难度加大。

表7-2　2017年中国东南周边国家经济开放度①　　　　单位：亿美元

	GDP	货物进出口总额	经济开放度（%）
中国	122377.0	41052	33.5
新加坡	3239.1	7009	216.4
印度尼西亚	10155.4	3255	32.1
马来西亚	3145.0	4130	131.3
菲律宾	3136.0	1617	51.6
泰国	4552.2	4595	100.9
柬埔寨	221.6	259	116.9
老挝	168.5	91	54.0
越南	2238.6	4258	190.2
文莱	121.3	84	69.2
缅甸	693.2	298	43

4. 缺乏统一的协调机制

目前，"10+3"财长会议机制已经成为本地区最重要的金融合作机制，为推动本地区金融合作发挥了比较积极的作用，但效率仍有待提高。此外，地区监督机制功能薄弱，有效性差。

5. 金融市场合作有待进一步加强

（1）在债券市场建设方面。各国的债券市场基础设施、监督标准等方面仍存在较大差距，短期内还难以消除。

（2）双边银行结算方面。目前，主要是通过国际结算和边境贸易结算等

---

① 根据《中国—东盟统计年鉴（2018）》（中国统计出版社2018年版）的有关数据计算得出。

方式进行。从国际结算方式来看，中资银行的海外分支机构仍然较少，分布也不合理。由于中国东南周边国家在中国的代理机构少，且有些国家在中国没有开设代理机构，所以大大制约了双边经济和贸易发展的需求。此外，边贸结算方式仍然低效单一，汇兑代收代付速度也比较缓慢，在汇率波动频繁的情况下，这种边贸结算方式显得十分不便。

（3）在汇率定价机制方面。虽然中国与越南、老挝等毗邻国家签订了边贸本币结算协议，对边境贸易本币结算、货币汇兑和双方银行对开本币账户等方面都做出了制度安排，并允许商业银行对这些国家货币汇率在柜台挂牌，作为人民币与这些国家货币汇率定价机制的形成条件。但这些国家的货币币值受"地摊银行"掌控很不稳定，人民币与毗邻国家货币的大部分兑换交易和汇率定价权被"地摊银行"操纵，商业银行基于成本和风险考虑，选择参照"地摊银行"的汇价。

（4）在人民币的增值保值渠道方面。境外人民币离岸市场的功能还不是很健全，境外人民币的保值增值渠道不是很畅通；境内资本账户管制较为严格，中国东南周边国家人民币还难以回流境内寻找投资机会。

6. 中国的综合国力、贸易投资机构和金融体系需进一步提升

我国虽然已是世界第二大经济体，但是人均 GDP 仍然较低，产业结构仍然处于中低端，贸易结构仍然处于低端化，在国际上的贸易定价权仍然较弱。此外，金融体系还不健全，尚未形成全球性的银行体系，金融体制的市场化改革还不到位，人民币还不是可自由兑换货币

第二节　人民币走出去战略的步骤与路径

人民币走出去是一个市场驱动、水到渠成的过程。实施人民币走出去战略，必须遵循市场规律，循序渐进，持之以恒，久久为功，切忌操之过急，急于求成。为此，要明确实施步骤和路径选择。

一、人民币走出去战略的实施步骤

如何实施人民币走出去战略，仁者见仁，智者见智，从国内专家学者的研究成果来看，从人民币国际化角度开展研究形成的成果，可谓汗牛充栋。如陈雨露在 2013 年提出的"两个三步走"的实施战略，总体思路是：2011年为人民币国际化元年。从 2011 年开始到人民币国际化初步实现，至少需要 30 年的长周期，要实现"两个三步走"的目标。第一个"三步走"是在人民币的使用范围上。第一个 10 年实现人民币周边化；第二个 10 年实现人民币区域化，使人民币成为整个亚洲地区区域性的国际货币；第三个 10 年实现人民币国际化，使人民币成为全球范围的关键货币。第二个"三步走"是在人民币的货币职能上。第一个 10 年实现贸易结算化，使人民币在贸易结算中充当国际结算货币；第二个 10 年实现金融投资化，使人民币在国际投资领域中作为投资货币；第三个 10 年实现国际储备化，使人民币成为国际最重要的储备货币[①]。又如张岸元等认为理论界关于人民币国际化进程从价值尺度到流通手段、支付手段，最后到储备手段的判断应该修正，本币国际化的优先目标是成为国际储备货币，路径是充当国际流通手段和支付手段，履行国际价值尺度不应该成为短期政策重点。张岸元等还认为，人民币先周边化再区域化，最后到国际化的判断也应该修正，通过贸易、投资渠道流出的人民币会集中到离岸中心，未必都在周边，选择人民币作为储备货币的国家不存在地理上的远近顺序，与中国经济金融关系最密切，最愿意接受我国金融影响力的国家未必是本区域国家，人民币的流出将直接面向全球[②]。

这些学术观点具有重要的学术价值和理论价值，对我们的课题研究具有重要的启示意义，为本课题的研究提供了重要参考，也为本课题的研究避免了弯路。为此，我们在前人研究成果的基础上，根据本课题的研究视角，针

---

① 包月阳主编：《中国智库》，中国发展出版社 2013 年第 4 期，第 19 页。
② 张岸元、李世刚：《人民币国际化的中国路径》，人民出版社 2017 年版，第 42—43 页。

对人民币走出去战略的实施步骤提出我们的新思路新观点，以进一步丰富该领域的研究成果。我们认为按照人民币周边化、区域化、国际化的战略步骤推进人民币走出去，更具现实性、可行性和操作性。我们的研究是以中国东南周边国家的这个重要区域为支点开展的研究，中国东南周边国家与中国陆海相连，是"一带一路"的重要节点，整体参与了中国—东盟自由贸易区建设，也是 RCEP 的重要发起国，参与区域次区域经济合作的积极性较高，与中国具有较好的合作基础和条件。在推进人民币走出去战略的实施过程中，需高度关注人民币走出去过程中的国际环境出现的新情况新变化。随着中国与中国东南周边国家的经贸合作与投资关系的紧密程度的不断提高，必然要求人民币走出去，这是水到渠成的事情，不必为了走出去而走出去。为此，我们提出如下实施步骤。

（一）区域实施步骤

从区域实施步骤来看，拟按照参与的区域次区域合作机制的次序来推进。从中国东南周边国家的金融发展来看，参与泛北部湾区域经济合作的国家的金融发展水平总体较高，参与大湄公河次区域经济合作的国家金融发展水平相对较低。参与泛北部湾区域经济合作的中国周边省份金融发展水平也相对较高，广东作为新时代中国改革开放排头兵，正在发挥粤港澳大湾区的区位优势，建设自由贸易试验区，打造国际金融枢纽；香港作为著名的国际金融中心，其国际金融中心的地位仍然稳固；海南作为一个海岛，正在建设自由贸易试验区，探索建设中国特色自由贸易港，充满生机活力；广西正在建设面向东盟的金融开放门户、国际陆海贸易新通道和建设自由贸易试验区，开放平台较多，发展后劲较足。参与泛北部湾区域经济合作的中国东南周边临海国家经济金融发展势头较好。新加坡既是国际金融中心，也是人民币离岸金融中心，其他临海国家正在调整发展战略，重视和加强与中国的各领域合作。因此，应把临海国家作为推进人民币走出去的重点区域。参与大湄公河次区域合作国家经济金融发展水平总体偏低，云南是参与大湄公河次区域经济合作的周边省份，正在建设自由贸易试验区，也是参与沿边金融综合改革试验区的省份，应发挥好云南的作用，推动人民币走出去。

（二）职能实施步骤

1. 成为贸易结算货币

中国—东盟自由贸易区是中国与中国东南周边国家整体构建的自由贸易区，也是中国对外商谈建设的第一个自由贸易区，已经走过了 20 年的发展历程。中国与中国东南周边国家的贸易便利化程度已经越来越高，中国与中国东南周边国家的经贸关系越来越紧密，中国与中国东南周边国家的经贸规模越来越大。中国东南周边国家还有分别参与泛北部湾区域经济合作和大湄公河次区域合作两个次区域合作机制，中国东南周边国家还整体参与了RCEP 合作机制，也是"一带一路"的积极响应者。因此，推动人民币贸易结算的基础较为扎实，实施人民币贸易结算不仅有利于中国降低交易成本，也有利于中国东南周边国家降低交易成本。应努力构建有利于人民币走出去的有利环境，促进跨境贸易人民币结算的结构合理化，努力扩大人民币的使用空间和范围。迈好这一步至关重要，需要扎实推进。

2. 成为投资货币

中国东南周边国家基础设施落后，无论是铁路、公路、桥梁、港口码头、机场等基础设施建设，投资规模都比较大，资金供需缺口大，中国企业走出去投资基础设施有利于推动人民币走出去。中国企业投资中国东南周边国家面临的竞争对手主要是美国和日本，面临的竞争相当激烈，应牢牢抓住泛北部湾区域经济合作、中国至中南半岛经济走廊、大湄公河次区域合作等区域合作机制，扩大人民币对外贷款和直接投资规模，不断提高人民币对国外实体经济的影响力，推动中国企业走出去加大投资力度，抢占先机，从而带动人民币走出去。

3. 成为储备货币

成为储备货币意味着人民币国际化的实现，也是推动人民币走出去战略要实现的最终目标。目前，中国东南周边国家已经有一些国家将人民币作为储备货币，已经有了较好的基础。要不断深化汇率体制改革，使汇率在外汇市场重点价格发现和调节供求的职能得到充分发挥。要不断推动利率市场化改革，完善利率传导机制。要稳步谨慎推进资本项目下可兑换。要建设离岸人民币市场，为人民币跨国使用提供强大金融支持，扩大人民币的国际储备职能。

二、人民币走出去战略的实施路径

随着人民币跨境支付系统建设和人民币清算安排的不断推进，人民币的清算效率将不断提高，清算网络也将不断完善，与人民币跨境使用、金融市场双向开放相适应的会计准则、评级制度、税收等政策也将不断完善。中国东南周边国家与中国有着紧密的经贸合作关系，中国与其整体商建了自由贸易区，正在共同打造中国—东盟自由贸易区升级版，双边在贸易、投资、金融、旅游以及跨境经济合作区、产业园区建设方面，都有了快速的发展，为人民币走出去创造了有利条件。在现有基础上，可以按照多种路径稳步推动人民币走出去。

（一）通过跨境贸易人民币结算带动人民币走出去

跨境贸易的人民币结算是人民币作为一种货币的基本职能向境外延伸的过程，主要体现在人民币计价和结算职能上，在进出口贸易的商业活动中，贸易双方企业商定以人民币对贸易货物标价、报关、结算。在国际贸易中，对大多数企业来说，计价货币的选择与结算货币是一致的。一般企业选择计价的形式主要有三种：出口国货币计价、进口国货币计价、第三国货币计价。根据国际贸易结算货币理论的分析，一国货币被作为贸易结算货币有这么几种可能情况。一是出口国货币相对于进口国货币更容易被作为贸易结算货币。二是发展中国家与发达国家之间的贸易主要以发达国家的货币作为贸易结算货币。三是在世界贸易中份额占比较大的国家的货币更容易被作为贸易结算货币。四是在异质性商品贸易中以出口国货币作为贸易结算货币。五是通货膨胀率和通货膨胀波动率相对较低的国家的货币更容易被作为贸易结算货币。六是比较坚挺的货币更容易被作为贸易结算货币。七是外汇市场和银行系统都比较完善的国家的货币更容易被作为贸易结算货币。

那么，根据国际贸易结算货币理论关于什么样货币更容易被作为贸易结算货币所做的分析，跨境贸易人民币结算可以考虑采取如下方式进行。一是双边贸易人民币结算。主要体现在中国与周边一些发展中国家之间开展的双边贸易结算，通过签署双边本币结算协议，约定以人民币结算。二是签订双边货币互换协议。目前，中国已经与新加坡、马来西亚、中国香港等国家或地区签署了双边本币互换协议。三是边境贸易人民币结算。主要是在边境贸易中采用人民币结算，如中越、中老、中缅的边境贸易约定人民币结算。四是加入国际组织如国际货币基金组织、亚洲开发银行等，在人民币参股的情况下实行人民币交易结算。这四种方式为跨境贸易人民币结算的进一步发展提供了很好的发展途径。

根据国际贸易货币结算理论以及中国东南周边国家人民币流通与需求的分析，面向中国东南周边国家扩大跨境贸易人民币结算具有许多有利条件。首先，中国的国际贸易地位已经大幅提升。中国已经成为世界第一贸易大国，中国与中国东南周边国家的贸易规模越来越大，中国与中国东南周边国家的贸易依存度越来越高，经贸关系越来越紧密，贸易结构在不断优化调整。其次，中国经济迈向高质量发展阶段。中国经济虽然进入了新常态，但仍然保持中高速增长，并向高质量发展阶段迈进，不仅产业发展迈向高端，产品结构也向高端转化，竞争优势显现。第三，中国的通货膨胀水平和通货膨胀波动率均较低。多年来，中国经济持续健康发展，宏观经济形势稳中有进，总体向好，通货膨胀水平和通货膨胀率均较低，已经成为世界经济增长的重要引擎。第四，中国的贸易结构向异质性商品贸易方向发展。中国的贸易产品已经从劳动密集型向技术型、知识型转变，竞争力强。第五，人民币的币值一直保持坚挺。多年来，人民币一直保持坚挺，币值长期稳定，并有升值趋势。

基于对国际贸易结算货币理论和跨境贸易人民币结算的条件分析，推动跨境贸易人民币结算可以有力地推动人民币走出去。可供选择考虑的方式主要如下：

一是推动大企业出口的人民币结算。大企业实力强，具有较强的议价能力和结算货币选择权。从中国与中国东南周边国家的贸易来看，中国的一些大企业与中国东南周边国家的经贸合作已经呈现出强劲的发展势头，发挥着重要的促进作用。

二是在异质性商品出口中推进人民币结算。异质性商品技术含量高，替代程度低，甚至无可替代。中国与中国东南周边国家的贸易商品具有较大的互补性，如工程机械、农机以及其他技术含量高的产品，在中国东南周边国家具有较强的竞争力，市场潜力大。

三是推进与贸易依存度高的国家的人民币结算。贸易依存度高，话语权也高，更有决定权。从中国与中国东南周边一些国家的贸易规模来看，可以看出双边的贸易依存度很高，而且有地缘的优势，把中国东南周边国家作为人民币贸易结算货币，具有天时地利的优势。

四是主要贸易品人民币计价结算。根据计价货币选择理论，一国主权货币能否成为国际计价货币，首先要看该种货币作为交易媒介在计价货币选择中是否起到至关重要的作用。一般来说，在外汇市场交易中具有较低交易成本的货币更易受到青睐。一些学者通过模型分析证明了这种货币可以有效降低商品市场的交易成本并可以提高市场效率。其次要看该种货币在行业的交易选择中是否有利于降低低交易成本。一般来说，在充斥着大量同质化商品，并且在细分市场开展交易的行业，更倾向于使用交易成本低的单一货币进行计价。从中国与中国东南周边国家的商品贸易来看，中国是大宗商品的重要进出口国，通过大宗商品人民币计价，有利于提升人民币在大宗商品交易中的议价话语权，这样可以不断扩大人民币在中国东南周边国家，乃至在全球金融市场的交易使用规模。这是推动人民币走出去的一种重要选择。2010年11月，马来西亚交易所衍生品有限公司开始接受以人民币作为马来西亚衍生品交易押金。这是人民币在中国东南周边国家大宗商品交易市场取得的重要突破。中国东南周边国家的自然资源非常丰富，在矿产、橡胶、棕榈油等大宗商品定价方面具有举足轻重的作用。加强与中国东南周边国家主要交易所合作，推动人民币在主要商品交易所使用，将有效提升人民币的区域性使用效率，从而带动人民币走出去。

五是推进与通货膨胀率较高或波动性较大国家贸易的人民币结算。通货膨胀水平高或波动性大的国家的货币较为疲软，相对于人民币来说，人民币币值较为稳定，也较为坚挺，认可度高。中国东南周边一些国家通货膨胀率较高，波动性也大，像越南这样的国家，通货膨胀发生比较频繁，波动性也大，越南盾的币值也很不稳定，变化较大，与越南开展双边贸易人民币结算，具有较好的基础和条件，也有利于降低交易成本，但是受到一些政治因素的影响，不可能一蹴而就，可以绵绵用力，久久为功。

六是推进金融市场建设。金融市场越完善，金融市场越发达，便利化水平越高，人民币被接受的程度就越高。因此，加强金融市场建设至关重要。通过推进人民币离岸金融市场建设、境内金融市场的开放发展和外汇市场的发展壮大，可以有效地促进人民币的便利化使用。

（二）通过跨境电子商务人民币结算带动人民币走出去

1. 跨境电子商务的发展趋势

跨境电子商务是互联网时代国际贸易发展的一种新业态新模式。在开放的互联网环境下，跨境电子商务作为新业态新模式，通过电子交易方式，开展交易活动和相关服务活动，实现了传统商业活动向电子化和网络化转型。

跨境电子商务交易活动，具有交易过程的虚拟化、无纸贸易、交易效率高和交易透明化等特点。主要的交易形式有 B2B、B2C、C2C、B2G 等。近年来，以跨境小额贸易为主要业态的跨境电子商务发展很快。从全球范围来看，2015 年，全球跨境电子商务交易规模已经占到世界贸易总额的 30%—40%。[①] 2016 年，中国的跨境电子商务交易总额达到 6.5 万亿元，占进出口总额的 16.9%，年均增速超过 30%。[②] 近年来，政府部门对跨境电子商务的发展高度重视，积极引导企业发展跨境电子商务，跨境电子商务的发展也引起了国际社会的广泛关注。2015 年，商务部启动跨境电子商务行动计划。通过实施跨境电子商务行动计划，促进跨境电子商务发展，积极拓展海外市场，助力跨境电子商务企业走出去，并参与或主导跨境电子商务国际规则制定。目前中国的跨境电子商务发展已经进入了黄金发展期，跨境电子商务不仅有助于推动国际贸易发展，也有助于通过跨境电子商务人民币结算带动人民币走出去。自 2015 年以来，经国务院同意，在杭州、天津、上海、重庆、合肥、郑州、广州、成都、大连、宁波、青岛、深圳、苏州、北京、呼和浩特、沈阳、长春、哈尔滨、南京、南昌、武汉、长沙、南宁、海口、贵阳、昆明、西安、兰州、厦门、唐山、无锡、威海、珠海、东莞、义乌、石家庄、太原、赤峰、抚顺、珲春、绥芬河、徐州、南通、温州、绍兴、芜湖、福州、泉州、赣州、济南、烟台、洛阳、黄石、岳阳、汕头、佛山、泸州、海东和银川等 59 个城市开展跨境电子商务综合试验区建设。

中国东南周边国家的跨境电子商务发展势头很好，但不是很平衡。新加坡、泰国、马来西亚等国的跨境电子商务发展相对较好。新加坡的跨境电子商务发展环境在亚洲国家排在前列，其信息化程度是世界上最高的国家之一。马来西亚在国家范围内制定了跨境电子商务基本法规，为进出口企业建

---

① 中国人民大学国际货币研究所：《人民币国际化报告——"一带一路"建设中的货币战略》，中国人民大学出版社 2015 年版，第 182 页。

② 中国人民大学国际货币研究所：《人民币国际化报告——"一带一路"建设中的货币战略》，中国人民大学出版社 2015 年版，第 182 页。

立了统一的跨境电子商务交易平台，其跨境电子商务发展较为迅速。泰国的电子商务已经成为一种重要的贸易工具，具有较好的发展基础，电子商务市场发展迅速扩大。2017 年，泰国零售商 Central Group 与中国京东合作成立合资公司，注册资本金为 5 亿美元①，共同开展电子商务和金融科技业务。京东负责提供技术和物流支持，Central Group 负责提供商家关系、品牌认同和客户分析。韩国电商平台 11street 于 2016 年进入泰国后，泰国成为其全球第五大市场。② 柬埔寨、老挝、越南、缅甸等国的电信设施虽然不是很完善，发展电子商务的基础也较为薄弱。但是，这些国家的电子信息产业发展势头强劲，电子商务市场发展潜力大。因此，加强与中国东南周边国家的跨境电子商务合作，使跨境电子商务的人民币结算有较好的基础和条件，必将有利于促进人民币境外业务的发展。

2. 跨境电子商务促进人民币的计价结算功能

跨境电子商务已经成为全球国际贸易发展的新趋势，中国高度重视加强与中国东南周边国家的跨境电子商务合作，已经呈现出良好的发展势头。通过发展跨境电子商务促进跨境贸易发展，有利于更好地促进人民币走出去。

从跨境电子商务促进人民币的国际货币计价功能来看，跨境电子商务的发展有利于增进人民币的国际货币计价功能，从而推动人民币走出去。从目前开展跨境电子商务国际货币计价的主要国家来看，以本币计价开展的跨境电子商务占比都较高，如美国、德国、英国、法国、意大利等国家。一旦某国货币被用作跨境电子商务计价货币就会有惯性，要改变这种计价货币难度很大。如果在某一区域范围内采用人民币计价交易，在这一区域范围内对中国的交易者来说不仅可规避汇率风险，还可以促使其他商品使用人民币计价，使人民币的计价范围进一步得到扩大。现在越来越多的境内跨境电子商务企业已经充分意识到使用本币计价结算的重要性，在对外报价交易时都约

---

① 陈立生、洪波：《中国—东盟年鉴（2018）》，线装书局 2018 年版，第 67 页。
② 陈立生、洪波：《中国—东盟年鉴（2018）》，线装书局 2018 年版，第 67 页。

定以人民币进行计价交易。国外跨境电子商务企业由于有中国庞大消费者的支持而得到发展，为了更好地抢占中国的消费市场份额，也愿意采取人民币进行计价交易。目前，全国有超过90%的B2B、B2C跨境电子商务网站支持使用人民币进行商品标价，① 跨境电子商务企业通过批发、零售等渠道来增进跨境贸易的人民币计价功能，使人民币的国际货币计价功能得到增强。

从跨境电子商务促进人民币的国际结算货币功能来看，跨境电子商务发展在促进跨境贸易发展的同时，也有利于促进人民币的国际结算货币功能。跨境电子商务通过跨境电子支付系统完成结算业务，不仅能降低交易成本，而且更加便利化。目前，国内的跨境电子商务平台建设加快，出现了如支付宝、财富通、银联、通融通、汇付天下等第三方支付平台，第三方支付平台通过把私人部门与官方部门的交易记账功能有机链接起来，共同构筑了跨境人民币贸易结算平台。2013年以来，中国人民银行和国家外汇管理局等部门根据跨境电商零售业务的结售汇特点，积极推进第三方支付平台开展跨境外汇支付结算业务试点，支持第三方支付平台依托互联网渠道为境内外结售汇提供服务，第三方支付平台积极试点开展了货物贸易、留学教育、航空机票和酒店住宿等服务。通过跨境电子支付拓展了跨境电子商务贸易、跨境消费等领域的人民币国际结算功能。

中国东南周边国家是中国推进跨境电子商务较有潜力的区域，中国—东盟信息港南宁核心基地推进的跨境电子商务综合试验区建设已经开始运营，并取得了显著成效。面向东盟的金融开放门户南宁核心基地积极推进人民币的跨境使用体制机制创新，着力打造中国—东盟金融城，必将有力地推动跨境电子商务与人民币跨境使用实现有机融合，促进跨境电子商务的人民币国际货币计价结算功能，促进中国与中国东南周边国家的跨境电子商务发展和人民币的跨境使用，从而有力推动人民币走出去。

---

① 中国人民大学国际货币研究所：《人民币国际化报告——"一带一路"建设中的货币战略》，中国人民大学出版社2015年版，第184页。

（三）通过基础设施投资带动人民币走出去

基础设施建设所需资金规模较大。中国东南周边国家的基础设施，除了新加坡较为完善之外，其他国家的基础设施整体还处于比较落后的状态。基础设施建设项目由于投资大、期限长、风险高，因此需要长期资本的投资支持，而中国东南周边国家的基础设施投资所需资金缺口大，国内资金难以解决，需要国际资本的支持，这就为人民币走出去开展境外投资带来了机遇。从发达国家对外投资的经验来看，如美国、日本等发达国家的对外投资都是使用本币对外投资，很少使用外币进行大规模对外投资。因此，中国对中国东南周边国家进行基础设施建设项目投资时，只有使用人民币才能进行大规模投资，因为使用外汇储备进行对外投资不可持续。使用人民币对外投资的形式可以多种多样，可以根据不同国家的不同需求相机选择。

1. 开展对外资金援助

对外援助是中国对一些友好国家惯用的一种投资形式。从中国东南周边国家的情况来看，由于这些国家资金短缺，把推动人民币走出去与对外援助结合起来，对在当地影响大、社会效益高，而经济效益有限，需要借助政府贷款或国际援助等方式的基础设施项目，通过签订政府间协议的方式协商优先使用人民币，或以此类项目为突破口，引导当地的其他建设项目优先使用人民币。

2. 开展境外人民币贷款

支持国内金融机构采取境外投资贷款、买方信贷、并购贷款、内保外贷等形式开展商业性人民币贷款。支持国内企业以人民币为计价单位签署项目合同，协议使用人民币进行交易结算。此外，发挥好政策性银行的引导作用，鼓励开展 PPP、BOT、BOOT 等模式运营，使用中国具有优惠性质的人民币资金贷款，也可以考虑采取人民币与其他货币相结合的混合贷款形式，中国金融机构提供部分人民币资金，以此为基础渐进地扩大人民币的跨境投资规模。

3. 发挥投资合作基金作用

中国—东盟投资合作基金、中国—欧亚投资合作基金等政府性投资基金，在海外基础设施项目投资时已经积累了相当丰富的经验。如中国—东盟股权投资合作基金在中国东南周边国家已经成功投资了港口、通信等基础设施项目，较好地促进了当地经济的发展。在此基础上，可以通过投贷结合、以投带贷形式促进人民币的跨境使用。

4. 发挥多边金融机构作用

亚洲基础设施投资银行、丝路基金等多边金融机构，是基础设施建设的重要输血机制，也是扩大人民币使用的重要渠道，应积极扩大在这些多边机构中的人民币使用量，可以采取以人民币为币种的联合融资、银团贷款等形式促进人民币的跨境使用，以提高人民币的跨境使用率。

（四）通过产业园区建设带动人民币走出去

产业园区是中国与中国东南周边国家合作发展的较为成功的合作模式。在中国东南周边国家布局产业园区，应坚持与基础设施配套布局的原则。从中国东南周边国家与中国的合作来看，要以"一带一路"框架下的中国至中南半岛经济走廊建设为重点，沿经济走廊布局若干产业合作园区。中国东南周边国家不仅高度重视基础设施建设，而且积极推进合作共建产业园区。在中国东南周边国家构建产业合作园区，条件已经具备，基础已经夯实。无论是铁路基础设施建设，还是公路基础设施建设，都取得了重要进展。以越南为例，经过中越双方的共同努力，2009 年 1 月 1 日，南宁至河内的国际旅客列车正式开通。公路基础设施加快建设，实现了互联互通。南宁至友谊关的高速公路已经建成通车，防城至东兴的高速公路已动工兴建。获批到越南的24 条国际道路运输路线，已经有 10 条开通。在中国东南周边国家中，目前已经建有中马（关丹）产业园区、中泰（罗勇）工业园区、中国·印尼经贸合作区、中越跨境经济合作区、柬埔寨西哈努克港经济特区等产业园区，还有文莱—中国（广西）经济走廊等，都发挥了较好的投资促进作用。

通过产业园区形式带动人民币走出去是可行之举。产业园区不仅具有成本相对较低的优势，而且可以有效规避贸易摩擦。由中国企业出资建设的产业园区可以带动中国的商品、技术和劳务输出，增加对中国的进口需求。中国企业集体进驻产业园区提供的配套设施和相关服务，也有利于促进东道国与中国的产业链合作，促进双边贸易的快速发展。双边贸易规模的扩大，必然会增强人民币的计价结算功能，从而扩大人民币的计价结算规模。随着企业国际竞争力的增强，重组并购等投资银行需求会不断涌现，在产业园区内生活的各类人士也会产生对留学、旅游、置业、跨境理财等需求，从而促进人民币在这些国家的使用。由于产业园区的聚合性、相对封闭性和政府的信用背景，会有助于带动国内金融机构走出去，为走出去企业提供必需的金融服务，从而带动人民币走出去。

（五）通过旅游消费带动人民币走出去

随着国民收入水平的提高，出境旅游已经成为国民的时尚和重要的消费形式。近年来，中国赴中国东南周边国家的旅游人数呈逐年增长趋势，中国东南周边国家已经成为中国国民的重要旅游目的地。随着人民币在中国东南周边国家流通使用条件的不断改善，人民币成为直接支付货币将成大的趋势。国民出境旅游消费，若不需兑换成为美元或其他货币，可以避免因汇兑时汇率变动所造成的损失。鼓励国民出境旅游，也有利于扩大交流，促进民间交往，使中国东南周边国家人民增加对中国的了解和认知，树立中国的良好形象，扩大中国的国际影响。近年来，由于中国东南周边国家对人民币的需求在增加，储存积累人民币已经成为一种时尚，甚至有的国家已经将人民币纳入了储备货币篮子。因此，通过扩大开放合作，开展广泛的民间交流，鼓励国民出境旅游消费，能够有效地带动人民币走出去。

（六） 通过金融机构走出去带动人民币走出去

从美元、欧元、日元等主要货币的国际化经验来看，有一个共同的特点就是所在国的银行业都高度发达，且全球化程度都很高。这些国家的银行业在全球得以蓬勃发展，就是通过为本国企业提供金融支持而发展壮大的。1959 年，英国的汇丰银行通过收购中东地区的英格兰银行进军中东市场。1978 年，英国在沙特阿拉伯成立沙特阿拉伯英国银行。1982 年，英国在埃及成立埃及英国银行。1976 年至 1979 年，德国的德意志银行相继设立国外分支机构，在 1988 年之前向包括亚太地区在内的 12 个国家扩张，德意志银行的绝大部分员工在德国以外的其他国家工作过。中国的银行业发展迅猛，有 4 家银行已经跃居全球十大银行之列，分支机构布局主要集中在全世界金融最发达，或经济总量较大的国家或地区。中资企业在中国东南周边国家的投资和贸易发展也非常活跃。中资金融机构积极在中国东南周边国家搭建银政企合作平台，以政府政策指导和客户需求为导向，在中国东南周边国家设立分支机构。

中国的金融机构走出去，应该是银行、证券、保险、股权投资基金全方位立体化的走出去。鼓励金融机构在符合外汇管理制度和相关法律法规前提下，拓展在中国东南周边国家的金融业务，为中国走出去企业与中国东南周边国家企业、个人开立人民币账户，办理人民币业务。允许符合条件的地方金融控股公司走出去，加强与中国东南周边国家的金融机构合作，发起设立或参股各类型金融机构。支持和鼓励境内金融机构与中国东南周边国家金融机构之间以互设机构、股权合作、债权合作等多种形式，实现共同发展，为中国企业、公民提供完整互补的金融服务，并提升中国海外经济的整体实力和话语权。

从中资金融机构海外布局来看，中国银行发挥自身在国际结算和贸易融资，以及外汇交易业务的优势，为五大洲超过 80 个国家或地区的代理行和联行开立近900个人民币同业往来账户，跨境人民币结算量和人民币清算账户开户数量稳居市场第一。人民币债券承销与投资快速发展，积极利用中国香港业务平台参与承销香港市场发行的人民币债券。中国工商银行分支机构分散在世界各地，其众多分行成为人民币走出去得以实施的"桥头堡"或"根据地"。积极以"工程+金融"、境外并购融资等业务服务中资企业走出去。中国建设银行在贸易融资产品方面有所创新，在同业中率先推出大宗商品融资套期保值、跨境人民币信用证等独创性产品，为众多走出去的中资企业提供便捷高效的综合金融服务解决方案。交通银行强化离岸、在岸联动，离岸资产规模和离岸贷款余额保持市场占比第一；率先在香港设立托管中心；加强电子化建设，自主研发跨境人民币业务处理系统和跨境人民币信息报送平台，直联中国人民银行人民币跨境收付信息管理系统。在国家政策的支持下，股份制银行也纷纷试水海外。整体来看，股份制银行分三个梯队走出去。第一梯队是招商银行。收购了香港永隆银行，设立了香港分行、纽约分行和伦敦、台北代表处，在国际金融中心设立了分支机构，由境外机构、离岸金融与境内分行共同构建形成"三位一体"的跨境金融平台。第二梯队是中信银行、平安银行和光大银行。这一梯队的银行依托集团的平台走出去。中信银行借助中信集团金融综合平台的特有优势，成功引入西班牙BBVA银行为战略投资者，并收购了中信国金。中信银行（国际）在新加坡、中国澳门、中国香港以及洛杉矶、纽约和开曼群岛等地均设有海外分行。平安银行依托中国平安保险（集团）股份有限公司这个综合性的金融集团与许多国家的银行建立有代理行关系，在香港设有代表处。光大银行是光大集团下属银行，这个集团为光大银行提供其强大的后盾支持。第三梯队是浦东发展银行、广东发展银行和民生银行。浦东发展银行和广东发展银行分别在香港和澳门建立分行，民生银行设有香港代表处。

从中资证券机构海外布局来看，主要是按照引入战略投资者参股公司、通过新设或收购方式建立香港子公司、收购境外证券机构等方式开展海外布局。

从国内保险公司海外布局来看，主要是立足港澳、面向世界，开展海外业务。如中国人寿、中国平安、中国太保、新华保险、中国人民保险公司旗下中国人民财产保险以及中国太平保险集团旗下中国太平保险控股有限公司在香港上市。在国家对金融机构走出去的战略支持下，竞争激烈的国内保险业必将大力进军海外市场。

在中国东南周边国家开展金融机构布局，可以按照目标层级实现的难易程度依次为：一是在海外发行金融债券、股票，或者设立代表处，为发展具体业务夯实基础；二是在海外设立代理行，开始谋求网络布局；三是在海外设立分行、子行以及通过并购参股或者控股海外金融机构逐步完善重点布局；四是逐步提高子行比重，与海外顶级金融机构建立战略联盟伙伴关系，联手开拓市场，布局全球式网络。五是引领国内企业海外扩张布局，与金融机构海外布局形成良性协同机制。

本 章 小 结

推进人民币走出去战略，要以习近平新时代中国特色社会主义思想为指引，加强党对金融工作的领导，贯彻新发展理念，坚持稳中求进的工作总基调，遵循金融发展规律，充分发挥广西、云南、广东、海南、香港的地缘优势，立足中国东南周边国家，辐射 RCEP，拓展"一带一路"，以沿边金融综合改革试验区、面向东盟的金融开放门户、自由贸易试验区为重要抓手，以推动人民币面向中国东南周边国家跨区域使用为重点，深化金融合作和金融改革创新，努力推进人民币区域性国际化，最终实现人民币国际化。推进人民币走出去战略要遵循如下原则：一是坚持市场主导与政府引导原则；二是坚持本币驱动与服务实体原则；三是坚持稳妥有序与风险可控原则；四是坚持创新发展与人才引领原则。根据中国东南周边国家的区域特点，人民币走出去战略的实施可以按照区域步骤和职能步骤分步实施。从区域步骤来看，可以按照泛北部湾区域经济合作和大湄公河次区域合作两个不同区域协同推进。从职能步骤来看，要按照贸易结算货币、投资货币和储备货币的次序依次推进，但也不能过于拘泥，在依次推进的过程中，可以相互交叉进行，同步推进。鉴于中国东南周边国家与中国的既有合作基础，人民币走出去战略的实施路径，要通过贸易结算、电子商务、基础设施投资、产业园区建设以及通过金融机构走出去等路径带动人民币走出去。

第八章　人民币走出去战略的保障措施

人民币走出去已是大势所趋。但推进人民币走出去战略，还面临许多困难和挑战，需要采取切实措施，扫除各种障碍。为此，要在完善汇率利率机制、完善金融市场体系、完善金融体制机制、加强金融监管国际协调、进一步增强综合国力、营造和谐的国际合作环境等方面下功夫，以确保人民币走出去战略的稳健推进。

第一节　完善汇率利率机制

完善汇率利率机制，是实施人民币走出去战略的重要保障。经过多年的渐进式的汇率利率市场化改革，已经积累了宝贵的经验。但是，与人民币走出去战略的目标要求，还有很大的差距。需要根据国际国内经济形势变化，因势利导，不断深化改革，进一步完善汇率利率机制。

一、完善汇率机制

完善的人民币汇率机制，是完善社会主义市场经济体制和充分发挥市场在资源配置中的决定性作用的必然要求，也是深化经济金融体制改革和健全宏观调控体系的重要内容，符合关于建立以市场供求为基础的有管理的浮动汇率制度的内在要求。保持人民币汇率在合理均衡水平上基本稳定的要求，符合中国的长远利益和根本利益。健全汇率市场决定机制，是中国未来进行金融市场体系建设的主要内容。不断完善人民币汇率形成机制，也是中央银行一直以来的重要工作。中央银行在完善人民币汇率形成机制方面，已经取得了重要成果。2005 年 7 月 21 日，中央银行宣布进行汇率形成机制改革，实行以市场供求为基础的参考一篮子货币调节的有管理的浮动汇率制度。2010 年 6 月 19 日，中央银行又宣布进一步推进人民币汇率形成机制改革，以增强人民币的汇率弹性。2015 年 8 月 11 日，中央银行再次宣布调整人民币兑美元汇率中间价的报价机制。经过不断完善，已经形成了"收盘汇率+一篮子货币汇率变化+逆周期因子"的人民币兑美元汇率中间价的报价形成机制。使市场在资源配置中起决定性作用，客观上要求完善主要由市场供求决定价格的形成机制。凡是能由市场形成价格的都交给市场，政府不再进行干预。汇率作为要素市场的重要价格，是有效配置国际国内资金的决定性因素。稳步推进汇率市场化改革，不断优化资金的配置效率，不断增强市场在配置资源中的决定性作用，有利于加快经济发展方式转变和经济结构调整。

自 1994 年汇率并轨以来，历经 2005 年汇率改革、2010 年重启改革和 2015 年"8·11 汇改"完善中间价形成机制，中国已初步确立了以市场供求为基础的参考一篮子货币调节的有管理的浮动汇率制度，汇率弹性有了极大提升，中间价形成的市场基础进一步增强。2015 年 8 月 11 日以后，人民币汇率中间价已基本形成了"收盘汇率+一篮子货币汇率变化+逆周期因子"的形成机制，市场供求在中间价形成中的作用得到进一步强化。汇率波动幅度的限制大幅放松。经过 2007 年、2012 年和 2014 年的调整，银行间市场人民币兑美元汇率的波幅已经扩大到中间价的±2%，人民币对欧元、英镑等储备货币汇率的波幅已扩大到中间价的±3%，人民币对卢布、林吉特的汇率波幅则达到了±5%，人民币对南非兰特、泰铢、坚戈的波幅更高达±10%。在排除市场急剧波动的特殊情况下，国际市场上主要储备货币对美元汇率日内波动幅度一般在±2%左右。因此，±2%至±10%的波动幅度已基本能满足提高汇率灵活性的要求。2016 年以来，人民币汇率灵活性进一步提高，总体略有贬值。截至 2017 年 9 月末，国际清算银行计算的人民币实际有效汇率较 2016 年底贬值 1.34%，名义有效汇率贬值 0.78%。外汇市场对人民币贬值预期也有所弱化。离岸市场对人民币汇率贬值的预期也有所弱化。从香港离岸市场数据来看，截至 2017 年 10 月，离岸市场 1 年期人民币兑美元 NDF 汇率较即期汇率贬值 2.38%，NDF 隐含的贬值预期较 2017 年 1 月的 4%至 5%的水平有所下降。

2017 年 5 月，中央银行在人民币兑美元中间价报价模型中引入"逆周期调节因子"以增加人民币汇率的稳定性。影响人民币汇率的主要因素是收盘汇率（代表市场供求状况）、一篮子货币汇率和逆周期调节因子。收盘汇率（代表市场供求状况）是决定人民币汇率的最关键因素，"逆周期调节因子"的引入进一步完善人民币汇率中间价形成机制，促进人民币汇率更好地反映经济基本面和货币供求状况。

2017 年，继续稳步推进汇率市场化改革，使人民币汇率中间价形成机制进一步完善。2017 年 2 月，外汇市场自律机制将中间价对一篮子货币的参考时段由报价前 24 小时调整为前一日收盘后到报价前的 15 小时，避免美元汇率日间变化在次日中间价中重复反映。2017 年 5 月，外汇市场自律机制在中间价报价模型中又引入"逆周期因子"，调整后的人民币兑美元汇率中间价报价机制，更好地反映了中国经济运行的基本面因素，更真实地反映了外汇供求和一篮子货币汇率的变化。2017 年以来，"收盘汇率+一篮子货币汇率变化+逆周期因子"的人民币兑美元汇率的中间价形成机制的有序运行，进一步提升了汇率政策的规则性、透明度和市场化水平，人民币兑美元双边汇率弹性进一步增强，双向浮动的特征更加显著，汇率预期平稳。2017 年，人民币对一篮子货币汇率稳中有升，年末中国外汇交易中心（CFETS）人民币汇率指数为 94.85，全年上行 0.02%。根据国际清算银行（BIS）计算，自 2005 年人民币汇率形成机制改革以来，截至 2017 年末，人民币名义有效汇率和实际有效汇率分别升值 36.50%和 45.61%。2017 年，人民币兑美元等全球主要货币有升有贬，其中人民币兑美元、日元中间价分别较 2016 年末升值 6.16%和 2.95%，兑欧元、英镑中间价分别较 2016 年末贬值 6.35% 和 3.07%。

为促进双边贸易与投资，便利人民币与伙伴国货币在贸易投资结构中的使用，满足经济主体降低汇兑成本的需要，继续采取措施推动人民币直接交易市场发展。2016 年，在银行间外汇市场先后挂牌人民币对南非兰特、丹麦克朗、韩元、阿联酋迪拉姆、瑞典克朗、沙特里亚尔、匈牙利福林、挪威克朗、波兰兹罗提、土耳其里拉、墨西哥比索直接交易，并将人民币对加拿大元交易模式改为直接交易。银行间外汇市场人民币直接交易成交活跃，流动性明显提升，买卖点差的减少降低了微观经济主体的汇兑成本，便利双边贸易与投资。

但是，从中国东南周边国家的情况来看，中国东南周边国家的大部分货币都不是硬货币，汇率的波动性大，汇率不稳定。近年来，在推进人民币与越南盾、人民币与泰铢、人民币与瑞尔等货币汇率方面做了一些有益的探索和尝试，积累了一些有益经验。因此，建立人民币与中国东南周边国家货币的汇率形成机制，要充分发挥好广西建设面向东盟的金融开放门户平台的作用，在目前已建立的人民币与越南盾、人民币与泰铢、人民币与瑞尔的货币汇率的基础上，推动形成更多中国东南周边国家货币与人民币的汇率形成机制，最终探索建立一体化的汇率形成机制。为此，应充分发挥广西建设面向东盟的金融开放门户平台的作用，积极推动建立人民币与中国东南周边国家的货币交易中心，促进人民币与中国东南周边国家的货币交易业务发展，最终形成一体化的汇率形成机制。

二、完善利率机制

为推进人民币走出去，需要建立更为开放的市场化利率体系，才能更好地维护国内和国际两个市场中资金运行的稳定，也是节约社会成本的最优选择。根据我国利率市场化程度，建立一个非对称的利率市场化体系是较明智的选择。非对称的市场化利率体系，以市场供给决定存贷款利率为基础，由货币市场利率作为中介，指导并建立中央银行参考核心利率。建立这种非对称的市场化利率体系，首先要完善长期和短期的资本市场，其次要完善金融体系本身，这样才能更好地发挥市场的作用，利率波动成为一种正常的市场行为。

逐步放开市场利率是我国利率市场化的可行选择。2007 年以来，中央银行致力于培育和发展上海同业拆借利率（SHIBOR）。根据范祚军、唐文琳（2012）通过经验和实证所做的分析，证明 SHIBOR 具备作为市场基准利率的实力，但需要进一步完善和培育才能真正成为基准利率，并实现利率市场化，在资本账户开放状态下使得利率与汇率自由化传导机制畅通，从而推进人民币国际化（区域性国际化）进程。[①] 在具体操作上，要扩大 SHIBOR 的应用范围，活跃 SHIBOR 的长期交易，推动培育 SHIBOR 作为基准利率的金融市场环境建设，加强监管以提供金融市场基准利率 SHIBOR 形成的制度保障。

从中国东南周边国家的金融发展来看，中国东南周边国家普遍是发展中国家，金融发展总体较为落后，金融市场也不完善。因此，应充分发挥好广西建设面向东盟的金融开放门户的平台作用，持续推动利率形成机制改革，探索面向中国东南周边国家的货币利率形成机制。

第二节　建立健全金融市场体系

人民币走出去战略的实施，需要建立健全金融市场体系。尤其是人民币离岸金融市场的建设需要进一步加快步伐，以建立健全人民币结算清算系统，畅通人民币走出去的战略通道，扩大人民币的国际使用规模和范围。

一、完善人民币离岸金融市场

人民币利率汇率市场化改革的推进和资本账户的进一步放开，在岸市场

[①]　范祚军、唐文琳：《人民币国际化的条件约束与突破》，人民出版社 2012 年版，第 377 页。

的价格发现能力进一步提升，对离岸市场的辐射传导渠道更加丰富，将推动离岸市场的人民币资金更加广泛地融入境外实体经济循环。在建立健全相关管理制度的前提下，逐步放宽境外机构境内发行人民币债券的资格限制，逐步提高境内企业向境外提供人民币或外币信贷及融资担保的便利化程度，进一步扩大合格境内机构投资者（QDII）和合格境外机构投资者（QFII）的主体资格，进一步增加投资额度。逐步允许具备条件的境外公司在境内资本市场发行股票，拓宽居民投资渠道，有序提升个人资本项目交易可兑换程度，在有管理的前提下推进衍生金融工具交易可兑换。根据中国人民银行的数据来源，目前，我国已经在中国东南周边国家布局了许多的人民币业务清算行。如中国工商银行新加坡分行、中国银行（马来西亚）有限公司、中国工商银行（泰国）有限公司等。通过中资银行海外分支机构的布局，以及业务的扩大和拓展，有利于加快离岸金融市场的建设，通过离岸金融市场的建设，能够更好地推进人民币离岸业务的发展。

二、完善人民币结算清算服务系统

目前，在广西已开展9个中国东南周边国家的货币柜台挂牌交易，新加坡星展银行等外资银行在南宁设立分行。中国东南周边国家均与广西开展了跨境人民币结算业务。跨境人民币结算总量名列中国9个边境省（区）和西部12个省（区市）之首。中国—东盟投资合作基金、中国—东盟海上合作基金、丝路基金等已经成功开始运作，并取得显著成效。亚洲基础设施投资银行的建立，将进一步扩大人民币在中国东南周边国家的使用范围和规模。

但是，也存在一些约束因素。一是高效的人民币结算和清算服务金融机构还不完善。人民币的跨境流通和使用、结算、融资、交易等离岸人民币产品的发展都离不开清算网络的支撑，但中资银行区域性的人民币跨境清算中心数量还比较少，难以提供高效的人民币结算和清算服务。目前，柬埔寨吸引了一些来自中国的移民投资者，双方在经济活动中使用人民币越来越多，中国也已经成为柬埔寨最大的投资国。但是，可提供人民币清算业务的柬埔寨银行并不多，相关服务难以满足市场需求。其他中国东南周边国家虽然已经设立有清算行和分支机构。但是，数量不多，不够便利。泰国已成立了一个专门委员会来研究人民币使用中遇到的障碍。此外，人民币的流动性跟美元相比差距还很明显，加上对人民币的了解不够，使用人民币投融资的意愿并不强烈。二是双边货币互换协议日常化不够。虽然中央银行已经在跨境贸易结算、对外投资和贷款等方面开始尝试使用人民币。但总体来说，与市场的需求还有一定的差距。在双边货币互换协议的运用方面没有做到常态化，人民币贷款还有许多限制。中国和中国东南周边国家还没有形成一个人民币跨境结算和清算的网络体系。除新加坡外，中国和中国东南周边国家的金融业都不是很发达，有一些国家如柬埔寨、老挝、缅甸等的金融业发展都比较落后，金融基础设施更为落后。因此，进一步加强中国与中国东南周边国家金融合作，提升金融基础设施的服务能力，是一个亟须解决的问题。因为中国与中国东南周边国家加强金融合作，推动金融信息化建设，提升金融服务水平，加快形成若干人民币离岸金融中心，推动人民币的便利化使用，有利于推动货币互换机制的建立健全，增加人民币的认可度和接受度。但是，人民币离岸金融市场的建设，需要相关技术的支撑和服务设施的改善。目前，中国与中国东南周边国家每年都有不少于1500万人次的人员往来，发展便利的个人跨境人民币业务，对于双方人员往来具有极大的促进作用。中国的商业银行根据中国东南周边国家的客户需要，加快开发个人跨境金融产品，满足个人跨境人民币金融服务需求，是一个富有发展潜力的市场。加快形成双边货币互换机制，实现货币互换协议常态化刻不容缓。

三、推进债券市场合作发展

借鉴内地与香港债券市场互联互通的经验，积极探索推进中国与中国东南周边国家的债券市场合作发展。

2017年7月，内地与香港债券市场互联互通（以下简称"债券通"）机制上线运行。"债券通"包括"北向通"和"南向通"，初期开通"北向通"，后来开通"南向通"。"债券通"机制是指境内外机构投资者通过香港与内地债券市场基础设施机构连接，买卖两个市场交易流通的债券。目前，开通的"北向通"是指香港及其他国家与地区的投资者经由香港与内地基础设施机构之间在交易、托管、结算等方面互联互通的机制安排，投资于内地银行间债券市场，其中境外机构投资者与可直接投资境内银行间债券市场的境外机构投资者范围相同，标的债券为可在银行间债券市场交易流通的所有券种。"债券通"为境外机构投资者投资境内银行间债券市场提供了新的途径，是"沪港通"和"深港通"之后内地和境外通过市场基础设施联通实现金融市场双向开放的又一制度创新，是债券市场对外开放和人民币资本项目可兑换的一项重要举措。境内外交易平台直联、多级托管及名义持有人登记安排、通过人民币跨境支付系统（CIPS）进行跨境资金清算、通过"人民币购售"安排服务境外投资者资金兑换和外汇风险对冲等多项新举措，为银行间债券市场对外开放提供了机制保障。监管机构可通过信息穿透式安排和监管协调合作及时获取有关交易、托管、结算及资金汇出入等信息，有效满足监测分析和宏观审慎管理的需要，有利于防范风险，维护金融稳定。"债券通"机制下，境外投资者可按国际市场交易习惯更为便捷地投资内地银行间债券市场，无须直接到内地开立资金账户和债券账户，节省了开户联网等入市成本，投资效率得到较大提升。上线以来，"债券通"运行平稳，市场反应积极。

中国东南周边国家的债券市场不是很发达。但是，新加坡的债券市场相对比较发达。可以先行加强与新加坡的债券市场合作，逐步探索出有益经验。当前，广西正在加快建设面向东盟的金融开放门户。自从《广西建设面向东盟的金融开放门户实施方案》颁布后，广西对此高度重视，采取切实举措积极推进面向东盟的金融开放门户建设，提出实施强首府战略，加快打造中国—东盟金融城，促进金融业集聚发展，建立健全金融市场体系，这有利于推动与中国东南周边国家的债券市场合作。

第三节　完善金融体制机制

人民币走出去已是大势所趋。推进人民币走出去战略的实施，需进一步建立健全有关金融体制的制度安排，消除人民币走出去的体制机制障碍，使金融体制更好地适应人民币走出去战略需要。

一、完善跨境贸易人民币结算制度

目前，跨境贸易方面的政策已经基本健全，《跨境贸易人民币结算试点管理办法》已于 2009 年颁发，跨境人民币业务的其他管理细则也于 2010 年先后予以了明确。此外，还建立了重点企业监管名单管理制度，收集了一些过去在进出口和税收等方面有不良记录的国内进出口企业。建立该名单的主要目的在于提醒银行在办理跨境资金结算时，做好真实性审核。实行重点企业监管名单管理制度这种管理方式，有利于采取市场化方式监管跨境人民币结算业务。企业、银行根据市场需要能做就做，重点企业监管名单只是负责进行风险提示。

二、完善跨境人民币投资制度

人民币跨境投资方面的业务均涉及人民币资本项目可兑换的问题。人民币对外直接投资方面的政策在 2011 年已经发布。现在，境内企业使用人民币在境外进行直接投资，以及银行提供直接投资人民币结算业务等的相关政策已经基本健全。此外，在香港还实行了人民币合格境外机构投资者制度（RQFII）。除 RQFII 制度外，证券投资人民币结算业务允许三类境外机构投资者进入银行间债券市场，即国外央行或货币管理当局、境外人民币业务清算行、境外人民币业务参加行都可以进入银行间债券市场，参与银行间债券市场的交易。积极稳妥推进人民币资本项目可兑换，便利境内外市场主体开展跨境投融资。

扩大期货市场对外开放。建立中国与中国东南周边国家大宗商品期货交易中心，允许符合规定条件的境外机构从事特定品种的期货交易。2018 年 3 月，以人民币计价结算的原油期货在上海国际能源交易中心正式挂牌交易。原油期货上市是中国扩大对外金融开放的重要举措，有助于推动人民币成为大宗商品计价结算货币，促进人民币在全球贸易中的使用。2018 年 5 月，铁矿石期货正式引入境外交易者。

推进金融衍生品市场发展。加快研究境内银行、证券公司等金融机构和企业在有真实贸易和投资背景的前提下，参与境外金融衍生品市场。在风险可控的前提下，逐步开放金融衍生品市场，大力发展金融衍生产品。

三、完善跨境人民币融资制度

在人民币跨境融资方面，允许境内外银行给进出口企业提供进出口双方的人民币贸易融资，融资金额以合同金额为限，不纳入外债管理。信用证等属于这一类业务。此外，境内的外商投资企业也可以从境外的银行、股东或者关联公司借入人民币，在投资差的范围内可以把境外的人民币投入在岸的投资项目，把人民币借款和外汇借款合并计算，控制在总的投资差的范围内。

2017 年 1 月，中国人民银行发布《关于全口径跨境融资宏观审慎管理有关事宜的通知》，调整了跨境融资风险加权余额的豁免项及相关系数，进一步便利符合条件的境内机构统筹安排，充分利用境外资金，降低实体经济融资成本，受到市场欢迎。

四、完善跨境金融合作制度

设立人民币国际投资基金，建立跨境金融服务中心、信息服务基地等，打通人民币双向贷款、直接投资、股权私募等通道，支持企业和金融机构到中国东南周边国家债券市场发行人民币债券，与中国东南周边国家金融机构开展多元化、综合性的投资业务合作。在持续评估、完善审慎监管和有效管控风险的基础上，有序放宽证券业股比限制，有序推进银行业对外开放，形成公平、有序、良性的金融生态环境，提升金融机构国际化经营水平，鼓励金融机构审慎开展跨境并购，完善境外分支机构网络，提升金融服务水平，加强在支付与市场基础设施领域的国际合作，建立健全支持科技创新发展的国际金融合作机制。

完善金融基础设施跨境合作机制。加强征信合作，充分利用现有的东盟+中日韩（10+3）财长和央行行长会议、中国—东盟商务理事会、中国—东盟博览会、中国—东盟金融合作与发展领袖论坛、中国—东盟征信研究中心等机制，形成良好的征信合作机制。支持建立第三方支付机构，参照《中国人民银行关于金融支持中国（上海）自由贸易试验区建设的意见》，制定相应实施细则，明确沿边地区的银行业金融机构与持有《支付业务许可证》且许可业务范围包括互联网支付的第三方支付机构合作，为面向中国东南周边国家的跨境电子商务提供结算服务。建立健全人民币跨境支付清算系统，大力支持地方法人金融机构加入人民币跨境支付清算系统，为跨境贸易投资提供便利化服务。

加强跨境金融交流合作。建立跨境金融交流合作机制，加强沿边地区的央行分支机构与中国东南周边国家的央行合作，推动更多金融机构与中国东南周边国家的同业开展业务交流合作，建立常态化的金融交流合作机制。鼓励开展跨境保险合作，在沿边地区建立跨境保险交易中心和中国与中国东南周边国家的再保险市场共同体，以提高承保和抗风险能力。充分发挥好广西作为面向东盟的金融开放门户的作用，积极推进跨境保险创新示范区建设，推动面向中国东南周边国家的保险要素资源集聚、面向中国东南周边国家的跨境保险合作创新和跨境保险服务体系创新。

五、完善金融主体合作制度

构建政策性金融和商业性金融相结合的境外投融资支持体系，推动金融资本与产业资本联合走出去。完善境外投融资机制，探索建立境外股权资产的境内交易融资平台，为企业提供"外保内贷"的融资方式。支持中国东南周边国家金融机构和资本在国内设立分支机构及投资创业，并与国内金融机构、企业、资本开展金融服务和投融资合作，共享发展红利。发展多种形式的境外投资基金，推进丝路基金、亚洲基础设施投资银行、金砖国家开发银行有效运作，构建上海合作组织融资机构。用好投融资国际合作机制，选准重点，积极推进与中国东南周边国家的金融合作。

创新金融服务机构。在沿边地区增设金融机构，降低金融机构的设立门槛，增加支行、银行网点、小额贷款公司、担保公司等金融机构。支持沿边口岸金融网点建设，完善跨境金融服务功能。鼓励商业银行、政策性银行、保险、证券、期货等金融机构在沿边地区设立法人机构和分支机构，鼓励发展金融衍生品。支持建立双边合作银行，充分发挥中马"两国双园"（中马钦州产业园、马中关丹产业园）的优势和作用，建立中马合作银行，由中马双方共同出资组建，服务中马"两国双园"建设。支持广西金融投资集团开展跨国人民币投资业务，支持广西金融投资集团到中国东南周边国家开展人民币参股并购优质企业，组建跨国控股企业集团，拓宽服务领域和范围。支持建立区域性国际开发金融机构，支持广西北部湾银行改组为广西北部湾国际开发银行，支持其在中国东南周边国家尤其是在越南设立分支机构开展人民币信贷业务，承办亚洲基础设施投资银行在中国东南周边国家的投贷业务。

六、完善沿边金融合作制度

推进沿边金融综合改革创新，建设面向东盟的金融开放门户，形成更为畅通的人民币结算，更便捷的货币互换，不断提升沿边投资贸易便利化水平。加强与中国东南周边国家的沟通和监管协调，加大跨境金融违法犯罪活动的打击力度，营造良好的金融合作生态，促进中国与中国东南周边国家金融市场综合发展，更好服务中国与中国东南周边国家经贸往来。积极推进沿边金融综合改革试验区金融区域专网、人民币跨境电子转账平台、银行卡跨境交易结算平台、人民币兑换中国东南周边国家货币挂牌交易平台、电子商务跨境集中结算平台、金融信息跨境交换平台的"一网五平台"建设。明确国家层面和地方政府之间对于金融合作管理职责，探索"负面清单"管理模式，适当下放事关金融改革的行政审批权。

七、完善跨境人民币使用制度

积极推动中国与中国东南周边国家中央银行加强战略合作，签署双边货币清算协议、互换协议等，畅通人民币结算、清算渠道，确立人民币在中国东南周边国家的合法地位。支持中国东南周边国家金融机构来中国设立法人金融机构或分支机构。进一步放宽人民币现钞的出入境限额，实行人民币携带证制度，进一步解决边境地区人民币、外币现钞跨境调运问题。进一步扩大经常项目人民币结算规模，支持跨国企业集团开展人民币资金集中运营业务。在涉外经济管理、核算和统计中使用人民币作为主要计价货币。加快人民币跨境支付系统建设，进一步完善人民币全球清算体系。进一步拓宽人民币输出渠道，鼓励使用人民币向境外进行贷款和投资。建设区域性人民币债券市场，进一步便利境外机构投资境内债券市场，支持境外机构在境内发行人民币债务融资工具，稳妥推进境内金融机构和企业赴境外发行人民币债券。支持离岸市场人民币计价金融产品的创新，扩大人民币的境外循环规模。

推动跨境金融创新。拓展人民币跨境投融资业务，在宏观审慎和微观审慎原则框架下，积极推进跨境人民币贷款业务试点，支持跨国企业集团开展跨境人民币资金集中运营业务。支持沿边重点开发开放试验区开展跨境人民币业务和跨境保险业务创新，支持在沿边地区建立货币交易中心和清算中心，将更多跨境人民币业务和跨境保险业务创新放在沿边重点开发开放试验区试点。扩大人民币跨境双向贷款试点范围，在东兴国家重点开发开放试验区、凭祥国家重点开发开放试验区、百色国家重点开发开放试验区、中马钦州产业园区、钦州保税港区、凭祥综合保税区、南宁综合保税区、北海综合保税区等园区开展扩大人民币跨境双向贷款试点，将资金来源地扩展到更多国家。积极开展民营金融服务机构试点工作，在沿边地区组建民营边贸银行、金融租赁公司和消费金融公司等民营金融服务机构。建立人民币国际投贷基金，根据国家战略的需要，重点支持能源资源、高科技、高端装备制造和现代农业等行业。

2018 年 1 月，中国人民银行对外发布《关于进一步完善人民币跨境业务政策促进贸易投资便利化的通知》。根据《关于进一步完善人民币跨境业务政策促进贸易投资便利化的通知》精神，凡依法可使用外汇结算的跨境交易，企业都可以使用人民币结算；鼓励开展个人其他经常项目人民币结算业务，满足个人项下雇员报酬、社会福利、赡家款等人民币跨境结算需要；践行绿色发展理念，支持境外投资者以人民币作为投资货币参与境内碳排放权交易；便利境外投资者以人民币作为投资货币进行直接投资；优化业务办理流程，取消相关账户开立和资金使用等有关方面的限制；明确境内企业境外发行债券、股票募集的人民币资金可根据实际需要调回境内使用。这些政策措施的实施，有利于进一步提高贸易投资便利化水平，有利于提升金融机构服务实体经济的能力，有利于推进更深层次、更高水平的对外开放。2018 年 4 月，中国人民银行在总结天津、广东、福建自由贸易试验区跨境人民币资金池业务试点经验的基础上，进一步完善跨国企业集团跨境人民币资金池业务政策，将净流入和净流出宏观审慎调节系数均调整为 0.5。中国人民银行根据宏观经济形势和金融调控需要，对宏观审慎调节系数进行动态调整。跨境人民币资金池业务，为跨国企业集团在境内外成员企业之间，开展人民币资金余缺调剂和归集提供了便利，促进了贸易投资便利化，提升了资本项目可兑换程度。

2013年9月，中国（上海）自由贸易试验区建设正式启动，中国人民银行围绕服务实体经济，推动人民币跨境业务和金融产品创新，促进了贸易和投资自由化、便利化。目前，大部分人民币跨境业务创新已在全国复制和推广。同时，还对金融治理体系和治理能力现代化建设进行了探索，尝试了新的风险防范和管理手段。近年来，人民币跨境业务创新取得阶段性成果。在践行金融治理现代化理念方面，搭建了以负面清单管理和事中事后监管为核心的人民币跨境业务创新框架，不再搞事前行政审批。除负面清单企业外，第一、第二批自由贸易试验区均简化了经常项目下跨境人民币业务流程，提高了银行和企业的运营效率。构建宏观审慎管理框架，将市场主体融资与其资本实力和偿债能力挂钩，通过调节宏观审慎参数实现逆周期调控，有效控制杠杆率和货币错配风险。在创新人民币产品方面，不断拓展人民币跨境使用范围，降低实体经济融资成本。先后推出人民币境外借款、跨境人民币资金池、经常项目下跨境人民币集中收付、自由贸易试验区银行境外人民币贷款等创新业务。在探索与国际通行规则相一致的风险防控手段方面，建立"反洗钱、反恐怖融资、反逃税"监测分析和管理体系，对接国际通行规则和做法，制定了以跨境业务审查和名单监控为核心的制度，拦截高风险主体的非法交易行为。跨国企业集团跨境人民币资金池、全口径跨境融资宏观审慎管理、跨境电子商务人民币结算、金融机构和企业境外发行人民币债券募集资金回流及个人经常项目其他项下人民币跨境结算等人民币跨境创新业务已复制推广至全国。

中国（广西）自由贸易试验区探索形成的边境地区跨境人民币使用改革创新、中国东盟跨境金融改革创新等可复制可推广经验，为推动人民币走出去创造了更加有利的环境和条件。中国（广西）自由贸易试验区搭建的中国东盟（南宁）金融服务平台，为中国与中国东南周边国家企业提供了便捷优质的金融服务。

八、完善外汇管理制度

加大对人民币与中国东南周边国家货币均衡汇率的研究力度，完善人民币与中国东南周边国家货币汇率形成机制；探索试点居民账户与境外账户、居民账户与非居民账户之间的资金自由划转；有序扩大人民币汇率的浮动区间，增强人民币汇率的双向浮动弹性，进一步便利市场主体用汇，按照负面清单原则推进外商投资企业外汇资本金结汇管理改革，创新国家外汇储备使用方式，拓宽多元化运用渠道。

进一步优化外汇服务管理。开展外债宏观审慎管理试点，支持在沿边地区开展中外资非金融企业借用外债实行比例自律管理。扩大个人本外币兑换特许业务，将人民币与越南盾的兑换特许业务试点范围从广西东兴市扩大至广西凭祥市、广西百色市。在试点基础上，进一步总结经验，开展人民币与中国东南周边国家的货币兑换特许业务。建立人民币与中国东南周边国家货币银行间区域交易市场，按照"成熟一个、推出一个"原则，吸纳更多中国东南周边国家货币进入交易，进一步丰富人民币对中国东南周边国家货币的直接挂牌交易。扩大跨国公司外汇资金集中运营管理试点，在总结好中越双方、中泰双方跨境人民币现钞调运业务的基础上，国家层面应积极与越南、泰国官方协调，联合人民银行、海关、边检、商业银行等部门共同完善现钞跨境调运管理办法，维护中越、中泰之间人民币现钞有序跨境流动。在此基础上，进一步深化跨国公司外汇资金集中运营管理改革，将跨境调运业务进一步扩展到其他国家，促进双边本外币业务有序发展，从而推动人民币更加稳健走出去。

九、完善金融人才制度

完善国际金融人才引进机制。要重点引进一批具有金融创新理念、先进管理水平、熟悉国际惯例和具有国际运作能力的高级管理人才、金融专业人才和非银行金融机构专业人才，建立公派或自费出国留学金融人才库。引进一批银行、保险、证券、基金、期货等领域的金融领军人才。

完善国际金融人才培养机制。从政府相关部门、园区、企业和金融机构选派业务骨干到新加坡、英国、美国、日本等发达国家学习国际金融业务。鼓励各级党校、行政学院、干部学院开设国际金融业务培训课程。

完善国际金融人才使用机制。建立健全主体清晰、程序科学、责任明确的人才选派和任用制度，建立有利于创新人才和创新成果形成的创新岗位和创新机制。

建立服务"走出去"金融智库工作机制。从国内知名金融机构、科研院所、高等院校聘请经济学家、金融专家作为服务"走出去"金融智囊，为实施人民币走出去战略提供智力支撑。

第四节　加强金融监管国际协调

借鉴国际金融监管经验，结合中国国情，推进人民币走出去适宜采取政府引导和市场驱动相结合的模式。坚持以市场驱动推动人民币走出去，但也要发挥好政府的引导作用，加强金融监管国际协调合作，以防范金融风险。

一、完善跨区域金融监管协调机制

实施人民币走出去战略，需要完善的跨区域监管协调机制。通过加强中国与中国东南周边国家监管机构之间的沟通和协调，促使各国的监管机构在监管政策和措施上保持协调一致，使中国与中国东南周边国家的监管合作机制有效运转。

（一）加强人民币跨境流动的监测管理

由于中国的边境线长，对非法资金流动的监管面临许多困难。如果不对非法资金流动加强监管，必然会影响到中国的正常贸易秩序和金融安全。由于中国的资本项目还没有完全开放，非法资金往往通过经常项目出入境进行洗钱、赌博等违法活动。要维护正常的贸易秩序和金融安全稳定，必须加强对非法资金流动的监测。可以从两方面着手加强监管。一是建立人民币出入境监测网络系统。通过设立银行和海关统一的网络监测系统，从资金流和货物流两方面进行匹配监测。货物进出入海关时，海关监管部门应依法对货物的价值和有关报关数据进行审核，将货物流信息输入网络监测系统。银行根据收付款情况，并结合应收账款和应付账款的账面数据变动情况提供实时资金流信息。监测系统对货物流信息和资金流信息进行比对匹配，及时将异常信息反馈给相关执法部门，并发出信息预警。二是建立大额人民币跨境流动跟踪核查系统。银行将人民币的跨境汇款从大额支付系统中分离出来作挂账处理，待核实确认之后再作入账处理，以确保大额人民币跨境流动信息的真实性和准确性，预防不法分子利用贸易途径进行非法活动。通过建立大额人民币跨境流动的实时和事后跟踪的全面监管系统，并提供相应的贸易结算便利化措施，不仅可以提高人民币跨境贸易结算的效率，而且更好地促进金融机构人民币业务的健康有序运行。

人民币跨境资金不仅通过经常项目流动，而且可以通过资本项目流动。因此，需要加强资本项目的监督管理。首先，应明确短期企业外债资金入境后的滞留期限。要明确外债资金在境内的投资方向和运营情况，明确规定每笔资金在境内停留的最长期限，以抑制短期投机行为的发生。其次，加强境外资金流入境内房地产行业的监控。对境外资金购买境内房地产的资金流向要进行跟踪监控，对其是否属于房地产炒作进行甄别。同时，要建立外资流动与房地产行情波动的信息预警系统，并建立一套科学的预测风险评估体系，对风险等级较高的资金项目应重点监管，以确保境内房地产市场的稳定发展。第三，加强境外资金对境内证券市场影响的监控。对境外资本进入境内证券市场的监管，需要完善涉外证券监管的法律体系，并明确相关法律主体的行为规范与法律责任。同时，应加强银行资金违规流入股市的监控。在人民币业务不断扩大的情况下，要防止境外资本和借贷资本违规流入股市。要加强外资参股境内基金管理公司的监管，提高对参股基金公司的外资资质审核，并确保境外资金在境内的规范运行。

（二）加强跨区域金融监管协调合作

中国中央银行应在参与东盟和中日韩（简称"10+3"）区域监管合作机制的基础上，积极推动中国与中国东南周边国家在监管透明度和政策协调方面的合作。监管机构应积极促进中国与中国东南周边国家签署双边合作谅解备忘录，通过构建双边监管合作机制，进一步完善跨区域监管协调机制。中国还应积极发挥在亚洲基础设施投资银行等机构的主导作用，积极推进信息共建共享与互联互通，并利用信息共享平台建立重点区域或重点项目的征信体系，为构建跨区域监管协调合作机制提供信息支撑。

二、完善跨区域金融风险预警机制

实施人民币走出去战略，需要完善跨区域金融风险预警机制。通过对区域内各类金融风险的分析、监测和预警，以尽早发现潜在的金融风险，并通过加强相互沟通和政策协调，及时排除潜在风险，维护区域金融稳定。

中国应积极发挥在多边机构中的作用，通过强化制度安排和技术保证等措施，来完善和维护跨区域金融风险预警机制。在加强沟通协调的情况下，不断参与跨区域风险预警机制的构建，并对信用风险、汇率风险和流动性风险的风险等级进行合理划分，并结合区域内国家的金融风险评价体系，构建包括微观审慎指标和宏观审慎指标在内的金融预警指标体系，并为跨区域金融监管合作机制的构建提供技术支撑。

三、完善跨区域金融危机救助机制

实施人民币走出去战略，需要完善跨区域金融危机救助机制。要维护中国与中国东南周边国家的跨区域金融监管合作机制的长期稳定运行，建立起跨区域金融危机救助机制是非常必要的。利用高效的制度安排迅速协调各方行动，不仅能最大限度地减轻相关国家和投资机构损失，而且能有效减缓跨区域金融危机的蔓延。

中国应积极发挥在跨区域金融监管合作机制构建中的主导作用，不断完善与中国东南周边国家的货币互换机制。同时要加强与国际救助机构的合作，共同制定应对危机的联动机制，并强化各国在救助过程中的协调合作。通过构筑金融风险防火墙，以避免金融风险的溢出和金融危机的扩散，为跨区域金融监管合作机制的构建提供制度支撑。

四、完善跨区域金融机构市场退出机制

实施人民币走出去战略，需要完善跨区域金融机构市场退出机制。中国应积极发挥在与中国东南周边国家跨区域金融监管合作机制构建中的主导作用，在与中国东南周边国家的金融监管合作过程中，要及早发现潜在风险较高的金融机构，并联合相关国家督促其进行内部整顿或开展相关救助。对于没有达到监管标准以及违反相关法律法规的金融机构，可强制其实施市场退出。同时，中国应联合中国东南周边国家的金融监管机构，进一步建立健全最后贷款人制度和存款保险制度，以有效避免金融机构退出市场后债权债务关系在更大范围内遭受损失。

第五节　增强综合国力

根据主要发达国家货币国际化的经验，一国货币成为关键货币，综合国力是一个重要影响因素。从中国与中国东南周边国家的综合国力对比来看，无论是规模，还是影响力，中国都比中国东南周边国家要强。但与主要发达国家的对比来看，仍有较大的差距。要推动人民币走出去，增强人民币在中

国东南周边国家影响力，需进一步提升综合国力。

一、提升中国综合国力对中国东南周边国家的影响力

从中国与中国东南周边国家的经济实力对比来看，中国东南周边国家中的新加坡、文莱的人均收入属于较高收入国家。2017年，按当时美元汇价计算，新加坡的国内生产总值239亿美元，人均国内生产总值57714美元，人均国民收入54530美元；文莱国内生产总值121亿美元，人均国内生产总值28291美元，人均国民收入29600美元。老挝、缅甸、柬埔寨、越南属于中低收入国家。2017年，按当时美元汇价计算，老挝的国内生产总值169亿美元，人均国内生产总值2457美元，人均国民收入2270美元；柬埔寨国内生产总值222亿美元，人均国内生产总值1384美元，人均国民收入1230美元；缅甸国内生产总值693亿美元，人均国内生产总值1299美元，人均国民收入1190美元；越南国内生产总值2239亿美元，人均国内生产总值2343美元，人均国民收入2170美元。中国和泰国属于中等偏上收入国家。2017年，按当时美元汇价计算，中国国内生产总值122377亿美元，人均国内生产总值8827美元，人均国民收入8690美元；泰国国内生产总值4552亿美元，人均国内生产总值6594美元，人均国民收入5960美元。

从中国、美国、日本在中国东南周边国家的投资对比来看，可以看出美日对中国东南周边国家的影响力还是比较大的。（见表8-1）。从表8-1的有关数据可以看出，2004—2015年，中国对中国东南周边国家的直接投资主要流向了新加坡、印度尼西亚、缅甸、泰国、柬埔寨等国家。其中，流向新加坡的直接投资就达289.54亿美元，占中国该时期对中国东南周边国家直接投资额的58.06%，而且这一趋势呈逐渐强化的态势。从2010—2015年的数据来看，中国向新加坡累计直接投资就达247.91亿美元，占该时期中国对中国东南周边国家直接投资的61.38%。然而，除了新加坡、文莱和马来西亚外，中国在印度尼西亚、缅甸、泰国、越南和柬埔寨的直接投资相对比较

均匀。而美国对中国东南周边国家的直接投资的80%流向了新加坡、泰国和菲律宾。其中，新加坡一国就吸收了631.27亿美元，占到美国向中国东南周边国家直接投资总额的62.25%。可见，中国和美国对中国东南周边国家的直接投资的国别分布都较为相似，都流向了新加坡、泰国、越南和印度尼西亚等国家。二者的区别是，除了这些国家外，中国对柬埔寨、老挝和缅甸的投资相对较多。而美国对菲律宾和马来西亚的投资相对较多。但是，近年来美国企业开始向缅甸、柬埔寨和老挝等国家投资。日本在该地区的投资分布比较活跃，而且相对较为均衡，主要流向印度尼西亚、泰国、马来西亚、新加坡、越南和菲律宾等国家，尤其是对印度尼西亚和泰国的投资与这两个国家大力发展汽车产业，积极吸引日本汽车制造业的直接投资相关。与美国较为类似，日本在文莱、柬埔寨、老挝和缅甸的投资比例都非常小。近年来，日本企业也开始向这些国家的制造业与基础设施等领域进行扩张。

表 8-1　中美日对中国东南周边国家的直接投资国别分布（2004—2015年）[①]

单位：亿美元

		新加坡	马来西亚	菲律宾	缅甸	柬埔寨	老挝	印度尼西亚	文莱	越南	泰国
中国	金额	289.54	6.54	0.98	47.70	26.58	16.93	46.08	0.25	28.62	35.48
	比例	58.06	1.31	0.19	9.56	5.33	3.39	9.24	0.05	5.73	7.12
美国	金额	631.27	72.81	74.43	1.03	2.95	0.13	59.18	0.99	64.53	96.82
	比例	62.25	7.18	7.34	0.10	0.29	0.01	5.84	0.09	6.36	9.55
日本	金额	231.82	174.95	35.88	2.03	3.05	1.41	394.72	5.68	124.48	372.53
	比例	17.28	13.04	2.67	0.15	0.23	0.1	29.41	0.42	9.28	27.76

再从中美日对中国东南周边国家直接投资的产业结构来看，根据东盟官

① 宋泽楠：《"一带一路"背景下中国向东盟的投资战略：基于中美日的比较视角》，《广西财经学院学报》2018年第1期，第55页。

方网站公布的统计数据分析，2012—2015 年，中美日对中国东南周边国家的八大产业的直接投资分别为 269 亿美元、539.63 亿美元和 700.17 亿美元。从这些数据来看，中国对中国东南周边国家的直接投资明显落后于美国和日本。（见表 8-2）。

表 8-2　中美日对中国东南周边国家直接投资的八大产业对比（2012—2015 年）①

单位：亿美元

中国		美国		日本	
行业	金额	行业	金额	行业	金额
房地产业	73.97	金融与保险业	278.10	制造业	320.16
金融与保险业	61.28	汽车与摩托车维修业	74.47	金融与保险业	213.77
交通运输/仓储	28.24	其他	70.26	汽车与摩托车维修业	83.60
制造业	27.98	制造业	32.92	其他	39.84
其他	23.62	未列明行业	27.38	采矿业	15.57
采矿业	22.31	科学研究与技术服务业	26.02	房地产业	15.55
汽车与摩托车维修业	21.28	房地产业	17.87	信息与信息传输业	6.37
电力/燃气/热力供应业	10.32	采矿业	12.61	科学研究与技术服务业	5.31

从表 8-2 可以看出，2012—2015 年间，中美日对中国东南周边国家的直接投资在产业结构上的差异，集中体现在中国对中国东南周边国家的直接投资有将近一半流向了房地产、金融与保险业，美国主要流向了金融与保险业，日本则主要以制造业为主。从中美日对中国东南周边国家的直接投资占全球投资比例来看，以 2004—2015 年的投资占比来看，也明显落后于日本，比美国强一些。（见表 8-3）。

———

① 宋泽楠：《"一带一路"背景下中国向东盟的投资战略：基于中美日比较视角》，《广西财经学院学报》2018 年第 1 期，第 54 页。

表8-3　中美日对中国东南周边国家的直接投资占全球投资比例（2004—2015 年）①

单位：（%）

年度		2004	2005	2006	2007	2008	2009	2010	2011	2012	2013	2014	2015	总计
中国	占比（%）	21.53	1.23	11.10	8.04	1.69	3.48	5.88	10.52	6.51	6.28	7.20	6.47	6.52
	增速（%）东南周边国家	19.31（2004—2015 年）						1.23（2011—2015 年）						
	全球	33.08（2004—2015 年）						14.08（2011—2015 年）						
日本	占比（%）	20.14	15.09	20.20	11.96	3.35	5.25	19.85	8.17	17.30	16.03	11.78	13.65	12.56
	增速（%）东南周边国家	9.87（2004—2015 年）						18.89（2011—2015 年）						
	全球	13.82（2004—2015 年）						4.56（2011—2015 年）						
美国	占比（%）	1.68	29.75	1.81	2.75	1.01	1.81	4.42	2.36	4.5	1.60	4.44	4.55	2.95
	增速（%）东南周边国家	9.59（2004—2015 年）						9.84（2011—2015 年）						
	全球	0.15（2004—2015 年）						−6.75（2011—2015 年）						

从上述数据来看，中国对中国东南周边国家的影响力与日本、美国等国相比，还有一定差距。因此，要进一步增强综合国力，不断提高对中国东南周边国家的影响力。

二、提升中国周边省区综合实力对中国东南周边国家的影响力

广东是中国改革开放的排头兵，经济体量大，经济实力强，正在与港澳共同建设粤港澳大湾区。广东也是我国第二批获准建设自由贸易试验区的省份，具有政策上的优势，与中国东南周边国家具有较好的合作基础，合作前景广阔，一大批产业向中国东南周边国家转移，对中国东南周边国家的经济发展影响巨大。

海南是中国最大的经济特区，又是全岛建设自由贸易试验区的省份，并

① 宋泽楠：《"一带一路"背景下中国向东盟的投资战略：基于中美日比较视角》，《广西财经学院学报》2018 年第 1 期，第 53 页。

获准探索建设中国特色自由贸易港，有着制度创新的优势，虽然体量小，但发展前景广阔，对中国东南周边国家具有重要的影响力。

广西作为毗邻地区，具有许多制度创新和政策优势，由于各方面的原因，经济发展水平总体不高，与中国东南周边国家产业结构具有一定相似性。但是，广西在与中国东南周边国家的合作中已经积累了一定的经验，具有较好的合作基础和条件。因此，需要进一步深化改革，扩大开放，不断推进制度创新，提升开放平台功能服务能力，深化跨境经济合作，促进投资贸易自由化便利化，进一步做大经济规模，提升经济发展质量，增强对中国东南周边国家的吸附力和影响力。近年来，广西在走出去方面，取得了较大的突破，一大批企业主动走出去，到中国东南周边国家投资兴业，并产生了较好的影响。

云南作为陆上毗邻地区，与越南、老挝、缅甸接壤，在大湄公河次区域合作和澜湄合作机制中发挥了重要作用。但是，云南与广西相似，经济体量小，对中国东南周边国家的影响力不够大。

因此，应进一步加大对周边省区的支持力度，促进周边省区加快发展，进一步增强综合实力，提高对中国东南周边国家的影响力和吸附力。

第六节　营造和谐的国际合作环境

推动人民币走出去，需要营造一个和谐的周边国际合作环境。近年来，中国与中国东南周边国家合作呈现出良好的发展态势。也面临一些不确定性因素的影响。需要继续创造有利条件，营造和谐的国际合作环境。

一、营造和谐的国际合作政治环境

近年来，随着中国与中国东南周边国家贸易依存度的不断提高，中国与中国东南周边国家的政治合作不断得到深化。在中国与中国东南周边国家进出口额排名中，马来西亚、越南、新加坡、泰国等国与中国的贸易依存度都较高，说明开放平台发挥了重要作用，应进一步提升开放平台的功能作用，为营造和谐的国际合作政治环境创造有利条件。

（一）发挥中国—东盟金融合作与发展领袖论坛的促进作用

中国—东盟金融合作与发展领袖论坛，是中国和东盟各国开展金融合作、共谋金融发展的重要平台。中国—东盟金融合作与发展领袖论坛举办以来，得到中国和东盟各国金融界和企业家的支持，为中国和东盟各国的经贸交流合作作出了重要贡献。截至 2020 年，中国—东盟金融合作与发展领袖论坛已经举办了 12 届。通过举办中国—东盟金融合作与发展领袖论坛，加强了中国与中国东南周边国家中央银行、商业银行的合作交流，增进了合作共识，促进了银行间的合作，取得了实实在在的合作成果。中国—东盟金融合作与发展领袖论坛已经发展成为具有独立工作体系和工作议题的多边金融交流合作的重要平台。应进一步创新合作机制，加强沟通和交流，达成更多合作协议，促进金融合作向纵深方向发展。特别是随着 RCEP 的签署，中国与东盟的金融合作交流将进一步得到深化，更好地发挥面向东盟的金融开放门户的作用，推动跨境金融创新，为人民币走出去创造更加有利条件。

（二）发挥泛北部湾经济合作论坛的促进作用

泛北部湾经济合作论坛是以促进泛北部湾区域合作发展为目的的合作机制，旨在搭建一个长期性的开放式的研究、交流和沟通平台，成为各国政府官员、学者、企业精英相互交流、共同展望、制定规划、推进合作的重要平台。参与泛北部湾经济合作的国家主要有中国、新加坡、马来西亚、印度尼西亚、菲律宾、文莱、越南、泰国、柬埔寨等国家。截至 2020 年，泛北部湾经济合作论坛已经举办了 11 届。目前，泛北部湾经济合作论坛已经成为中国与中国东南周边沿海国家的重要合作交流平台。通过泛北部湾经济合作论坛，在促进基础设施建设、金融合作、人员往来交流等方面发挥了重要的促进作用，应继续发挥好这一机制作用，促进金融领域的交流合作不断深化发展，促进资金融通，解决泛北部湾经济合作的金融支持问题，为更好地推动人民币走出去创造更加有利的合作环境。

（三）发挥澜沧江—湄公河合作机制的促进作用

澜沧江—湄公河合作机制（以下简称"澜湄合作机制"）是 2014 年 11 月，国务院总理李克强在第 17 次中国东盟领导人会议上提出建立的合作机制，参与的成员国包括中国、柬埔寨、泰国、缅甸、老挝和越南。2015 年，澜湄合作机制正式建立。2016 年，全面启动澜湄合作机制。2018 年，澜湄合作从培育期迈向成长期。在互联互通、产能、跨境经济、水资源、农业和减贫领域开展合作，澜湄合作机制具有更加注重接地气、更加注重行动力、更加注重全面性、更加注重包容性等特点。澜湄合作机制为基础设施、物流、农业、生态等领域的合作深化打下了坚实的基础，应进一步加强合作，促进金融合作不断深化，解决好澜湄合作的资金融通问题，从而有利于更好地促进人民币的跨境使用，推动人民币走出去。

（四）发挥中国—东盟商务与投资峰会的促进作用

截至 2020 年，中国—东盟商务与投资峰会已举办了 17 届，取得了显著的成效，为推进中国与中国东南周边国家的商务与投资合作夯实了基础。随着中国—东盟商务与投资峰会的举办，使中国与中国东南周边国家的合作不断深化，合作空间不断拓展，对加强金融合作的意愿日益增强。因此，应进一步发挥好中国—东盟商务与投资峰会的功能作用，为深化金融领域的合作创造更加和谐合作环境。

（五）发挥中国—东盟博览会的促进作用

截至 2020 年，中国—东盟博览会已经举办了 17 届，在服务中国周边外交、中国—东盟自由贸易区建设、促进国际国内开放合作新格局形成等方面发挥了重要的促进作用，对于营造有利的中国—东盟国际合作政治环境具有重要的意义。应坚持常办常新的办会办展机制，不断创新办会办展模式，不断延伸展会价值链，增强展会吸引力。

二、营造和谐的国际合作社会环境

根据世界银行发布的《2017 年营商环境报告》，中国东南周边国家的营商环境，除了新加坡排在第 2 位之外，其他国家的营商环境排名总体靠后。马来西亚排在第 23 位，泰国排在第 46 位，文莱排在第 72 位，越南排在第 82 位，印度尼西亚排在第 91 位，菲律宾排在第 99 位，柬埔寨排在第 131 位，老挝排在第 139 位，缅甸排在第 170 位。可见，中国东南周边国家的营商环境有待改善。

中国东南周边国家的政治制度、经济制度、社会制度、法律制度等都有较大的差异性，发展水平也参差不齐。加强营商环境建设，营造和谐的社会环境，是推进中国与中国东南周边国家金融合作的重要保障。其中，信用环境建设最为重要。要做好这方面的工作，需要从政府和企业两个层面来推进。从政府层面来说，各国政府要发挥好引导作用，加强政府间合作，增进合作共识，商谈有关合作协议，营造诚信的营商环境。从企业层面来说，要增强合作的透明度，讲究合作信誉，减少负面影响。

三、营造和谐的国际合作经济环境

（一）加强金融风险防控合作

中国东南周边国家金融发展水平不一，应对风险的能力有限。无论是应对 1998 年的东南亚金融危机，还是应对 2008 年的全球金融危机，都可见一斑。由于中国的及时出手相助，使中国东南周边国家顺利度过了金融危机，实现经济复苏。因此，增强风险防控意识，加强金融风险防控合作，应是各国政府要解决的问题。推动人民币走出去，增强货币锚的作用，是有效应对风险的最佳举措。

对于中国与中国东南周边国家的经济合作来讲，最重要的是如何防范金融危机的再次发生。从全球范围来讲，要推进国际货币体系改革，建立合作机制约束资本的过度流入或流出，以减少危机的传染性效应，从区域范围内来讲，在未来中国—东盟自由贸易区内建立某种区域性防范和化解金融危机的机制，以作为国际货币基金组织的重要补充。这种区域性防范机制应共同承担区域最后贷款人的责任。1998 年的东南亚金融危机其实是一场流动性不足导致的金融危机。由于缺乏最后贷款人及时有效地注入流动性，最后导致了连锁性的亚洲货币危机发生。如果在中国—东盟自由贸易区内建立区域的最后贷款人，可以更有效更及时地提供援助。中国东南周边国家在制定适当的解决方案上具有比较优势。中国东南周边国家应阻止国际投机者利用本地货币市场对第三国或地区发动攻击，要阻止短期资本的异常流动。中国东南周边国家的资本输出国应加强对本国资本流出进行监督，以抑制本国资本对外国的过度流出。中国与中国东南周边国家之间要联合建立统一的清算系统以减少结算风险。各国政府应合作加强风险管理，各国中央银行要采取金融工具组合为应对投机冲击提供技术支持。

（二）加强经济政策协调

加强中国与中国东南周边国家的经济政策协调，是区域金融合作的重要前提。由于国家之间存在经济政策的外部性，一个国家采取的经济政策行为会影响到其他国家。因此，加强宏观经济政策协调就显得十分必要。随着中国东南周边国家经济一体化进程的不断加快，以及中国与中国东南周边国家经济存在的高度依赖性，经济政策的有效性和可信性与其他国家可能做出的反应就密切相关，一个国家政府的政策制定必须充分分析其他国家的战略选择。在存在经济高度依赖的情况下，不合作的成本会越来越高，而合作会给双方带来共同利益。因此，中国与中国东南周边国家相互之间需要增加本国经济政策的透明度，并定期协调相互之间的宏观经济政策。中国与中国东南周边国家应该对各自的发展战略和产业政策进行磋商，建立区域内的国际分工体系，这样可以防止过度竞争和资源浪费，保证各国进出口的可持续性和经常账户的平衡。中国与中国东南周边国家应定期研究和交流宏观经济运行状况，并根据各国的宏观经济运行状况协调彼此的宏观经济政策，共同促进区域经济一体化发展。除此之外，各国还应该在金融监管和早期预警性等问题上加强合作。

（三）建立联动汇率机制

加强中国与中国东南周边国家的汇率协调有着极为重要的意义。中国东南周边国家长期经受着汇率不稳定的困扰。1998 年的东南亚金融危机就是一个例证。日元对美元汇率的不稳定对中国东南周边国家带来的损害很大。日元兑美元汇率的频繁波动，以及长期以来中国东南周边国家实行盯住美元的汇率制度，在世界经济形势恶化的情况下，就很容易诱发连锁性的竞争性货币贬值。竞争性的货币贬值容易引发区域内各国的经济动荡。固定汇率易受投机冲击，如果措施应对不当，会比浮动汇率带来更大的不稳定性。由于中国东南周边国家经济结构缺乏灵活性，因此更需要稳定的货币。为实现货币的稳定性，中国与中国东南周边国家应该建立一个类似欧洲货币体系的固定汇率区，形成联动汇率机制，将有利于维护区域金融稳定，促进区域经济健康发展。

（四）共同维护金融安全

深化金融安全合作，是中国与中国东南周边国家的共同责任。随着中国—东盟自由贸易区升级发展，金融安全合作应成为中国—东盟自由贸易区升级发展的重要议题。中国与中国东南周边国家整体参与了自由贸易区建设，并从中得到了好处，促进了地区经济发展。建立单一货币区也是维护区域金融安全的重要保证，应是中国与中国东南周边国家金融合作努力的大方向。建立单一货币区，不仅可以减少交易成本，促进生产要素的自由流动，可以更好地实现资源优化配置，也有利于防范金融风险，还可以给各国带来潜在的政治收益，增加各国在国际事务中的话语权。

本 章 小 结

推进人民币走出去战略，需要采取切实有力的保障措施。首先要完善汇率利率机制。在中国与中国东南周边国家现有汇率机制的基础上，推动建立中国与中国东南周边国家的一体化汇率机制；以面向东盟的金融开放门户平台建设为契机，持续推进利率市场化改革，探索建立与中国东南周边国家一体化的利率机制。其次要完善金融市场体系。加快完善人民币离岸金融市场、人民币结算清算服务系统和推进债券市场合作发展。第三要完善金融体制机制。加快完善跨境贸易人民币结算制度、跨境人民币投资制度、跨境人民币融资制度、跨境人民币使用制度、外汇管理制度、跨境金融合作制度、沿边金融合作制度、金融主体合作制度和金融人才制度。第四要加强金融监管国际协调。加快完善跨区域金融监管协调机制、跨区域金融危机救助机制、跨区域金融风险预警机制和跨区域金融机构退出机制。第五要增强综合国力。一是提升中国综合国力对中国东南周边国家的综合影响力；二是提升中国周边省区对中国东南周边国家的综合影响力。第六要营造和谐的国际合作环境。一是要营造和谐的国际合作政治环境；二是要营造和谐的国际合作社会环境；三是要营造和谐的国际合作经济环境。

参 考 文 献

一、中文资料

（一）相关著作

1. 唐文琳、范祚军等：《区域合作与金融支撑—以泛北部湾区域经济合作为例》，人民出版社 2011 年版。

2. 李健、黄志刚、董兵兵等：《东盟十国金融发展中的结构特征》，中国社会科学出版社 2017 年版。

3. 蒙代尔、向松祚：《汇率与最优货币区——蒙代尔经济学文集》第 5 卷，中国金融出版社 2003 年版。

4. 国务院发展研究中心课题组：《人民币区域化条件与路径》，中国发展出版社 2011 年版。

5. 范祚军、唐文琳：《人民币国际化的条件约束与突破》，人民出版社 2012 年版。

6. 霍颖励：《人民币走向国际化》，中国金融出版社 2018 年版。

7. 傅冰：《货币国际化进程中的金融风险与对策》，冶金工业出版社 2013 年版。

8. 张岸元、李世刚：《人民币国际化的中国路径》，人民出版社 2017 年版。

9. 包月阳主编：《中国智库》，中国发展出版社 2013 年版。

10. 中国人民大学货币研究所：《人民币国际化报告（2015）——"一带一路"建设中的货币战略》，中国人民大学出版社 2015 年版。

11. 王文、贾晋京：《人民币为什么行》，中信出版集团 2016 年版。

12. 董志龙：《人民币的崛起》，当代世界出版社 2011 年版。

13. 伍聪：《人民币崛起》，北京联合出版公司 2016 年版。

14. 崔瑜：《广西沿边金融综合改革实践与探索》，广西人民出版社 2018 年版。

15. 温建东、麦延厚：《人民币国际化与中国外汇市场》，经济科学出版社 2011 年版。

16. 梁龙斌：《东亚货币一体化的经济基础扩展性研究》，社会科学文献出版社 2013 年版。

17. 徐忠：《区域金融改革探索与实践》，中国金融出版社 2018 年版。

18. 中国人民大学国际货币研究所：《人民币国际化报告（2012）》，中国人民大学出版社 2012 年版。

19. 欧伟伦、马国南、罗祥国：《人民币的崛起》，李巍、苏晗译，格致出版社、上海人民出版社 2016 年版。

20. 陈元、钱颖一：《"一带一路"金融大战略》，中信出版集团 2016 年版。

21. 刘兴华：《东盟汇率安排研究》，经济管理出版社 2011 年版。

22. 成思危：《人民币国际化之路》，中信出版社 2014 年版。

23. 黄志勇、邝中、谭春枝：《通向命运共同体之路——筹建亚洲基础设施投资银行率先在中国—东盟区域取得突破》，广西人民出版社 2013 年版。

24. 唐浩：《人民国际化演化与实现路径》，科学出版社 2012 年版。

25. 庞中英：《亚投行：全球治理的中国智慧》，人民出版社 2016 年版。

26. 靳玉英：《国际金融发展报告（2016）》，上海财经大学出版社 2016 年版。

27. 孙天琦：《外汇管理体制改革与创新》，中国金融出版社 2018 年版。

28. 潘英丽、肖耿：《人民币变局与国际化路径》，中信出版集团 2017 年版。

29. 汤炳辉：《东亚货币合作与人民币区域化问题研究》，暨南大学出版社 2003 年版。

30. 姜波克：《人民币自由兑换论》，立信会计出版社 1994 年版。

31. 姜波克：《货币替代研究》，复旦大学出版社 1999 年版。

32. 曾智琳：《人民币国际化问题研究》，湖南大学出版社 2005 年版。

33. 邱兆祥等：《人民币区域化问题研究》，光明日报出版社 2009 年版。

34. 陈辉：《人民币区域化在东南亚地区的实证分析》，昆明理工大学出版社 2008 年版。

35. 王丰：《人民币国际化的条件与路径选择分析》，四川大学出版社 2006 年版。

36. 吴念鲁、陈全庚：《人民币汇率研究》，中国金融出版社 2002 年版。

37. 姜波克：《人民币自由兑换和资本管制》，复旦大学出版社 1999 年版。

38. 鲁世巍：《美元霸权与国际货币格局》，中国经济出版社 2006 年版。

39. 梁淑红：《马来西亚投资环境分析报告》，广西师范大学出版社 2004 年版。

40. 申韬、薛青：《菲律宾投资环境分析》，广西师范大学出版社 2014 年版。

41. 高洁：《人民币国际化——基于人民币周边流通状况分析》，厦门大学出版社 2007 年版。

42. 张霞：《东亚货币合作主导货币选择与人民币的国际化》，吉林大学出版社 2009 年版。

43. 王雅范、管涛、温建东：《走向人民币可兑换：中国渐进主义的实践》，经济科学出版社 2002 年版。

44. 丁剑平、赵晓菊等：《"走出去"中的人民币国际化》，中国金融出版社 2014 年版。

（二）年鉴

1. 国家统计局国际统计信息中心、广西统计局、国家统计局广西调查总队：《中国—东盟统计年鉴（2018）》，中国统计出版社 2018 年版。

2. 中国金融学会：《中国金融年鉴（2018）》，中国金融年鉴杂志社有限公司 2019 年版。

3. 陈立生、洪波主编：《中国—东盟年鉴（2018）》，线装书局 2018 年版。

（三）参考论文

1. 徐光远、常志有、孙明浩：《中国—东盟五国金融脆弱性问题及治理对策》，《思想战线》2010年第4期。

2. 许林、邱梦圆：《东南亚证券投资基金的发展及对我国的启示——以新加坡、泰国、马来西亚为例》，《金融发展研究》2015年第8期。

3. 李坚：《大湄公河次区域各国金融业概况》，《时代金融》2010年第10期。

4. 胡列曲、孙兰、丁文丽：《大湄公河次区域国家经济金融一体化实证研究》，《亚太经济》2011年第5期。

5. 郑磊：《中国对东盟直接投资研究》，东北财经大学，硕士学位论文，2011年。

6. 汪巍：《亚洲金融合作方式的新探索》，《新金融》2011年第3期。

7. 孟昭坤：《东盟四国小额信贷发展研究》，厦门大学，硕士学位论文，2008年。

8. 王晓静：《新加坡离岸金融市场发展状况及启示》，《价格月刊》2007年第4期。

9. 深町郁弥、坂田真纪：《新加坡国际金融市场的结构与发展》，《南洋资料译丛》2000年第1期。

10. 刘联民：《对新加坡金融体系的考察与思考》，《中国城市金融》1998年第3期。

11. 刘政：《新加坡银行业管理经验及启示》，《辽宁教育学院学报》2014年第2期。

12. 王国刚：《新加坡金融的特点、走势及启示》，《农村金融研究》2000年第4期。

13. 杨新兰：《新加坡金融发展与金融治理的经验借鉴》，《新金融》2015年第11期。

14. 宁智平：《新加坡金融体系的特点与货币政策的演变》，《东南亚纵横》1992年第1期。

15. 桂花：《新加坡的金融体制转型与对中国的启示》，《生产力研究》2008年第

13 期。

16. 成丽英：《新加坡保险市场——加快构建中的亚洲保险枢纽》，载《中国保险学会第二届学术年会入选论文集（理论卷 2）》，中国保险学会，2010 年。

17，陈建达：《新加坡外汇储备管理模式研究及其借鉴——简论东南亚五国外汇储备管理状况》，厦门大学，硕士学位论文，2009 年。

18. 张晓辉、张威：《借鉴新加坡经验推进我国利率市场化进程》，《吉林财税》2003 年第 9 期。

19. 易华、刘俊华：《银行业的对外开放与监管——以新加坡为例》，《中国金融》2007 年第 21 期。

20. 祁晓霞、唐海龙：《新加坡金融市场和金融机构》，《河南金融管理干部学院学报》2000 年第 4 期。

21. 陈敏娟、廖东声：《国际金融危机后新加坡金融监管体制改革及对东盟其他国家的启示》，《东南亚纵横》2014 年第 8 期。

22. 黄瑛：《文莱金融初探》，《南洋问题研究》1989 年第 2 期。

23. 邓珊：《马来西亚纳敏（LABUAN）离岸金融中心法律制度初探》，《广西政法管理干部学院学报》2009 年第 4 期。

24. 张志文：《马来西亚金融发展与经济增长：债券市场的视角》，《国际金融研究》2007 年第 2 期。

25. 曹庆锋：《马来西亚伊斯兰金融体系初探》，《中国穆斯林》2015 年第 4 期。

26. 赵洪：《马来西亚的政治金融及其对金融改革的影响》，《当代亚太》2003 年第 5 期。

27. 薛毅：《马来西亚的金融改革及其成效》，《南洋问题研究》2005 年第 3 期。

28. 赵洪：《马来西亚的金融体系与货币政策》，《亚太经济》1995 年第 3 期。

29. 张秋：《浅析马来西亚债券市场》，《亚太经济》2002 年第 5 期。

30. 王若羽：《印尼人民银行小额贷款业务的经验及对我国的启示》，《西部金融》2011 年第 7 期。

31. 龟山卓二：《印尼银行部门的现状与展望》，《南洋资料译丛》1990 年第 2 期。

32. 艾洪德：《印度尼西亚货币市场的研究》，《求是学刊》2001 年第 4 期。

33. 吴崇伯：《印尼银行业改革、重组的最新进展与变化趋势分析》，《东南亚研究》2009 年第 2 期。

34. 王海全、毕家新、谢进：《印度尼西亚汇率制度变迁研究》，《区域金融研究》2009 年第 12 期。

35. 谭春枝、金磊：《中国与印度尼西亚商业银行比较研究》，《广西大学学报（哲学社会科学版）》2014 年第 1 期。

36. 周波涛：《菲律宾债券市场的现状、问题与发展趋势》，《东南亚》2004 年第 2 期。

37. 范祚军、刘昕晰、闫鹏：《菲律宾金融供给缺口分析及其缓解路径》，《广西财经学院学报》2011 年第 1 期。

38. 鲁明易：《分业经营和混业经营的选择——基于菲律宾金融混业经营的案例研究》，《国际金融研究》2005 年第 9 期。

39. 梅拉利 . S. 米罗、蔡鸿志：《金融危机后菲律宾银行业的整合、集中与竞争》，《银行家》2007 年第 7 期。

40. 谭莹、王春雪：《存款保险机构的公司治理：菲律宾的经验》，《当代经理人》2006 年第 11 期。

41. 何军明：《菲律宾金融体系改革的进展与趋势》，《石家庄经济学院学报》2008 年第 3 期。

42. 龙易：《菲律宾精英家族政治的历史演进分析》，《南洋问题研究》2013 年第 4 期。

43. 汪铭芳：《鉴于越南金融动荡，警示中国经济安全》，《经济研究导刊》2008 年第 19 期。

44. 吴庆平：《越南金融动荡的成因、发展趋势与启示》，《广西金融研究》2008 年第 8 期。

45. 吴秀波：《越南金融困局的成因及对中国的警示》，《新金融》2008 年第 7 期。

46. 韩继云：《越南金融动荡的成因、不良后果及教训》，《西南金融》2008 年第

10 期。

47. 王东刚、黄燕荣：《越南金融动荡影响广西的路径及效应分析》，《广西金融研究》2008 年第 9 期。

48. 李鸿阶：《近期越南金融危机的评估》，《亚太经济》2008 年第 5 期。

49. 刘佳、刘虹秀：《越南金融危机对中国的启示》，《现代商业》2008 年第 24 期。

50. 林玲：《越南金融动荡的成因和警示》，《管理与财富》2008 年第 9 期。

51. Bahodir Ganiev、王海全（译）：《越南经济金融状况分析及展望》，《创新》2009 年第 3 期。

52. 陈伊涵：《越南金融危机浅析》，《广西大学学报（哲学社会科学版）》2009 年第 4 期。

53. 王皖君：《越南金融动荡及其对我国的启示》，《商业经济》2009 年第 1 期。

54. 谢忠考、林建坤：《越南银行业改革与成效分析》，《东南亚南亚研究》2010 年第 4 期。

55. 潘永、邹初冬：《越南银行业改革：措施、成效、启示》，《区域金融研究》2011 年第 9 期。

56. 罗跃华等：《中越边境地区本外币兑换市场建设的思考》，《区域金融研究》2011 年第 3 期。

57. 陆峰、郭勇：《人民币与越南盾汇率协调机制研究》，《金融与经济》2011 年第 7 期。

58. 阮氏秋河、何安妮：《基于国外经验借鉴的越南证券投资基金业发展策略探讨》，《区域金融研究》2011 年第 12 期。

59. 唐金成、陈黎勇：《越南保险市场发展研究》，《东南亚纵横》2012 年第 10 期。

60. 何曾：《越南银行业改革及启示》，《区域金融研究》2014 年第 2 期。

61. 何碧英、何曾：《人民币与越南盾外汇市场现状思考》，《区域金融研究》2014 年第 7 期。

62. 梁晶晶：《越南资本市场发展探析》，《区域金融研究》2014 年第 8 期。

63. 杨孝萌：《越南金融发展状况与人民币在越南发展成硬通货的展望》，《经济研究导刊》2014 年第 22 期。

64. 潘永、吕建：《越南证券市场发展状况的系统性研究》，《东南亚纵横》2010 年第 8 期。

65. 朱氏乔：《越南国有商业银行竞争力提升研究》，吉林大学，硕士学位论文，2015 年。

66. 邢振：《新兴的越南股票市场研究》，厦门大学，硕士学位论文，2009 年。

67. 阮氏秋河：《越中金融体系比较研究》，广西大学，硕士学位论文，2012 年。

68. 范祚军、夏梦迪：《以区域金融合作缓解越南金融供给缺口的实证分析》，《区域金融研究》2011 年第 2 期。

69. 黄良波：《全球经济放缓背景下推动中越经贸与金融合作的策略》，《东南亚纵横》2008 年第 6 期。

70. 张永起：《"一带一路"背景下中越金融合作的现状、问题与对策》，《对外经贸实务》2019 年第 1 期。

71. 李峰：《亚洲金融危机以来泰国金融部门改革》，《东南亚研究》，2009 年第 3 期。

72. 唐铁强：《亚洲金融危机后泰国债券市场发展观察》，《产经评论》2006 年第 9 期。

73. 张军果：《泰国金融危机的渊源分析》，《中央财经大学学报》1998 年第 6 期。

74. 吴元作：《金融深化过度——泰国金融危机成因探析》，《国际金融研究》1998 年第 2 期。

75. 周桑蓬、李宏庆：《浅谈中泰金融合作动因及制约因素分析》，《时代金融》2016 年第 9 期。

76. 徐新：《中国与泰国金融合作研究》，《中国市场》2016 年第 24 期。

77. 曹素娟：《泰国金融稳定研究》，厦门大学，博士学位论文，2014 年。

78. 于海军：《泰国金融制度改革与变迁研究》，厦门大学，硕士学位论文，2006 年。

79. 李峰：《金融发展、金融结构变迁与经济增长——以泰国为例》，西北大学，硕士学位论文，2010 年。

80. 祝淼：《柬埔寨小额信贷发展探究》，《亚太经济》2011 年第 5 期。

81. 田中秀和：《柬埔寨的经济发展及金融部门现状》，《南洋资料译丛》2008 年第 2 期。

82. 周南成：　《柬埔寨银行业结构优化研究》，广西大学，硕士学位论文，2013 年。

83. 梁国平、黄丽：《老挝企业的融资方式与对策》，《中国高新技术企业》2010 年第 4 期。

84. 郭勇等：《老挝金融改革与发展研究》，《区域金融研究》2011 年第 5 期。

85. 康未来：《谈谈老挝国有商业银行中的农村金融》，《时代经贸》2011 年第 21 期。

86. 拉沙米、文淑惠：《老挝金融发展与经济增长关系研究》，《昆明理工大学学报（社会科学版）》2013 年第 3 期。

87. 赵瑞娟、王新芳：《缅甸的金融发展及其面临的危机》，《东南亚纵横》2004 年第 11 期。

88. 林友慧：《缅甸联邦的金融业》，《国际金融研究》1994 年第 10 期。

89. 李峰：《金融抑制下缅甸金融发展困境与自由化展望》，《东南亚研究》2009 年第 5 期。

90. 周建华、谭映秋：《中缅金融合作现状浅析》，《时代金融》2013 年第 6 期。

91. 周建华：《中缅金融合作研究》，云南师范大学，硕士学位论文，2013 年。

92. 张春清、杨净捷：《人民币在周边国家流通的调查》，《西南金融》2005 年第 8 期。

93. 文坚、何桂耘、王淼：《人民币跨境使用对云南边境地区经济的影响》，《西南金融》2006 年第 3 期。

94. 马咏洪、张永强：《人民币区域地位在跨境流通中提升——西双版纳州边境人民币流通的调查》，《时代金融》2007 年第 7 期。

95. 鲁炳荣：《人民币在周边国家和地区流通现状和原因浅析》，《中国集体经济》

2007 年第 9 期。

96. 雷钧：《人民币境外流通现状及对我国经济的影响分析》，《中国农业银行武汉培训学院学报》2008 年第 1 期。

97. 孙雪峰、龙超：《人民币跨境流通现状及影响》，《时代金融》2012 年第 3 期。

98. 樊永勤：《人民币跨境流通对边境银行业金融安全的影响及相关对策研究——以云南边境为例》，《第十届 WTO 与中国国际学术年会论文集》2011 年。

99. 封大结：《中国周边国家地区流通的人民币国际化问题研究》，广西大学，硕士学位论文，2008 年。

100. 黎世才：《人民币在越南芒街流通状况调查》，《区域金融研究》2012 年第 11 期。

101. 郑艳玲：《中缅贸易急需人民币主沉浮》，《时代金融》2008 年第 7 期。

102. 吴萍、段万春：《中缅边贸货币兑换障碍问题探讨》，《商业研究》2008 年第 1 期。

103. 刘申、李继云：《跨境贸易人民币结算的区域金融效应——以云南为例》，《红河学院学报》2014 年第 4 期。

104. 覃延宁：《人民币在东盟区域化发展的现状及建议》，《南方金融》2004 年第 9 期。

105. 孙磊：《中缅边境"地摊银行"现状、成因及对策分析》，《黑龙江对外经贸》2010 年第 12 期。

106. 孙磊：《瑞丽"地摊银行"调查分析》，《云南财经大学学报》2010 年第 6 期。

107. 唐东宁：《对人民币在周边国家和地区流通的建议》，《中国外汇管理》2002 年第 3 期。

108. 马荣华、饶晓辉：《人民币的境外需求估计》，《经济科学》2006 年第 5 期。

109. 胡俊琨：《人民币跨境流通对红河州边境地区经济的影响对策探析》，西南财经大学，硕士学位论文，2008 年。

110. 邓微子：《人民币境外流通与国际化》，湖南大学，硕士学位论文，2011 年。

111. 于明飞：《跨境流通中人民币流通、存量的动态反馈机制研究——基于云南边境地区人民币流通情况的实证分析》，云南财经大学，硕士学位论文，2011 年。

112. 庞浩然：《人民币跨境流通的问题与对策》，对外经济贸易大学，硕士学位论文，2011 年。

113. 苏飞雨：《基于贸易视角的中越人民币结算研究》，广西大学，硕士学位论文，2010 年。

114. 孙晓娜：《跨境贸易人民币结算研究》，河北大学，硕士学位论文，2011 年。

115. 吴珩：《跨境贸易人民币结算业务发展策略研究》，南昌大学，硕士学位论文，2012 年。

116. 鲁刚：《当前人民币跨境贸易结算的现状与问题探讨》，浙江大学，硕士学位论文，2013 年。

117. 孙润生：《中国跨境贸易人民币结算研究——以中国—东盟自由贸易区为例》，首都经济贸易大学，硕士学位论文，2013 年。

118. 岳意定：《对西方货币替代的理论研究》，《中南工业大学学报》2009 年第 9 期。

119. 李成、匡磊：《开放进程中我国货币替代的理论与实证分析》，《西安交通大学学报》2005 年第 4 期。

120. 严佳佳：《货币替代机制及反货币替代问题研究——兼析人民币货币替代问题及对策建议》，厦门大学，硕士学位论文，2009 年。

121. 张建娟：《我国货币替代影响因素的实证分析——简论人民币区域化》，华东师范大学，硕士学位论文，2009 年。

123. 朱芳：《最优货币区理论：欧元的启示与东亚货币区的设想》，《南方金融》2003 年第 7 期。

124. 苏萍：《最优货币区理论：欧洲的实践与亚洲的前景》，《财经理论与实践》2002 年第 15 期。

125. 韩斌斌：《最优货币区理论与亚元的构想》，《广东商学院学报》2002 年增刊。

126. 李文明：《最优货币区理论与东亚货币区可行性分析》，《北方经济》2006

年第 1 期。

127. 熊洁敏：《最优货币区理论与东亚货币合作的思考》，《东南亚纵横》2005年第 2 期。

128. 程传海：《最优货币区理论研究的发展》，《开放导报》2006 年第 8 期。

129. 朱孟楠、陈森鑫：《最优货币区理论及东亚单一货币区的构想》，《亚太纵横》2001 年第 6 期。

130. 朱莹莹：《最优货币区理论与东亚货币合作》，东北师范大学，硕士学位论文，2009 年。

131. 王世文：《人民币汇率目标区理论构建》，《苏州科技学院学报》2003 年第 2 期。

132. 江秀辉、李伟：《克鲁格曼汇率目标区述评》，《时代经贸》2007 年第 61 期。

133. 姜凌、韩璐：《汇率目标区理论与人民币汇率机制的改革思路》，《经济评论》2003 年第 2 期。

134. 秦江平、叶欣：《汇率目标区理论应用中的几个关键问题》，《上海金融》2005 年第 6 期。

135. 马德功：《汇率目标区理论回顾与展望》，《生产力研究》2003 年第 6 期。

136. 李心丹：《汇率目标区的理论考察》，《世界经济文汇》1998 年第 3 期。

137. 林德：《"汇率目标区"理论及其实践》，《金融管理科学》1995 年第 5 期。

138. 潘冬冬：《"三元悖论"理论对我国汇率政策的启示》，《当代经济》2007 年第 8 期。

139. 王松：《"三元悖论"的再认识》，《商业文化》2007 年第 7 期。

140. 陈雨露：《金融全球化·"三元悖论"·金融中介与市场》，《国际金融研究》2004 年第 1 期。

141. 黄文青：《东亚区域汇率协调问题研究》，湖南大学，硕士学位论文，2006 年。

142. 范祚军、关伟：《基于贸易与货币竞争视角的 CAFTA 人民币区域化策略》，《国际金融研究》2008 年第 10 期。

143. 王旭：《浅析滇缅边境人民币区域化对反洗钱工作的影响——以缅甸果敢冲突为案例》，《时代金融》2010 年第 5 期。

144. 孙海霞：《欧元国际化：历程与启示》，《浙江金融》2011 年第 11 期。

145. 孙海霞：《美元国际化：历程与启示》，《兰州商学院学报》2012 年第 1 期。

146. 游春：《货币国际化的历史经验及启示》，《海南金融》2009 年第 6 期。

147. 黄梅波：《货币国际化及其决定因素》，《厦门大学学报》2001 年第 2 期。

148. 袁宜：《从国际贸易成因探索历程看竞争优势理论》，《国际经贸探索》2002 年第 2 期。

149. 陈雨露、土芳、杨明：《作为国家竞争战略的货币国际化：美元的经验证据》，《经济研究》2005 年第 2 期。

150. 陆前进：《美元霸权和国际货币体系改革——简论人民币国际化问题》，《上海财经大学学报》2010 年第 1 期。

151. 陈虹：《日元国际化之路》，《世界经济与政治》2004 年第 5 期。

152. 李晓：《日元国际化困境及其战略调整》，《世界经济》2005 年第 6 期。

153. 管涛、陈之平：《日元国际化对人民币"走出去"的启示》，《国际金融》2014 年第 8 期。

154. 张国庆、刘骏民：《日元国际化：历史、教训与启示》，《上海金融》2009 年第 8 期。

155. 孙海霞、斯琴图雅：《日元国际化进程和对人民币国际化的启示》，《亚太经济》2010 年第 1 期。

156. 刘琳：《日元国际化的经验教训》，东北财经大学，硕士学位论文，2012 年。

157. 郭华：《东亚货币合作中中日货币竞争力比较》，《金融教学与研究》2006 年第 4 期。

158. 沈国兵：《日元与人民币：区域内货币合作抑或货币竞争》，《财经研究》2004 年第 8 期。

159. 孟思：《人民币国际化的国际经验借鉴》，云南财经大学，硕士学位论文，2011 年。

160. 马芸：《人民币国际化的国际借鉴与路径选择研究》，南京师范大学，硕士学位论文，2010 年。

161. 邱兆祥、粟勤：《货币竞争、货币替代与人民币区域化》，《金融理论与实践》2008 年第 2 期。

162. 叶伟春：《资本账户开放与货币替代》，《生产力研究》2007 年第 4 期。

163. 朱建豪：《东亚汇率竞争性均衡与人民币货币锚效应》，《经济理论与经济管理》2008 年第 4 期。

164. 陈雨露：《东亚货币合作中的货币竞争问题》，《国际金融研究》2003 年第 11 期。

165. 巴曙松、杨现领：《国际货币体系中的美元与欧元之争：文献综述》，《西南金融》2009 年第 4 期。

166. 孙立、王东东：《人民币国际化的约束条件分析》，《当代经济研究》2005 年第 8 期。

167. 赵锡军：《全球金融危机下的人民币国际化：机遇与挑战》，《亚太经济》2009 年第 6 期。

168. 宣文俊：《国际货币体系改革与人民币国际化》，《上海经济研究》2009 年第 12 期。

169. 巴曙松、杨现领：《从金融危机看未来国际货币体系改革》，《当代财经》2009 年第 11 期。

170. 曹红辉、周莉萍：《国际货币体系改革方向及其相关机制》，《国际金融研究》2009 年第 9 期。

171. 马昱：《人民币国际化研究》，《商情》2011 年第 15 期。

172. 范祚军、何安妮、阮氏秋河、周南成：《人民币国际化战略调整：区域布局与整体推进》，《经济研究参考》2012 年第 23 期。

173. 程诺：《人民币可行性分析》，《辽宁广播电视大学学报》2014 年第 2 期。

174. 姜凌：《人民币国际化理论与实践的若干问题》，《世界经济》1997 年第 4 期。

175. 张文熙：《人民币国际化研究》，《市场周刊（理论研究）》2006 年第 9 期。

176. 孙刚等：《人民币区域化、国际化的趋势及影响》，《广西金融研究》2007

年第 7 期。

177. 范祚军、黄立群：《"10+3"框架下的人民币区域化推进策略》，《东南亚纵横》2011 年第 9 期。

178. 刘璐：《人民币在中南半岛区域化的背景与条件分析》，《时代金融》2013 年第 9 期。

179. 曹红辉：《国际化战略中的人民币区域化》，《中国金融》2006 年第 5 期。

180. 郑木清：《论人民币国际化的经济效应》，《国际金融研究》1995 年第 7 期。

181. 金发奇：《人民币国际化探讨》，《四川大学学报（哲学社会科学版）》2004 年第 1 期。

182. 翁东玲：《现行国际货币体系下人民币的区域化和国际化》，《首都经济贸易大学学报》2009 年第 5 期。

183. 周晓娇：《人民币国际化现状及发展分析》，《中国商贸》2009 年第 15 期。

184. 石纬林：《现阶段推进人民币区域化的基本原则与路径》，《经济纵横》2009 年第 7 期。

185. 穆西安：《抓住机遇因势利导推进人民币国际化》，《南方金融》2009 年第 3 期。

186. 陶士贵：《人民币区域化的初步构想》，《管理现代化》2002 年第 5 期。

187. 张静春：《货币的性质与人民币的未来选择》，《当代亚太》2008 年第 2 期。

188. 李翀：《论人民币的区域化》，《河北学刊》2002 年第 9 期。

189. 程恩富、周肇光：《人民币区域化和国际化可能性分析》，《当代经济研究》2002 年第 11 期。

190. 中国人民银行南宁中心支行课题组：《人民币区域化、国际化的趋势及影响》，《广西金融研究》2007 年第 7 期。

191. 周道许：《推进人民币国际化的战略思考》，《中国金融》2009 年第 24 期。

192. 李晓、李俊久、丁一兵：《论人民币的亚洲化》，《世界经济》2004 年第 2 期。

193. 陈适宜：《浅析人民币区域国际化的条件和利弊》，《重庆石油高等专科学校学报》2004 年第 6 期。

194. 贾永嘉：《人民币国际化的条件和实现途径的探讨》，《河北化工》2004 年第 5 期。

195. 刘亮：《东亚区域货币合作研究》，武汉大学，硕士学位论文，2013 年。

196. 陈莉：《人民币国际化的路径研究——基于 OCA 理论的分析》，中国海洋大学，硕士学位论文，2006 年。

197. 陈伟伟：《人民币区域化问题研究》，苏州大学，硕士学位论文，2009 年。

198. 汪海涛： 《人民币国际化问题研究》，南京理工大学，硕士学位论文，2006 年。

199. 李晓：《全球金融危机下东亚货币合作的路径选择》，《东北亚论坛》2009 年第 5 期。

200. 李瑶：《非国际货币、货币国际化与资本项目可兑换》，《金融研究》2003 年第 8 期。

201. 李连友：《中外金融监管协同机制比较研究》，《求索》2010 年第 3 期。

202. 王佳佳、许争：《"一带一路"沿线国家金融监管合作机制研究》，《沈阳师范大学学报（社会科学版）》2018 年第 1 期。

203. 陈立泰：《自由化背景下全球金融监管发展趋势及对我国金融监管变革的启示》，《科学经济社会》2010 年第 1 期。

204. 陆寒寅：《危机后的金融监管反思：理论与经验》，《世界经济》2010 年第 2 期。

205. 巴曙松、吴博：《人民币国际化进程中的金融监管》，《中国金融》2008 年第 10 期。

206. 施建淮：《中国资本账户开放：意义、进展及评论》，《国际经济评论》2007 年第 6 期。

207. 张曼：《管制放松、新巴塞尔资本协议和金融监管重构》，《商业研究》2010 年第 3 期。

208. 何慧刚：《资本账户开放、汇率制度与人民币国际化》，《社会科学辑刊》2007 年第 3 期。

209. 李伏安、林杉：《国际货币体系的历史、现状——兼论人民币国际化的选择》，《金融研究》2009 年第 5 期。

210. 韩俊：《加快推进人民币国际化的策略》，《投资研究》2007 年第 6 期。

211. 巴曙松：《人民币国际化的边境贸易之路》，《宏观中国》2003 年第 22 期。

212. 俞卓玥：《论我国货币市场基准利率的选择——基于银行间货币市场利率的研究》，苏州大学，硕士学位论文，2009 年。

213. 陆维新：《上海银行间拆放利率的基准效应研究》，《统计与决策》2010 年第 5 期。

214. 陈勇、吴金友：《对我国货币市场利率体系传导机制的实证研究》，《上海金融》2008 年第 5 期。

215. 郑玮斯：《论 SHIBOR 与利率市场化》，《商场现代化》2007 年第 8 期。

216. 段超锋：《金融深化过程中金融市场基准利率选择的比较研究》，复旦大学，硕士学位论文，2006 年。

217. 邱兆祥、粟勤：《人民币区域化的成本——效应分析》，《经济学动态》2006 年第 6 期。

218. 殷剑峰：《人民币国际化的路线图》，《观察》2009 年第 12 期。

219. 郑凌云：《人民币区域化与边贸本币结算功能扩展》，《国际贸易》2006 年第 7 期。

220. 黄燕君、包佳杰：《国际贸易结算货币理论及其对我国的启示》，《金融科学》2007 年第 6 期。

221. 黄泽民：《分步推进人民币国际化》，《国际金融》2009 年第 5 期。

222. 施瑾：《人民币国际化问题研究》，上海大学，硕士学位论文，2006 年。

223. 刘文刚：《人民币国际化的初步探讨》，首都经济贸易大学，硕士学位论文，2006 年。

224. 唐爱朋：《人民币国际化的路径研究——基于 OCA 理论的分析》，中国海洋大学，硕士学位论文，2006 年。

225. 张青龙：《人民币国际化问题研究》，复旦大学，博士学位论文，2006 年。

226. 闵娟：《人民币国际化问题研究》，厦门大学，硕士学位论文，2006 年。

227. 严华：《人民币国际化问题研究》，西南财经大学，硕士学位论文，2007 年。

228. 高洁：《人民币国际化——基于人民币周边流通状况分析》，厦门大学，硕士学位论文，2007 年。

229. 黎杰生：《人民币国际化问题研究》，首都经济贸易大学，硕士学位论文，2008 年。

230. 董玉峰：《人民币国际化的路径选择与策略研究》，河北大学，硕士学位论文，2009 年。

231. 王茜：《人民币国际化模式选择分析》，对外经济贸易大学，硕士学位论文，2010 年。

232. 邱礼海：《人民币国际化：前景与挑战》，江西财经大学，硕士学位论文，2010 年。

233. 苗超杰：《我国人民币国际化问题研究》，首都经济贸易大学，硕士学位论文，2010 年。

234. 孙辉：《人民币国际化的汇率制度研究》，广西大学，硕士学位论文，2011 年。

235. 乔艳丽：《我国现阶段人民币国际化问题研究》，对外经济贸易大学，硕士学位论文，2012 年。

236. 郭姗姗：《人民币国际化的实现路径分析》，河南大学，硕士学位论文，2013 年。

237. 宋泽楠：《"一带一种"背景下中国向东盟的投资战略：基于中美日比较视角》，《广西财经学院学报》2018 年第 1 期。

238. 王选庆：《中国—东盟自由贸易区基础金融理论问题探讨》，《东南亚纵横》2003 年第 12 期。

（四）报刊资料

1. 牛娟娟：《人民币成为我国第二大跨境支付货币》，《金融时报》2014 年 10 月 21 日。

2. 赵允勤、高永泉：《日元国际化失败的教训及对中国的启示》，《金融时报》2012 年 4 月 2 日。

3. 杨抒燕:《资金融通让"人民币"走出去》,《云南日报》2019 年 2 月 15 日。

4. 陆前进:《加快推进人民币走出去战略》,《中国证券报》2009 年 10 月 19 日。

5. 王瑾、李燕军:《把握机遇 推进中越金融合作》,《中国城乡金融报》2019 年 4 月 26 日。

二、外文资料

1. Alogoskous, George an Porters, 1992, European Monetary Union and Interatial Currencies in a Tri-polar world, in M. Canzoneri, V Grill and P. Masson (eds), Establihing a Cetral Bank: Issues in Europe and Lessons from the US., Cambridge University Press and CEPR, Cambridge.

2. Hayek. F. A. 1970, The Denationalization of Money, London: Institute of Economic Affairs.

3. Cooper. Richard N, 1986, Dealing with the Trade Deficit in a Floating Rate System, Brookings Papers on Economic Activity, No1.

后　记

　　本书是在我主持完成的国家社会科学基金项目"中国东南周边国家金融发展与人民币走出去战略研究"（批准号 15XGJ008）的最终研究成果的基础上修改完善形成的。

　　本书凝聚了课题组成员和数据采集人员的智慧和心血，课题组成员和数据采集人员为此付出了巨大的艰辛。本书在大量的调查研究、大量的参阅文献资料、广泛地听取专家以及有关部门、企业意见的基础上，经过充分论证和反复修改的基础上最终形成。在此，对课题组成员和数据采集人员孟祥宁、周志超、苏明华、廖福英、黄照温、陆义敏、刘文娟、张博林、覃鸿、张学茂、李昊桐等表示衷心的感谢。本书参阅的大量文献资料，已在参考文献中一一列出。若有遗漏，深表歉意。

　　这部书也是中共广西壮族自治区委员会党校（广西行政学院）"一带一路"研究院平台建设和区域经济学重点学科建设的阶段性研究成果。本书的出版，得到国家社会科学基金项目资金的支持，在此表示衷心的感谢。

　　由于研究能力和研究水平有限，难免存在不足和不当之处，欢迎同行不吝赐教，我们将在此基础上继续潜心研究。

张家寿

2021 年 9 月 10 日于南宁